中国文化产业研究丛书

文化发展研究札记

Research Notes on Cultural Development

商务印书馆
创于1897 The Commercial Press

2019年·北京

图书在版编目(CIP)数据

文化发展研究札记/范周著. —北京：商务印书馆，2019
(中国文化产业研究丛书)
ISBN 978-7-100-17541-8

Ⅰ.①文… Ⅱ.①范… Ⅲ.①文化产业—产业发展—研究—中国 Ⅳ.①G124

中国版本图书馆CIP数据核字(2019)第105967号

中国文化产业研究丛书
文化发展研究札记
范周 著

商务印书馆出版
(北京王府井大街36号 邮政编码100710)
商务印书馆发行
北京艺辉伊航图文有限公司印刷
ISBN 978-7-100-17541-8

2019年9月第1版　　开本 880×1230 1/32
2019年9月北京第1次印刷　　印张 19
定价：70.00元

中国文化产业研究丛书

总　　序

早在20世纪80年代末，邓小平就提出了“科学技术是第一生产力”的著名论断，这已成为中国发展的一个重要指导思想。文化产业也是伴随着科学技术的革新与拓荒应运而生的。20世纪初期，工业革命引发的科技进步及资本主义的机械化生产以不可阻挡的势头迅速发展，部分哲学家和社会学家认为机械化复制的工业生产是对文化和艺术的亵渎。20世纪40年代，法兰克福学派的本雅明（Walter Benjamin）在《机械复制时代的艺术作品》中表达了关于文化工业的思想，讨论了大工业生产方式和技术复制手段所产生的文化和审美领域的革命。1947年，法兰克福学派的阿多诺（Theodor Wiesengrund Adorno）和霍克海默（Max Horkheimer）在《启蒙辩证法》的“文化产业：欺骗公众的启蒙精神”一章中首次明确提出“文化产业”和“大众文化”的概念，用来指工业生产时代大批量生产标准化、规格化、工业化的文化商品。可以看出，这个时期人们对文化产业抑或文化工业是带有批判色彩的。美国媒体文化研究者、批判家尼尔·波兹曼在1985年出版的《娱乐至死》一书中也强烈表达了对人们在工业化时代受工业化生产、消费所支配的“赫胥黎预言”式担忧。

约瑟夫·奈（Joseph Nye）在《注定领导世界？——美国权力

性质的变迁》一书中首次提出“软实力”的概念，把软实力界定为文化的吸引力、制度的吸引力、掌握国际话语权的能力。20世纪90年代以来，以信息技术革命为中心的科学技术迅猛发展，国际竞争日益激烈。面对人类社会发展带来的资源和环境困境，各个国家开始意识到文化产业发展的重要性，积极探索文化产业作为国家长期发展战略的可行性，英国提出发展文化创意产业的国家社会经济发展战略，日本提出“文化立国”战略等。

当下，随着国际文化战略竞争的进一步加剧和中国发展战略的调整，中国文化产业发展面临着前所未有的时代发展机遇与挑战。在某种程度上，中国文化产业是伴随着中国改革开放的不断深入而产生与发展的，是在破除经济体制障碍、调整经济结构的背景下提出来的，是在加入WTO、更深入地融入现代世界经济体系、敞开国门走向世界的背景下发展起来的，是在应对中国社会主义文化建设和意识形态建设所遭遇的前所未有的困难和挑战中提出来的。

毋庸置疑，改革开放对中国文化产业发展产生了积极广泛的影响，为文化的繁荣发展创造了良好的环境和氛围。从党的十五届五中全会首次提出“文化产业”的概念，将文化产业纳入国家发展计划，到党的十七大提出“推动社会主义文化大发展大繁荣”，将文化产业纳入国家发展战略，再到党的十九大提出“坚定文化自信，推动社会主义文化繁荣兴盛”，中国经历了文化产业发展的萌芽期、初步形成期和快速扩张期，中国文化产业开始进入全面提升期，成为推动中国经济高质量发展的重要引擎。

基于此背景，对于中国文化产业的发展历史、演化进程、改革创新与未来趋势等问题必须予以高度重视和探讨；对于文化产业的理论体系建设、文化产业的学科体系建设、文化产业人才培养战略以及未来文化产业发展方向等问题的研究，是文化产业学界应当持续关注的重要课题。

一、回顾：近 20 年文化产业的实践探索

回顾过去、展望未来才能够更好地把握现在。回首过去，中国文化产业发展取得了骄人的成就，公共文化事业不断进步，文化投资规模持续增长；文化产业规模不断扩大，新型文化业态迅猛崛起；文化需求快速增长，文化走出去亮点纷呈。立足新时代，中国文化产业呈现高质量、跨越式发展态势。但是由于发展起步较晚，中国文化产业在发展进程中不可避免地存在一些问题。

（一）文化产业发展与经济发展相协调，但供需关系仍不平衡

根据国家统计局数据，1998 年，中国国内生产总值（GDP）仅为 8.52 万亿元，而到 2018 年 GDP 已经达到 90.03 万亿元，是 1998 年的 10 倍多。根据《文化蓝皮书：中国文化消费需求景气评价报告（2016）》，从 1994 年到 2014 年这 20 年间，全国城乡文化消费总量由 1054.24 亿元增长至 14915.39 亿元，年均增长 14.17%；城乡文化消费人均值由 88.46 元增长至 1093.29 元，年均增长 13.40%。其中 2014 年文化消费增长明显加速，总量增长 14.80%，人均值增长 14.22%。可以说，中国文化产业的发展进程是与中国经济社会发展总基调协调一致的。改革开放 40 多年，尤其是最近 20 年，中国文化产业呈现出快速增长的态势，对推动国民经济持续健康发展起到越来越重要的作用。

然而，随着中国特色社会主义进入新时代，我国社会主要矛

盾已经转化为人民日益增长的美好生活需要和不平衡不充分的发展之间的矛盾。这个矛盾在文化产业发展领域集中表现在现有的文化供给结构不能适应和满足人们的文化需求结构的变化。从数量上看，中国文化产品供给数量严重不足。以出版业为例，国家统计局数据显示，2017 年，全国总人口比 2016 年增加 0.05%，城镇居民人均可支配收入增长 8.3%，而图书出版总印数仅增长 2%，电子出版物增长为负，文化产品的增长速度远远落后于社会经济发展。从质量上看，长期以来中国文化产业中产品创意不足、精品匮乏等问题仍然存在。相较于欧美发达国家，中国还较为缺乏被国际普遍认可和喜爱的文化品牌。中国文化产业发展仍有很长的路要走。

（二）文化体制改革取得初步成效，但政策法规体系仍不健全

在文化体制改革的有利推动下，中国文化产业加快发展，从无到有、从弱到强，产业规模不断扩大，产业实力不断增强，文化市场经济体制改革不断完善：从计划经济条件下的传统文化管理体制到社会主义市场经济条件下现代文化治理体系，从单纯依靠政府投入的文化事业到政府主导、社会参与的现代公共文化服务体系，从短缺的文化生产供给、零散的文化经营活动到繁荣活跃的现代文化市场体系，从较为封闭单一的对外文化交流到以我为主、多层次、宽领域文化开放格局。进入新时代，在习近平新时代中国特色社会主义思想指引下，现代公共文化服务体系建设、现代文化市场体系建设初见成效，坚定文化自信、高扬改革旗帜、锐意进取创新，中国特色社会主义文化发展道路越走越宽广。

近年来，中国文化体制机制改革已取得突破性进展。深化文化体制改革的政策相继出台；推进公共文化机构法人治理结构改革、基层综合性文化服务中心建设的重点措施得以落实；文化扶贫工作取得重大进展；文化市场改革方面，政府简政放权，推行一系列融资举措，鼓励文化企业进入市场，释放市场活力、主体动力和社会潜力。但是，随着中国改革开放进入深水区，根据“五位一体”的战略发展布局要求，文化管理体制还存在文化决策多层次化制约、文化管理法制化不健全、过多注重文化事业的政治职能和意识形态属性等问题，文化产业体制机制改革仍需深化。新时代，文化体制改革只有进行时，没有完成时。

（三）文化产业结构和所有制结构逐渐优化，但区域发展仍不均衡

改革开放以来，中国经济发展突飞猛进、思想解放不断深入，文化产业政策作为产业发展风向标的效果日益显现。自党的十六大首次将文化产业与文化事业区分开来以后，经营性文化产业与公益性文化事业“比翼双飞”，成效显著。其中以文化事业单位转企改制效果最为明显，此举不仅增强了传统文化事业发展动力，刺激文化消费动力，更激发了全民文化创作活力。在中国特色市场经济体制下，文化政策对产业发展不断发挥着引导和推动作用，逐渐把文化发展从政府包办的禁锢中挣脱出来，有力推动了社会主义大发展大繁荣。

但是，从空间布局上看，区域发展不均衡影响了中国文化产业的整体发展。国家统计局数据显示，2018 年，中国东部地区规模以上文化及相关产业企业实现营业收入 68688 亿元，占全国 77.0%；中部、西部和东北地区分别为 12008 亿元、7618 亿元和 943 亿元，占全国的比重分别为 13.4%、8.5% 和 1.1%。从增长速度上看，西部地区增长 12.2%，中部地区增长 9.7%，东部地区增

长 7.7%，东北地区下降 1.3%。我国文化建设“东高西低”的现象仍然存在，东西部地区在人才、资本、技术、规模等方面均存在较大差距。

（四）对外文化交流逐渐起步，但国际文化软实力仍需提升

改革开放以来，中国的国际文化交流纽带日渐牢固。文化自信深入人心、国家文化软实力不断增强，中国文化“走出去”的步伐迈向纵深。当前，中国对外文化交流日趋活跃，“中法文化年”“中俄国家年”等一系列大型文化外交活动效果良好，中华文化的国际影响力日益扩大。文化和旅游部、国家统计局、国家汉办公开数据显示，截至 2017 年年底，中国已与 157 个国家签署了文化合作协定，累计签署文化交流执行计划近 800 个，初步形成了覆盖世界主要国家和地区的政府间文化交流与合作网络。截至 2017 年，海外中国文化中心开展各类文化活动达 4000 余场次，直接受众达到 800 余万人次。此外，文化贸易是文化“走出去”的重要载体，中国对外文化贸易规模不断扩大。根据海关发布的数据，2018 年，中国文化产品进出口总额 1023.8 亿美元，同比增长 5.4%。其中，出口 925.3 亿美元，增长 4.9%；进口 98.5 亿美元，增长 10.3%；顺差 826.8 亿美元，规模比上年扩大 4.3%。

尽管如此，从整体来看，中国文化贸易逆差依然存在，文化贸易结构仍不平衡。一方面，文化商品贸易与文化服务贸易结构失衡；另一方面，文化商品和文化制造业占比大，且缺乏科技含量高、附加值高的文化商品，对于中华文化的传播和文化形象的塑造影响甚微。据《中国电影报》报道，2017 年国产电影海外票房收入达到 42.53 亿元，较去年有所增长，但依然不到国内票房的十分之一。

（五）文化人才培养初见成效，但学科建设任重道远

文化产业是一门适应社会发展需求而出现的新兴交叉学科。随着文化产业在社会整体发展中的地位日益重要，业界对于建立文化产业学科体系、强化文化产业学科建设的呼声越来越高。根据教育部 2003—2018 年发布的《普通高等学校本科专业备案和审批结果》，截至 2018 年，中国开设“文化产业管理”本科专业的学校共 212 所，700 多所高校开设了相关课程，形成了文化产业教育的基本培养模式。根据现实需求适时进行学科目录的调整、学科平台搭建及人才培养模式的创新成为文化产业学科建设中的重中之重。

然而，从人才培养及学科建设现实来看，中国文化产业专业性人才和复合型人才较为稀缺。在欧美发达国家，创意产业就业人数所占比例普遍偏高，且集中在文化创造力方面。而我国这方面的人才则占比较低，且多为技能型创意执行人员。同时，学科的交叉属性使文化产业在学科归属划分、师资培训等方面尚不明晰。此外，文化产业学科体系有待建设，教材体系有待完善，社会实践有待加强。在文化和旅游融合的大趋势下，文化旅游人才短缺问题将更为突出。

总体而言，回顾文化产业发展进程，可以看出，中国文化产业尚未真正突破发展瓶颈，建立健全的产业发展体系仍是未来产业发展的重中之重。文化产业发展朝气蓬勃，需要我们认清新形势、拿出新思路、制定新战略，打造新一代文化基础设施，破除“GDP 魔咒”，从构建“统一、竞争、开放、有序”的现代文化市场体系着手，紧抓重大发展机遇，推动文化产业发展日益成熟完善。

二、展望：未来 20 年文化产业发展趋势

（一）全方位融合时代到来，产业界限日趋模糊

当前中国经济进入新常态，新产品、新业态不断涌现，融合发展渐成趋势，继续深化改革成为各方共识。文化产业具有强渗透、强关联性。在产业大融合的背景下，“文化 +”产业融合不仅仅是技术、管理和市场的融合，更重要的是以文化为核心的全方面的融合，是对传统产业融合的创新发展，是产业融合的新趋势。

文化产业新业态作为文化创意与科技创新融合发展的产物，具有高知识含量、低资源消耗、高附加值及对传统产业的改造提升等特性，正逐步成长为经济增长的新亮点。文化产业新业态发展以技术为支撑，以互联网新思维为导向，不断深化跨界融合，推动产业业态创新。文化产业新业态呈现分享化、平台化、融合化的发展特征，成为推动经济结构转型的新生力量将指日可待。

（二）技术驱动业态升级，数字文创产业更新迭代

中国信息通信研究院测算数据显示，2018 年，中国数字经济总量达到 31.3 万亿元，占 GDP 比重超过三分之一，达到 34.8%，同比提升 1.9 个百分点。数字经济蓬勃发展，推动传统产业改造提升，为经济发展增添新动能。2018 年，数字经济发展对 GDP 增长的贡献率达到 67.9%，贡献率同比提升 12.9 个百分点，超越部分发达国家水平，成为带动中国国民经济发展的关键力量之一。

首先，万物互联打破行业壁垒，跨界融合持续深化。近年来，以 BAT 为首的互联网企业不断涉足网络、内容生产、娱乐、媒体等，并逐步向人工智能、区块链、无人驾驶等技术进军。未来，

随着5G时代的到来，无论是文化还是科技，都将继续与制造业、农业、金融等产业深度融合，在跨界思维的引导下裂变出涉及内容更广、运行机制更复杂的新兴业态。其次，文化资源开放共享，数字化、社会化发展或成主流。传统的文化事业机构，如图书馆、博物馆、文化遗产地等因储存着丰富的文化内容和素材而承担更多公共文化服务的功能，一方面借助数字化手段实现版权化的再生，在跨媒体、跨介质传播方面发挥更大的作用；另一方面，凭借数字化手段"飞入寻常百姓家"。再次，新兴产业叠加创意，颠覆文化消费方式。随着消费社会的崛起，大众文化接受方式将进一步向文化消费和文化市场延伸。虚拟现实、增强现实、全息成像、裸眼三维图形显示、交互娱乐引擎开发、互动影视等新的沉浸式技术发展、设备普及和内容创新发展，在带动消费者文化体验升级的同时，催生新一轮的文化消费革命。

（三）文化自觉深入人心，文化出海步伐更加稳健

美国《纽约时报》专栏作家托马斯·弗里德曼在《世界是平的》一书中说，世界正在走向"平坦化"。对外文化贸易的发展，不仅肩负着经济使命，还肩负着传播本国文明、文化价值观的使命，因此在对外文化贸易中既要解决文化产业的创新发展问题，也要注重本土文化的保护和国际表达，推动国家文化软实力的进一步提升。

一方面，要推动中国文化国际化。在中国文化"走出去"的过程中，要寻求中国故事的国际表达形式的有效途径，形成可与国际社会沟通的外部话语体系，让世界聆听和认识中国文化，了解和理解中国文化。同时，努力增强对外文化贸易的竞争力，树立中国形象，传播中国声音，形成推动中华民族振兴的文化力量。

另一方面，做好外来文化的中国化。十九大报告中首次提出“坚持总体国家安全观”，文化安全是国家安全的重要领域，也是国家文化认同的重要支撑。经济全球化和文化全球化促进了国家文化交流的深入，也加深了文化安全隐患。因此，不仅要重视文化产业“引进来”和“走出去”的政策倾向，还要注重保护国家文化安全，科学谨慎对待外来文化，善于利用中国话语体系转为自用，逐步建立以国家利益为最高利益的文化发展观，积极建立国家文化安全预警体系。

（四）监管方式不断完善，体制机制改革驶向纵深

从2003年的文化体制改革元年到2019年的改革关键年，文化改革经过了“摸着石头过河”的摸索阶段，将全面进入落地攻坚期。改革本身就是一场深刻的社会变革，需要进行利益调整、体制转换和观念更新，文化因其本身的意识形态特性，使得文化体制改革与政治体制改革紧密相连，具有其政治性、敏感性。

文化体制改革经过多年的实践积累了丰富的经验，也存在一些不完善的地方。某些环节的改革可能需要很长的时间去实现。深入改革的核心在于顶层设计，重点在于依法改革，落脚点在于群众得实惠。一方面，要更好地发挥政府的政策调节、市场监管、社会管理和公共服务职能。按照政企分开、政事分开原则，推动党政部门与其所属的文化企事业单位进一步理顺关系，赋予企事业单位更多的法人自主权，尽快完善现代企业管理制度，让市场发挥资源配置的决定性作用。另一方面，要加大文化法律法规建设。文化法律法规是对文化建设规律的概括和总结，具有极强的稳定性、规范性和强制性。新时期的改革是依法改革，要把文化建设实践中形成的新成果、新经验用法律的形式固定下来，为新时期文化体制改革发展提供更为科学、更为具体的遵循，有效地解决改革中遇到的新问题。

（五）消费偏好更为精细，由大众消费转向圈层消费

根据国际经验，当人均GDP接近或超过5000美元时，文化消费将迅速进入“扩张时代”，目前中国人均GDP已经超过8000美元，这意味着中国文化消费将迎来大发展时期。随着科技的更新迭代，传统业态转型升级，新兴业态不断涌现，产业间融合逐步加深，文化消费形态日渐多元化。针对不同细分市场和差异化消费需求的文化产品和服务日益丰富，并向品质化、精细化、定制化方向发展。同时，随着消费主体结构的变化，“新世代”消费群体将引领消费潮流，儿童和老年消费群体成为文化消费增长的新驱动力。

首先，消费总量持续增长，消费结构进一步优化。在消费升级的大背景之下，文化消费逐渐成为新的消费增长点，消费总量将持续增长，在居民消费生活中所占的比重将会越来越大。其次，数字化、信息化文化消费渐成主流。信息技术的发展，尤其是数字化、虚拟现实、人工智能等技术在文化产业领域的运用，极大推动了文化消费变革，重塑人们的消费习惯、消费方式和消费渠道。最后，体验式、分众化文化消费日趋普遍。随着人们消费需求层次的提高和消费理念的转变，消费体验和消费场景变得越来越重要。无论是零售行业还是服务行业都更加注重服务品质与用户体验，将更多的注意力放到场景和氛围的营造上。文化消费的精神属性将越来越突出，将会出现更多个性化、复合型、体验型、交互式的文化产品、服务和消费空间，满足人的多维度感官需求与深层次心理和情感需求。

（六）文化建设以点带面，与国家战略一脉相承

在“十二五”时期提出东中西部协调发展的基础上，2017年，中共中央办公厅、国务院办公厅印发《国家“十三五”时期文化发展改革规划纲要》，指出要进一步深化区域协同，提出“以区域发展总体战略为基础，以三大战略为引领，引导各地根据资源禀赋和功能定位，走特色化、差异化发展之路”。一方面，文化产业的发展为各经济带发展提供动力，有利于增强经济带、特别是跨区域板块的文化软实力；另一方面，经济带规划也为未来文化产业发展提供了更为广阔的空间，从而促进文化产业结构的优化升级，促进文化市场资源的合理配置，促进中华文化的传承与交流。

从2014年京津冀协同发展战略提出到2015年《推动共建丝绸之路经济带和21世纪海上丝绸之路的愿景与行动》发布，从2016年9月《长江经济带发展规划纲要》正式印发到2017年4月具备“千年大计、国家大事”高度的雄安新区设立，区域发展不再是简单割裂的资源共享——打破界限、联动发展，区域文化发展进入新格局。

三、感悟：见证文化发展40年的六点体会

作为一名文化产业研究人员，我试图把自己从事文化产业多年来的所思、所想、所感碎片汇集起来与大家分享，期望能够通过反思与回顾探寻文化产业的内在规律和发展脉络。以下是我主要思考的几个方面，欢迎大家批评指正。

（一）文化发展40年的理性回顾

学科发展史、方法论和学科经典案例是一个完整学科体系不可或缺的三大要素。文化产业的学科建设刚刚起步，对于产业史

学的研究较为缺乏。在《中国文化产业40年回顾与展望（1978—2018）》一书中，我尝试将改革开放作为中国文化产业的起始点，把中国文化产业发展分为4个阶段：1978年到1991年为文化产业发展的萌芽期，1992年到2001年为文化产业发展的初步形成期，2002年到2011年为文化产业发展的快速扩张期，2012年至今为文化产业发展的全面提升期。此外，我还从文化资源、文化治理、文化经济、文化软实力、文化再思考等方面对中国文化产业40年发展进行回顾和反思，通过梳理时代机遇，展望新时代文化产业发展航向，提出文化产业发展的未来研判。囿于文化产业的发展阶段和我对文化产业研究的局限性，我对文化产业发展史的分析未必正确，但作为一个记录者，我认为这项工作有其自身的价值。

（二）时代变迁下文化消费的思考

文化消费是文化产业的一个重要组成部分，也是关乎人民对美好生活向往的大事。多年来，我持续关注和研究中国文化消费问题，于2009年主持进行了“中国城市文化消费调研”，对城市居民文化需求和消费状况开展了深入的调查研究，并组织编写了《中国城市文化消费报告》（6卷本）。2016年起，我参与了文化部、财政部开展的“引导城乡居民扩大文化消费试点工作”的中期考察指导工作，通过走访调研文化消费试点城市，对文化消费领域进行了更加深入和系统的研究。这些调研使我真切感受到文化消费从无到有、从单一到多元的变化过程。《时代变迁下的文化消费》是我重新审视中国文化消费，从时代变迁的视角观察和思考文化消费领域的新情况、新现象和新趋势的一个阶段性呈现，记录了文化消费对拉动城市经济发展、对消费者物质文化生活改变的影响，也记录了鼓励引导文化消费体制机制变革的过程，还记录了互联网时代文化消费方式、诉求和理念的变革，等等。

（三）新型城镇化文化发展的变迁

新型城镇化也是我这些年来致力于研究的一个重点领域，从承接多项国家相关部委委托课题到落地多项省市级城镇规划、新农村建设规划、古村落保护规划、历史文化名城建设规划等，以及参与承接雄安新区管委会的《雄安新区起步区公共服务规划》《雄安新区起步区公共文化服务发展规划》等，我在实践中不断加深自己在新型城镇化文化建设方面的学习和思考。《新型城镇化文化发展战略研究》是我这些年来对新型城镇化学习和研究的一个系统性回顾、反思与展望。本书从中国城镇化演变历程与规律着手，对新型城镇建设的文化顶层设计、文化遗产的保护与活化，以及未来新型城镇化文化发展研究领域与趋势等内容进行了深入细致的论述。

（四）"互联网 +"下数字创意产业的迭代

自从 2015 年李克强总理首次提出"互联网 +"行动计划以后，截至 2019 年，中国政府工作报告已经连续 5 年提及"互联网 +"。文化产业作为新兴产业，其发展变革的步伐是与科技发展密不可分的，网络时代下科学技术的更新迭代不断催生文化产业新思路、新业态、新模式，深刻影响着文化产业生产、消费的方式与习惯。《数字经济下的文化创意革命》从数字经济这一宏观背景出发，试图在梳理数字创意产业发展历程的基础上，总结出数字创意产业的内涵与外延，是我对科技加持下文化产业未来发展所面临的机遇与挑战的分析，以及我对未来数字创意产业发展的趋势判断。

（五）文化发展重大问题的阶段性反思

伴随着文化产业的快速发展，文化产业实践和理论研究不断向纵深发展，需要从战略性产业的整体布局和宏观思路出发，对文化产业的发展路径进行新思考。多年来，我和我的研究团队参与了《公共文化服务保障法》的制定，参与了很多文化产业重大事件、重要政策的起草和出台工作，在这些研究工作中，我有很多思考和启发。我把对这些思考所涉及的核心问题进行整理，包括文化产业基础导向、文化产业发展的内生驱动、文化产业产权保护、文化平台建设、文化产业区域战略布局、文化跨界融合、文化立法及文化产业研究方法等文化产业发展的重点问题，并对这些重点问题做了一个阶段性的记录和系统梳理，形成《中国文化产业重大问题新思考》一书。

（六）文化产业发展的碎片化思考

《文化发展研究札记》是从我创办的文化领域自媒体平台“言之有范”已发表的文章中精选百余篇结集而成。我把它定位为一名文化研究者的学术笔记，它见证和记录了五年来我对文化发展的碎片化思考。出版此书的原因有三：一是我时常教导我的学生们要“把论文写在大地上”，本书正是“言之有范”顶天立地的见证和记录；二是记录“言之有范”创办五年来，我对于文化产业相关领域的碎片化思考；三是我一直把“言之有范”作为重要的实践教学基地，通过这种自媒体实践的形式进行硕士、博士研究生培养教育。五年来，近百名研究生在这个平台上学习了文化产业的知识，锻炼了专业素养和研究能力，出版此书也是对他们成长轨迹的记录。

四、反思：文化产业发展的责任担当

近20年是文化产业从无到有的20年，是我真正参与、见证文化产业发展变化的20年。我深知20年对于年轻的文化产业来说仅是个开始，再回首，或许我的许多研究成果并不能尽如人意，但作为一位研究文化产业的学者，一位从事文化产业学科建设的参与者，我怀着学者的人文情怀，身体力行地实践着文化产业学者的三大历史重任，即专业研究、培养学科人才及专业实践，期望能够尽自己的一点薄力，推动文化产业的发展。

20年来，中国文化产业理论研究不断丰富，为文化产业的历史进程和实践探索提供了有力的支撑。但从总体上而言，中国文化产业理论研究仍然任重道远。随着文化产业成为国家经济发展的战略性产业，人们对文化消费多元化的需求更加强烈，文化产业进入迅速发展的历史时期，而文化产业理论研究却难以适应产业发展的速度，文化产业研究的历史与逻辑、理论与实践还难以做到完全统一。

主要表现在以下四个方面：第一，从文化产业的基础研究而言，对文化内涵、外延、统计标准的划分难以完全统一，对文化产业的概念、范畴、标准和要素的不统一使其研究难以进行横向比较。第二，从文化产业的研究方法而言，对文化产业研究的定性研究较多，定量分析不足，难以将文化产业的理论研究、实践探索和经验判断有机结合。第三，从文化产业理论成果的转化而言，文化产业研究的动态反馈机制缓慢，对实践的梳理，对产业发展中的成败得失的总结，对引领产业发展的前瞻性探索不足，难以直接为宏观调控提供准确依据。第四，从文化产业的研究主体而言，产业的快速发展催生了“快餐式”的研究者，一些学者往往盲目跟从产业热点和现实焦点问题研究，难以秉持“坐冷板凳”的研究精神，难以对文化产业进行跟踪式、长效性研究。

纵观近20年来中国文化发展战略和文化发展理论体系的研究，中国鲜有为国际学术界所瞩目、为国际社会所认同的相关理论研究成果，一个重要的原因是理论思维的缺位。我们对“中国文化产业发展理论体系”系统、整体、深入、全方位的研究不够。但反过来说，时代造成的历史性局限也为未来全面、深入、系统的整体性研究提供机会、创造条件。近20年来的中国文化产业发展战略研究及文化体制改革，给中国文化产业发展带来的深刻变化的探究，对文化发展思想史和实践发展史两个方面的深入研究仍然是一个重大学术使命和责任。

我想，这些是我未来需要潜心沉淀研究的内容。

“文章千古事，得失寸心知。”虽然我已尽最大努力来完成这套学术丛书，历经多次结构调整、删减校对，书中引用的数据力求权威，选用的案例力求典型，但是在这套丛书完成之时，我甚至都有点不敢将其出版，因为我知道这里面还有太多的不足之处。感谢商务印书馆给予我的鼓励，让我终于鼓足勇气将这套丛书与大家分享，也恳请国内外专家与同仁不吝批评指正，因为文化产业学科体系、理论体系建设仍然是一个非常值得深入探讨的问题。

愿不负时光，期望我能继续研究这一领域20年，期望届时能够再拿出一些深入的研究成果与大家分享。

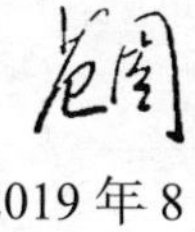

2019年8月

目　录

辑一　宏观视野：顶层设计的发展风向

辑二　突出重围：产业升级的理性思索

辑四　以点带面：区域发展的妙笔生花

辑五　深度观察：繁荣背后的文化思辨

辑六　不忘初心：延续时间的文化温度

辑一

宏观视野：顶层设计的发展风向

回眸近年来文化产业的发展，在国家政策的宏观指导下，创新引领、科技助力的趋势愈加凸显。步入新的发展时期，如何用创新、协调、绿色、开放、共享的理念引领文化产业转型升级，使其真正成为国民经济的支柱性产业，在顶层设计层面创新思路、引领发展尤为重要。

改革开放40年，中国文化产业进入增速最快阶段

2018年9月16日，“2018国家文化产业创新实验区发展论坛·中国传媒大学学术论坛”在中国传媒大学举办。本次论坛以改革开放40年为背景，围绕中国文化产业近20年的发展历程，邀请国内知名文化产业专家进行学术研讨，回顾文化产业历史脉络，展望新时代文化发展的航向。40年来，我国文化产业取得了怎样的成绩？又如何更好地实现文化“走出去”的战略？中国传媒大学文化发展研究院院长范周就相关问题接受了光明网的专访。本文根据此次专访内容整理。

文化作为民族凝聚力和创造力的重要源泉，在综合国力竞争中的地位和作用越来越突出，成为国家核心竞争力的重要因素。40年的改革开放为文化的繁荣发展和文化产业的勃兴创造了良好的环境和氛围。中国文化产业的发展与改革开放、与祖国繁荣富强和民族伟大复兴息息相关，助推国家文化软实力和中华文化世界影响力的不断提升。特别是近20年，文化产业更是从起步到腾飞、从初创到成熟经历了一段跨越期，取得了辉煌的成果。

一、1978—2002 年：文化产业发展的萌芽和初步形成

20 世纪 70 年代末到 20 世纪 80 年代中期，随着“文化大革命”的结束和改革开放的提出，我国国民经济逐渐恢复并取得初步发展。经济体制的改革推动文化领域和思想领域的变革，社会公众开始在思想上冲破极“左”牢笼的束缚，积极探索新知识、新观念，创造新生活，社会文化消费得到复苏，**文化产业开始萌芽，取得一定程度的恢复性发展。**

1992—2002 年则是中国文化产业发展的初步形成阶段，其中包括文化体制改革的系统展开和文化要素市场的孕育和生长两大部分内容。

体制机制方面，1992 年党的十四大明确提出要建设有中国特色的社会主义市场经济体制。市场经济体制的建立为文化产业的健康发展奠定基础。同年，党中央、国务院发布《关于加快发展第三产业的决定》，正式把文化产业列入第三产业，把文化部门由财政支出型部门定位为生产型部门，为文化产业的发展做了政策上、体制上的准备。文化产业发展由较单纯的“以文补文”开始进入初始发展阶段。

1998 年，我国进一步明确政府机构改革的目标和主要任务，文化管理领域也发生了一系列变革，文化部在机构设置、人员编制方面进行大幅度缩减，并于 1998 年设立文化产业司，标志着文化产业由民间自发发展阶段进入政府推动阶段。[①]

① 这一阶段我们的文化领域高度重视法治建设，大力推进依法管理。组建文化集团是这一阶段文化体制改革的突破口。

2001 年，中办、国办转发《关于深化新闻出版广播影视业改革的若干意见》，提出在加强党领导的前提下，以发展为主题，组建包括中国广电集团、中国出版集团在内的 70 多家文化集团，加快文化市场的整合和结构调整。

文化要素市场的孕育和生长方面，1992 年以来，文化产业在中国迅猛发展，行业规模与日俱增。据 1999 年 5 月北京市统计局发布的数据，文化行业与旅游行业所创造的增加值约为 281.2 亿元，占全市 GDP 的 14%。同年，经中宣部、新闻出版署批准成立的全国第一家出版集团——上海世纪出版集团正式成立，标志着中国文化产业自发增长已经达到了新的改革临界点。随后，南方报业集团、湖南广电集团等相继成立。

随着文化体制改革的逐步深入和文化产业的迅猛发展，中国文化市场出现空前繁荣的局面，尤其是社会资本、民营资本、外资在激活文化市场和发展文化产业方面发挥了重要作用，文化资本市场、文化中介市场等文化要素市场逐渐孕育和生长。在文化产业发展的初步形成期，党和政府对处理文化产业发展与意识形态传播的关系已经逐步从被动走向主动，一元文化主导下多样文化的发展态势已经形成。但因文化市场尚未建立，文化产品显得良莠不齐。

二、2002—2011 年：文化产业发展的快速扩张期

近 20 年来，随着中国加入世贸组织，政治、文化、经济等领域的国际竞争日益激烈，文化产业的重要战略地位进一步凸显。国家集中出台一系列加快文化体制改革和促进文化产业发展的政

策措施，发展文化产业成为我国国民经济和社会发展的重要组成部分。2002—2011 年间，在党的十六大积极发展文化产业政策的指导下，我国文化产业进入加速发展时期。

（一）文化产业概念正式提出

2002 年，党的十六大第一次在党的正式文件中科学地区分了文化事业与文化产业，明确阐述了二者既相互联系又相互区别的辩证关系，强调“一手抓公益性文化事业、一手抓经营性文化产业”，强调要“把文化产业作为文化建设发展的重要方面”，这在文化产业发展历程中具有里程碑的意义。

2003 年 9 月，文化部制定下发《关于支持和促进文化产业发展的若干意见》，将文化产业界定为“从事文化产品生产和提供文化服务的经营性行业”，并将演出、影视、音像、文化娱乐、文化旅游、网络文化、图书报刊、文物和艺术品及艺术培训等 9 大行业纳入文化产业的管理范围。

2004 年，国家统计局制定出台《文化及相关产业分类》，将“文化及相关产业”界定为“为社会公众提供文化娱乐产品和服务的活动，以及与这些活动有关联的活动的集合”，包括文化产业核心层、文化产业外围层和相关文化产业层。[①]

2007 年，党的十七大报告进一步对文化产业与文化事业进行论述，强调要解放和发展文化生产力、提高国家文化软实力。这表明党在改革开放实践中对文化事业和文化产业的认识在逐步深化。

---

① 随着互联网时代的到来，以“互联网 +”为依托的文化新业态不断涌现并迅猛发展，日益成为文化产业新的增长点，理应把这些新业态及时纳入统计范围。2018 年出台的“新分类”更科学更可行。

2009 年我国出台《文化产业振兴规划》，将文化产业上升至国家战略性产业加以重视。

（二）文化体制改革顺利推进，卓有成效

2002 年，党的十六大提出文化产业与文化事业“两分法”，标志着文化体制改革理论趋于系统化、明晰化。

首先，政府职能重点实现了三个转变：由管文化、办文化向以管为主转变，由主要管理直属单位向管理系统和社会转变，由主要以行政手段为主向综合运用法律、经济、行政等管理手段转变。

其次，公益性文化事业的发展受到越来越多的重视。“十一五”规划明确提出要加大政府对文化事业的投入，逐步形成覆盖全社会的比较完备的公共文化服务体系。十六大以来，我国正在逐步形成覆盖全社会的公共服务体系，相继实施“广播电视村村通工程”“农村电影 2131 工程”“国家舞台艺术精品工程”“全国信息资源共享工程”“农家书屋”等。

再次，增强微观活力，对经营性文化企业和公益性文化事业进行体制创新和机制创新，如转企改制、事业单位内部改革、实施文化改革试点等。

此外，通过出台政策措施，降低市场准入资格，取消限制，鼓励民营企业、民间资本投资到文化领域，积极扩大融资渠道，改变长期以来我国文化投融资过分依赖政府、投资主体单一的局面。

（三）现代文化市场体系的进一步确立

2003 年，文化体制改革试点工作会议确定在 9 个地区和 35 家单位进行试点，标志着文化市场体系改革进入了全面深化阶段。中宣部、文化部、国家广电总局、新闻出版总署联合发布的《关于文化体制改革试点工作的意见》明确提出，要加快文化产品市场和生产要素市场建设，发展市场中介组织，形成统一开放、竞争有序的文化市场体系。2011 年，党的十七届六中全会进一步强调，“促进文化产品和要素在全国范围内合理流动，必须构建统一开放、竞争有序的现代文化市场体系。”

总的来说，这一时期，我国文化产品市场体系不断完善，规模进一步扩大，呈现出门类齐全、层次多样的特点。[①]

三、2012 至今：文化产业发展的全面提升期

（一）文化产业所有制结构大力调整

党的十七届六中全会明确提出“加快发展文化产业，必须毫不动摇地支持和壮大国有或国有控股企业，毫不动摇地鼓励和引导各种非所有制文化企业健康发展”。2012 年以后，国家在积极推动国有文化企业发展的同时，制定出一系列行之有效的政策措施，推动非公有制文化企业的快速发展。**社会各界投资文化企业的热情高涨，以公有制为主体，多种所有制共同发展的文化产业所有制结构基本形成，为我国文化产业的长远健康发展奠定了重要基础。**

具体表现在以下几个方面：

第一，国有或国有控股文化企业发展成效明显，骨干文化企业总体实力不断增强，发展势头强劲。从 2017 年发布的第九届中

① 建立健全现代文化市场体系，一方面要综合用好市场配置文化资源、政府履行文化市场监管和引导职能两种手段；另一方面要坚持把社会效益放在首位，实现社会效益和经济效益相统一。

国“文化企业 30 强”名单看，中国出版集团公司、中国电影股份有限公司、中国国际电视总公司、中国教育出版传媒集团等国有或国有控股文化企业有 25 家，占总数的 83.3%。

第二，非公有制文化市场主体快速发展，民间投资热情高涨，涌现出一批具有较强实力和竞争力的民营文化企业。2015 年，全国新登记注册的文化、体育、娱乐类企业 10.4 万家，同比增长 58.5%，远高于同期全国新登记注册企业的增长速度（21.6%）。同时，以百度、阿里巴巴、腾讯为代表的大型互联网企业以并购、股权投资、业务合作等方式，全面进入文化产业领域，不断创新“文化 + 互联网”的商业模式。

（二）文化产业成为国民经济发展的支柱性产业①

2012 年以后，得益于国内外的良好发展环境和条件，我国文化产业呈现出持续增长的强劲发展势头，实现全面提升。我国在 2012 年调整了文化产业统计口径后，自 2012 年至 2017 年，我国文化产业增加值呈逐年上升趋势，从 1.8 万亿元增加到 3.5 万亿元，占 GDP 的比重从 2012 年的 3.48% 提高到 2016 年的 4.29%。经济发展新常态下，在供给侧结构性改革全面推进之时，文化产业健康持续加快发展，正在成为经济社会发展的新引擎。

（三）文化科技创新推动文化产业结构不断优化

2012 年，我国在《文化及相关产业分类 2002》的基础上，进行了文化产业统计标准的调整，表明随着文化业态的不断融合，新兴业态不断出现，同时我国文化产业不断调整升级，从产业链

---

①《国家“十三五”时期文化发展改革规划纲要》提出，“十三五”末文化产业成为国民经济的支柱性产业。2020 年在即，能否在指标上成为“支柱”还是个未知数。

的低端向高端不断演进。

值得注意的是，2012 年以后，我国文化产业结构最为明显的变化是快速发展的以互联网为载体的新型文化产业日益成为文化产业的新增长点。2015 年的两会上，“互联网 +”在政府工作报告中亮相，引发社会各界热议。在“互联网 +”的时代背景下，文化产业与其他产业实现更为深入的融合与交融，极大拉动了电影、电视、新闻出版、演艺等传统文化产业进行数字化转型，数字出版、手机游戏、网络文学、自媒体等新兴文化业态不断出现。

（四）文化产业规模化、集约化水平提高

近年来，中央加大规划指导，优化文化产业的产业布局和空间布局，培育出一批文化产业示范性园区（基地），建成一批文化产业强省、强市和区域文化产业集群，初步形成文化产业的规模化、集聚化发展态势。

第一，文化产业园区和基地规划建设得到加强。我国文化创意产业园区从 20 世纪 90 年代起步，到 2002 年末建成 48 个，2012 年达到 1457 个，2014 年达到 3500 个。据不完全统计，2016 年全国文化产业园区超过 2500 家，其中国家已命名的文化创意产业各类相关基地、园区超过 350 个。此外，2017 年 4 月，《文化部“十三五”时期文化发展改革规划》明确提出，“十三五”期间，要培育一批集聚功能和辐射作用明显的国家级文化产业园区。①

第二，区域文化产业发展得到促进。在“十二五”时期提出东中西部协调发展的基础上，《文化部“十三五”时期文化产业发

① 目前的园区正在进行由综合型园区向特色化、专业化园区转变，由封闭管理式园区向开放融合式园区转变，由单纯经营空间园区向经营园区品牌转变，由追求经济效益向经济效益和社会效益相统一园区转变。

展规划》进一步深化区域协同，“以区域发展总体战略为基础，以三大战略为引领，引导各地根据资源禀赋和功能定位，走特色化、差异化发展之路”。

四、总结

无论怎样划分文化产业的发展历程，都需要抓住这个时期的最主要特征。除对文化产业历程进行分期之外，还有一些内容不可忽视。

一是对当下文化发展中文化资源的再利用。这包括文化遗产保护和文化多样性，文化资源和创意产业塑造等问题。

二是文化治理。和国家治理一样，文化治理也是一个渐进的过程，其中包括文化建设和文化发展的战略问题，也包括公共文化服务的文化治理问题。

三是文化经济。当下文化产业成为国民经济支柱性产业已经不再是号召，具有很强的前瞻性。除此之外，文化产业的集群发展带来的园区建设和功能区建设的问题，以及文化产业融合问题亦需要关照。

四是文化软实力。比较突出的问题是全球化文化贸易、文化交流和文化自信，以及文化权利和文化安全的问题。

五是用文化来涵养未来。2050 年伟大复兴的文明强国要有自己独特的标志，这样的背景下文化产业发展需要注意四点：立法要提速，产业结构深度优化，科学技术强力支撑，文化贸易“走心入脑”。

光明网：回顾改革开放 40 年，我国文化产业发展取得了怎样

的成绩？

第一，文化产业规模不断扩大。改革开放 40 年尤其是最近 20 年，我国文化产业呈现出快速增长的态势。从对国民经济增长的贡献率看，文化产业增加值占 GDP 的比重由 2004 年的 2.15% 提高到 2017 年的 4.29%，增加了 2.14 个百分点，占比逐年提高，对 GDP 增量的贡献年平均达到 4.7%。可以说，目前文化产业增长速度已经进入改革开放 40 年来最快的一个阶段，文化产业在转变经济发展方式，推动国民经济保持稳定健康发展中发挥着越来越重要的作用。

另外，现在全国范围内文化产业园区的数量也在快速增长之中。据不完全统计，2016 年全国文化产业园区超过 2500 家，其中国家已命名的文化创意产业各类相关基地、园区超过 350 个。最近几年，区域文化产业发展也得到促进。从 2014 年京津冀协同发展战略提出到 2015 年《推动共建丝绸之路经济带和 21 世纪海上丝绸之路的愿景与行动》发布，从 2016 年 9 月《长江经济带发展规划纲要》正式印发到 2017 年 4 月具备“千年大计、国家大事”高度的雄安新区设立，区域发展不再是简单割裂的资源共享——打破界限、联动发展，区域文化发展进入新格局。[①]

第二，新兴文化业态不断出现。在“互联网 +”的时代背景下，文化产业与其他产业实现更为深入的融合，极大拉动了电影、电视、新闻出版、演艺等传统文化产业进行数字化转型，数字出版、手机游戏、网络文学、自媒体等新兴文化业态不断出现。

---

① 《河北雄安新区规划纲要》提出高起点布局高端高新产业，其中，明确的产业发展重点就包括数字规划、数字创意、智慧教育在内的高端现代服务业，发展创意设计、高端影视等文化产业，打造国际文化交流重要基地。

第三，公共文化成为文化建设重要阵地。伴随经济快速发展和物质文化生活极大丰富，公共财政对文化建设的投入日益增加，公共文化设施建设力度不断加大，公共文化服务体系的建设从法律层面得到了保障，有力支持了公共文化事业的繁荣发展。在党的十九大报告中，“人民美好生活”是一个高频词，先后在全文中出现过 14 次，足以见其重要性、现实性与紧迫性。在解决了温饱之后，文化消费必然成为“人民美好生活”很重要的一个方面。[①] 文化消费的内容生产也在为公共文化提供服务，包括图书、音乐、演艺活动及非遗的一些传承保护。

第四，文化产业结构不断优化。改革开放以前，文化产业结构单一。经过 40 年的改革开放，社会各界投资文化企业的热情高涨，以公有制为主体，多种所有制共同发展的文化产业所有制结构基本形成，小微企业成为发展创新的亮点，为我国文化产业的长远健康发展奠定了重要的基础。

第五，文化贸易比重逐渐加大。随着改革开放不断深入，我国对外贸易中的文化贸易比重越来越大。国务院《关于加快发展对外文化贸易的意见》出台后，我国文化贸易迈上新台阶，文化产品进出口连续多年保持顺差，文化服务贸易提质增效，与“一带一路”沿线国家合作取得积极进展。

光明网：40 年来，我国文化产业发展取得的经验对今天文化产业的发展有哪些借鉴意义？

第一，文化产业发展与国民经济发展紧密相连。国民经济发

① “衣食足而知荣辱，仓廪实而知礼节”，富起来、更自信的中国人必然会有更为丰富的文化消费。增加优质文化产品供给能力尤为重要。

展的速度及其结构对文化产业影响很大。例如，我们现在提倡大力发展数字经济，其中很多数字内容的生产就和文化产业发展息息相关。

第二，文化产业发展需要立法给予保证。文化产业的发展需要我们通过立法给予保证，特别是新兴文化业态需要纳入法治的轨道，才能够健康有序地发展。[①]

第三，用全球化思维发展文化产业。随着互联网的发展，我国文化产业“全球化”进程提速加快，已从传统的“引进来”转向“引进来”与“走出去”双向并举、齐头并进的格局。随之而来的是，文化产品、文化内容、文化人才也在全球化的道路上越走越快、越走越远。如何利用全球化思维发展我国的文化产业是现阶段我们应该重点考虑的问题。

① 《文化产业促进法》迟迟没有诞生，不仅是由于文化领域立法具有特殊性，而且还有立法框架缺少等原因。这部法律在十三届全国人大一次会议上被建议纳入五年立法规划，传达出了积极的信号。

94 年风雨砥砺的文化建设之路：以此为党的生日献礼

2015 年 7 月 1 日是中国共产党成立 94 年纪念日。94 年来，从理想激荡的南湖红船，到“四个全面”战略布局；从建党之初的几十位时代先驱，到如今数以千万计的共产党员，中国共产党与中国特色社会主义的道路日渐开阔。恩格斯说：“文化上的每一进步，都是迈向自由的一步。”94 年风雨砥砺，中国共产党始终肩负着先进文化建设的重任，不断推动文化建设向前发展。在这个特殊的日子，我们回顾中国共产党的文化建设历程，展望文化建设的美好未来，以此来为党庆生。

文化是经济、政治的反映，作为与政治建设、经济建设、社会建设和生态文明建设五位一体的文化建设，已成为中国发展的重要组成部分。九十余年的发展中，中国共产党的文化建设从无到有，从少到多，由弱到强，不断完善，这个过程中有挫折，也有发展。

一、来时的路：中国共产党文化建设历程小览

（一）混沌与交锋

中国共产党诞生前后正逢中国新旧文化交锋，各种思想不断碰撞的混沌之时。[①] 被誉为“中国历史上空前的思想大解放运动”的新文化运动，不仅推动了中国自然科学的发展，更为马克思主义在中国的传播创造了条件，为五四运动爆发奠定了思想基础。陈独秀、毛泽东等中国共产党老一辈领导人都是自新文化运动开始接受马克思主义，并将其运用到革命实践当中去。

（二）那片坚守的文化阵地

中国共产党在建党初期斗争残酷异常的年代里依然不忘文化发展这块阵地。20 世纪 20 年代末至 30 年代，中国共产党在军事和政治方面面临严峻的困难，但仍领导了左翼文化运动，创作出许多优秀作品，宣传了马克思主义文艺理论。延安时期，中国共产党领导下的陕甘宁边区及各根据地在文化建设，尤其是在乡村文化建设方面创造了辉煌业绩，在普及文化教育、繁荣文化艺术等方面进行了大量努力。抗日战争时期，为坚持抗日民族统一战线，争取抗战最后胜利，以毛泽东为代表的中国共产党人提出：大力加强根据地文化建设，以文化发展繁荣促进根据地政治、经济、军事建设，凝聚起人民群众的伟大力量。

---

① 从五四文化到左翼文化，从农村文化到苏区文化，从抗日文化到延安文化，从新民主主义文化到社会主义文化，从社会主义精神文明到中国特色社会主义文化，中国共产党始终是文化创新的主动践行者，经验教训的汲取者，文化创新自强的推动者。

（三）义不容辞的文化担当

新中国成立后，文化建设的恢复发展成为中国共产党义不容辞的责任。在社会主义建设的第一个十年间，党在总结新中国成立初期科学文化事业建设经验的基础上，提出了“百花齐放、百家争鸣”的方针[①]，引导文艺科学等社会事业取得了巨大成就。十一届三中全会后，党和国家各项事业出现新的转机，文化建设重新走上正确轨道，并提出“文艺为人民服务、为社会主义服务”的方向，实现了对文艺思想的拨乱反正，也为中国特色社会主义文化建设明确了方向。

（四）万花筒，文化建设蓄势待发

改革开放后，文化建设的重要性不断提升，党对于文化建设的理论方针不断完善。中国共产党要始终代表中国先进文化的前进方向，坚持“以人为本”的科学发展观，坚持“八荣八耻”为标准的社会主义荣辱观等，不断引领先进文化前进方向，成为中国特色社会主义文化建设的理论指导。党的十八届三中全会明确指出，要紧紧围绕建设社会主义核心价值体系、社会主义文化强国深化文化体制改革，加快完善文化管理体制和文化生产经营机制，推动社会主义文化大发展大繁荣。在社会主义文化建设的核心导向下，我国文化建设在深化体制改革的背景下不断推进，文

① 这个方针的提出，有着深刻的社会历史背景。当时，在科学文化领域内仍然存在着某些“左”的思想影响，在学术、文化和艺术问题上动辄打棍子、扣帽子的情况时有发生。这与党和国家面临的形势与任务是不相适应的。针对这种情况，中央政治局扩大会议提出要把政治思想问题同学术、艺术和技术性质的问题区分开来，为了发展文化和科学，要贯彻毛泽东过去吸收党内意见分别提过的“百花齐放、百家争鸣”的口号。

化体制机制创新成果渐渐显现[①]。

二、勾勒蓝图：对文化建设的反思

砥砺九十载，幸福亿万人。中国共产党领导的文化建设吸取教训、积累经验，中国特色社会主义文化建设逐渐发展成型。学史可以看成败、鉴得失、知兴替，回顾党的文化建设，我们还需进行深刻反思。

（一）回顾党的文化建设历史，必须坚持党对文化建设的领导

无论是在战争年代，还是在异常辛苦的抗日战争时期，只要党在文化建设方面理直气壮、全神贯注，文化建设均会取得丰硕的成果。因此，我们要坚持党对文化工作的领导，而在这一方面党要身体力行，把文化建设抓好抓实，在不断变化的形势中开拓创新。

（二）文化建设不是权宜之计

在夺取政权的过程中，文化建设起到巨大作用，不论是左联还是抗战时期的延安文艺座谈会，文化建设都是革命工作的重要保证。在今天的社会主义建设过程中，文化建设是“五位一体”的重要组成，更是国家软实力、硬实力建设都离不开的重要方面，也是全心全意为人民服务的必然要求。所以，文化建设绝对不是权宜之计，不是搭台唱戏的形式主义。

（三）要寻找文化建设的规律

文化建设不是搞政治运动，不是大战役，她润物细无声，通

---

① 文化生活的丰富多彩是我们看得到的实实在在的变化。近年来，无论是文化产业发展还是公共文化建设，人们的文化需求在不断得到满足。

过找寻文化建设规律，我们要在文化建设中找到那些适合当下社会发展的有效途径[①]。因此，管理文化建设的人，一定要懂文化、了解文化、爱文化，要能够和文化界人士打成一片，想其所想、述其所说，一切从文化建设的规律出发。这是文化管理的一个重要前提。在这方面，我们的领导干部还需要不断提升。文化建设是有规律可循的，但是在社会快速发展，文化新现象层出不穷的今天，文化的动态式管理需要在遵循文化建设规律的前提下不断跟进。

（四）在文化建设中要始终铭记“我是谁，为了谁？”

在实行“双百方针”的过程中，非常重要的一方面内容就是在延安文艺座谈会上讲话中提出的为工农兵、为广大人民群众、为我们的社会主义建设服务。我是谁？为了谁？反思今天的文化建设，这一根本性内容似乎并没有牢牢抓住。现在所表现出的文化泛滥，尤其是一些不健康文化的传播，究其原因在于没有牢牢把握“我是谁，为了谁”的根本方向。

（五）要充分认识文化建设在当下的复杂性

互联网时代的变革是广泛而深刻的，它不是技术变革，而是思维的颠覆，社会管理的颠覆，传播理念的颠覆。在这种情况下，我们能否真正了解文化现象的特殊性及文化建设的新问题，并创造性地提出文化建设的新方法，是考验执政党的重要方面。在互联网时代，以传统方式与观念来认识文化现象、传播文化理念大错特错，因为文化传播的时代环境已经改变。凭借媒体的权威性

① 文化建设有其自身特殊性，把握规律是必需的前提。当然，这是有难度的，需要全面理解，深入分析，勇于实践，敢于试错。

来获得人们信任与认可的年代已经过去；仅仅依靠一纸文件就可以将人统一在一个规范的核心价值体系之内的时代已一去不复返；自上而下传达、受众被动接受的可能性也越来越小。因此，通过现代的沟通手段，让人们发自内心地接受，才是文化建设、文化传播的关键。

（六）青年人是文化建设的未来

抓主流、抓领导干部，是文化建设的重要方面，但未来终究是属于年轻一代的。年轻人的思维是全新的，他们生在互联网环境下，成长在改革开放社会主义现代化建设的美好中。他们没有新旧社会两重天的对比，也没有对中国百年苦难历程的深刻感受。随着西方的电影、动漫等文化产品的不断涌入，西方价值观在无形中进入到越来越多年轻人的文化细胞当中，他们被西方文化渗透，受到深刻影响。这足以看到文化建设对国家未来建设的重要性，文化立国、文化强国不是一句空话，要把它实实在在地落地要从年轻人抓起①。

（七）要冷静看待文化建设的现状，理性剖析文化建设的问题

改革开放以来，我国的经济成就举世瞩目，但文化建设方面却存在脱节现象。今天，值得我们反思的内容太多太多。能否形成文化的高度认同、高度自觉，是目前的一大挑战。在党的94岁生日回顾党史，回顾党文化建设的历程，要从当下文化建设的实际问题出发，冷静看待，寻找不足。六年后，我们将迎来建党一百周年。我们已经有8000多万共产党员，有着雄厚的经济社会

---

①　众多好莱坞大片在中国尝到了甜头，制片公司也开始考虑如何更好地讨好中国的观众。以前只是简单地在片中穿插少量“中国元素”，如今的好莱坞大片甚至生硬造出“国际版”和“中国特供版”双版本，真是太荒诞了！

基础和强大的军事实力，社会主义建设局面一片大好。在这种情况下，系统性回顾与梳理文化建设，找到文化建设的实际问题是非常必要的。

（本文被山东省文化和旅游厅全文转载，详见 http：//www.sdwht.gov.cn/html/2015/jrjd_0703/21964.html2015-07-03）

深化文化体制改革：既要改存量，更要改增量

2015年2月27日，中共中央总书记、中央全面深化改革领导小组组长习近平主持召开中央全面深化改革领导小组第十次会议并发表重要讲话。会议强调：协调抓好党的十八届三中、四中全会改革举措，推出一批能叫得响、立得住、群众认可的硬招实招，处理好改革“最先一公里”和“最后一公里”的关系，突破“中梗阻”，防止不作为，把改革方案的含金量充分展示出来，让人民群众有更多获得感。

一、“改革”用成果证明了自身的必要性

从2003年的文化体制改革元年到2015年的改革关键之年，我国的文化体制改革逐步深化，将全面进入落地攻坚期。[1] 改革本身就是一场深刻的社会变革，必然要求进行利益调整、体制转换和观念更新，文化因其自身的意识形态特性，使得文化体制改

① 2014年2月28日，习近平总书记主持召开中央全面深化改革领导小组第二次会议，审议通过了《深化文化体制改革实施方案》，标志着我国新一轮文化体制改革开始进入全面实施阶段。

革与政治体制改革紧密相连，具有其政治性、敏感性。改革初期，不少人对此持怀疑态度。

十多年来，在党中央的科学决策和正确领导下，文化体制改革通过自身的成绩证明了改革的必要性，同时也在实践中丰富了社会主义文化建设理论。改革基本完成了出版、影视制作、发行、广电传输和一般国有文艺院团、非时政类报刊出版单位等国有经营性文化单位转企改制。截至2013年上半年，全国共注销经营性文化事业单位法人近7000家，核销事业编制近30万个，重塑了一大批新型市场主体，国有或国有控股文化企业的实力活力竞争力大大增强。覆盖城乡的公共文化服务体系框架基本建立，文化产业规模和实力不断壮大。[①] 截至2013年底，我国文化法人单位为91.8万户，从业人员（不含个体户）共约1760万人，文化产业增加值为2.135万亿元，占GDP3.63%。改革过程中，尽管会出现这样那样的问题，而这都是不可避免的，也是前进中的文化大国所必须面对的，但是总体而言，文化体制改革取得了极大的成绩，有力地释放了文化生产力。

二、“增量改革”：文化改革的副产品作为深入改革的新动力

文化体制改革的对象，不是文化工作者，不是艺术家，而是束缚文化发展的观念和体制。纵观文化体制改革的十年历程，如果说“十一五”“十二五”是针对原有文化体制弊端进行“存量改

① 2014年国务院发布的《关于印发文化体制改革中经营性文化事业单位转制为企业和进一步支持文化企业发展两个规定的通知》中，对财政税收、投资融资、资产管理、土地处置、收入分配、社会保障、人员安置、工商管理等多方面出台了支持政策。

革”的话，那么当前的改革已经是“增量改革”了，即不仅要解决传统文化体制依然存在的问题和弊端，更要破解文化体制改革以来的许多新矛盾和新问题。这些新矛盾和新问题是改革红利必然的“副产品”，也是“十三五”深入改革的重要领域。

譬如，改制文化企业依然采用行政级别进行管理。事业单位的特征在于其层级性，而市场主体只有分工和规模的不同，而无行政级别的区分。公平竞争是市场进行资源配置的必要条件，转制文化企业要进入市场独立运营，最重要的一条就是去行政化。[①]改革中，为了完成转制任务，通过行政命令组建文化产业集团不是个别现象。转制后的一些企业依托其与政府的紧密关系继续获得稀缺资源从而得到市场垄断地位，而没有逐渐增长适应市场竞争的能力。

又如，改制企业行为保守，文化不作为现象严重。国家提出对转制企业要“扶上马送一程”。不少企业享受着国家的优惠政策，拿着国家的扶持资金却不思进取，仍然是计划经济时代“吃大锅饭”的圈养状态，不主动接近市场，而是机械地依靠国家的各类优惠措施和政策被动前行[②]；或是害怕市场依然裹足不前，以“国有资产保值增值”为前提，夸大市场风险，无所作为。这种“只输血不造血”的行为实质上都是变相的国有文化资产的流失。优质文化资产不增值就是贬值和流失。

再次，转制后政府如何有效管理国有文化资产也是需要继续

---

① 市场经济背景下，企业活力的释放就必须通过文化体制改革的大力推进来实现。

② 这种现象对我国文化的发展极为不利，是一种对资源的浪费。化被动为主动，才是在市场中制胜的关键。

探索的问题。“十二五”期间，中央及各省市都在摸索建立健全新型国有文化资产管理体制。国家层面，财政部成立了中央文化企业国有文化资产监督管理领导小组办公室；省市层面，北京成立了独立的国有文化资产监督管理办公室开展国有资产的管理工作。湖南省在省委宣传部加挂省国有文化资产监督管理委员会的牌子[①]，将省财政厅内设的省级国有文化企业资产监督管理领导小组办公室划归省委宣传部实行统一管理。不同的模式都在探索中。如何有效实现国有文化资产管人管事管资产管导向相统一的问题将是“十三五”全面深入文化体制改革中所必须思考和突破的机制问题。

在改革中出现的类似问题还有不少：如，事业单位转企后艺术人才的职称评定、养老问题如何解决？经济效益与社会效益如何实现统一？有些观点认为是改革导致了这些问题。这种片面的观点只看到了改革中所暴露的问题，而没有注意到改革的成绩。换言之，正是通过改革我们才发现了这些深层次的问题，才有了深入改革的动力。因此，对于这些“增量改革”，既要勇于直面改革中出现的问题，又要坚定改革的决心和信心，以敢于“啃硬骨头”、勇于“涉险滩”的勇气和一往无前的精神通过改革去解决改革中出现的问题，努力追求改革“低投入、高产出”的边际效应[②]。

---

① 2012 至 2017 年，财政部连续 6 年发布《国有文化企业改革发展报告》。2017 年，财政部联合中宣部首次将文化企业改革情况写入报告，以“十三五”时期深化文化体制改革任务为重点，对 2016 年度国有文化企业社会效益和经济效益进行多角度多层次分析。

② 改革需要的是勇气，面对的是各种各样的困难，但改革终究是发展途中所必须经历的过程。

三、全面深入改革：顶层设计、依法改革与文化民生

尽管文化体制改革10年来积累了许多重要的经验，但还有许多不完善的地方。某些环节的改革可能需要很长的时间去实现。因此，深入改革的核心在于顶层设计，重点在于依法改革，落脚点在于群众得实惠①。

一方面，要更好地发挥政府的政策调节、市场监管、社会管理和公共服务职能。按照政企分开、政事分开原则，推动党政部门与其所属的文化企事业单位进一步理顺关系，赋予企事业单位更多的法人自主权，尽快完善现代企业管理制度，让市场发挥资源配置的决定性作用。

另一方面，要加大文化法律法规建设。文化法律法规是对文化建设规律的概括和总结，具有极强的稳定性、规范性和强制性。新时期的改革是依法改革，要把文化建设实践中形成的新成果、新经验用法律的形式固定下来，这就为新时期文化体制改革发展提供了更为科学、更为具体的遵循，有利于文化体制改革持续稳定发展，有利于更加有效地解决改革中遇到的新问题②。

第三，要高度重视群众对于文化的“获得感”。要坚持以人民为中心推动改革的原则，善于将改革的成果转化为群众的实惠，让老百姓能够从现实的文化消费中感知改革得来的好处，享受到改革的成果，从心底拥护改革、支持改革。

---

① 改革是大事，要全面统筹方可实现资源价值的最大化。

② 文化立法是我国法制建设中需要重点关注的地方；弥补文化立法的缺陷，是文化体制改革中需要重视的关键一环。

文化产业规划的三个关键问题

2014年，应各地文化主管部门的邀请，范周教授调研了河北、重庆、浙江、山东等地的文化发展情况。2016年是“十三五”的开局之年，当前各个地区都把工作的重心放在谋划“十三五”文化产业规划上。重视规划是好事，是科学治理的具体表现。但是，如何让规划落地、管用、对路，是我们每个规划编制单位都应思考的问题。规划的编制不是一张纸挂在墙上，而是要落在地上。文化产业规划要注意好顶层设计、空间布局和效益分析这三个关键问题。要坚持设计先行，在科学充分调研的基础上，对规划各个环做出科学并切合实际的顶层设计，还要对区域文化产业发展的空间布局予以全面考虑，在经济效益和社会效益的分析过程中，兼顾各个方面的利益和诉求。

一、顶层设计是根本，有效沟通是前提

（一）牵一发而动全身：重大项目的设计当审慎

重大项目的设计一定要注重其在区域文化产业发展中发挥牵动作用和龙头作用。要在现有基础上，有效嫁接和融合各种资源，积极促使这些项目落地。在项目的规划中要紧密结合市场要素，做到切实可行。例如万达集团在武汉打造的大型舞台

演艺节目——“汉秀”，就是吸收了楚汉文化的特色，结合了武汉当地的资源和优势，在整个区域的文化产业发展中起到了引领作用。[①]

项目的设计一定要结合当地文化产业基础，使其具有可操作性。这些项目大多是在原有发展的基础上推陈出新，从文化创意的方面加以改造，在产业附加值和新型业态方面有所提升。这些项目作为产业链中的关键环节，在支撑区域文化产业发展中发挥着重要的作用。例如安徽芜湖的方特主题乐园在一期的基础上又扩建了二期项目，不仅丰富了游客文化休闲体验，而且在产业链条上也得到了有效延展。[②]

项目的分类通常为重点培育、一般支持和限制发展几大类。其中，重点培育的大多是当地文化产业发展中的一些关键性项目。这类项目通常是有基础、有条件，而且能够落地的，同时也能够快速带动本区域的发展。一般性项目则应该兼顾整个产业链的上下游环节，其中有一部分还应与当地的公共文化事业建设做到有的放矢。

项目的设计一定要在原则论述的基础上给出可行性研究报告。其中应该包括项目市场要素的已有情况，同类项目的比较，项目发展当中的市场前景分析和投资主体分析等。这些既是项目发展的前提，也是项目提出的依据。例如杭州的实景山水演出——宋城千古情就是综合分析了国内演艺市场的各种要素，结合杭州自

① 文化规划的编制一定抓住重点，不能“眉毛胡子一把抓”，要分清主次，抓住主要矛盾和矛盾的主要方面，而这些哲学原理在实际指导政府的执行时会遇到错综复杂的问题。

② 文化规划的编制不能“纸上谈兵”，没有调研就没有发言权，不能拍脑门进行决策。

身的市场特点而打造的。

项目的论证一定要和区域的整体规划，尤其是土地规划和城市建设规划相结合。许多暂时用地不多、条件不适宜在本地区发展的项目应作为储备项目在规划的远景目标中得以体现。而前期规划中需要落地的项目一定要和现有的区域规划相衔接、相一致。例如西安的大唐芙蓉园就契合了西安市的整体规划和布局，在城市发展中起到了画龙点睛的作用。[①]

项目的设计一定要避免出现雷同。不应忽略规划周边地区同类项目的市场调研和比较，更不应提出缺乏市场活力和竞争力的项目。所以每一个项目的落地，都应该是充满创意的；每一个项目的提出，都应该是从实际出发的；每一个项目的分析，都应该是科学严谨的。[②]综上所述，在规划的编制中项目环节是极为重要的。只有能够逐一落地的好项目，才能支撑整个规划的目标和定位得以实现。因此在规划的项目章节中一定要浓墨重彩，一定要分析得科学实际，一定要让这些项目与市场的各种要素紧密地结合在一起。

（二）项目沟通很重要，协作创造共赢

加强党委和政府的沟通。在沟通中，应该尽量从全局出发，了解党委和政府对于规划的主要目的、基本思路等，知己知彼才能做好规划的编制工作，切忌闭门造车。在这一方面，要特别注意的是，千万不能拿其他规划来硬套我们正在进行的规划工作。每一个规划都要从零开始、从实际出发，从党委和政府的需要和

---

① 文化规划要处理好整体与部分的关系，部分如果脱离整理发展只能是“无水之鱼”，所以顶层设计非常重要。

② 千篇一律容易产生资源浪费、恶性竞争。

规划本身的需求出发。[①]

综合立体听取意见。既要听取党委政府主要负责同志的意见，也要听取各分管部门，特别是文化和宣传部门的意见，同时还要兼听发改、规划、土地等服务发展要素部门的意见。与此同时，还应当做到与税收的承受力、财政的吸纳力及就业的期望有机结合起来。[②]

积极听取广大从业人员的意见。积极听取广大从业人员的意见，特别是要专门听取企业家的意见。企业是文化产业发展的主体，是文化产业能够付诸实施的最关键环节。因此，多听一些企业的意见，多听一些来自市场的意见，这对我们规划编制的最后决策是至关重要的。一方面，要充分听取一些文化产业龙头企业的意见；另一方面，要听取中小微企业的意见。中小微文化企业是市场中非常活跃的主体。据抽样调查测算，目前我国小微文化企业的数量已占到文化企业总数的80%以上，从业人员约占到文化产业从业人员总数的77%，实现增加值约占文化产业增加值的60%，所以这部分企业的意见也至关重要。

重视领军人才的意见。我们经常谈人才，往往是说某个地区有什么人才，而这是一个错误的判断。人才是属于社会的，对于社会的人才，最关键的问题是用什么样的政策吸引他们为社会服务。许多产业往往是一个人的产业和行业。从这个方面来说，著名的文化产业领军人物就是行业最好的号召力和旗手。所以，要重视领军人

---

① 在文化项目的规划与实施过程中要自始至终处理好党委领导和政府执行的关系，实现组织内部的统一与协调。

② 文化规划的制定与实施不是某一个部门的事情，而是需要各个部门协同发展、相互配合才能实现的工程，不能单打独斗。

物对规划的意见，将规划与他们的事业发展相结合。[①]

广泛发动群众。应该特别注意的是，规划的编制过程实际上就是发动群众的过程，征求意见的过程就是统一思想的过程，规划出炉之前的评审过程就是一个宣传、扩大影响乃至于招商的过程。在各个节点中，要充分发动群众的力量，利用好各方面因素做好规划的意见征求工作和媒体宣传工作。[②]

二、空间布局："纸上谈兵"的智慧

（一）发挥核心区域的引擎作用

在核心点上要找到能带动相关产业发展的最有活力的区域，可以是"一轴"，也可以是"一极"，但归根结底，它要能起到牵一发而动全身的作用。在北京市发布的《文化创意产业功能区建设发展规划（2014—2020年）》中就提出，从产业门类、产业链环节和产业发展阶段三个方面，系统梳理北京市各区县文化创意产业发展基础和资源条件，规划形成"一核、一带、两轴、多中心"的功能区空间发展格局和与之相适应的"两条主线带动，七大板块支撑"的功能区产业支撑体系，着力建设20个文化创意产业功能区。其中，这里的"一核"就是以首都功能核心区为空间载体的"中心城文化核"。它承载着北京厚重的历史文脉和老字号品牌文化资源，可以说是老北京精气神最集中的地方，将对于北

① 政府在制定和实施规划的过程中要积极吸收业界的领军人才，加强智库建设，为规划的落地提供智力支撑。

② 文化规划的落地不是单纯依靠政府就能实现的，而是需要政府、行业组织、企业和社会民众"三位一体"、协同发展。

京历史文化名城的建设和保护、传统街区风貌的传承和复兴起到以点带面、带头引领的作用。

（二）围绕核心进行支撑

核心区域的带动力需要有城市文化发展的中坚力量进行支撑，它们通常是在两翼或者是一条带上。这种支撑往往是完整产业链条的组成部分，或是与其他产业融合程度高，在空间布局中应该对此予以充分考虑。在《上海市“十三五”时期文化改革发展规划》中，上海市提出未来五年努力建设全国文化中心和基本建成国际文化大都市的行动纲领和基本遵循，形成“两轴一廊、双核多点”的城市文化空间发展新格局[①]。这里的“两轴”分别为东西向城市文化发展轴和南北向城市文化发展轴。前者沿虹桥商务区、人民广场、外滩、陆家嘴到浦东空港地区，是体现上海国际城市文化发展的主轴；后者沿宝山、杨浦、世博地区到闵行，是体现上海城市历史文脉和世界级文博区的黄浦江文化发展轴；“一廊”则是挖掘和开发苏州河沿岸都市文化景观的长廊，着力开发黄浦江两岸公共空间，提升黄浦江文化发展轴的重要地位。

（三）组团发展搞好“小气候”

空间布局中常常出现一些组团现象，不仅是物理上的相互关联关系，还体现在产业链内部的协同创新。不少地方在规划中阐明了要重点发展的方向，在落实中各区域都希望在重点方向上崭

① 上海的“双核”是人民广场和浦东花木地区。人民广场有上海博物馆、上海大剧院、上海音乐厅，以及上海市历史博物馆、上海大世界传艺中心；浦东花木地区有上海科技馆、上海东方艺术中心等。

露头角，然而却陷入了同质化竞争、毫无特色的窘境。我们所说的“组团”[①]，不是舍近求远、刻意规避，而是在充分挖掘特色的基础上，形成一个互为支撑、彼此协作的“小气候”设计。深圳市在进行“十三五”规划时就提出，要按照“一区一大项目、一街道一园区”的原则来优化深圳文化产业的空间布局。在具体实践中，各区域准确定位，发挥自身特色优势，为深圳核心的文化产业资源营造了良好的发展环境。譬如，福田区利用在创意设计、传媒出版、数字内容、艺术培训、高雅艺术演出、会展等产业方面的资源优势，建设了一批富有影响力的文化产业集聚基地；宝安区将印刷包装业、工艺美术业、设计产业列为文化产业的支柱行业；龙岗区工艺美术业和印刷业发展迅猛[②]。

（四）做强“虚拟空间”

在现代空间理论中，有人提出“虚拟空间”的概念，这恰恰是文化创意产业区别于传统产业的一个重要特征。一个区域的精神特质、文化氛围构成了这一地区虚拟的文化发展空间，对这里的人才、产业、技术等实体资源的引导和聚集发挥着源源不断的促进作用。一所大学就是一个很好的创意产业园，也是一个整体的文化产业孵化器。依托斯坦福大学发展起来的美国“硅谷”便是一个很好的例子。可以说，斯坦福大学是众多伟大创新的策源地，为硅谷的形成和崛起奠定了坚实的基础，培养了

---

① 组团式发展的根本目的是竞合发展。

② 深圳是一座充满活力的移民城市，多元、包容的城市文化，层出不穷的新观念、新精神，无形中构成了深圳文化产业发展的观念优势。深圳人的市场观念、开放观念、创新观念和竞争观念，以及鼓励创新、宽容失败、脚踏实地、追求卓越的城市精神，培育了深圳特有的文化价值观，为文化产业发展提供了精神动力。

众多高科技公司的领导者，包括谷歌、惠普、雅虎、耐克、罗技、特斯拉、火狐、艺电、Sun、NVIDIA、思科及 eBay 等公司的创始人①。今天，这个不到美国国土面积万分之一的狭长地带吸引了来自世界各国多达百万的科技人员，近千名美国科学院院士在这里任职，其中包括近百名诺贝尔奖、图灵奖和香浓奖的获奖者。

（五）突出文化地标

在兼顾以上原则的同时，还应该体现出一定的亮点和特色，也就是说，在空间布局中要有一定的“地标式”的文化产业建筑和设计。纽约的自由女神像、伦敦的海德公园一号，乃至中国天津火车站前的标志大钟等，不胜枚举。这些地标不仅仅表现在其造型上的“亮眼”，还体现了文化产业城市发展中的时代先驱性、产业引领性，以及操作过程中的创意性和新颖性②。文化地标不仅仅是一种城市摆设，还蕴含了这座城市的文化精神，同时，它们本身就是一件将城市文化精神艺术化了的精神雕塑。2016年，《福布斯》杂志中文版从全球入选的无数当代建筑形态中，根据地理标志、大师手笔、空间美学、运营品质、文化内涵、品牌影响 6 大价值维度，甄选出“福布斯 2016 全球 20 大文化地标”，其中广州塔、三里屯太古里、台北 101、天山·世界之门、上海新天地、上海中心大厦、中国国际贸易中心等 7 个中国地标入选。

① 拉里·佩奇和谢尔盖·布林创办谷歌（Google）公司后，有成百上千人从斯坦福大学加入谷歌，这些人才是谷歌崛起的关键。

② “魔都”陆家嘴的“厨房三件套”“开瓶器组合”也是文化地标。

三、效益分析：可持续性的有效保障

（一）文化产业规划应该首先体现社会效益

文化企业同一般企业不同，因其提供精神产品、传播思想信息、担负文化传承使命，而具有了意识形态的属性。在文化产业建设中，应该首先发挥“以文化人”的根本性作用。因为文化产业是社会主义精神文明建设的重要组成部分，所有的定位、项目和规划的内容都应该紧紧地围绕着社会效益的宗旨来进行。2015年，中办、国办印发《关于推动国有文化企业把社会效益放在首位、实现社会效益和经济效益相统一的指导意见》，[①]明确提出坚持社会效益优先，坚持社会主义先进文化的前进方向，是国有文化企业改革必须坚持的基本准绳。在当前国企改革的大背景下和大框架下，这一政策对文化企业的例外需求和发展规律给予了充分尊重，同时也对“唯票房、唯收视率、唯发行量、唯点击率”等种种问题进行了批驳。

（二）文化产业规划应兼顾自身的产业属性

文化产业在自身的产业属性中，应该凸显出其独有特性——创意。在创意的作用下，文化产业的经济效益应该表现为超常规的、跨越式的发展，而不是一般性地按照传统产业门类去思考、去计算。这也是文化产业发展的独有要求。2018年，国家统计局颁布了新修订的《文化及相关产业分类（2018）》。为什么变？有

① 强调内容导向与坚持市场规律并不是非此即彼的关系，两者可以也一定是辩证统一的。

哪些新变化？众所周知，分类标准是文化产业统计工作的前提和基础。2004 年，我国研究制定了《文化及相关产业分类》，并作为国家统计标准颁布实施[①]。这也是文化产业分类标准首次亮相。现如今，随着互联网时代的到来，以“互联网 +”为依托的文化新业态不断涌现并迅猛发展，日益成为文化产业新的增长点，理应把这些新业态及时纳入统计范围。因此，新修订的分类增加了符合文化及相关产业定义的活动小类，包括互联网文化娱乐平台、观光旅游航空服务、娱乐用智能无人飞行器制造、可穿戴文化设备和其他智能文化消费设备制造等文化新业态，很好地体现了当前文化产业发展的大趋势。

（三）文化产业效益估算基本维度

在文化产业的社会效益中有两个基本点不能忽略，分别是社会影响力和解决就业率。在整个文化产业规划中所实施的各种项目应具有很强的社会影响力、号召力和感召力。此外一些项目虽然在产值和税收上贡献有限，但能为社会解决大量就业，这也是效益上的重大贡献。在这方面，我们应该解读欧美国家的文化产业发展政策，把解决就业纳入文化产业发展的要素之中。以福建省泰宁县为例。该县为了提高农民收入，促进产业转型升级，积极发展县域文化旅游。截至 2010 年，全县从事旅游产业的人数高达 2.1 万，占全县劳动人口的 34%，解决了大量农村人口就业。

此外，文化产业的效益估算还应该考虑它对创新发展的引领程度，以及对相关产业的带动力。文化产业的效益分析不能是单

① 2018 年文化及相关产业分类中，新增“文化投资运营”大类，创意产业的发展离不开文化投资，一轮又一轮的风险投资将孕育出一大批文化产业的“独角兽”。

纯基于产业和产品的分析，应该综合考虑到对周边产业、周边行业的复合影响。例如在上海同济大学周边形成的“环同济知识经济圈”十年来产值增长了17倍，带动就业约2.4万人，有效地解决了从科研到产业的转化，未来还将打造世界级的创意产业高地。

（四）不可预见因素

在整个效益分析中还应该考虑到一些不可预见的因素。在当下的文化建设中应该充分考虑到其特殊的意识形态属性，这就要求我们的文化产业建设和社会主义核心价值体系建设是融为一体的。所以一个城市、一个地区的文化产业发展规划一定要和整体的精神文明建设相联系，和当地的公共文化服务建设相联系，和当地的非遗保护相联系，而不是孤立的产业本身。例如青海省同仁县作为热贡艺术的发源地，既有多家文化产业示范基地，同时还建立了国家级文化生态保护试验区，把非遗保护和文化产业发展有机联系在一起[①]。2018年5月19日是中国旅游日，热贡唐卡风情小镇千人徒步游活动吸引了近千名登山徒步爱好者参加。这次徒步游活依托黄南州厚重的文化底蕴和丰富的旅游资源，宣传该州文化旅游产品，丰富广大游客和各族群众的精神文化生活，让更多人了解藏族文化特色。

（五）效益的可持续性

最后，我们还应该在评估中考虑到效益的可持续性。在效益计算中以当时某个阶段的发展为宗旨，这种做法是不可行的。一个产业的发展，特别是文化产业的发展一定要具有可持续性。如2003年投资近10亿元兴建的江西万安影视城，自2006年拍摄张

① 不少民族地区文化产业起点低、基础差、能力弱，政府的扶持尤为重要。

纪中版《鹿鼎记》后，一直鲜有剧组进驻，如今生存状况堪忧，在这一点上我们应该吸取经验，[①]摒弃糟粕。与此同时，文化产业领域的产能过剩问题也非常突出，譬如全国主题公园已累计开发2500多个，仅广东省就超过100个。但从经营状况上看，70%的主题公园处于亏损状态，只有10%实现盈利，约有1500亿元资金被套牢在主题公园投资之中。这一方面造成了资源的严重浪费，另一方面群众的文化需求却迟迟得不到满足，使供非所需、需无所供的矛盾非常突出。

① 习近平总书记说：撸起袖子加油干，一张蓝图绘到底。但在实际中，很多地方重规划轻落实，往往前期说得好，运营过程却虎头蛇尾。这应该归咎于前期设计时太过理想化，没有考虑到风险及防范。

国有文化资产管理如何做到“四管齐下”？

文化体制改革前，文化单位大多数是事业单位，资源由国家统一调配，内部层级清晰，因此“四管”问题是不存在的。而在文化体制改革后，大多数国有文化事业单位转变为企业，成了自主经营、自负盈亏、自我管理的市场主体。加之文化企业与一般企业不同，具有经济形态和意识形态的双重属性，其性质决定其不仅要肩负着实现国有资产保值增值的经济责任，更要承担起引领社会风尚、弘扬社会主义核心价值观的社会责任[①]。如何实现这样的使命，就是本文要探讨的重点。

由于文化企业具有双重使命，因此国家对文化企业的管理不能一放了之。既要发挥企业的自主经营积极性，又要确保党和政府对重大事项的决策权、资产配置的控制权、宣传文化内容的终审权、主要领导干部的任免权。这就需要通过资产管理体制改变，以及企业运行机制转换，实现新形势下企业自主经营和文化资产监管的有机统一。但尺度的拿捏、责权的梳理、制度的

---

① 在市场经济环境中，国有文化企业有着自身的担当，这是其特殊的使命所在。

设计，并不是件易事，“四管”问题由此产生。事实上，新中国成立以来，对如何做好国有文化资产监管的探索，一直没有中断过[①]。

一、当前的发展形势

近年来，围绕国有文化资产的监管，中央和地方都进行了深入的探索。但整体来看，对国有文化资产的监管当前还处于转型、转轨的初级阶段，重点表现在三个方面。

第一，国有文化资产管理机构设置不统一，主要体现为中央和地方设置不统一，各地设置也不统一。2010 年，中央文化体制改革工作领导小组发文，明确设立中央文化企业国有资产监督管理领导小组，并成立办公室挂靠财政部，具体履行国有资产管理职责。在此前后，一些地方根据自身实际情况也探索出了不同的监管方式。但由于中央和地方、地方和地方监管方式的不统一，中央在进行统一指导和标准制定上存在困难，一定程度上也造成了地方管理的混乱现象。

第二，国有文化资产管理机构权责边界还处于探索期，出资人机构、宣传部门、文化主管部门、企业主体等关系还需明晰。目前国有文化资产监管专门机构以资产基础管理为主，兼负重大事项和企业负责人管理职能，整体上覆盖了管人、管事、管资产的范围，但出资人机构与宣传、文化部门及企业主体的权责关系

① 财政部公布的数据显示，东部地区国有文化企业的投入与产出、资本化运作等方面具有明显优势。

还处在磨合期，对如何落实导向管理、行业管理、企业宏观管理，还有待进一步探索[①]。

第三，国有文化资产管理机构运用资本纽带，推进企业改制重组、做强做大仍处于起步阶段。组建国有文化资产管理机构的一个重要任务就是推进文化单位进行公司制、股份制改革，推动跨地区、跨行业、跨所有制兼并重组，提高企业发展规模化、集约化、专业化水平。但目前很多管理机构只是负责简单的管理登记，在资本运作、做强做大等方面成就不多。

二、如何才能做到“四管齐下”？

第一，创建资产管理机构，以此为平台实现“四管”汇流。首先，在还没有建立起国有文化资产管理机构的省市，要尽快确立出资人单位，建立起相对独立、专业化文化资产管理机构。其次，以管理机构为平台，厘清出资机构、宣传部门、主管部门和企业的责权边界。鉴于文化的特殊性，本文认为宣传部门应发挥主导作用，通过管理平台对企业文化生产导向进行宏观指导，并派出文化管理机构首要负责人（其行政级别应高于所监管企业领导层级），确保实现“导向管理”；出资单位将管理权委托给管理机构，由其履行法定出资人权利，对下属企业进行事务、人事和资产管理；文化行政主管部门通过与管理机构协同合作，对企业

① 只有建立新型国有文化资产管理体制，打破政资不分和部门分割，明晰和理顺产权关系，加强对国有文化资产社会效益与经济效益的综合考核，才能有效推动和实现国有文化资源的优化配置，更好地发挥国有文化企业在发展产业和繁荣市场方面的主导作用。

进行行业指导和监管[①]。再次，中央和地方模式要逐渐走向统一，建立覆盖全部国有文化资产、统一协调、稳定一致的国有文化资产管理体系，从而便利进行全国统一布局和指导，改变政出百门的现象。

第二，完善国有文化资产管理的基本制度设计。首先要完善现代企业监管制度。在推进建立现代企业制度的基础上，形成监事和独立董事派出制度，推进职业经理人制度，加快制订企业负责人“双效”业绩考核及薪酬制度[②]。其次，探索实施特殊管理股制度。依据宪法和有关法律，在企业改制过程中，选择一批出版社、重点新闻网站等传媒企业探索实行特殊管理股制度。在确保党和政府对意识形态控制权的基础上，拓展企业资金来源渠道，调动企业自主经营积极性。再次，建立社会效益鼓励专项基金。通过财政出资并吸引社会捐赠的方式设立专项基金，对国有文化企业的生产创作进行引导。

第三，加快国有文化资产监管立法，让管理有法可依。良法是善治的前提。目前对国有文化资产监管更多是行政手段，带有很强的权宜性和过渡性。未来要以立法为手段，从法律高度确立出资机构、宣传部门、主管部门和企业的责权边界，逐渐建立起依法管理为主，行政手段、经济手段和思想政治工作为辅的文化管理体制。

---

① 亟须研究实现从粗放型的管好存量国有文化资产，到精细化的盘活存量、拓展增量国有文化资产的实质性转变，确保国有文化资产保值增值。

② 在这一过程中，要确保文化资产监管部门有效履行监管职能，真正做到出资人不缺位、不越位、不错位。

第四，创新资本手段，让资产管理机构发挥更大作用①。积极鼓励各级国有资产管理机构根据资产规模和运营需要，建立多渠道投融资机制，通过资本纽带推进文化企业跨地区、跨行业、跨所有制的战略性重组，形成一批国有文化资本控股的混合所有制结构和混业经营的大型国有文化企业，调控更多社会资本，提高国有文化企业在关键领域的控制力和引导力。

（本文发表于《党政研究》2015 年第 3 期）

① 建立健全统计监测体系是创新资本手段的前提。要基于企业月报、季报和年报制度建立反映实情、快速反应的国有文化资产统计和运行监测系统，对国有文化资产的存量、分布、结构、运营效益等信息进行收集和分析，完善财务快报工作体系，加强财务动态监测。

文旅融合下的新发展、新机遇、新故事

作为深化党和国家机构改革的重要内容，文化和旅游部在2018年4月揭牌成立。组建文化和旅游部，对于推进文化和旅游领域治理体系和治理能力现代化，推动文化事业、文化产业和旅游业融合发展，满足人民的美好生活需要，提高国家文化软实力和中华文化影响力，具有重要意义。针对文化和旅游融合发展趋势，经济日报特邀中国传媒大学文化发展研究院院长范周教授做出相关评析，与大家分享。

一、文旅融合迈进新时代

2018年3月17日，十三届全国人大一次会议批准国务院机构改革方案，不再保留文化部、国家旅游局，将组建文化和旅游部。4月8日，文化和旅游部举行揭牌仪式。

组建文化和旅游部，符合文化和旅游的发展趋势。文化产业是一种与其他产业关联度较高的产业类型。文化与相关产业跨界融合，应用新技术和活跃消费市场需求，可推动关联产业转型升级，催生文化新业态。而且，文化是旅游产业的灵魂和内涵所在，越来越多的案例表明，打好“文化牌”是助推地方旅游产业发展的重要策略。

旅游产业是地区传统文化发展和传承的重要载体。随着人们精神追求的多元化和个性化，旅游的各个要素——吃住行游购娱都与文化有关联，民宿的兴起就是一个很好的例证。同时，以实景演出为代表的旅游演艺市场，正改变着“上车睡觉，下车拍照”的传统旅游形式，让人们对文化有了深度体验。此外，影视、动漫、音乐等文化业态与旅游的融合更加广泛和深入，推动旅游产品和营销模式的创新。

文化旅游作为一个综合性、融合性很强的产业，一方面是靠“老天爷”的自然资源，另一方面是靠“老祖宗”的文化资源。文化产业、公共文化服务、文物保护和利用、旅游产业的发展相互密不可分。然而，此前多年，这些交叉融合领域归属不同管理机构，在一定程度上形成了“多管一”的局面。近年来，很多地方文化、旅游相关机构进行的调整与合并，也正是基于管理内容日益交叉重叠的现实，以统筹协调管理职能，提升政府服务效能。2017 年，全国 24 个省份的旅游“局升委”，将旅游局升格成省级地方政府的组成部门，就是为了适应新时代文化和旅游业发展的新要求。

文化和旅游部的组建，并不是职能上的简单相加，未来工作重点不是只抓“文”或者重视“旅”，而是融合发展，实现资源和载体、内容与形式、休闲与体验的结合，有助于产业、事业、文物、旅游管理的优化协同高效，有助于文化产业资源、公共服务资源、可开发利用的文物资源和旅游资源统筹，推动业态创新和实现产业升级与消费升级。

此前，我国很多城市在文旅融合发展上已有成功实践经验。据统计，全国相关城市已经组建了 100 多个文旅集团及各类文旅基金，以适应当前旅游业转型升级的需要。我国有大量的文化古迹需要有效保护与活化，而这种保护需要巨大的资金支持，单单依靠国家财政往往难以支撑。此外，旅游升级需要打造 IP，拓展产业链，集合影视、广告、文学、艺术、新媒体等多种文化形式，仅凭政府一家之力难以实现。文化旅游集团（或文化投资集团）通过制定科学合理的旅游发展战略和产业布局，将文化与旅游深度结合，有针对性地开展重点旅游资源与项目的建设开发，统筹协调，促进文旅做大做强。

二、数字经济开启文化旅游新预期

旅游的受众更加大众化，所以只有提供极具个性的文化旅游产品和服务才能满足日渐增长的散客化旅游形态。携程、途牛网、去哪儿网、同程旅游等在线旅游服务平台，提供包括车票机票、景区门票预订、酒店住宿预订等一系列服务，极大地方便了游客的出游安排。景区通过景观虚拟展示技术、智能讲解系统、视频远程浏览系统，可为游客提供及时丰富的旅游形象。早在 2004 年，我国黄山和九寨沟这两个知名景区就开展了数字景区示范工程，不仅实现了景区资源的保护，还为游客提供了景区交通、导游、线路等旅游信息咨询服务。

在文化旅游建设管理上，管理部门可以通过智能终端掌握景区实时运营数据，包括票务记录、客源统计、各时段人流、商品供应信息等。同时，大数据的采集和分析，还有助于预测旅游企业的经营策略和经营方向，制订更加精准的经营计划，为游客提供更加优质贴心的服务。

文化旅游在体验经济的发展下进入了新的发展阶段。虚拟现实、增强现实、投影等数字技术的融合使用，使旅游演艺项目的视听呈现更具震撼力和吸引力。场景技术也将被广泛应用在文博项目中，通过交互式的场景沉浸增强与游客的互动性。此外，文化旅游的营销环节也进入数字化发展阶段，通过新媒体平台进行线上推广，特别是主流媒体平台和覆盖面较广的社交媒体平台，通过大数据的技术手段，实现精准营销。

三、以文化促旅游创新发展

党的十九大报告指出，“没有高度的文化自信，没有文化的繁荣兴盛，就没有中华民族伟大复兴。”满足人民过上美好生活的新期待，必须提供丰富的精神文化食粮。文化是旅游的灵魂，旅游是文化的载体。文化与旅游的深度融合，是增强文化自信，统筹文化事业、文化产业和旅游资源开发，提高国家文化旅游软实力和创新发展的有效方式。

以文化提升旅游深度。中华文化源远流长、博大精深，这是中国文化旅游产业可持续发展的基础。应坚持文化治理自信，通过体制改革融合等方式，改进文化旅游管理体制、经营机制、发展模式，激发文化旅游市场活力，为“文”“旅”产业深度融合创造新平台。应坚定文化品牌自信，培育一批文化旅游特色产业集群，打造文化旅游的产业链。通过项目品牌深度开发和特色文旅产业配套要素建设，走内涵式发展道路，提高旅游的文化含量、文化品位。

以旅游为载体，全面展现新时代文化。旅游是文化的表现形式、连接纽带，也是新时代的一种生活方式。新时代的文化需要通过旅游来传承、创新与传播，进而实现优秀传统文化的创造性转化和创新性发展。实践证明，一个地区拥有文化旅游资源优势并不代表该地区同样具有旅游产业与文化产业的优势。要通过旅游业态的发展，创新方式方法，展现时代文化，形成产业优势。还要挖掘特色文化，展现创意文化，形成文旅新“主题”，防止“千城一面”“千景一面”。[①] 同时，旅游依托文化，更要反哺文化。推动旅游文化产业发展，需要在保护中开发、在利用中保护。在开发文旅项目、设计文旅品牌中，应充分考虑文化资源的承载能力，做到合理、适度开发，实现旅游发展和文化保护的良性循环。

以创意连接文化与旅游，扩大文旅的“乘法效应”。[②] 一方面，发挥文化创意在旅游开发中的“点石成金”作用，以创意提炼旅游“符号”，在规划设计、衍生产品等方面释放文化魅力。另一方面，以文旅融合形成全产业链、综合化、立体化衍生。引导文化文物单位、文化企业参与旅游产品创意设计和开发制作，盘活文物、古迹、名胜等资源，提升旅游产品的美学价值，构建文化旅游产业品牌体系。此外，还应积极适应“互联网 +”时代传媒发展的特点，依托数字创意，利用网络平台、手机应用（APP）、直播等形式，形成产业矩阵。

---

① “千城一面”“千景一面”的现象由来已久，其形成的原因也是由多方因素共同导致的。“千城一面”的困局主要反映在城市大变革背景下传统空间理论的滞后性。

② “文化”的概念已经不局限在文化活动中，在“文化 +”的融合发展背景下，“文化”成了带动不同领域发展的新动能。在创意的支撑下，文化有力地成为产业新动能的发展引擎。

四、全域旅游成文旅领域新供给

2017年，“全域旅游”首次被写入当年的政府工作报告。2018年政府工作报告明确指出，要创建全域旅游示范区。同年3月22日，《关于促进全域旅游发展的指导意见》的出台，使全域旅游再次成为产业升级的焦点。

居民消费能力的提升，消费形态的革新与出行方式的变化，是全域旅游需求增长的内生动力。生产效率的提高意味着居民获得了相对较低的生产时间成本，相应地就获得了更多的剩余时间和资金结余，休闲娱乐的需求便随之增加。此时，受可出行时间和出行距离的限制，近郊出行与休闲出行成为旅游消费的主要选择。全域旅游产业内容的拓展与丰富，全域旅游目的地的转型营造，既是产业升级的时代要求，也是文化旅游领域供给侧结构性改革的实现路径之一。

从地方来看，全域旅游作为一种新的旅游形态和模式，在景观、服务、治理及产业联动、发展成果等方面都体现了全域优化和联动共享。多年来，某些地方公共文化服务建设推进乏力。全域旅游建设的全面铺开，使得传统村落、文物遗迹及博物馆、纪念馆、美术馆、艺术馆、世界文化遗产、非物质文化遗产展示馆等文化场所的建设具备了现实基础。《关于促进全域旅游发展的指导意见》提出了“四个融合发展”的要求，即推动旅游与城镇化、工业化和商贸业融合发展；推动旅游与农业、林业、水利融合发展；推动旅游与交通、环保、国土、海洋、气象融合发展；推动旅游与科技、教育、文化、卫生、体育融合发展。多方面要素共同作用，多类业态融合发展，地方公共文化将迎来全新局面。

对消费者来说，全域旅游建设可提升产品质量，为文化旅游消费优质供给。一方面，消费者可以获得更多的出行选择，私人化、体验化的旅游出行产品将越来越多地出现在市场中，消费者的需求将得到有效满足。[①]另一方面，市场监管不断加强，将为消费者的出行体验保驾护航，旅游产品的品质会大大提升。

全域旅游越来越受到各地的重视。其实，文化与旅游原本就不是两座“孤岛”，发展全域旅游可更加充分地调动文化因子，激活产业发展动力，为推进产业升级与供给侧结构性改革释放新能量。

五、做好旅游文章，讲好中国故事

旅游是国家形象展示的窗口，文化是中国故事传播的纽带。随着旅游产业和文化产业的深度融合，借由观光体验、消费等带来的直观感知逐年升温，文化旅游已成为向世界讲好中国故事的重要载体。

2017 年，我国入境旅游人数达到 13948 万人次，比上年同期增长 0.8%，继续保持着全球第四大入境旅游接待国的地位。入境游客中首次到访中国的游客占绝大多数，来华旅游以了解中国特色文化、游览观光为主，主要游览项目集中在山水风光、文化艺术、文物古迹、美食烹饪等方面。国外游客通过到中国来观光体验，可深层次了解中华文化的内涵，通过具体的文化消费和深度

① 品质化、私人化的旅游产品在发达国家已经日趋完善，但国内还具有很大的增长空间。消费者对旅游目的地的品质化导向越来越突出，私人包机、游艇等旅游工具的发展催生了更大的旅游市场。

体验可以感受到中华文化的温度、表情和气质。因此，通过深度体验等方式呈现具有代表性的优秀中华文化，是讲好中国故事的有效手段。[①]

数据还显示，过去5年，我国公民出境旅游人数从9818.52万人次增长至1.29亿人次，自2016年起成为世界第一大出境旅游客源国。不少目的地国家纷纷瞄准中国市场，打算争夺更大的市场份额。例如，印尼推出了“10个巴厘岛”计划，意大利也推出了“欢迎中国”计划。出境游的火热，为中国精神、中国气质的对外传播架起了桥梁。在出境游中，每个人都是中华文化的缩影与中国精神的代表，其一言一行、精神气质都是中国精神与中华文化对外传播的过程。中国游客在国外旅行过程中通过与当地人交流，于潜移默化之中将中国精神、中国声音向世界传递。[②]

随着我国综合国力的不断增强与旅游市场的日益发展，旅游所承载的意义与功能也逐渐提升。国务院发布的《“十三五”旅游业发展规划》提出，要实施旅游外交战略，开展“一带一路”国际旅游合作，拓展与重点国家的旅游交流，创新完善旅游合作机制。旅游产业对经济发展的推动作用毋庸置疑，其在促进国家间政治关系、经贸合作、人文交流和传播本国文化、展示文明成果、提升国家形象、增强国际影响力和文化认同感等方面的作用在新时期显著增强。

① 如何在文化旅游中讲好中国故事？导游作为直接连结旅游目的地和游客的中介，需要不断提升和丰富自身的文化内涵。此外，依托网络平台的旅游产品宣传和文化传播需要不断加强和完善。

② 旅游业的发展体现了国民消费能力和经济水平的不断发展，但与此同时文化消费带来的不文明现象也同样值得关注。特别在出境旅游中，旅游者更要保持理性消费和体现良好的文明素质。

“一带一路”倡议开启文化交流机制新篇章

2018年10月30日，2018“一带一路”媒体合作论坛在海南博鳌举行。本届论坛以“共建共享 合作共赢”为主题。全国人大常委会副委员长吉炳轩、中宣部副部长蒋建国、人民日报社社长李宝善、海南省委书记刘赐贵等出席开幕式并致辞。90个国家和国际组织、205家媒体和机构的256位嘉宾出席开幕式。10月30日，中国传媒大学文化发展研究院院长范周教授参加此次论坛并接受人民网专访，以下为采访全文。

“一带一路”倡议从2013年提出至今，在政策沟通、设施联通、贸易畅通、资金融通、民心相通方面取得了丰硕成果。范老师带领的研究团队也参与了《文化部“一带一路”文化发展行动计划（2016—2020年）》的研究和制定工作。您认为“一带一路”倡议提出五年来，我国对外文化交流方面取得了哪些突出成就？

第一，文化交流机制开启新篇章。从2013年至今，我国通过与“一带一路”沿线国家签署文化、旅游双边合作文件建立了中国—东盟、中国—中东欧、中俄蒙等一系列双、多边文化旅游合作机制，同时利用中意（大利）、中法（国）、中英（国）、中南（非）等人文交流机制为推动沿线国家互联互通和跨区域合作开辟了新渠道。2016年召开的丝绸之路文化部长圆桌会议通过《敦煌宣言》，2017年举办“一带一路”国际合作高峰论坛，标志着“一带一路”文化交流与合作机制化建设开启了新的历史篇章。[①]

第二，平台建设稳步推进。自从“一带一路”倡议提出以来，中国一直在不遗余力以丝绸之路国际艺术节、海上丝绸之路国际艺术节、丝绸之路（敦煌）国家文化博览会等几大平台，以及深圳文博会、上海国际艺术节等综合平台上相关的文化专题板块，大力宣介“共商、共建、共享”的理念。2016年12月，《文化部“一带一路”文化发展行动计划（2016—2020年）》出台，提出加强我国与“一带一路”沿线国家和地区文化交流与合作机制化发展，推动成立五大专业联盟。其中，丝绸之路国际剧院联盟于2016年10月由中国对外文化集团公司发起成立。截至2018年5月，该联盟涵盖34个国家和2个国际组织，共有成员单位89家（含国外62家及国内27家剧院、文化机构、知名演出团体），被中国文化和旅游部部长雒树刚评价为“中外文化交流历史进程中互惠共赢的鲜活范例”。此外，学术研究交流合作平台相继建立。据不完全统计，目前中国高校和科研机构成立的与“一带一路”相关的研究平台已超过300家，中亚、东南亚和欧美国家的智库也积极投入“一带一路”研究工作。

第三，文化贸易迈上新台阶。《关于加强“一带一路”软力量建设的指导意见》《“一带一路”文化发展行动计划（2016—2020）》《动漫游戏产业“一带一路”国际合作行动计划》《2018年“一带一路”文化贸易重点项目名录》等文件相继印发，为文化企

① 2019年4月，第二届“一带一路”国际合作高峰论坛在北京举办。这是今年中国最重要的主场外交，也是共建“一带一路”迈入新阶段的重要标志。

业开展“一带一路”国际合作营造更宽松的政策环境和更有力的资金扶持。据统计，2017 年，我国文化产品和服务进出口总额为 1265.1 亿美元，同比增长 11.1%。其中，**我国对“一带一路”沿线国家文化产品的进出口总额达 176.2 亿美元，比上年增长 18.5%，**占文化产品进出口总额的 18.1%，比上年增加 1.2 个百分点。

第四，文化品牌日益成熟。五年来，我国积极策划对外文化交流合作重点项目和品牌活动。感知中国、中国文化年（节）、欢乐春节、四海同春、青年汉学研修计划、中华文化讲堂、千年运河等对外文化交流品牌日益成熟，成为传递中国声音、讲好中国故事的重要手段。[①] 同时，一些彰显时代创新、体现人类共同价值追求的文化作品也引来八方喝彩：电视剧《媳妇的美好时代》在非洲观众中引发共鸣，纪录片《舌尖上的中国》征服大批海外“粉丝”，等等。此外，丝绸之路文化之旅、丝绸之路文化使者等具有一定影响力的丝路品牌活动，着力扩大中华文化在“一带一路”沿线国家的文化辐射与美誉度的提升。这些文化品牌充分展示中国影视文化的魅力，显著提升了中国影视对外交流合作的水平和影响力。

习近平总书记在党的十九大报告中指出：“没有高度的文化自信，没有文化的繁荣兴盛，就没有中华民族伟大复兴。”您如何理解坚定文化自信对建设新时代社会主义现代化文化强国的重要意义？

以文化自信推进新时代社会主义现代化强国建设具有重大的战略价值。

---

① 民心相通是一带一路建设的重要内容，也是关键基础。在高校为主体的平台上开展高水平的国际交流合作，是促进民心相通、达成共识的重要路径。

首先，坚定文化自信是实现中华民族伟大复兴中国梦的必然要求。纵观古今，我国既有上下五千年凝聚的优秀传统 文化作为底蕴，也有在中国革命、建设、改革的伟大实践过程中孕育的革命文化和社会主义先进文化。这些珍贵的文化内核，根植于每个中国人的血脉之中。改革开放40年来，文化的优秀、国家的强大、人民的获得感，为文化自信的深入人心注入了源源不断的精神能量，为全民族文化创新创造活力的激发增添了无穷动力，更为实现中华民族伟大复兴奠定了文化基础。[①]

其次，坚定文化自信是深入贯彻中国特色社会主义文化的基石。文化自信彰显和呈现了中国特色社会主义道路既具有独创性又具有普适性的文化价值样态，是我们对党、国家和民族文化的历史传统、价值内涵和现实意义的认识、认同及在此基础上建立起来的信念。坚定文化自信，有利于从文化价值层面审视把握中国特色社会主义道路的发展方向、基本理念。坚定文化自信就是坚持发展中国特色社会主义文化。

再次，坚定文化自信是解决新时代我国社会主要矛盾的内在根基。央视在2017年推出的《将改革进行到底》《巡视利剑》等七部大型电视专题片有将近10亿人次观众收看，不仅以文化精品满足了人民的精神文化要求，更向世界人民传播文化自信，增强我国发展底气。只有坚定文化自信，进一步解放和发展文化生产力，推进文化领域供给侧结构性改革，着力解决发展不充分不平衡的问题，

---

① 改革开放40年来，我们的意识形态领域已经呈现多元文化碰撞融合趋势，这时候强调文化自信更加必要，以更基础、更广泛、更深厚的自信来面对各种文化，才能正本清源、学习创新。

大力提升发展效益和质量，才能用丰富的文化产品与服务切实保障人民的基本文化权益，更好满足人民日益增长的美好生活需求。

最后，坚定文化自信是全面深化文化体制改革的强大精神引擎。如今，加速发展、加快改革成为世界性的永恒主题，也是中国建设现代化强国发展必须牢牢抓住并有所作为的重要命题。从世界现代化发展进程来看，在国家改革发展、社会急速转型的环境下，人们思想观念最为薄弱，人们在变化的过程中急于寻求精神支撑，急需增强文化自信来强化精神支柱，为全面深化改革明确方向、坚定信心、划定底线、勘定标准、凝聚精神。只有坚定文化自信，中国特色社会主义才能更为清晰准确地找准改革定位、增强改革动力，只有以文化自信构筑和提升改革自信，才能进一步拓展我国文化体制改革的深度与广度，从根本上解决文化发展不充分不平衡的问题。

因此，我们要以文化自信拓展新时代社会主义文化强国建设的路径，不断开拓文化发展路径，满足人民的美好生活需求，促进文化发展提质增效，为打造国家文化软实力的新模式，实现多元优势资源的有效融合提供思想依据，让中华文化在走出去的过程中树立中国形象，传播中国声音，[①] 形成助力中华民族伟大复兴的文化力量。

自约瑟夫·奈提出“软实力”之后，这一概念便成为衡量一国综合国力与国际影响力的重要指标之一。“一带一路”背景下，中国文化产品和服务面临着难得的发展机遇。您认为，提升中国文化软实力、推动中华文化走出去应注意哪些问题？

① 国风、国潮越来越多地被年轻人所喜爱，在传统审美和当代表达的互融下，年轻人找到了一种理解、接受、亲近中国传统文化的新途径，传统文化也与现代人的生活习惯、思维方式进行对话，从而更加有活力。

第一，文化建设，软硬兼顾。推进“一带一路”文化建设，既要有硬件设施、政策、体制、机制的支撑，也要有软件内容、项目、活动、品牌的提升，要软硬兼顾、内外兼修。在维护国家文化安全、服务“一带一路”倡议的前提下，依托重点区域文化发展带，建设国际文化合作走廊，进一步健全与沿线国家政府、民间文化机构的人文交流合作机制，完善部际、部省、官民合作等工作机制，建设布局合理、功能完备的中国文化中心设施网络，努力提高我国文化领域开放合作水平。

第二，内容为王，形式为道。中国是个多民族国家，各种体系的文化交叉互渗、兼收并蓄，形成博大精深、取之不竭的文化宝库。在开展文化软实力建设时，要进一步整理开发、继承发展传统文化思想和文化资源，使多元文化持久和谐共处、相得益彰；要重视文化产品和服务的内容选择，要将弘扬中华民族优秀传统文化和现代时尚文化相结合的中华文化作为我们的底线和核心；要重视文化产品和服务的传播形式和传播艺术，积极构建以整合传播为特征的立体化传播体系，提升整体传播效果 。

第三，创新引领，科技驱动。在技术驱动、需求拉动、国家助推、资本助力等因素的作用下，未来数字内容产业将成为全球新的经济增长点，数字文化产业也将占到文化产业的绝对比重。创新是当前时代发展的第一动力。在云计算、物联网、移动互联网、大数据、智能城市等变革性科技的推动和融合下，以创意性和新技术为特征的文化产业新业态层出不穷，传统产业也将焕发出新的时代光彩。因此，当前要开展文化软实力建设，必须特别重视对新兴技术的融合应用，通过技术创新不断倒逼内容革新，为更广阔的国际市场提供具有时代竞争力的文化产品，将中国从

“文化资源大国”提升为“文化产业强国”。

第四，双向传播，互惠互鉴。“一带一路”建设强调文化交流、文明互鉴，这就要求一切往来与合作都应该是双向互动的。在鼓励中国企业走出去拓展海外市场的同时，也要欢迎外国企业和资本引进来开放国内市场；在推动中国文化走出去的同时，也要以开放包容的胸怀学习和借鉴其他国家和民族先进的文明成果、先进的管理制度和先进的行业经验。新时期下，“一带一路”倡议重新规划了中国未来的发展路线，使西部地区成为改革开放新前沿。中西部省市应该抓住这次宝贵的发展契机，积极发挥自身区位优势和资源禀赋，与地理趋近、文化趋同的沿线国家和地区开展更多互联互通、互惠互鉴的合作，实现中西部地区的跨越式发展。[①]

第五，全球视野，包容和谐。“一带一路”倡议涉及亚欧非65个国家、44亿人口，是一项具有全球视野、蕴藏中国智慧、基于长远考量的综合性发展战略。它是中国版的全球化战略，致力于主导泛区域化合作和深度参与全球治理改革，始终将开放包容、尊重多元、平等合作、和谐发展作为推进“一带一路”建设的主基调。因此，我们既要换位思考，积极采取各种方式消除外界误解，让共建、共享、共赢的发展思路真正深入人心，同时也要立足全球视野，积极寻求各方在经济、政治、文化等方面的“最大公约数”，承担起维护和平的共同义务，实现互利共赢的共同目标，打造真正意义上的人类命运共同体。

---

①　尤其是陕西、宁夏、甘肃、青海和新疆西北五省区，已成为我国区域经济板块中的“塌陷地带”。但作为“海上丝绸之路”与陆上“丝绸之路”的“关键性节点”地带，西北五省区的区位优势倍增。

“新文创”到底新在哪里？

从“新文创”概念的提出，我们可以看到文创产业的两个趋势：一是从娱乐到更加注重双效统一的文化内容生产趋势，二是科技与文化相互融合、相互赋能、相互赋值的趋势。未来，我们要构建IP开发新模式，发挥科技对于文化的助力作用，努力用“新文创”讲好中国故事。

一、将“泛娱乐”升级为“新文创”，体现了文化市场的发展趋势

“泛娱乐”的概念是在2012年3月21日的“UP2012腾讯游戏年度发布会”上，由腾讯集团副总裁程武正式宣布推出的。当时这个概念被定义为以IP（Intellectual Property）授权为轴心、以游戏运营和网络平台为基础的跨领域、多平台的商业拓展模式。2014年4月文化部发布《2013中国网络游戏市场年度报告》，提到了“泛娱乐”的概念。工信部最新发布的《2018年泛娱乐产业白皮书》显示，以IP为核心，游戏、动漫、文学、影视、电竞和视频等多元数字内容共融共生、发展快速。在过去的一年里，泛娱乐产业共创造了超过5000亿元的核心产值。

在“泛娱乐”产业一片繁荣的背景下，整个社会对精神文化

产品消费的需求已经不足以用娱乐二字概括。2018 年 4 月 22 日，程武在腾讯“新文创”生态大会上提出，“新文创”是在“泛娱乐”基础上的进一步升级。相比略显单薄的“娱乐”，“文创”二字提供了一个更广阔的想象空间。[①] 近期，“内涵段子”的下架、“快手”的整改、微博热搜榜的改动、游戏防沉迷系统的上线等事件，均证明过度娱乐不是文化产业的未来。

在此时将“泛娱乐”升级为“新文创”，体现了行业乃至整个市场的发展趋势：把文化内容产业从过去单纯的娱乐感官刺激、追求“娱乐至上”的单一导向，转向升级为文化内容产品，在追求快乐的同时也要兼具人文关怀，更具文化内蕴，更有正能量，更符合主流价值观。换言之，文创产品的社会效益要和经济效益并重，要能成为老少皆宜的绿色文化内容产品。

同时，这一升级也是文化市场发展的客观要求所决定的。一般情况下，消费者会随着消费能力的提升对产品质量提出更高的要求。与传统产业不同的是，文化产业的消费能力不单要考量支出多少、占比多少等经济指标，同时要考量文化消费的精神质量即消费者对文化产品的鉴别力，这就要求文化产业生产出更多高质量、有意蕴、正能量、广受欢迎的文化产品。

“新文创”目前只停留在概念的层面上，如果一定要给个界定，“新文创”是一种更加系统的发展思维，通过更广泛的主体连接，推动文化价值和产业价值的互相赋能，从而实现更高效的数字文化生产与 IP 构建。换句话说，就是在 IP 开发过程中进一步统

---

① 的确，“娱乐”二字更多强调了其商业内容。强调“文化创意”，不仅抵制“娱乐至死”的风气，树立良好的社会文化导向，更反映出未来行业的发展蓝图。

一其文化和商业的二元价值，在IP的表现形式上更注重文化和科技的深度融合。从"新文创"概念的提出，我们可以看到文创产业的两个趋势：一是从娱乐到更加注重双效统一的文化内容生产趋势，二是科技与文化相互融合、相互赋能、相互赋值的趋势。

二、"新文创"的新意之一——"文化+产业"，构建IP开发新模式

"泛娱乐"和"新文创"的核心都是IP，但在过去的几年当中，该行业过多地关注了IP的商业价值。业界一拥而上，都在追求IP变现，是因为看到了IP所带来的庞大流量和随之而来的变现能力。但IP实际上的核心竞争力并不是这些粉丝效应的短期资本回报，而是一种具有繁衍能力的精神内核和文化内核。所以"新文创"评定IP的标准从最初单纯的商业价值的考量到将文化价值作为考量标准的重要因素，行业也日渐认清文化始终是IP的灵魂所在，产业则是文化发展的重要驱动力，两者相互赋能。[①]灵魂与动力，缺一不可。

近些年，中国开始兴起IP概念，但也只是喊得火热，在变现道路上却坎坷不断，甚至失于口碑。其实之所以做不好，一方面是因为IP本身的文化内涵未被深度挖掘，不足以吸引消费者从而支撑起整个产业链条，另一方面是因为相关产业未能全面融合，各环节间存在壁垒，导致其无法实现规模化发展。资本都想借着

① 现在的大多数IP成了快消品，很多网文平台、影视公司、游戏公司在IP方面过于急功近利，有时仅仅是用了原作的几个人物名字，内容却面目全非，消耗了粉丝的热情。

IP变现快的特点挣一笔快钱，而“新文创”则是要用“文化＋产业”的方式重构IP开发模式。

关于商业价值和文化价值的关系，举一个经典文学的例子来说明。《西游记》是最具代表性的中国经典IP之一，其艺术成就毋庸置疑，但这绝不是它成为经典的唯一因素。《西游记》能成为民族IP，还有一点不能忽视，就是《西游记》先天具有极高的商业价值，古代书商想出版它，唱戏的愿意改编它、表演它，到现代影视、动漫、游戏……大家用各种方式发掘《西游记》的价值。这一系列行动经久不衰的背后，是因为《西游记》的故事叫好又叫座——简单来说就是“好卖”。现在的影视公司、游戏公司，面对一个IP也会有同样的考量。另外，正因为这些商业行为的存在，《西游记》的受众不断扩大，以不同的形式被演绎，并成了那个时代的经典。为什么《西游记》在哪儿都会是好故事？因为其所代表的自强不息的精神才是作品的文化内核。在这个过程中，诞生500多年的《西游记》，其影响已经远远超越了原来传奇话本的内容，不仅成为中国人心中的文化经典，也成为外国朋友认识中国的一个符号，其文化价值得以放大。一个好的IP，其商业价值和文化价值一定能产生强大的共振。[①]

三、“新文创”的新意之二——“内容＋形式”，科技也要有文化

除了IP的构建，升级“新文创”也是为了实现更高效的数字

① 《西游记》IP被翻来覆去地改编也有其不用支付版权费用的原因，另外，死死抓住这个家喻户晓的IP不放手，一定程度上也反映了国产电影在创意和原创剧本上的匮乏。

内容生产。“新文创”时代的数字文化，核心要从内容升级为体验，不但要有好的内容，而且还要有好的形式。通过打通线上线下，实现民众的广泛参与，增强体验，进而实现数字文化的动态发展，达到文化价值与产业价值的良性循环。

与“泛娱乐”概念相比，“新文创”的不同之处在于它在版权内容的基础上，继续利用技术的革新优势为用户带来除内容红利之外的体验享受。显然，无论是腾讯还是国内外其他互联网公司，早已不再满足于简单将文化内容向数字或网络转化的定位。全球“工业 4.0”运动，催生出大数据、虚拟现实、人工智能和区块链等领域的新兴技术。在新技术的“加持”下，互动与沉浸带给人的体验感，不仅会引发人们心理上的沉浸也会导致感知上的沉浸，同时这种沉浸体验甚至能够引发人们对在虚拟环境中所看到事物的感同身受 。如果抛开技术，那么再好的内容也无法为用户带来感官及心理上的颠覆性体验。而“新文创”概念也意味着，未来文化产业不仅要继续努力营造优质 IP 引领多类文创业务发展的生态，也将愈加重视混合现实与体验场景在文创领域中的充分应用。①

科技对文化的助力作用，不仅在体验上有着标准到标高的转变，也在创作方式上对创作者产生了极大的影响。越来越多的创作者接入互联网世界，通过技术能力提升创作效率、降低创作成本，也是这种“聚变”带来的直接成果。过去影视行业在后期渲染制作上，电影工业的流程化方式强调严格的项目周期，对于后

① 2019 年正月十五的故宫灯会就是一次文创和科技的试水，虽然在组织和效果上仍有改进之处，但在不破坏古建筑的前提下进行年俗活动的推广，是件进步的事。

期渲染耗时环节需有海量弹性资源来保证项目交付时间，而传统IDC（Internet Data Center）资源难以满足偶发性高峰期渲染需求。另外，渲染行业需要承受前期在软硬件方面的一次性费用和人力投入，以及业务低谷期资源折旧等，这都不利于企业聚焦核心业务，制约业务规模发展。

但通过与云计算的科技融合，渲染行业能够摆脱"重资产"风险。例如，腾讯云为渲染行业提供全方位、高性价比云服务，助力渲染企业实现轻资产精细化运营。目前，腾讯云已为Macrograph、RenderG、炫我科技等合作伙伴提供渲染云计算服务。腾讯云还携手腾讯影业，为渲染企业提供专项技术、资源和服务，共同打造"互联网＋影视"平台，促进影视产业升级。

"文化＋科技"可以提升科技产品的文化内涵与文化内容，从而使科技从冷冰冰的工具变得有温度、有态度、有深度、有高度。这也是"新文创"强化产业价值与文化价值的统一，打造新体验，树立新标准，建立新共同体，探索新可能的逻辑起点，如借助虚拟现实、增强现实的技术基础，以互联网为传播媒介的数字博物馆、数字体验馆，在脱离时空束缚的同时，给予读者临场欣赏的体验，不仅使文化借助科技得到更广泛、更深层的传播，也使科技浸染了文化的底蕴。

四、用"新文创"讲好中国故事

腾讯公司CEO马化腾在2018年全国两会上提出过这样的建议案："应推进'科技＋文化'融合创新，打造中国特色文化IP，促进文化产业内部、产业与社会各领域之间生态化协同化发展，建设产业发达、文化繁荣、价值广泛的‘数字文化中国’。”这与“新文创”战略是一致的。通过互联网平台连接更多主体，连接传统文化和现代创意，推动文化生产方式升级是“泛娱乐”升级为“新文创”的又一出发点。那么“新文创”如何讲好中国故事？[①]

首先，“新文创”要着力创新。文化是流动的、变化的、可塑的，传统文化之所以可以流传下来，是因其适应了不同时代的需要，不断被注入属于不同时代的活力，最好的保护和传承就是让传统文化走进现代人的日常生活。比如，腾讯和故宫合作了一款游戏并在游戏中巧妙植入来自故宫的藏品和宫廷服饰，让用户在轻松的互动中更好地体验古代工匠的创意。

其次，“新文创”要建立新机制。开放、协同、合作说起来容易，但实施起来很复杂。什么作品值得投入？如何长线塑造一个具有民族文化基础的 IP ？文学、动漫、影视、游戏等不同特点的业务如何在内容上协同？对此，我们可以借鉴日本文化行业的做法，围绕一部作品成立 IP 委员会，按照动漫、影视和游戏逐级增值的节奏进行 IP 打造，通过开放的方式把不同的文化企业连接起来，打破行业间壁垒，构建新型文创生态环境。

最后，“新文创”不是简单生硬地把文化作品数字化，它应该是一种体系化、创造性的数字文化生产，最终用人们接受的故事和方法把中华民族优秀文化底蕴传递出去，让更多用户理解并喜欢上中华优秀传统文化。事实上，对整个文化产业来讲最大的投资是耐心。一部优秀文化作品的打磨，一个优秀民族文化 IP 的培

---

① 新文创代表了目前网络文化发展的核心趋势及产业发展模式的改变，它的目标之一应该是改变 IP 一味“啃老”的现象，打造更多新时代的中国文化符号。

育也需要漫长的时间。IP 不是快消品，它有自己的成长周期，迪士尼的超级 IP 也是用近百年时光缔造的。

五、“新文创”时代，文创产业的未来在何方

“新文创”作为新商业的一个组成部分或者说是市场要素，为新商业提供了改变消费关系的要素资源，即 IP。新商业又为“新文创”提供了 IP 商业价值放大和循环的环境。从这个角度来说，**“新文创”最大的价值不是自身产生的价值，而是参与到新商业的循环之中产生的价值。**

一方面，“新文创”是文创产业在新商业时代重构消费关系的关键一环。新商业时代中，不仅仅是产品品质和运营效率的提升，其核心是消费关系的重构。传统商业中，企业连接消费者的渠道和方式，以及消费者的地位已经无法适应新商业时代，未来的企业和消费者将更像是一个一个社区的共同创建者。而“新文创”恰恰给予了企业和消费者建立新型消费关系的要素 IP，IP 成为连接企业和消费者的纽带。在某种程度上说，IP 是由企业和消费者及众多利益相关方共同创造的社区标签。由 IP 为核心要素组成一个又一个独特的、个性的、体验十足和充满活力的社区。[①]

另一方面，“新文创”只有参与到新商业之中才能打造出闭环生态体系。文化创意企业之前更多是在狭窄的自留地里打拼，而新商业时代给予了文创产业巨大的市场机会。以 IP 为核心竞争工

① 文化并不以商业为界，所以新文创不能再局限于商业主体。未来，更多文化主体将协作，一起让传统文化更流行，让流行的数字内容更有文化。

具参与到新商业变革之中，成为“新文创”创造更高商业价值的方向。基于文创产业本身，市场再大也是大商业环境中的一个小点。融入新商业之中，文创产业则会迎来更多的发展可能。

目前，“新文创”只是一个初步的构思，还需要更多的思考、共识、探索和论证。我们的文创产业会如何发展，不仅是文化行业的责任，也是每一个文创工作者都该思考的。

（本文发表于《人民论坛》2018 年第 22 期）

文化与科技：破壁创新，深度融合，激发产业新动能

“科学与艺术在山脚下分手，在山顶汇合。”科技与文化的融合既是历史演进的必然趋势，也符合产业升级的内在逻辑。当下，文化与科技正不断突破边界，走向深度融合，激发着文化产业优化供给，提质升级。未来，文化与科技融合会有哪些新趋势？文化科技类企业又将如何应对？2018 年 12 月 6 日，在北京市文化科技企业经营管理人才培训班上，范周教授就文化与科技融合主题进行了演讲。

一、寻根探源：文化与科技融合的背景与特点

（一）文化与科技融合的历史演进

从广义上讲，文化与科技融合就是将文化创意与科技创新作为两种要素结合起来。技术的进步促使先进的文化产生、发展和传播，不断扩大文化的影响力，同时先进的文化引领着技术的发明和应用。

在此意义上，文化与科技的融合可谓由来已久。无论是造纸术、印刷术等古代科技促进人类文明的传播，还是信息技术、数字技术等现代科技改变人类的生活方式，文化与科技融合的历史，

从某种程度上来说就是文化与科技的发展史，是科学技术与文化相互影响的历史。[①]

（二）文化与科技融合的内在机理

首先，文化为科技创新提供创意源泉。先进的社会文化理念能够影响科技创新主体的价值取向和创新意识，进而影响科技创新活动的模式选择和实践过程。习近平总书记指出，“坚持用创新文化激发创新精神、推动创新实践、激励创新事业”。创新思维具有更大的发散性和更强的兼容性，有助于实现科学精神与人文精神的深度融合。如今，传统制造产业要实现持续发展，不仅在于科学技术的运用，更在于跨界思维的引领和文化内涵的导入。

其次，科技为文化创意提供技术支撑。《国家文化科技创新工程纲要》指出，“科技已成为文化产业发展的核心支撑和重要引擎”。科技创新为文化创新提供优质的发展平台，科技创新成果在文化领域的不断应用可以激发文化创作的灵感，丰富文化内容的表现形式，拓宽文化传播方式，改进文化生产方式，培育文化消费的新热点等。例如，传统织锦工艺只能表现20多种颜色，而运用现代数码仿真彩色丝织技术的织锦则可以表现近千种颜色。浙江理工大学通过创建现代织锦文化创意产品研发平台，在两年多的时间里研发了5个类别的系列织锦产品200余种，初步形成了具备年产织锦工艺品10万件能力的数字化生产线，使传统工艺在新时代实现文化创意与科技创新的“两翼齐飞”。[②]

---

① 文化是当代人的一种生活方式，科技成为当代文化生活方式的实现载体。科技从来没有像今天一样深度嵌入人类生活的方方面面。

② 科技为更好地保存和更广泛传播文化和自然遗产提供了支持。博物馆为了应对“数字转变”，除了开通网站、社交媒体账号加强与公众的沟通，博物馆内的信息化管理、数字服务水平也不断提升。

最后，文化与科技融合催生新型业态。文化与科技融合的不断发展，使得二者突破固有边界，形成一种双向的互动循环式协同创新模式。在文化创新与科技创新的互动中，形成具有单个文化或者科技所不具备的特征、功能和属性的新兴产业形态，带给人们更高层次的物质享受与情感体验，促进文化科技消费市场的发展。VR 旅游、在线教育、网络游戏等新兴产业，无一不是在文化与科技的相生共融中发展壮大。随着电子乐器及电子音乐技术的发展，2018 来我国电子音乐市场发展势头迅猛。2016 年中国电子音乐用户规模为 1.97 亿，2018 年突破 3 亿，2019 年更是有望突破 4 亿大关。数据显示，2018 年我国电子音乐线上播放量将突破 2800 亿次，电子音乐节数量预计超过 150 场。

（三）科技应用对文化的积极影响

第一，促进文化资源数字化。文化资源数字化是指运用数字化手段实现文化资源的数字化转化。科技的发展助力文化资源的数字化整合，也有利于文化资源的保护与传承，有利于文化资源通过网络实现更大范围的传播。例如，浙江省文化资源数据库就整合了西湖文化资源库、浙江民国图书网络版、浙江非物质遗产资源库、中国大运河全媒体资源库等六大文化资源库，通过对来自不同时期、不同载体的地方特色文化内容资源进行碎片化与结构化标引，以提供稳定、快速的数字文化资源检索服务。

第二，促进文化产业结构升级。一方面，各种以文化创意内容为核心，依托数字技术进行创作、生产、传播和服务的新兴产业纷纷涌现，文化产业信息化趋势日益明显。另一方面，文化产品供给方式不断变革。新兴数字技术与数字装备支持数字文化创意、设计服务、数字创意与相关产业融合应用服务等创意产业的产品和服务的开发，加之信息技术对消费群体的细分，促进了文化产业的个性化和差异化发展。

二、时代逻辑：我国文化与科技融合发展的现状

（一）我国文化与科技融合发展的优势

人民向往美好生活。随着人民对美好生活的需要日益增长，对文化享受层次和质量提出了更高要求，迫切需要文化进一步繁荣发展。**满足美好生活需要的源头活水，根本在于文化创新创造活力。**文化创新创造不仅要注重内容，还要注重手段和形式。大数据、云计算、人工智能、物联网等现代科技为文化创新提供了技术保证。

资本助力市场发展。上市的预期吸引大量资本涌向科技，促使科技成果增加及产业化，人工智能等科技领域投融资热度快速升温。我国文化企业中中小型企业多，而相较于主板市场，创业板市场具有更为宽松的上市标准，有利于成长性中小企业成为上市公司，为企业的扩张提供了更为广阔的融资渠道。2018 年上半年，先后有 100 余家中国企业赴港或赴美实现 IPO，这其中不乏娱乐、影视、游戏、体育等领域的明星企业。以人工智能领域为例，资本市场敏锐地捕捉到人工智能的商业化前景。纵观 2012—2017 年中国 AI 私募投资股权市场，共有多达 411 家 AI 企业获投，获投事件总数为 704 起，投资总额达 439.74 亿元，570 家投资机构参与投资。[①]

国家政策引导支持。早在 2012 年中央就出台了《国家文化科

① 人工智能还一定要与行业结合，形成真正有效的行业智能，才能助力传统行业转型升级，推进人工智能与实体经济快速融合。

技创新工程纲要》，提出要充分发挥科技创新对文化发展的重要引擎作用，深入实施科技带动战略，加强文化科技创新，增强文化领域自主创新能力和文化产业核心竞争力。《国家“十三五”时期文化发展改革规划纲要》中明确指出，要强化文化科技支撑，以完善现代文化市场体系和现代文化产业体系；依托国家级文化和科技融合示范基地，加强文化科技企业创新能力建设，提高文化核心技术装备制造水平；加强文化资源的数字化采集、保存和应用。2017 年 4 月出台的《文化部“十三五”时期文化科技创新规划》则立足于我国文化科技融合的发展实际和应用要求，提出要实现我国文化、艺术与科技相融合需要有建设文化科技创新体系的指导思想、基本原则和发展目标。2018 年 3 月颁布的《国家文化和科技融合示范基地认定管理办法（试行）》，从具体环节规范了国家文化和科技融合示范基地的认定和管理工作，进一步引导和推动了文化与科技的融合发展。

单体市场基数庞大。CNNIC 数据显示，**经历近 10 年的快速增长后，我国网民规模增长率趋于稳定，网民的增长速度开始慢于 GDP 增速。**但即使人口红利正在减弱，从技术落地产品的维度上看，中国市场也仍然是最大单体市场。从电脑到手机，中国市场是衡量整体市场规模大小的最佳利器。我国正处于功能性消费向享受型消费迁移的大时代，新的消费领域正在拓展，崛起的中等收入群体、青年群体、老年群体等都是不可小觑的消费主体，是当下消费市场扩容升级的主要驱动力。有数据显示，到 2050 年，60 岁以上的老年人口将占中国总人口的三分之一，巨大的老年人群给“银发经济”带来广阔的市场。而“90 后”占据中国人口的 16%，从现在起到 2030 年，这支庞大的消费生力军将贡献中国消费增长的20%以上，高于其他任何人口类别。[①]

（二）我国文化与科技融合的广泛实践

数字创意产业风头正劲。数字创意产业是以创意为核心、以数字技术为依托的战略性新兴产业，是引领文化新供给、促进文化新消费的新型文化业态。在国家统计局公布的2017年全国规模以上文化及相关产业企业营业收入相关情况中，以“互联网+”为主要形式的文化信息传输服务业发展最为迅猛，营业收入达到7990亿元，增长34.6%，增幅位居榜首。以数字出版产业为例，其整体产业规模正稳步增长，2014年接近30亿元，2017年超过40亿元，2020年有望超过70亿元。

近年来，国家出台了一系列政策文件支持数字创意产业的发展。从《2016年政府工作报告》首次从国家层面提出“数字创意产业”概念，到《国民经济和社会发展第十三个五年规划纲要》中正式将数字创意产业列为战略性新兴产业之一，再到《关于推动数字文化产业创新发展的指导意见》的颁布，政策红利不断释放。当前我国数字创意产业发展的良好势头，也引起了各地政府的高度关注。从2017年上半年开始，四川、北京、广东、天津、浙江等地已出台各项政策，鼓励数字创意产业发展。以天津为例，2017年天津已出台包括税收减免在内的多项政策，预计到2020年，天津高新区、滨海新区等重点区域内的数字创意产业产值占GDP的比重将达到10%，并建成产值超千亿元的产业链。2018年7月，北京市正式发布了《关于推进文化创意产业创新发展的意见》，指

① 就目前来看，我国老年人的潜能并未充分释放。生物技术、适老设备、制药和护理服务、文化产品领域的一系列新产品将重点面向老年消费者。

明新时期将构建由数字创意和内容版权“两大主攻方向”和“九大重点领域环节”组成的文创“高精尖”内容体系。

时尚产业迈向智能制造。从产品来说，智能服饰成为下一个风口，科技企业与时尚品牌合作开发了大量智能服饰产品。[①] 自2012年，谷歌眼镜（Google Glass）的发布让人们看到了可穿戴设备的市场机遇。基于大数据、物联网、技术创新等层面应运而生的智能服装，正逐渐成为重振传统服装业的新突破口。有机构预测，到2020年，智能服装的市场规模将超过千亿。而在营销环节，国内外时尚网红经济同步发展，创造的经济价值惊人；零售方面，时尚电商逐步由线上转向实体，传统零售商利用技术和大数据打造无缝体验，线上线下融合趋势明显。

文旅融合不断升级。如今，文化旅游产业与互联网、大数据、人工智能融合发展，协同推进，数字经济成为文化旅游转型升级的重要引擎，数字化、智能化也渗透到文旅产业的服务、管理、体验、营销等各个环节，文化旅游正在被数据覆盖、赋能并重构。

2018年，腾讯云发布了旅游助手小程序“一部手机游云南”和“一部手机游武隆”。游客可以通过小程序得到查看游览路线、查询信息、消费、娱乐等“一条龙”景区伴游服务。

科技创新助力传统文化保护传承。现代科技能够助力优秀传统文化的保护和创新，为传统文化注入新的时代内涵。信息技术、数字技术的应用让收藏在博物馆里的文物、书写在古籍里的文物“活”了起来。创意设计及高科技使传统文化更“接地气”，走进

① 有消息称，穿戴上以后可以做身体检查的可穿戴设备已经诞生。这些“黑科技”何时能够普及，是否可清洗，值得我们期待。

百姓日常生活。飞速发展的数字科技手段打破了诸多限制，更多国宝级文物也能够以更好的方式呈现在更多人面前。

《清明上河图》真迹展出机会极为有限，每五年才能展出一次，每次展出不能超过一个月。而“3.0 版”的《清明上河图》则融合了双 8K 超高清投影等多种高科技，以动态效果展现北宋都城汴京的众生百态，构筑出虚实相映、人在画中的沉浸式体验。历经岁月变迁的国宝再次焕发光彩，唤醒了参观者内心的传统文化记忆。

科技创新驱动公共文化服务升级。科技创新可以提升公共文化资源供给能力，实现服务内容供给与服务形式的现代化。大数据技术的应用，可以实现对公众多元化的文化需求进行动态分析，针对公众需求提供丰富的、充满个性化的公共文化产品，实现公共文化资源的有效供给。公共文化服务数字化的利用也在我国多地得到了广泛实践。例如，南京市政府开设“南京文客网”和“在南京”APP，主要用于搜集和综合全市文化娱乐信息，分析和公布城市文化消费指南，为民众的线上和线下文化消费带来极大的便利。

三、放眼未来：对文化科技融合发展的探索

（一）文化科技企业创新发展的对策建议

在技术迭代中寻找蓝海，满足人民对美好生活的新期待。一方面，要深入研究科技发展趋势，研究文化与科技融合发展规律，为新业态新模式快速成长做好理论准备。另一方面，要强化文化科技融合的原始创新能力。围绕文化产业科技需求，开展文化内容创意创作、设计制作、展示传播、用户体验等环节关键共性技术研究，创新文化产品供给。同时，积极开展与研发机构、高等

院校的合作，结合市场需求，联合推动文化科技成果转化。

在创新创业浪潮中当好中华传统文化的弘扬者。“互联网 +”时代为创新创业者提供了更便利的条件，包括更公平的创业环境、更开放的创业空间、更低的创业门槛和创业成本，以及更活跃的风投资本等。在双创大潮中，活用传统文化资源，赋予数字技术以文化温度，善用现代科技，探索传统文化的现代化表达并赋予其时代意义，是每个文化科技企业应有的文化自觉。例如，腾讯在游戏《奇迹暖暖》中融入了养心殿文物、《清代皇后冬朝服》等元素，此前《王者荣耀》也推出了“守卫长城的英雄活动”，引起了更多年轻玩家对传统文化的关注。[①]

在全球化背景下积极出海，增强国际竞争力。2010 年以来，我国主要文化产品的海外出口总额有了显著提升。从各分类行业的发展情况来看，与数字技术联系最为密切的游戏、动漫等产业增速明显。中国文化企业在“一带一路”相关国家和地区的活动日益活跃，“一带一路”相关国家和地区已经成为我国文化贸易和投资的重要潜力市场。因此，**文化科技企业应抓住这个契机，既要借鉴国内市场的经验也要借鉴国际优秀文化科技企业的经验，打造中国品牌，提高国际影响力。**

强化主题网络责任意识，加强企业内部管理。如今，文化与科技融合离不开互联网和数字技术，因此，增强文化科技企业的网络责任意识，事关我国数字经济发展、网络空间环境改善，以及人民群众利益等多个方面。这既要靠外部约束，也要靠行业内

① 国产游戏 2018 年因国内政策收紧发展遇冷，但出海成绩表现不俗。此举在带动海外玩家参与电子竞技的同时，也让中国文化元素不断走向世界。

部自律。文化科技企业作为市场主体，要加强底线意识、红线意识，规模较大的企业尤其应发挥示范引领作用。

（二）文化与科技融合的未来趋势

第一，万物互联打破行业壁垒，跨界融合持续深化。“文化+”是文化更加自觉主动地向经济社会全领域的渗透。“互联网+”的内涵也已经不仅仅是“互联网+传统产业”，而是互联网思维方式和生活方式的进一步实践。未来，随着5G时代的到来，无论是文化还是科技，都将继续与制造业、农业、金融等产业深度融合，并在跨界思维的引导下裂变出涉及内容更广、运行机制更复杂的新兴业态。

第二，文化资源开放共享，数字化、社会化发展或成主流。传统的文化事业机构，如图书馆、博物馆、文化遗产地等，储存着丰富的文化内容和素材，但更多地承担着公共文化服务的功能。随着数字经济的发展，一方面，这些文化内容借助数字化手段实现了版权化的再生，在跨媒体、跨介质传播中将发挥更大的作用；另一方面，它们也依凭信息技术，逐渐走进了普罗大众的日常生活。

第三，新兴产业叠加创意，颠覆文化消费方式。随着消费社会的崛起，大众文化接受的方式将进一步向文化消费和文化市场延伸。而体验是连接消费者与文化产品，形成情感共鸣的关键。虚拟现实、增强现实、全息成像、裸眼三维图形显示、交互娱乐引擎开发、互动影视等新的沉浸式技术发展、设备普及和内容创新发展，在带来游戏产业、影视娱乐、文化旅游领域视听感官交互升级的同时，也将催生新一轮的文化消费革命。

（本文发表于《产业创新研究》2018年第12期）

聚焦智库建设，“第三方”智慧如何奏响文化乐章？

2017年5月14日，“一带一路”国际合作高峰论坛全球“智库交流”平行主题会议在北京举行，来自40多个国家和地区的200多位著名智库负责人、前政要和专家学者参加了会议，就开放、包容、互学互鉴的“一带一路”创新发展国际合作蓝图献计献策。智库交流以全球视野，深入研究“一带一路”的发展规律，不断丰富其内涵，对凝聚共识、汇聚各方力量、更好推进“一带一路”共商共建共享有重要意义。在看到智库对于“一带一路”建设发挥重要作用的同时，更应该深刻认识到智库建设是我国深化体制改革、力行五大发展理念与发展国民经济建设的重要组成部分，因此要积极促进智库常态化建设、创新式发展，有效发挥“第三方”智慧力量，奏响文化新乐章。

一、立足现状：聚焦智库发展改革

“智库”（Think Tank），也译为“思想库”，国际上对此较为权威的定义是：**思想库是一种稳定的相对独立的政策研究机构，其研究人员运用科学的研究方法对广泛的政策问题进行跨学科的研**

究，在与政府、企业和公众密切相关的政策问题上提出咨询。[①]其工作目标是影响公共政策，同时具有独立性、非营利性、多学科性、多专业领域、多类型等特征。智库是一种相对稳定的独立于政治体制之外的“第三方”政策研究和咨询机构，是政策制定过程中的一个重要参与者，在现代社会发展中发挥日益重要的作用。

虽然“智库”一词来自英语词汇“Think Tank”，但中国自古以来就有由门客、谋士等士人所组成的“智囊团”。中国最早的“智囊”出自《史记樗里子甘茂列传》:“樗里子滑稽多智，秦人号曰智囊。”中国古代历代的谋士在社会历史的发展过程中发挥了重要作用。春秋战国时期的“四公子”孟尝君、春申君、信陵君和平原君，门客数千人。秦国能统一各国，很大程度上取决于一批谋士的筹划和辅佐，如张仪的连横政策等。

作为智库原型的“智囊团”在中国古代已初现端倪。在现代社会中，随着中国经济的不断发展和国际地位的日益提升，特别是在“完善和发展中国特色社会主义制度，推进国家治理体系和治理能力现代化”这一全面深化改革的总目标指引下，智库的重要性更是日益突出。**2013年十八届三中全会《决定》提出“加强中国特色新型智库建设，建立健全决策咨询制度”。2015年1月中央发布《关于加强中国特色新型智库建设的意见》，标志着中国特色新型智库建设正式上升为国家战略。**[②]2015年11月《国家高端智库建设试点工作方案》获得批准并确定25家试点高端智库，标志

① 美国堪称现代智库的发源地，发展水平也是世界领先，有非常完备的成熟的智库机制，通过市场化运营激发竞争力。

② 这标志着智库建设上升为国家战略的信号已经强烈释放。我们已经有了初步的行动纲领，智库将进入国家治理体系与决策咨询体系。

着中国特色新型智库建设全面启动。

然而，在声势浩大的智库建设背后，中国智库的发展正处于公信力缺失、影响力有限的尴尬境地。**究其根本，我们不难发现当前中国智库的“体质内”“计划内”痕迹严重。**[①] 除了少数民间智库，我国智库绝大多都是“体制内”事业单位，都是以行政工作性质来确定智库研究内容，例如国务院研究机构和中央重要事业单位等，也有单位实行“两块牌子、一套人马”。“体制内”的特点决定了智库往往会失去独立性和客观性的立场，在智库研究与决策过程中表现为自觉或不自觉地宣传与阐释政府政策，相对缺少公共性和民间性色彩，呈现出主观意识、长官意志与计划体制的痕迹，使得智库“第三方智慧”的作用与影响力没有得到有效发挥，甚至受到主流力量的排斥。

二、他山之石：为智库建设聚智聚力

智库研究的目标是政策设计和政策建议。影响公共政策和决策是智库重要的历史使命和社会责任。**因而智库的发展目标和使命，就是要通过研究成果来影响政府决策和公共政策。**如果智库的研究成果没有受到来自国际、国家政府及社会公众的关注，智库的研究则毫无意义。西方智库大都以承担政府委托的研究课题作为业务重心，并提出自己独立的政策主张，特别是具有前瞻性的主张。中西方智库建设机制的差异，也导致我国智库参与国际

① 改革编制、提升工作效率是事业智库单位的长期攻坚战，众多事务不妨委托外包给市场竞争的公司。

对话时缺乏影响力与公信力等问题。

国际上具有影响力的智库大都是以“高质量、独立性和影响力”作为共同的使命和目标定位，同时也说明了智库的根基所在。**国际著名智库——兰德公司创始人之一弗兰克·科尔博莫认为，智库就是一个“思想工厂”，是一座没有学生的大学，是一个有着明确目标和坚定追求却又无拘无束、异想天开的“头脑风暴”中心，也是一个敢于超越一切现有智慧、敢于挑战和蔑视现有权威的“战略思想中心”。**[①] 兰德公司制定了一套内部质量标准，除常规标准外，还制定了反映其战略研究抱负、体现其战略研究遗产的杰出研究标准，并将这些高质量标准作为确定“兰德型”战略研究的必备标志。

智库的独立性是指研究过程、研究结论均不受政府制约，各政府部门无权干预智库的研究咨询工作。政府部门需要咨询服务时，一般采用招标方式，委托智库自主参与投标，研究人员和咨询机构不受任何社会力量和利益关系的左右。他们站在客观独立的立场上，凭借自己的信息资源、业务准则、智力判断来获得结论和提供咨询。欧美智库的这种独立性确保了咨询行业的自主立场和超脱态度，保证了咨询服务结果的客观性和科学性。

在扩大影响力方面，欧美智库一直十分注重研究成果的宣传与营销。其方式主要包括开办期刊、图书、发布报告，推出影响社会公众的政策性、战略性普及出版物；推荐研究专家参加政府专业领域听证会、新闻发布会；经常举办研讨会和高层次的学术

① 对最热的问题提出冷思考，对最老的问题提出再解读，智库应该身担社会责任，既天马行空又能克难攻坚。

论坛；建设网站和公众信息平台，借助新媒体进行宣传。一些国外智库还采用会员制的方式宣传和传播其研究成果和观点。例如，英国的查塔姆研究所通过发展会员、邀请会员参加智库机构的报告会、研讨会的方式，推广智库理念，传播研究成果。

当前我国智库发展的重点，也正是要**以“高质量、独立性和影响力”为宗旨，消除智库发展的机制性和系统性障碍，促进智库的独立性和多元化发展，提高智库及其学者研究质量，并使智库声音传播到国内、国际决策舞台，增强国际影响力。**[①] 其次，要激励和支持独立性、非营利性智库的发展，允许民间智库平等竞争、竞标研究项目和资源，促进各类智库竞争发展。再次，要制定高标准的战略目标，通过咨询发声，引导公众舆论，同时重视对外传播，注重媒体公关及传播策略，从而对公共政策产生重要影响力。

三、共襄盛举：中国智库发展的新机遇

当前，“一带一路”建设离不开智库的积极参与，全球携手打造“智力丝绸之路”是“一带一路”建设的重大课题。在“智库交流”平行主题会议上，我国与来自世界各地的智库机构共同探讨，依照各国国情，探索提炼“一带一路”合作新模式，总结提炼各国推进“一带一路”的做法，为完善全球治理提供有益借鉴。同时，将各国共建“一带一路”的政策措施、合作模式、共赢发

① 中国智库要向国际看齐，对标国际视野、国际水准；中国智库更要立足国情、体现特色、因地制宜，把握新常态下的社会运行规律。

展等行之有效的做法积极加以推广，为“一带一路”的建设问题提供众多启发和借鉴。

来自全球智库的智慧营养不仅丰富了“一带一路”的愿景和战略，在助力与国际接轨的过程中找到中国自身的定位，同时也对新一轮全球化过程中所面临的如何参与全球治理以促进均衡化发展问题，如何以人民为中心找到全球利益的共汇点，共建人类命运共同体的机遇与挑战等问题的解答，具有重要借鉴意义与实践价值。

此外，面对“千年大计、国家大事”的雄安新区的高标准、高起点与高定位，智库更应该发挥“着眼全局，运筹帷幄”的智慧力量，为雄安新区的建设提供精准服务。[①]

我国智库建设要坚持常态化、创新式发展，有效发挥“第三方”智慧力量，奏响文化新乐章，建设具有中国特色的新型智库。一方面，必须坚持“决策问题导向”研究机制，围绕政府决策的相关问题开展研究，发挥所长，进行针对性服务与持续化发展，才能形成特定方向、专门领域政策问题的研究积累和影响力。另一方面，智库还应当具备学术前瞻和预见的能力，要超前选题、未雨绸缪，就潜在的政策问题开展前瞻性研究，发挥“第三方”智慧力量，并构建咨询建议送达政府决策部门的常态化管道机制。

---

① 雄安新区将引入优质教育资源，承接高校和高精尖研究中心，这也为新型智库发展提供了机遇。

电影产业立法：30 年只为今朝

2015 年 9 月 1 日召开的国务院常务会议通过了《中华人民共和国电影产业促进法（草案）》，以提升文化产业水平、促进电影产业健康发展，并决定将草案提请全国人大常委会审议。“立法一小步，产业发展一大步”，历经 30 年，《中华人民共和国电影产业促进法（草案）》终获通过，中国电影产业的发展可以说迈进了更加规范、健康的发展方向。作为文化产业的研究者，我们需要对此予以高度且持续的关注。

从 20 世纪 80 年代就开始筹划，2003 年正式起草，2008 年文案定稿，到 2011 年草案公开征集意见，历经 30 年，《中华人民共和国电影产业促进法（草案）》终获通过。2015 年 9 月 9 日财政部等及时出台《国家电影事业发展专项资金征收使用管理办法》，资助及奖励优秀国产影片制作。一系列政策显示出国家层面对中国电影产业发展的重视。

一、及时雨：电影产业促进法如此重要

电影产业在不断发展中，电影市场的秩序需要有法律来保证公平、公正、公开的法制环境。在这种情况下，该法律的出台是

及时的。

（一）深化改革与依法治国的必然要求

党的十八届四中全会强调，依法治国是党领导人民治理国家的基本方略，全面依法治国在“四个全面”战略布局中具有基础性、战略性、保障性作用。深化改革是新时期解放和发展生产力、推进体制机制创新的重要着力点，也是经济社会发展的新常态。文化产业的发展也处于这一宏观环境之中，电影产业的发展更是如此。电影产业的发展需要在现有基础上激发活力，用好资源，做大做强，而这都需要以深化改革与依法治国的思维与原则为导向。电影产业促进法酝酿已久，在当下具有很强的现实针对性，将让高速发展的中国电影产业“有法可依”，从而实现可持续发展。

（二）市场经济是法制经济

我国提出“建设社会主义市场经济”的口号已有20余年。市场经济是自由交易经济，但市场交易有效有序进行的一个基本条件就是法治。十八届四中全会《中共中央关于全面推进依法治国若干重大问题的决定》提出，社会主义市场经济本质上是法治经济。电影是文化产业的重要门类之一，也是社会主义市场经济的重要组成部分。因此，随着我国电影产业市场化程度的不断提升，依法规范电影产业的发展成为必然，一部具有较强可操作性的法律，将有利于电影制作、发行等各个环节市场秩序的规范。

（三）电影产业亟需法律规范

电影产业飞速发展但冲击不断、乱象不少，偷漏瞒报票房行为时有发生，制片融资、宣传发行、票房分账比例、电影审查等多个环节依然存在乱象，这在很大程度上制约了电影产业的发展空间，也是对法律力量的召唤。同样，互联网的发展及其与电影产业的高度融合，从售票到观影等各个方面对电影产业产生了颠覆式的影响。近两年内电影产业的重组、兼并，无论是数量还是规模都在发生巨大的变化。中国电影产业亟需法律规范，制定电影产业促进法就是要对违背市场规律、扰乱市场秩序的行为起到约束作用，对与电影产业发展密切相关的行为进行积极引导与支持。

（四）从“电影大国”到“电影强国”的拐点所需

近年来，我国电影产业发展迅速，电影票房从2003年的10亿元增长到2014年的296亿元，年均增长率超过36%。近年以来票房继续高速增长，各项票房纪录不断刷新。2014年全球电影票房为375亿美元，中国占13%排第2位，贡献全球75%的增量。可以说，我国正走在由电影大国迈向电影强国的路上，处于电影产业发展的历史拐点上，这就更需要法律来加强互联网监管，维护电影产业健康发展。在法律的保障下，中国电影产业能够不断提升产业化水平，从而做大做强，走向世界，与国际接轨。

（五）现行电影行业法律规制需要上位法律

在当前的电影行业法律规制内，《电影管理条例》处于最高级别，但它仅仅是一部行政法规，而《电影产业促进法》是法律，其位阶高于行政法规，更具法律权威性和稳定性，也为行政法规和部门规章等提供了立法依据。

二、开山之法：电影产业如何依法而行？

讨论了30年、起草了12年的《电影产业促进法》即将问世，其最大的意义在于从“条例”到“法律”的转变，表明我国电影行业的制度升级。从促进中国电影产业发展的角度来看，《电影促进法》是自改革开放后允许民营资本从事制片业务、引进进口分账片、确定院线制和设立电影专项基金以来，又一个具有“拐点”性质的重大改革举措。作为我国文化领域的开山之法，《电影产业促进法》具有更大的示范效应，但它对于产业促进作用的发挥，还需要从各个方面予以系统性支撑与落实。

（一）重视立法作用

电影产业在社会主义市场经济体系中有序、健康、规范的发展离不开法律的支持与保障。《电影产业促进法》是市场经济法律体系的内容之一，是对市场经济法律体系的不断完善。因此，在电影产业未来的发展中，无论是电影产业的生产者、消费者等市场主体，还是对电影产业的市场监管，电影产业的各个环节都要高度重视法律的作用，做到有法可依、有法必依，用法律规范来消除电影市场表现出的盲目性与自发性。

（二）重视和发挥司法作用

重视和发挥司法作用，倡导能动司法，维护司法公正，保障社会主义市场经济发展，是法律在市场中发挥效力的保障，法律对电影产业发展规范效应的发挥亦是如此。在法律出台的基础上，要充分把握电影产业发展的特殊性，把握并尊重电影市场运作的规律与脉搏，用司法为法律的实施做保障。

（三）强化法律服务

电影产业在我国发展多年，但接受与之直接相关的法律的监管与引导还是第一次。电影产业从业者的法律意识与法律观念还比较淡薄，加之电影产业的特殊性，强化与之相关的法律配套服务是必需的。《电影产业促进法》作用与效力的发挥，有赖于完善的法律服务配套于电影产业的发展，有赖于对电影产业的运作实施全方位、全流程的法律支撑，实现决策前提供法律依据，过程中提供法律服务支持，用法律来预见并化解一系列不必要的法律问题。

（四）文化立法整体环境要持续改善

文化立法主要包括公共文化服务保障、文化产品促进法、网络安全法、电影产业促进法等内容。从目前的现实看，文化立法相对滞后于经济立法、行政立法、司法立法。在这种情况下，更应该呼吁立法机关为文化立法，为中国文化产业——其中包括电影产业的长期稳定发展提供保证，营造良好的法律环境。在这方面，韩国的经验值得我们借鉴与学习。韩国早在 1962 年就制定了《电影法》，对成立电影公司的条件和程序，以及外国电影进口配额制度等事项做出规定。从 1963 年到 1987 年，韩国《电影法》先后经过 6 次修订，电影管理制度也在不断调整。《电影振兴法》在 2002 年进行了修订，修订内容包括重新规定“限制放映等级”，彻底废除电影审查制度等。

我国拥有五千年的灿烂文明，而电影作为集文化、艺术与娱乐于一身的产业，正面临着转型，市场前景巨大，可以说是文化产业中一颗璀璨的明珠。相信随着《电影产业促进法》的不断完善，我国电影产业能够在步步为营中展示属于中国的那一抹辉煌。

大市场监管改革创新要处理好四对关系

2018年3月17日，国务院机构改革方案正式获全国人大批准通过，同日，国家工商总局召开专家委员会座谈会。作为国家工商行政管理总局牵头召开的最后一次专家委员会会议，这次座谈会具有重大历史意义。会上，范周教授围绕“深化商事制度改革、推动市场监管改革创新”中要处理好的四对关系进行了发言。

改革市场监管体系，实行统一的市场监管，是建立统一开放、竞争有序的现代市场体系的关键环节。我国经历改革开放四十年，进入社会主义市场经济发展的今天，工商和市场监管工作取得了一系列开创性成就。[①] 但与此同时，商事制度改革进入攻坚期，市场监管创新改革迎来转型期，也给我们的工作提出了新要求。在这样的历史背景下，根据国务院机构改革方案和十九届三中全会对于我国整体国家机构改革的指导思想，我认为在大市场监管改革中要处理好以下四对关系。

---

① 2014年3月以来，我国商事制度改革的主要内容包括“放管服”三个方面，改革的目的是处理好政府和市场的关系，进一步增强市场活力。

一、简约监管与有效监管的关系

加强和改善市场监管，是政府职能转变的重要方向，是国家治理体系和治理能力现代化的重要任务，对于完善政府治理、提高行政效率、全面深化改革具有重要意义。深化商事制度改革，推动市场监管改革创新，要处理好简约监管与有效监管的关系，既做到简政放权，又保障监管效率。

一是要完善市场监管的顶层设计，简政放权、简约监管。国务院机构改革方案具有前瞻性地强化了大部门制的改革，提出将国家工商行政管理总局、国家质量监督检验检疫总局、国家食品药品监督管理总局的职责“三合一”，组建国家市场监督管理总局，这是国家治理现代化背景下的机构范式革新。在此背景下，要加强对未来三个总局合并后的新形势的研判，特别是要认真学习和研究市场监管细化之后，如何理解质量监督、食品药品等关系国计民生的国家强制性管理的内容。

机构改革并不是业务的简单叠加，应该更多地从国家宏观层面研究未来市场监管所要面临的新事物和新问题。尽管各地采取多样化的改革模式，全面实施了“多证合一”改革，但 2017 年我国营商便利度仍排在全球 78 位，这与我国目前是世界第二大经济体的发展水平不相适应。[①] 在大部制改革后，如何从“放管服”三

① 尽管我国商事制度改革已经取得了明显成就，但当前存在的问题仍不容忽视，必须通过深化改革予以解决，以进一步改善我国整体营商环境，提升投资吸引力，增强企业发展活力，促进经济持续健康增长。

个方面推进商事制度改革向深度广度拓展，破除条框限制，还需要从顶层设计上谋篇布局、重构思路。

二是要创新市场监管思路，探索市场监管新模式。在大部门制改革背景下，要创新市场监管思路、探索市场监管模式，借微观管理的部门整合的契机，科学规划各部门职能、减少内耗，进一步提高便利化服务水平：精简手续、缩短时间、提高办理效率。新的监管条件下，还要进一步完善市场综合监督管理、市场信息公示和共享机制，市场监管承担反垄断统一执法，规范和维护市场秩序，同时整合多部门的职能有序组织市场监管综合执法工作，精简事前审批，加强事中事后监管，探索市场监管新模式，提高市场监管的权威性。

二、监管有力与市场活力的关系

党的十九大报告提出，经济体制改革要实现竞争公平有序。要维护市场公平竞争、充分激发市场活力和创造力，就要加强和改善市场监管这一重要保障。截至 2018 年 3 月 16 日，全国实有市场主体已逾 1 亿户，市场主体的数量攀升说明我国的市场活力不断释放，但与此同时，庞大的市场主体中每天也面临着进入、退出等市场主体的新变化。在此背景下，市场中不免会出现一些“僵尸”企业，所以处理好监管有力与市场活力的关系成了推动市场监管改革创新的必然要求。

一是要打破垄断和监管壁垒，维护公平竞争。2017 年反垄断和反不正当竞争案件在各类执法案件中居第 7 位，其中限制竞争行为案件增长显著，同比增长 33.0%。因此要进一步深化商事制度改革，打破行政性垄断、防止市场垄断，加快要素价格市场化改革，通过建立有效的惩罚机制重点处理行业垄断、地方保护、市场分割等问题，营造公平竞争的市场环境。

二是要进一步放宽市场准入和退出机制，激发市场活力。2017年我国第三产业增加值为427032亿元，比上年增长8.0%，占国内生产总值的比重为51.6%，第三产业继续发挥经济增长主引擎的作用，对国民经济的重要性愈加凸显。在此发展背景下，要通过改善市场环境培育微观市场主体，对于具有重大经济发展潜力的行业（如数字创意产业）放宽准入限制、开通绿色通道，通过改革审批限制、完善负面清单制度等方式充分激发市场活力与创造力。

此外还应看到，“证照分离”是我国商事制度改革的进步之一，五年来在国务院的强力推动下，44%的行政审批权得到了有效解决，许多企业虽然快速取得营业执照，但在相当长一段时间里不能合法营业，面临着“准入不准营”的困境。[①] 而许可证的发放并不是工商总局一个部门的事情，还要受到食品药品等其他各行各业的管理。据了解，目前我国仍有500项许可措施在管理着社会的方方面面。因此，要想完成一个全领域的商业活动，仍面临着近60%的管理、行政审批限制。在此背景下可想而知，虽然解决了营业执照的问题，形成了庞大的市场主体的数字，而实际投入工商运营、取得了良好效益并且有经济活力的企业又有多少？所以一方面我们要解决证照分离的问题，另一方面要真正能够激发市场竞争的活力。

---

① 在实践操作中，那些从前置审批转换而来的后置审批事项，并不一定会缩短企业的等待时间，甚有可能还会加重创业企业的负担。

三、传统监管与智慧监管的关系

加强和改善市场监管，是适应科技革命和产业变革新趋势的迫切需要。当前，我国社会主要矛盾已经转化为人民日益增长的美好生活需要和不平衡不充分的发展之间的矛盾。人民对美好生活的需要，不仅体现在对于消费品质的更高要求，也体现在对于维护消费者权益的更多期望。因此，要从供给和消费两端入手，既增强传统的监管方式的有效性，又探索适合新业态的智慧监管方式。

一是要加强新兴领域的新型监管，从供给侧保障诚信度。 2017 年，新兴服务业继续迅猛发展，教育、科学研究和技术服务业、文化体育和娱乐业等现代服务业同比分别增长 33.4%、24.3% 和 17.8%。以互联网为载体的新兴产业的繁荣发展，同时滋生了基于新形态的违法失信行为：2017 年，有关部门查处网络交易违法案件 2.2 万件，同比增长 106.8%。网络交易违法案件的爆发式增长需要我们对新业态予以更多的关注与治理。要统一管理计量标准、检验检测、认证认可工作等，跨领域、跨区域深入推进网络市场监管与服务示范区建设，从供给侧加强对新兴经济领域的智慧监管，结合其发展特点，采用新技术手段量化监管标准、创新监管手段。

与此同时，要根据市场的实际情况给予充分的研判，不能沿用“一刀切”的监管方式挫伤新兴市场主体的积极性。要增加对共享经济、数字经济等还处于探索与发展阶段的新兴经济模式的研究关注，实行弹性管理、包容管理。以共享经济为例，2017 年我国共享经济的市场交易额约为 49205 亿元，提供共享经济服务的服务者人数约为7000万人，为我国经济社会发展提供了新的动力。在“互联网+”背景下，由于有些业态的市场范围用过去的理念是难以界定的，所以服务业的各个领域从线下到线上的不正当竞争、假冒伪劣和市场垄断等问题，用传统的治理方式都难以达到实际的监管效果。①

正是因为这样，许多不清晰的产业边界界定为监管工作带来了许多新问题。**有的要从方式上改革，还有的要通过大数据和信用体系对传统企业的平台思维方式重新进行考量。过去，企业的产品价格和质量是它的核心特征，而今天用户资源则成为新业态的重要组成部分和核心竞争力。**比如大型制造企业三一重工的发展理念已经转换为“核心业务在网上、管理流程靠软件、产品发展智能化”，年产值上百亿的大型装备制造业已经从传统的生产制造各个环节过渡到互联网上。而现行的监管体制、机构设置、人员素质知识储备都难以适应这一新的发展形势的要求。此外，还应多关注当前“双创”领域中的高校学生，环大学周边的经济带更应该得到市场监管部门的服务和支持。我们的监管工作不仅仅是要把好关口，还要做好服务，智慧监管的许多内容应该与高校无缝对接，这对未来的市场监管总局来说既是一片蓝海又提出了许多新的命题。

二是完善消费维权的智慧手段，从消费端提升满意度。截至2017年12月，我国网民规模达7.72亿，我国手机网民规模达7.53亿，网民中使用手机上网人群的占比高达97.5%。以“互联

① 新的业态给商事监管提出了新的要求。“互联网+商事监管”转变监管理念，利用互联网思维和大数据技术，有利于更好地处理工商部门掌握海量信息，提高执法效率，强化服务职能。

网+”为代表的新科技手段催生了消费方式的变革，同时要关注到消费载体已经由IP端向移动端过渡。因此，加强对消费市场的监管，维护消费者权益，一方面要做好对不同消费群体的消费行为、消费心理的专项研究，只有了解消费者的需求，才能更好地为其提供服务保障；另一方面要加强对消费维权渠道、手段的智能化建设，利用新技术手段提升消费维权的效率，建立起便捷、透明、高效消费维权的保障激励机制，缓解消费者维权难的现象。

四、放手发动与放松监管的关系

推动市场的监管改革创新，是社会信用体系建设的助推器。李克强总理在十二届全国人大四次会议答记者问时强调：**“市场经济是法治经济，也应该是道德经济。”**建立以信用为核心的新型监管机制，强化企业自我约束功能，是新时代对市场监管的高层次要求。因此，要放手发动社会力量，做到“疏堵结合”，通过各种手段强化市场主体的社会责任意识。

一是要发挥社会力量协同监管。要处理好行政力量与社会力量的关系，发挥行业协会、中介组织、社会公众的监督和约束作用。同时要进一步完善企业信息公示制度、经营异常名录制度和严重违法失信企业名单制度，搭建完善有效的社会监管平台，把政府监管信息放在阳光下。

二是要强化企业的主体责任意识。[①] 充分发挥文化的道德浸

① 马云表示：“企业的目标是赚钱，但是企业价值的大小跟钱多少无关。互联网企业，不要去争当“首富”，而是要争当“首负”，必须对用户、对社会负责。企业家要看清楚钱的本质，钱是完善社会、让社会进步的资源。”这一席话发人深思。

润作用，针对重点领域联合相关部门开展系列诚信文化宣传活动，如联合网信办开展网络诚信建设相关活动，充分发挥文明和道德的力量，通过奖励诚信、惩戒失信等手段完善市场信用体系建设。

在新业态的发展中，以数字创意产业为代表的文化产业迅猛发展，对此我们不能忽视并且要给予充分重视，从商事制度改革和市场监管方面为当下转型升级的传统业态及日新月异的新业态提供宽松便捷的市场准入环境、公平有序的市场竞争环境、安全放心的市场消费环境、权威高效的市场监管体制机制。

思考与判断

——在文化和旅游部政策法规司集体学习中的发言摘要

2018年11月，文化和旅游部政策法规司组织内部学习，邀请中国传媒大学文化发展研究院院长范周教授参加学习并做中心发言。范周教授针详细分析了当前文化发展面临的问题与文化治理面临的挑战，强调了从文化顶层设计出发进行长期战略性的统筹规划的重要性。

一、围绕国家重大战略，抓好文化顶层设计

近年来，我国推出了一系列重大国家战略，从“一带一路”到京津冀协同发展，从雄安新区的设立到粤港澳大湾区的建设，再到海南自由贸易试验区的设立，这些都为文化产业发展提供了新的机遇和挑战。文化产业的顶层设计就是要加强对全国文化产业发展的统筹力度，要求把文化体制改革、文化市场建设、文化产业区域布局、文化产业人才培养等指导方针、基本内容、实施路径进行更具操作性的连接，要突破五年规划的限制，进行长期的战略性全面设计、统筹规划，更要始终紧紧围绕国家重大战略，抓好文化产业的顶层设计。

二、当前文化发展需要特别关注的五大问题

（一）文化产业不能偏离社会主义核心价值观

2014年2月24日，习近平总书记在主持中共中央政治局第十三次集体学习时发表讲话，指出“核心价值观是文化软实力的灵魂、文化软实力建设的重点。这是决定文化性质和方向的最深层次要素。一个国家的文化软实力，从根本上说，取决于其核心价值观的生命力、凝聚力、感召力。”当前的文化发展中，部分行业呈现“过剩”与“短缺”并存的矛盾现象。从供给内容看，社会效益受重视不够。[①]在市场条件下，对“双效统一”重视不足，以追求经济利益为方向，不重视产品的社会责任、价值使命和时代精神，把排名、销量、利润等“数据化”指标作为自身竞争力的衡量标准，导致文化产品境界和品位下降，社会主义核心价值观遭遇冷落。在无价值观的算法推荐推动下，某些手机端新闻应用产品上出现了大量低俗内容，虽然带来了巨大流量和话题，但也招致了自身的发展危机。

文化产品作为一种特殊商品，具有经济效益和社会效益双重属性。**在市场经济条件下，经济效益是其基础，社会效益是其灵魂。只有探索社会效益和经济效益良性互动的合理途径，发挥市场对文化产品生产的激励和调节作用，探索以社会主义核心价值观为主题的文化产品实现经济效益的条件和规律，才能有效避免庸俗文化、落后文化充斥市场，为弘扬主旋律提供强大的经济动力。**

---

① 文化产业目前存在一对矛盾：一方面是传统产品和服务过剩，一方面是社会需要的新产品和新服务供应不足。这迫切要求我们积极引导推动文化产业的转型升级。

（二）坚定文化自信是维护文化安全的重要保障

“文化兴国运兴，文化强民族强。没有高度的文化自信，没有文化的繁荣兴盛，就没有中华民族伟大复兴。”**在全球化浪潮的冲击下，我国文化安全受到国内外复杂因素的冲击。而我国文化产品未能确立话语权，表达自身的价值立场，缺少了文化自觉、文化自信和文化自强的立场与态度，存在着“失语症”和“他者化”的倾向。**采取有力措施保护文化安全、防范文化风险事关国家安全，刻不容缓。**而最根本的措施则是培养中华民族和中国人坚定的文化自信。**“坚定文化自信，是事关国运兴衰、事关文化安全、事关民族精神独立性的大问题。”

（三）科技发展推动产业升级，新兴业态不断涌现

信息时代的到来，为“文化+”提供了更多的可能性。**数字化、互联网等高新技术推动文化产业内、外产业链环节融合发展，实现传统文化产业自身的升级换代，塑造了新型的产业和消费方式，也提高了文化产业规模化、集约化、专业化水平。**2017年，全国34家国家级文化与科技融合基地总体营业收入达到126923.07亿元，集聚、孵化企业479792家，吸纳就业人员5475361人。被誉为“中国光谷”的武汉东湖高新区文化科技产业产值年均增长30%以上，其中，重点文化产业企业80多家，创业板上市1家，新三板上市8家，已经形成创意设计、直播电竞、文漫影游、新媒体、在线教育、出版和VR/AR竞相发展的格局。斗鱼直播、盛天网络等互联网文化企业快速成长为行业领头羊。

（四）融合发展背景下的新业态建设成为常态

文化产业是一种与其他产业关联度较高的产业类型。**文化与相关产业跨界融合、应用新技术、活跃消费市场需求，可推动关联产**

业转型升级，催生文化新业态发展。融合发展不断推动文化产业在与相关产业的竞合中调整优化产业结构、提高资源利用率，成为未来发展的必然。国家统计局以《国民经济行业分类》（GB/T 4754—2017）为基础，以重点反映先进制造业、互联网+、创新创业、跨界综合管理等“三新”活动为基本出发点，制定出台了《新产业新业态新商业模式统计分类（2018）》。其中文化产业相关新业态、新商业模式统计分类占比较大，成为“三新”经济的重要组成部分。

以“三新”为助推的数字文化产业生态化运营将继续深入，进一步向纵深推进“互联网+”“文化+”“IP+产业”等新业态全面融合和新技术广泛应用，催生出更多的新业态和新商业模式，推动我国数字文化产业快速发展。

以文化娱乐服务（0810）为例，列入“三新分类”统计的有7个小类。这些都是基于数字化技术和互联网平台的新型文化服务业态，而且在日常文化消费中越来越常见，有些新业态已经成为“90后”“00后”们日常文化消费的“隐形冠军”。①

（五）经济动能转化下重新思考文化的作用

新一轮国民经济发展中，我国经济发展动能由过去的投资拉动向城镇消费转变。消费一直保持平稳较快增长，成为经济稳定运行的“压舱石”。消费成为经济增长的主动力。2013—2017年，最终消费支出对经济增长的年均贡献率为56.2%，高于资本形成总额贡献率12.4个百分点。其中，文化消费成为消费升级新牵引。2017年全国居民恩格尔系数为0.29，进入联合国划分的0.20至0.30的富足

① 线上快速便捷的支付，线下“重在参与”后由消费带来的“身份认同”，成为90后鲜明的文化消费主张，也影响着互联网消费的未来走向。

区间。服务消费占比不断扩大，教育文化娱乐、医疗保健支出占居民消费支出的比重分别为 11.4% 和 7.9%，比上年提高 0.2 个和 0.3 个百分点。消费升级类商品的销售增长较快，通信器材、体育娱乐用品和化妆品类商品分别增长 11.7%、15.6% 和 13.5%。

在可喜成绩的背后，要看到我国文化基础设施及其服务机制仍停留在传统的单向供给模式，文化市场的不成熟、缺乏质优价廉的大众文化产品等问题，导致我国目前存在较大的文化消费缺口，城乡文化消费水平也存在较大差距。

三、当前文化治理工作中面临的五大挑战

（一）融合不仅仅是文化旅游的融合

文化和旅游部的组建，并不是职能上的简单相加，未来工作重点不是只抓“文”或者重视“旅”，而是融合发展，实现资源和载体、内容与形式、休闲与体验的结合，是有机融合、有效融合。但当先的融合已经不再是文化旅游的融合，还有文化与体育、广电、农业等领域的全面融合。

（二）文化产业发展面临不平衡和不充分问题

自 1981 年党的十一届六中全会阐述我国社会主要矛盾为“人民日益增长的物质文化需要同落后的社会生产之间的矛盾”。至今，改革开放发展 40 年成绩斐然，中国已成为仅次于美国的世界第二大经济体。与此同时，**发展中不平衡、不协调、不可持续等“硬骨头”已经严重制约我国未来发展，人民的需要也已经从简单的“物质文化需要”转变为更高层次的对“美好生活的需要”。**

区域结构上，东中西差距较大，发展不平衡、不协调、不协

同矛盾突出。分区域看，以 2018 年一季度为例，东部地区规模以上文化及相关产业企业实现营业收入 14500 亿元，占全国 76.1%；中部、西部和东北地区分别为 2723 亿元、1630 亿元和 198 亿元，占全国比重分别为 14.3%、8.6% 和 1.0%。[①]

在部分欠发达地区，居民对地方特色的传统文化活动需求迫切，但是这些文化服务因存在分散性、流动性和规模小等特点而不被重视。相反，相关部门为居民提供的网络、无线电视等现代化信息服务却存在利用程度低的问题。其次，这些地区的基本公共文化服务没有跟上。例如，目前农村手机上网比例持续提升，许多农民通过手机获得各种消费娱乐信息，但是当前我们在服务供给上，还停留在农家书屋等基础设施建设上，在数字内容、数字服务产品等供给方面还非常缺少，特别是具有高品位的网络文化产品十分稀缺。

（三）经济发展从高速增长转向高质量发展

习近平总书记在党的十九大报告中指出："我国经济已由高速增长阶段转向高质量发展阶段。"这是根据国际国内环境变化，特别是我国发展条件和发展阶段变化做出的重大判断。高质量发展阶段将展现出以下阶段性特征：第一，经济增长率从过去年均 9% 左右逐步下降到目前年均 6% 左右；第二，必须向追求高质量和高效益增长的模式转变；第三，加快推进有利于发挥市场对资源配置起决定性作用的市场化改革。

另外还出现了以下几个变化。**第一，中小城市将发力消费市**

---

① 在我国经济整体转型升级的大背景下，东北地区面临经济增长乏力、人口负增长等问题，原因在于传统产业转型升级步伐较慢、新动能不足。

场。2017年，二三四线城市消费额增速达59%，增幅显著高于一线及新一线城市，且增速优势不断扩大；一线城市消费主体地位仍然坚挺，消费规模占全国41%；新一线占22%；二线与三线均在18%左右。**其次，数字经济繁荣发展，互联网文化消费快速增长。**[①]2017年12月，我国网民规模达7.72亿，普及率达到55.8%。我国网民规模继续保持平稳增长。网络娱乐消费也在进一步向移动端转移，手机端网络音乐、视频、游戏、文学用户规模逐步增长。我国网络文化消费快速增长，文化消费潜力在进一步释放。**第三，数字化赋能消费动力。**数字化时代下消费者被极大"赋能"，消费者对于质量、服务及健康的需求大大增加，线上线下的界限逐渐模糊，手机成了消费者接触商品和服务的主流入口，社交与消费同步。特别是消费中使用支付宝、微信等方式的比例增长，无现金城市成为可能性。中国消费者生活的各个方面都在一定程度上依赖移动科技。

（四）从"走出去"到"走进去"需要寻找新的文化支撑点

近年来，我国在文化走出去中取得了相当亮眼的成绩，但是我们仍然应该清醒地认识到，我国在文化产品的输出与进口方面还存在较大的"逆差"和"赤字"。中国文化如果想要真正走出去、走进去，必须克服语言障碍、文化差异和意识形态的隔阂。

文化走出去水平是国家文化软实力的重要体现，而目前我国文化出口水平与文化产业发展水平仍不相符。同时，随着对外贸易地位的不断提高，我国文化贸易逆差的瓶颈制约作用也日益凸

① 以物联网、云计算和大数据为技术手段的工业互联网的快速发展，不仅能显著提升资源的利用效率，更能够促进制造业产业链各个环节的高度融合，形成新的数据变现模式，从而推动实现产业结构的转型升级。

显，受到“文化折扣”影响。文化产品不能适销对路是制约我国文化产业走出去的重要因素之一。美国电影业有3000多家企业，而真正有全球竞争力的却只有6家。但是这6家每年产生和辐射的经济效益不容小觑。所以，培养起到带头示范作用和在国际舞台上能够顺应潮流、具备话语权的企业巨头至关重要。①

（五）文化法治工作仍需进一步完善

尽管党的十八大以来我国文化立法成果显著，《电影产业促进法》《公共文化服务保障法》等法律的制定实施弥补了我国文化立法的空白，然而由于起步较晚，我国文化立法仍需进一步完善。一方面，文化立法是我国文化发展与国际接轨的必然要求。在国际交往中，法律建设是重要环节，文化法律的缺失和立法层次不高的问题，对中国要建立的国际大国形象极为不利。而通过立法和法律手段来依法有效地保护我国文化主权和文化安全，才能更加平稳、更加可持续地推动中国文化走出去。另一方面，加大文化立法覆盖面，补齐文化空白点，是处理文化领域新兴事务的现实需求。在互联网等新技术的影响下，我国文化发展日新月异，新业态、新产品等不断涌现。现行文化立法内容的前瞻性和覆盖面不足，导致在面对当前文化领域出现的新问题、新业态、新模式时，往往力所不能及，监管的空白点或灰色地带始终存在，规范发展的问题需要通过完善立法加以解决。

（本文发表于《人文天下》2018年第23期）

① 近年来国产大片频现并成功出海。但在北美上映并不代表走出去，尤其是技术层面，中国电影在剧作的叙事水平、表演的电影化水平方面都与世界水准有较大差距。

辑二

突出重围：产业升级的理性思索

随着现代科技的不断更迭，我们可以看到文化产业的边界在不断模糊，文化产业的科技属性、创新理念在不断增强。融合、创新、共享，伴随着新旧动能转换，新的发展趋势丰富了文化产业的内涵，也使得传统文化产业顺势而上、迎来新生。

文创发展的下一个风口：数字创意产业

《2016中国数字创意产业发展报告》表明，中国数字创意产业已经进入高速发展期，但仍有10余倍上升空间。“十三五”期间，国家正式将数字创意产业列为战略性新兴产业之一。作为文创产业最重要的组成部分，数字技术将广泛渗透融合到各个领域，这是一个重大的发展契机。2017年6月25日，范周教授受邀于深圳市民文化大讲堂进行专题演讲，与市民们共同探讨数字创意产业的未来趋势。

一、第四次工业革命：数字创意产业引领未来

回首往昔，1785年蒸汽机的发明使人类文明走上了变革探索的道路。从蒸汽时代到电气时代人们用了100年；从电气时代到科技时代人们用了70年；从科技时代走向智能时代人们用了40年。不难看出，从硬件到软件，工业革命正在加快脚步；从1969年互联网的出现到2010年移动互联网的发展，再到如今智能互联网时代的到来，人机交互、大数据、物联网等新兴技术的革新为数字创意产业的发展壮大提供了先决条件。

过去人们获取信息的媒体就是电视台、广播、杂志，而今天随着移动新媒体、数字传播的变化，获取信息的渠道不再局限于传统媒体。文化消费呈多元发展的态势，世界经济正处于新旧增

长动能转换的关键时期，上一轮科技和产业革命提供的动能面临消退，新一轮增长动能尚在孕育。[①]过去40年，世界经济增长主要靠IT技术创新推动；过去20年，计算机科学的主要进展来自搜索引擎公司。如今，重视人工智能等为代表的科技发展已然成为全球共识。据统计，2016年全球科技巨头人工智能（AI）投资额达300亿美元，关键词人工智能的媒体关注度2016年比2015年增长632%，世界对AI科技的瞩目由此可见一斑。

面对这一趋势，2016年起世界各国纷纷布局数字创意产业。英国出台《数字经济战略（2015—2018）》，旨在建设数字化强国；日本提出建设“超智能社会”，最大限度将网络空间与现实空间融合；美国于2016年10月出台政府报告——《国家人工智能研发战略规划》，认为：“AI正处于可能出现第三次浪潮的初始阶段”；法国于2017年4月制定国家人工智能战略；德国发布《数字战略2025》，明确了德国制造转型和构建未来数字社会的思路，并于2017年5月颁布全球首部自动驾驶法律。全球新一轮科技革命和产业变革已经从蓄势待发进入群体迸发的关键时期。

二、迅猛发展：我国布局数字创意产业

（一）7亿网民是坚强后盾

截至2016年12月，我国网民规模达7.31亿，全年共计新增网民4299万人。如果说7亿网民和移动互联网技术是我国数字

① 科技创新层出不穷，我们尚未完全获得第三次科技革命带来的全部好处，智能化浪潮下的新科技革命与产业变革就已经蓄势待发。

文化产业发展坚强的后盾，那么，网络用户付费习惯的养成则是“引爆”数字文化产业的导火索。据 ICTResearch 统计：2015 年我国数据中心能耗高达 1000 亿度，相当于整个三峡水电站一年的发电量。[①] 随着互联网和数字技术的不断发展和普及，传统文化产业将实现数字化转型升级，并不断催生出数字文化产业的新业态、新模式，数字文化消费将成为扩大文化消费的主要发力点。

（二）真金白银的政策红利

近年来相关文件密集出台，数字文化产业迎来前所未有的政策红利期。2016 年 11 月 29 日，国务院发布《“十三五”国家战略性新兴产业发展规划》，首次纳入数字创意产业，并部署到 2020 年，数字创意产业产值规模将达 8 万亿元，而数字创意产业在文化领域的具体体现，正是数字文化产业。2017 年政府工作报告中，总理首次提出大力发展数字经济，为数字创意产业的发展壮大提供强有力的支持，数字创意产业的政策从财税金融、科技创新、人才培养等方面的国家政策进行梳理集成，力求形成政策合力，共同推动数字文化产业创新发展。

（三）快速发展的市场规模

有数据显示，2015 年中国数字创意产业已集聚 36948 家企业，同比增长 13.8%；从业人员 384 万，同比增长 13.1%；产业规模达 5939.85 亿元，同比增长 22.9%。中国数字创意产业已经进入高速发展期。数字创意产业作为国家的战略性新兴产业，已经成为中国经济发展的主要动力之一，未来几年内，将持续为转变经济发展方

---

① 数字惊人。中国规模庞大的网民是文化市场的坚强后盾，也是大数据时代海量数据的来源保障。

式、促进消费增长、引领社会风尚提供有力支撑和有效供给。

2015 年我国数字创意产业规模达到 5939 亿元，同比增长 22.9%，其中 VR 增幅最大，达 267.5%。七大细分领域中，网络文学是 IP 源头，增速快；动漫的衍生市场潜力大；影视受众广泛，爆发强劲；游戏规模为 1424 亿元，电竞、VR 是新增长点；VR 规模达 15.4 亿元，处于起步阶段，潜力旺盛；在线教育结合语音识别、AI 等技术将有更多应用。

三、发展瓶颈：数字创意产业仍待提升

就目前来看，英国数字创意产业占 GDP 的比重达到 8%，居全球首位，占据全球音乐市场的 15%及全球视频游戏市场的 16%；美国数字创意产业占 GDP 比重为 4%，占据全球影视票房的 1/3；日本数字创意产业占 GDP 比重为 2.4%，其中动漫制作占全球 60% 的份额。反观中国，根据《2016 中国数字创意产业发展报告》：2015 年我国数字创意产业规模达到 5939 亿元，同比增长 22.9%，但占 GDP 的比重据统计仅为 0.7% 左右，仍有十余倍的提升空间。

尽管目前中国数字经济、互联网经济紧跟世界步伐，但不能否认的是，中国仍然是一个制造大国，而非处于世界领先地位的制造强国，中国社会财富的积累仍在很大程度上依靠社会资源的消耗。因此中国在享受第四次工业革命的成果的同时，更需要思索“中国制造”向“中国智造”的转型之路。[①]

---

① 虽然近年来我国取得了众多世界瞩目的科技成果，但国家财政和社会企业对于科技的投入和发达国家相比仍有差距。尽管资金投入量大、回报周期长、风险性高，我们也必须掌握核心科技。

目前制约数字创意产业发展的仍有以下瓶颈：第一，在产品内容供给方面，优质作品供给不足，劣质作品产能过剩。第二，在供给主体方面，内容厂商在知识产权和品牌竞争上出现不正当及恶意竞争现象。第三，在消费层面上，恶意扣费、消费欺诈等侵犯消费者利益的事情时有发生。第四，人才缺口较大，教育培训和实践相对脱节，中国创意人才培训政策尚未完善。

四、畅想未来：数字创意产业的下一个十年

（一）跨界融合型的业态更加多元

“互联网＋文创”深度融合，协同开发会越来越多，以一个 IP 为核心去开发不同类型的产品和服务越来越成熟。[①] 腾讯公司 2016 年的年收入将近 220 亿美元，其互动娱乐布局包含腾讯游戏、阅文集团、腾讯动漫、腾讯影业、腾讯电竞等多方面相互融合。同时，腾讯的数字科技的研发也将与数字创意产业深度跨界融合，如腾讯的大数据分析技术、优图人脸识别技术、视频互动直播技术等。

（二）人工智能最有卖点

1956 年，斯坦福大学 J. McCarthy 教授、麻省理工学院 M. L. Minsky 教授、卡内基梅隆大学的 H. Simont 和 A. Newell 教授等学者首次确立了“人工智能”的概念：“让机器能像人那样认知、思考和学习，即用计算机模拟人的智能。”短短几十年的时间，人工智能的发展进入了由概念到现实的变革时期。前瞻产业研究院

① IP 经济的本质，就是影响力多元变现的能力。内容生产、传播再到变现的链条越来越成熟，IP 通过小说、影视、周边产品等途径多次实现商业价值。

《人工智能行业分析报告》中的数据显示，2015年全球人工智能市场规模已达到1683.9亿元，2018年达到2697.3亿元，复合增长率达到17%。虚拟现实、人工智能、物联网和行业整合等核心趋势将继续推动全球科技市场的并购与整合。2016年9月，谷歌、脸书、IBM、亚马逊和微软等五大科技巨头宣布成立一个人工智能联盟，旨在进行人工智能技术的研究与推广。由此看来，随着科技的迅猛发展，人工智能在未来将继续深入到数字创意产业的各个领域。

（三）传统文化强强联手

随着综合国力和影响力的不断提升，传统文化将成为产业创意内容的源泉，更是数字创意产业走向世界的核心竞争力。① 数字创意产业在传统文化中寻找结合点和商机的例子并不罕见，例如敦煌石窟壁画彩塑的数字化，不仅永久保存了文物信息，也使传统文化的数字产品更具市场价值；图书馆的数字化，为中华传统文化打造一个共享平台。据统计，目前国家图书馆数字资源总量达1160.98TB，年增长超过130TB。优秀文化资源的创造性转化、传统文化业态的数字化升级等，都将成为未来国家政策扶持的重点。传统文化产业与数字化联手升级将成为数字创意产业的重要发展方向。

（四）用户习惯养成

动漫游戏、网络文学、网络音乐、网络视频等数字创意产品拥有广泛的用户基础，与百姓生活越来越密切，已经成为群众文

① 传统文化是我们的根和魂，一种文化无根则飘摇，无魂则颓靡。传统文化为文化产业带来源头活水，数字产业让传统文化重焕生机。

化消费的主产品。同时，随着知识产权保护力度的加大、环境的改善和网络用户付费习惯的养成，数字创意产品的消费潜力得到了充分发挥，市场价值也进一步提升。[①]

科技，让我们遇见未来。张开双臂迎接文创发展的下一个风口，你准备好了吗？

① 以前大家都认为网上的就是免费的。现在版权产业日渐成熟，数字资源版权保护越来越给力，用户观念也转变了——既然都是买产品买服务，线下要花钱，线上又有什么分别呢？

培育新型文化业态，发展扩大消费的新动能

2018 年 3 月 5 日，中华人民共和国第十三届全国人民代表大会第一次会议在京开幕，李克强总理在会上做政府工作报告。报告提出，要“深入实施文化惠民工程，培育新型文化业态”。产业跨界融合、新技术应用、消费市场的活跃需求，都为新型业态发展提供了土壤。通过新型业态推进文化供给，使消费成为生产力，助推新型文化业态成为拉动文化产业发展的新“引擎”。

所谓业态是指行业的组织类型和结构，也包括企业的经营模式与企业形态。具体聚焦文化业态，业态则是指以文化及创意为核心，通过产业化的方式制造、营销不同形态文化产品的行业。

新型文化业态是文化产业自身更新迭代或与其他行业跨界融合、嫁接互联网和信息技术所形成的新型企业、商业乃至产业的组织形态，成为文化产业发展的新动能和新增长点。

一、三种成因构造新型文化业态

（一）产业内、外融合升级

文化产业内部各业态之间及文化产业对其他行业的融合度、

渗透性较强。信息时代的到来，为“文化+”提供了更多的可能性，无论是产业内部的联动，还是与相关产业的融合发展，都在催生新型业态的发生发展。[①]

当前，影视、动漫、游戏、互联网等业态相互融合，产生了很多新的产品和服务形式。被民间誉为“当今世界四大文化奇观”的中国网络文学正成为中国影视行业剧本的重要来源。2016年几部网络文学改编剧轮流位列电视收视率排行榜第一位；《鬼吹灯之寻龙诀》《匆匆那年》等由网络文学改编的电影也有不俗票房表现。影视制作公司纷纷把目光投向网络文学这一“富矿”，并致力于“全版权运营”，与网络文学作者联手搭建“影视+网文”新格局。

如今，文化与旅游两个产业的融合度越来越高，既能利用旅游拓展演艺、数字创意等产业链，也能强化旅游中的文化体验和产业属性。新成立的文化和旅游部，也将统筹规划文化事业、文化产业、旅游业的发展，将加大文化产业挖掘力度，使得硬件为内容服务，发展以内涵为主的文化和旅游产业。可以预见，未来将会出现更多有文化内涵的旅游目的地，文化旅游正成为文化领域的风口行业。

（二）高新科技奠定根基

互联网和数字化技术成为区分传统文化业态和新型文化业态的重要因素。[②] 新型文化产业充分利用高新科技与技术，实时了解最新文化消费需求，同时能够利用新的技术手段进行创新性的内容供给，以此来满足消费者的需要，同时实现对消费者进行新的

---

① 在国家经济转型发展时期，“文化＋”为经济发展提供了新动能，因文化创意而带来的收入增长比比皆是。

② 数字技术在文化业态的应用不断创造了新的文化消费机遇，数字化消费也逐渐发展成为文化产业的主流。

消费习惯和内容的培养。

数字平台正在重塑文化消费习惯。根据中国新闻出版研究院发布的《第十四次全国国民阅读调查报告》的数据，2016 年我国成年国民各媒介综合阅读率为 79.9%，数字化阅读方式（网络在线阅读、手机阅读、PAD 平板阅读）的接触率为 68.2%，这种“读屏化”趋势已经实现连续八年的增长。可以说，数字阅读作为传统纸质图书的补充已受到越来越多人的青睐。

（三）消费倒逼生产创新

我国文化消费的潜在规模为 4.7 万亿元，而实际消费仅为 1 万亿元，还存在超过 3 万亿元的巨大消费缺口，大量消费活力尚未释放，潜力市场有待挖掘。[①] 例如，我国拥有 7.72 亿的网民规模，超过全球平均水平（51.7%）4.1 个百分点，是最为活跃的文化消费群体，对基于互联网的新业态、新产品有广泛的诉求和购买力。在消费升级的浪潮下，更多定制化且多样化的文化消费需求，倒逼文化产业进行更新调整。通过更多高品质文化产品的供给，进一步激发市场活力，推动文化产业可持续、健康发展。

二、三层内涵透析“新型”重要性

（一）形成文化产业发展新动能

数字化、互联网等高新技术支撑下，文化产业内、外产业链环节融合发展，实现传统文化产业自身的升级换代，塑造了新型的产业和消费方式，也提高了文化产业规模化、集约化、专业化水平。

① 我国潜在的文化消费需求非常巨大，但是文化产品尚未变成有效需求，很大程度上导致了文化消费市场发展滞后的现象。

在泛娱乐化背景下，互联网巨头公司纷纷布局新型文化业务领域。腾讯率先提出“泛娱乐”的概念，并在网络游戏、网络动漫、网络音乐、影视及电竞等文化领域积极布局，形成了强大的“泛娱乐”体系。腾讯旗下的阅文集团由盛大文学与腾讯文学整合而成，成为腾讯布局网络文学领域的新平台。市场对于网络文学企业上市的高度关注与热情，实则反映了对中国新型文化业态发展的强烈信心。

（二）提供文化产品服务新供给

对新型文化业态的培育可以满足人们不断增长的精神文化需求，不断提供新的文化产品服务供给。一方面，这顺应了文化产业发展的潮流，是推进文化产业体系完备化建设的动力。另一方面，新型文化业态的构建可以推进文化领域供给侧结构性改革，促进产业升级，是推进社会政治、经济、文化等总体布局的客观需要。因而，培育新型文化业态必然会成为我国文化产业发展的新方向，而且将在我国经济发展方式与结构的调整中凸显更大效能。

（三）顺应文化需求，发展消费新业态

中国特色社会主义进入新时代，人民对精神需求的层次不断提升，对文化产品的需求更加多元。培育新型文化业态顺应了时代发展社会经济发展新阶段的要求，在全面建成小康社会的过程中，新型文化业态将培育出新的消费业态，为消费者提供更充足、更多样的文化娱乐产品。

三、三步策略培育新型文化业态

（一）聚焦消费需求：引领创新

现如今文化消费的主力军是“80后”“90后”乃至“95后”

人群，所以在培育新兴文化业态、提供文化产品与服务时要充分考量消费主体的变化，并对其消费习惯进行细致研究，对于其定制化服务的渴望与多元化的文化消费需求给予充分关注。[①]因而，广大文艺创作者、从业者还需不断创新文化产品与服务的供给内容与手段，坚持以创新的思维，引领新型文化产业发展。其次，还要培育开放包容的文化心态，对于新兴的文化现象，潮流文化等，不要过早地定性，而是要在以理性的眼光对待的基础上，认真辨别，求同存异，对于消极毒害的文化现象保持警惕，严厉剔除。只有始终坚持以需求为导向，以创新为动力，以包容为根本，才能进一步让新型文化业态的活力充分涌流。

（二）发展“文化+”路径：融合创新

“文化+”的发展路径下，在文化科技融合、产业转型升级，以及文化消费驱动等多方面因素的共同作用下，我国文化业态创新发展的主要模式与发展方向得到指引。通过跨界融合、科技附能及版权衍生等模式，融合创新发展得以实现。

文化与科技融合将不断深入。因此，文化产业的科技水平将成为行业发展的重要指标。文化产业的发展需要以提升科技引领水平为基础，形成具有自主知识产权的核心技术领域。人工智能、虚拟现实、增强现实等高新技术与新型文化业态融合，广泛应用在游戏、文化旅游、教育等领域，使“文化+科技”的叠加效应持续凸显。

文化与相关领域融合发展将有助“互荣共生”。例如，在文化

① 90后逐渐成为文化消费主力，其消费特点与其他年龄段的区别之处在于，他们对文化消费的观念更加开放，文化消费支出比例更大。

元素的渗透下，传统零售业业态变得不再单调，传统的旅游业得到内涵式发展，传统的城市商业综合体日益成为城市空间、生活社区和艺术增强互动的文化空间……传统行业在跨界融合中得到内涵式发展，更加接近文化产业的发展本质，而文化产业也不断渗透到其他行业中实现“共生”发展。

（三）完善政策法规：保障创新

党的十九大报告指出：健全现代文化产业体系和市场体系，创新生产经营机制，完善文化经济政策，培育新型文化业态。2018 年政府工作报告也明确指出：深入实施文化惠民工程，培育新型文化业态。实施大数据发展行动，加强新一代人工智能研发应用，在医疗、养老、教育、文化、体育等多领域推进“互联网 +”，发展智能产业，拓展智能生活。[①] 我们期待在今后，一系列围绕新型文化业态的政策红利继续释放，包括财税、金融、人才、监管、知识产权保护等方面的政策将逐步调整和完善，吸引更多的人才、资金、技术深入到新型文化业态，从而推动新型文化产业的快速发展。

此外，对于新型文化业态的监管应更加有序明确。面对相对年轻的受众和便捷的传播平台，无论是监管部门还是新型业态从业者自身，都需要把好“政治关、价值关、审美关”，为新型文化业态培育一个良性有序的发展环境。

---

① 人工智能等高新技术应用在城市建设中将有效提高城市管理水平，进一步满足市民的各方面生活需求。智慧医疗、智慧交通、智慧民生等都将成为未来人工智能技术的探索和应用领域。

聚焦七亿用户市场，打造“软硬”兼备的互联网业态

2018年3月5日，国务院总理李克强在政府工作报告中再次明确要求加大网络提速降费力度，拓宽高速宽带和公共场所的网络覆盖。报告同时提出要加强互联网内容建设，为人民过上美好生活提供丰富精神食粮。信息技术硬件水平的提高，推动文化产业技术进步、效率提升和模式变革，提升文化创新力和发展力，“互联网+”的文化新业态、新产品趋势更盛，相应规范也更有必要。

一、“提速降费”：大势所趋，民心所向

互联网深化时代早已潜移默化地改变着人们的生活方式。据《中国互联网络发展状况统计报告》数据，截至2017年12月，我国网民规模达7.72亿，普及率达到55.8%，超过全球平均水平4.1个百分点，其中手机网民占97.5%，即7.53亿人。移动互联网接入流量达246亿GB，比上年增长162.7%。固定互联网宽带接入用户达34854万户，移动宽带用户为113152万户，比上年增加19077万户。

政府工作报告提到要加大网络提速降费力度，实现高速宽带城乡全覆盖，扩大公共场所免费上网范围，明显降低家庭宽带、

企业宽带和专线使用费，取消流量漫游费，移动网络流量资费年内至少降低30%，让群众和企业切实受益，为数字中国建设加油助力。[①]

漫游费是指手机在异地使用时所产生的额外费用。实际上，手机漫游的信息传输过程非常简单且成本低，但取消漫游费可能会造成商家短期内业绩下滑，但从长远来看，这会吸引越来越多的人使用手机，促使移动通信网络资源得到充分利用，有利于信息产业的健康发展。

随着我国全面进入4G时代，乃至朝着5G时代迈进，取消流量漫游费不是难题。社会流动性的不断增强，使得人们的活动半径越来越大，外出工作、异地求学日渐频繁。智能手机时代，相比于通话长途漫游，人们更在乎的是网速、流量。数据流量业务已经超越语音通讯业务，成为更多人日常生活中的必需品。因此，取消流量漫游费相对于取消国内长途漫游费来说，更能给消费者及相关新兴行业领域带来实际优惠。

从取消手机国内长途和漫游费，到取消流量漫游费，是技术革新的大势所趋。此次政府工作报告所提到的网络提速降费、流量“漫游”费用取消、城乡宽带全覆盖等一系列利好举措，更是为互联网在新时代进一步深化发展提供强有力的硬件支撑。互联网硬件设施的完善和资费标准的下降为“互联网+”消费营造了更为便捷、高效的环境和条件。

---

① 移动通信网络的快速建设和发展为互联网业态丰富提供了基础，随着5G网络的建设和覆盖，使得AI、VR等领域的深入和广泛尝试有了可能。互联网新业态的发展又将进入新的探索阶段。

二、行业融合创新：强势续航，不容忽视

1994 年 4 月 20 日，随着一条 64K 国际专线开通，中国正式成了国际公认的第 77 个接入互联网的国家。经过 24 年的迅猛发展，如今中国已经成为世界上互联网用户最多的国家，互联网的发展从量变走向质变。党的十九大报告指出，我国社会主要矛盾已经转化为人民日益增长的美好生活需要和不平衡不充分的发展之间的矛盾。互联网背景下，文化领域也面临着新的发展要求。移动互联网、云计算、大数据、物联网等形成更广泛的以互联网为基础和创新要素的文化产业发展新形态。高质量的互联网内容既是市场需要的，也是行业管理需要的。

三、发展移动互联网业态，理性看待年轻群体的消费偏好，挖掘银发市场

移动互联网的无边界条件催生了一批实时稳定收看、收听和互动的业态，以及以手机移动端为主的各类产品。极光大数据显示，2017 年 12 月中国移动网民每天花在各类 APP 上的总时长是 4.2 小时，其中使用社交平台 APP 超过 2.5 小时，观看网络视频超过 30 分钟，观看新闻资讯超过 12 分钟。[①] 社交网络、共享经济、数字服务等一批移动互联网服务越来越丰富，新闻、视频、音乐

---

① 攫取流量成为各大互联网公司竞争的主要内容，用户争夺战愈加激烈。同类型的 APP 产品之间的较量也在不断升温，各大平台致力于增加用户黏性，提高用户忠诚度。随着行业不断竞争和发展，马太效应越加明显。

手机端平台也是历年风起云涌。尤其是近两年，通过4G高速稳定实时收看的网络直播APP等新产品层出不穷。以网络直播为例，截至2017年年底，全国网络直播用户达4.22亿，超过网民总数的一半；提供互联网直播平台服务的企业达到数百家，市场营收超过300亿元。

年轻人仍然是移动互联网业态的主要受众。对于这些新兴业态和文化消费产品，我们需要以理性和包容的心态面对，在不违反法律法规的前提下，给予一定的生长空间，而不是一开始就以批判、抵制的态度面对。同时，我们也要关注已经逐步培养起来的老龄消费群体。无论是传统文化业态的互联网化，还是新内容的挖掘，老龄市场都将是一片蓝海。①

四、提升互联网原生内容质量，汇聚网络正能量声音

在各类应用依靠“内容搬运”而快速发展的当下，具有原创性的优质内容的价值逐渐凸显，特别是在信息类应用中。优化互联网内容质量是网络传播有序进行的前提和保证，也是吸引受众主体关注传播内容的关键。传统媒体和新媒体“内容为王”，培育“积极健康、向上向善的网络文化”，塑造核心竞争力，通过内容创新来实现优化升级。只有弘扬主旋律，传播正能量，互联网才能在社会发展中发挥积极作用。

要重视以网络文学为代表的网络文艺及网络新型业态。近年

① “银发经济”是围绕老龄群体展开的消费行为和经济现象。老年群体为康养医疗、文化旅游等行业领域提供了大量商业机会，全球人口的老龄化趋势悄然改变着社会消费结构，彰显了“银发经济”的巨大发展潜力。

来，网络文学不断获得广泛认可，被视为文创行业的一支新生力量。中国网络文学与好莱坞大片、日本动漫、韩国偶像剧并称为“世界四大文化新奇观”。[①] 从 2014 年 1 月浙江成立首个省级网络作协起，多个省市已经先后成立了网络作家协会，给网络作家以“归属感”。而在文艺评奖上，从 2011 年第八届茅盾文学奖开始，已经允许网络作品参奖，开创了传统评价机制接纳网络文学作品的很好范例，让整个行业更加重视网络文学，也带来了思考传统的内容行业如何主动拥抱互联网。

五、监管整顿网络活动，营造清朗网络空间

然而，伴随着网络平台“野蛮生长”的同时，色情、暴力等低劣内容不断突破底线，趋利化和低俗化的不良价值取向和发展走向给青少年身心健康带来不良影响。部分直播平台甚至在缺乏相关资质的情况下，违规进行信息传播，对社会造成了不良影响。2018 年 2 月 23 日，国家新闻出版广电总局发出通知，要求对已开展的网络直播答题活动进行清理整顿，对网络视听直播答题活动加强管理，进一步规范网上传播秩序，防范社会风险。[②] 这些网络新兴业态影响着广大的网民受众，也就意味着它们担负着重大严肃的社会责任。互联网改变生活方式是社会进步的一种标志，但

① 网络文学已经逐渐被主流文坛所认可，成为中国文学发展中独特的文化现象。网络文学相较于传统严肃文学，已经成功走在了“走出去”的前列，成为对外文化输出的重要力量。

② 营造良好的网络环境，关爱青少年心理健康是全社会的责任。有序开展净网行动，将自媒体、直播、网络文学等内容纳入重点监管对象，有助于建立健康有序的网络环境。此外，内容平台应该利用云计算等新技术手段自觉进行内容安全评估。

如何利用互联网平台，生产出更有效、更正向、更能够引导大众思想的内容，任重道远。

新时代乃互联网之幸，互联网为新时代注脚。互联网和移动互联网的快速发展使网络平台成为人们进行消息获取、交流和知识共享的主流平台。只有充分发挥互联网建设过程中的硬件优势，高度重视互联网内容建设，才能在未来发挥出更加积极的社会功效，满足人民日益增长的美好生活需要。

从浅层观光到深度体验，文旅融合如何重构产业链

2018 年是文旅产业发展的关键一年。文化和旅游部的组建，不仅有利于推动文化和旅游业治理体系的完善和治理能力的现代化，更在满足人民美好生活需要，提高国家文化软实力等方面意义重大。2018 年 10 月 25 日，经济日报特邀中国传媒大学文化发展研究院院长范周教授畅谈文化旅游融合，与大家分享。

文化旅游作为一个综合性、融合性很强的产业，一方面是靠“老天爷”的自然资源，另一方面是靠“老祖宗”的文化资源。文化产业、公共文化服务、文物保护和利用、旅游产业的发展相互密不可分。然而，此前多年，这些交叉融合的领域归属不同管理机构，在一定程度上形成了“多管一”的局面。近年来，很多地方的相关文化、旅游机构调整与合并，也正是基于管理内容日益交叉重叠的现实，以统筹协调管理职能，提升政府服务效能。

文化旅游产业与互联网、大数据、人工智能等高新技术进行融合发展，以数字经济作为文化旅游转型升级发展的重要引擎，文化旅游产业在服务、管理、营销等各个环节都更加趋向数字化和智能化的发展。无论是“数字敦煌”还是“故宫文化遗产数字

化”，都为游客提供了一种全新的观赏体验方式。[①]

人民对美好生活的新期待，为文化发展提供了强劲的发展动力，催生出了一个巨大的文化消费市场。数字经济未来将在文化旅游、智慧旅游等新型业态中继续深耕，文化旅游与科技的深度融合正在重新构建文旅产业链，这也将是文旅产业从“走马观花”式浅层观光到文化内容深度体验的转型升级之路。

文化是旅游的灵魂，旅游是文化的载体。文化与旅游的深度融合，是增强文化自信，统筹文化事业、文化产业和旅游资源开发，提高国家文化旅游软实力和创新发展的有效方式。一方面，发挥文化创意在旅游开发中的“点石成金”作用，以创意提炼旅游“符号”，在规划设计、衍生产品等方面释放文化魅力。另一方面，以文旅融合形成全产业链、综合化、立体化衍生。引导文化文物单位、文化企业参与旅游产品创意设计和开发制作，盘活文物、古迹、名胜等资源，提升旅游产品的美学价值，构建文化旅游产业品牌体系。此外，还应积极适应“互联网＋”时代的传媒发展特点，依托数字创意，利用网络平台、APP、直播等形式，形成产业矩阵。

旅游是国家形象展示的窗口，文化是中国故事传播的纽带。[②]随着旅游产业和文化产业的深度融合，借由观光体验、消费等带

---

① “数字敦煌”项目是文化旅游项目对数字化技术的一种探索和实践，以数字化技术为依托，通过对敦煌石窟进行影像采集、图像管理及三维重建，最终呈现出高清数字化内容和全景漫游效果。

② 文化旅游是一种动态的文化传播行为，旅游者可以深入体会不同国家的历史文明和文化瑰宝，在旅行的过程中可以了解当地的生活方式和思想文化。因此，文化旅游是中国向世界展示历史文化、信仰习俗、艺术自然等内容的重要载体。

来的直观感知逐年升温，文化旅游已成为向世界讲好中国故事的重要载体。旅游产业对经济发展的推动作用毋庸置疑，它在促进国家间政治关系、经贸合作、人文交流和传播本国文化、展示文明成果、提升国家形象、增强国际影响力和文化认同感等方面的作用在新时期显著增强。

（本文发表于《经济日报》2018 年 4 月 24 日）

从 IP 开发看新时期泛娱乐战略：文化为核，娱乐为表

IP从出现至今，行业对它的定义一直是众说纷纭。而大家现在普遍认为，腾讯集团副总裁程武先生在2015年上海电影节期间提出的解释是比较客观和科学的：IP是经过市场验证的，可以承载人类情感的符号。这个定义有两个关键点：第一，它强调了IP的情感内核，这是IP具有社会效益的基础。第二，它是“经过市场验证”的，这在客观上明确了IP自身的经济效益属性。泛娱乐战略的核心是IP，那么新时期泛娱乐战略如何做好双效统一，也要从IP开发入手。

一、“文化 + 科技”：泛娱乐解锁民族 IP 开发新路径

在20世纪80年代的中国，旅游还是一件相当奢侈的小众活动，大多数中国人无缘亲赴敦煌一睹真容。但影像时代的到来，却让成年人通过电影《敦煌》知道了敦煌，让孩子通过动画片《九色鹿》知道了敦煌。从某种意义上来说，正是电影和动画片等现代科技手段让敦煌“飞”入寻常百姓家，成了当时意义上的“网红”和“大IP”。

进入数字化时代，敦煌如何找到自己的定位，把敦煌嵌入数

字化体系中？[①]2017 年，腾讯打造数字敦煌，以敦煌为核心 IP 进行全产业链开发，敦煌乐舞在互联网上传播，敦煌壁画成为“敦煌漫画”，手游中也出现栩栩如生的数字敦煌世界，用泛娱乐形式和科技手段演绎出新的敦煌。

这样的 IP 开发非常理想，从商业的角度讲，它获得了很大的成功；从文化传播和社会效益的角度讲，它让历史、文物、考古这些东西离大家的生活更近了。同时，将新兴科技与历史传统文化结合，使得 AR、VR、AI、云计算等新科技和敦煌、故宫、长城等传统文化互相赋能。

科技手段为传统文化传播提供全新传播渠道，传统文化为新科技的落地提供丰富场景，这些都为中国传统文化找到新的发展出路。在全社会都在对传统文化价值进行重新认知，以及官方大力推动的背景下，泛娱乐参与中华文化复兴无疑是最好的实践契机。

互联网所催生的新文创形态对传统文化传承和发扬具有重要价值与意义。在移动互联网时代，如何利用科技和创意活化传统文化，已经成为构建文化软实力、提升文化自信的重要课题。

从传统文化中得到更多启发和积累，推动打造精品 IP，这些不仅是商业上的机会，更是互联网文娱行业必须应答的考卷。而泛娱乐的使命和功能恰恰就是让优秀和主流的文化以契合时代的创意形态走进人们的日常生活，尤其是年轻人的生活。

传统文化与泛娱乐产业的结合，在本质上就是打造承载传统文化的“民族 IP”。有好的民族 IP 还不够，还必须有相应的产业

① 20 世纪 90 年代初，敦煌研究院发起以现代技术保护莫高窟的“数字敦煌”项目，迄今已 24 年。目前莫高窟已有 92 个 A 级洞窟完成高分辨率数字采集与存储工作，其中的 26 个洞窟已完成整个洞窟的图像拼接。

链，必须有文化知识普及和文化认同感的传播，而这些都离不开现代科技和创意的助力。

但也有人认为泛娱乐+传统文化“皮像骨不像”[①]。这不一定是坏事，传统文化之所以能够传承下来，就是因为它能够适应不同的时代需要，它是流动的、可塑的。一个能成为经典的 IP 一定是随着社会的变迁而成长的。所以将当下社会的种种新现象注入传统文化中，也是一个 IP 的再铸造过程。

二、泛娱乐战略的“文化 + 科技”不等于“娱乐 + 科技”

现代科技手段对于传统文化的传播具有深远影响，但与此同时新的传播手段和平台也滋生了一些行业乱象。比如近期备受热议的网络短视频平台传播了数以百计的未成年妈妈视频。在网络平台的算法推送下，这些未成年孕妇、未成年妈妈和未成年二胎妈妈拥有几十万甚至上百万粉丝，但这样的“粉丝经济”是以牺牲底线换取的。

泛娱乐的核心是 IP。在过去几年中，行业比过多地关注了 IP 的商业价值。现在大家都在追求 IP 变现，是因为看到了 IP 所带来的超级流量以及随之而来的强大吸金能力。但 IP 实际上的核心竞争力一定不是这些粉丝效应的短期资本回报，而是一种具有繁衍能力的精神内核和文化内核。

一方面，IP 在本质上首先是一个文化概念，但互联网文化

---

① “泛娱乐 + 传统文化”是中国优秀传统文化与现代审美、价值观结合的产物，是一种基于传统文化再创作的现代风格，具有强消费性、年轻化和普世性的文化特点。

一直以来以“迎合用户”为主要运营方向，忽视了自身的引领作用，特别是“只娱乐、不文化”的思路带来的负面影响越来越明显。

另一方面，泛娱乐不等于泛娱乐化和过度娱乐化。文化泛娱乐化，简单地说就是娱乐价值被推至文化的一切领域，是否有娱乐性、能否取乐成为衡量文化产品价值的准绳。[①] 在“娱乐至上”的价值追逐中，经典可以被篡改，崇高可以被解构，英雄可以被调侃。甚至在追求经济效益的过程中，不惜牺牲社会效益，从而产生不良社会影响。

新时期的泛娱乐战略在 IP 开发过程中，应以“文化为核，娱乐为表”。

三、激活文化，释放年轻用户的 IP 原创活力

网络文学的从无到有，从草根到主流，都显示着互联网年轻用户的强大原创活力。日均更新量超过 1.5 亿字，各层次写作者超过 1300 万，用户规模 1.5 亿，从统计数字上不难看出如今网络文学的火爆程度。而在此基础之上，网络文学提供了大量的原创 IP，根据网络小说改编的电影、电视剧、网络游戏铺天盖地。在中国各种类型的大众文艺样式中，网络文学率先走出国门，以其独特的娱乐性受到海外读者热捧。

同时，随着移动互联网的发展，网络文学开始进入以“移动

① 面对文化泛娱乐化，我们必须增强文化自觉，追问“我们是谁”“我们从哪里来”“我们到哪里去”，共同守护我们的精神家园。

文学”为标志的 3.0 时代，一大批“90 后”“00 后”文学新人陆续登台亮相，活跃在校园，用手机写小说。[①]

数据显示，阅文集团最年轻的“网文大神”于 1998 年出生，新增作家中 30 岁以下者占 78%，日销售过万元作家中，90 后占据 60%。这些年轻的互联网原住民正由单纯的消费者转变为泛娱乐行业的内容生产者，释放他们的原创活力是提供优质 IP 的保障。

除了网络文学，bilibili 的自剪视频、短视频等平台的风靡，也都代表着年轻用户自身的原创内容生产力。比如挑战和话题是典型的议程设置引导，在暗示和激发用户的内容生产行为过程中发挥关键作用，是风靡年轻群体的重要一环。

用户与生产者的强互动性关系对内容本身具有很大影响。一方面，用户开始主动参与 UGC 内容生产，通过专业平台加工转变为 PGC 内容；另一方面，用户也在参与了短视频内容的制作与筛选，做到内容“从群众中来，到群众中去”。同时，用户们上传的优质原创内容既可以丰富平台，也可以增加互动性和用户黏性。

泛娱乐的成功，表象上是商业布局的成果，而这背后包含着激活和重塑文化的过程，“互联网 +”时代，文化变得异常鲜活和亲民。互联网最大的贡献是互联网精神和思维，对过去的权威和草根彻底颠覆，大家平等地在一个平台上沟通交流，正因如此，它使人们完全丢弃了过去所谓程式化、权威式的社会管理，转而自由地交流、沟通和表达。

中国的泛娱乐根植于互联网土壤。广阔多元的创作空间、丰

① 作为“草根文学”的主要代表，网络文学是以读者为中心的。这种“全民参与”式的写作和阅读的勃兴，也代表着大众文化潮流成为中国社会最主要的精神生活方式。

富活跃的 IP 源头、形式多变的线上衍生和“互联网 + 文创”的平台优势是中国泛娱乐的特色。

四、“IP+ 产业”，线上线下打造实体经济升级新风口

“熊本熊”这一日本国民 IP，作为日本熊本县的卡通吉祥物，不仅让熊本县知名度大大提升，而且其周边商品在 2015 年就实现了 59 亿元的销售额。2016 年，熊本熊相关的市场营收为 1280 亿日元，约合人民币 74 亿元，同比增长 27%。其市场收益的很大一部分集中在线下衍生品的开发，且在开发过程中注重营造事件，讲好故事。

这一 IP 的成功表明 IP 落地实体经济，要把落地的所有产品看作一个整体、一个大产品，其衍生品开发的过程内部要有关联性和系列性。

此外，在角色 IP 泛滥的日本，“熊本熊”的独特之处在于高超的“人格”塑造能力。作为角色人格塑造的第一步，熊本县政府通过任命公务员身份的方式，确立了“熊本熊”的社会身份。[①] 一个玩偶出任日本公务员，还是有编制的那种，还是一名部长，这让人感到很新颖。高度的拟人化，使得熊本熊脱离了“角色形象”这一范畴，成为一个有血有肉的“人”。

因为 IP 一旦可视化、实体化，模糊的概念就可以通过与现实世界的接触，同消费者产生情绪上的共鸣，这也是 IP 成功落地实

① 熊本熊表情包、熊本熊视频、熊本熊钥匙链，从产品衍生上来讲，均是在以用户消费价值链为轴心构建 IP 衍生消费生态圈。每一个衍生品是消费触点，多维度、多频次、多场景、多触点黏住用户。

体经济的又一重要前提。

反观我国动漫 IP，开发一个好 IP 需要好的规划，否则会出现高名低效 IP 的现象，比如熊出没和“熊本熊”的区别。熊出没这一 IP 在国内也具有较大的影响力，其电影总票房超过 14 亿元，但其衍生品的开发一直不尽如人意，并未将 IP 和产业很好地融合。

其最大的问题是，一方面 IP 本身没有找到自身的特色定位，故事性较弱，无法与消费者形成情感上的共鸣。另一方面，其衍生品的开发相对粗放和初级，没有明确的规划，无法持续吸引消费者。

我国泛娱乐行业近年来频出国产精品 IP，优质内容不断提升用户黏性和付费意愿，通过联动销售、衍生品等方式带动了部分实物商品的销售。但如何实现高质量 IP 和精品内容持续提升，从而带动信息消费和实体消费实现“双升级”，是接下来要面对的又一课题。

在接下来泛娱乐产业与实体经济深度融合、信息消费与实体消费同步升级的大潮中，IP 将进一步成为产业融合的助推器，与旅游业、制造业、服务业等进一步结合，形成“IP+ 产业”的新模式，成为产业品牌升级、文化升级的新风口。

（本文发表于《社会科学报》2018 年 5 月 31 日）

新时代与互联网背景下，对于新媒体的再思考

自1995年我国互联网正式连通以来，我国现代传媒技术已迎来发展的第30个年头。这期间，不论载体形式是文字、图片、音频，还是短视频，传统媒体向新媒体的积极转型始终是正在进行时，新媒体的自我革新始终是正在进行时，自媒体的此消彼长也始终是正在进行时。新时代新媒体的创造力和影响力积极迸发，且成为推动经济发展的重要力量。

一、新媒体的发展与认识

（一）新媒体重塑了社会认识

新媒体之“新”，是相较于传统媒体而言。因此，新媒体便无确定之概念，既是网络媒体、移动媒体等手段，也是媒体所处的整个环境；既有信息载体的功能，也有融合边界、成本较低等特征；既是一个保守的定义，也是一种开放的形态。历经萌芽、发展、融合、创新等阶段之后，新媒体在表现形态上已经涵盖了资讯平台、社交平台、有声平台、短视频平台、电子商务、新媒体艺术等众多形式，并且在无线移动的时代下，不断被数字技术延

展着行业边界，仍处在激烈的变化当中。

（二）新媒体重塑了媒体业态

对于媒介平台而言，新媒体的生长再次验证了麦克卢汉的观点——媒介即讯息（the Medium is Message），而随着时间引领新媒体向纵深发展，去中心化也为当下的传媒语境带来了新的命题——传播即生产力。[①]

伴随新媒体的“野蛮生长”而来的是内容生产的两个浪潮。其一是内容的井喷，网络文学、亚文化内容等多种形式的文艺作品通过新媒体得到了广泛传播；另一个浪潮则是优质作品的井喷，从 2013 年到 2016 年，我国上映电影数量从 254 部增长到 477 部，中国电影备案数量从 2103 部增长到 3818 部。在用户接受方面，观众对于优质内容的需求全面释放，“内容为王”时代的到来基本成定局，新媒体朝着展现优质用户、传播优质内容、提供优质服务的方向不断转型。

目前，互联网已成为全球经济增长的主要驱动力。根据联合国发布的《2017 年信息经济报告》中的数据，2016 年全球信息和通信技术产品与服务的生产占全球 GDP 的比例已达到 6.5%。据《中国信息化百人会 2017 年报告》《2017 中国信息经济发展白皮书》数据统计，2016 年以互联网为主要组成部分和拉动力量的中国数字经济总量达到 22.6 万亿元，对 GDP 的增长贡献率更已达到 69.9%。

但是，中国的互联网普及率为 57.7%。数字经济的发展呈现出强烈的城乡二元性。快手和抖音被誉为“土味的胜利”，反映出乡

① 传播通过媒介力量形成的影响力，也是一种软实力的体现。

村教育水平和文化消费的贫瘠。[①] 因此，随着乡村振兴战略的逐步推进，互联网向更广阔的区域普及，大数据的成熟带来更加精准的分析，云计算的应用带来更高的生产效率，虚拟现实技术的发展带来更广阔的消费空间，新媒体的功能会向社交化发展，使用时空会向碎片化发展，内容上会向垂直化发展，体验上向沉浸化发展，应用上向自动化发展，模式上向服务化发展，版权上向专业化发展，未来新媒体仍“大有可为”。

二、新媒体的理解与权衡

2014 年 2 月 27 日，习近平总书记在中央网络安全和信息化领导小组第一次会议上强调：“要适应社会信息化持续推进的新情况，加快传统媒体和新兴媒体融合发展，充分运用新技术新应用创新媒体传播方式，占领信息传播制高点。”因此，我们必须进一步解放思想，大力实行媒体技术和理念的创新、改革、开放、互鉴，继续将眼光瞄准全球，与世界接轨，培育世界级的新媒体运营策略、思路和方式。

这就要求我们从以下方面进行理解。

第一，要理解互联网时代变革表现全面、影响深刻。互联网时代的到来已有 20 年之久，特别是近 10 年的变革触及了各个领域，潜移默化，强烈持久，同时也颠覆了人们对于传统观念、传统模式的再反思。这具体体现在：网络思维、网络传播、网络产

① 数字经济的快速发展其实是打破了城乡二元制度的藩篱，使更多的资源和文化内容实现了共享。

品和网络受众，以及网络社群和网络管理一系列的重大变革。当今时代，媒体最主要的表现形态和最重要的特征是传播。考量一个媒体存在的必要性和根本价值的也正是传播。因此，提升新媒体传播能力有着极强的必要性。

第二，要善于总结新媒体的传播方式和特点。首先，要熟悉受众的消费习惯。今天我们俨然已经进入一个“读屏时代”，在许多公共场所——候车室、候机厅、地铁站，所有人都在刷屏。反观这样的现象，人们对阅读的追求、对知识的渴望，一个欣赏和消费的时代，不就这样悄然开启了吗？[①] 这是当今受众的阅读习惯。其次，要熟悉网络传播的语言和传播的现状。最后，要深刻理解新时代背景下的内容创新问题，并坚持“内容为王”的原则。要知道，过去的许多思路是基于过去的文化形态的，而今却大有不同。

第三，要把握网络媒体的变革和发展的趋势。面向未来，互联网的普及将为新媒体的发展带来更大的需求，大数据的成熟将为媒体决策和消费者画像提供更精准的分析，云计算的应用将为企业带来更高的效率，虚拟现实的发展将为新媒体拓展更为广阔的空间。[②] 因此，提升新媒体效用能级有着不可估量的作用。

近日网络上最火的热词当属“锦鲤”。这是一次极其成功的新媒体商业营销案例。打造下一条爆款“锦鲤”，关键在于运用互联网思维进行战略升级，包括提高运行过程中的数字化程度，坚持

① “读屏时代”并不能代表大家对阅读、对知识的渴望开始增加，反之，对娱乐文化内容的追捧一定程度上消解了人们对知识的渴望。

② 虽然大数据、云计算、虚拟现实等技术给我们带来了更多的场景体验和生活便利，但是对技术的警惕始终不能松懈，对数据、技术的迷信可能也将成为现代技术社会和网络社会的另一个陷阱。

内容和服务上的供给侧改革。同时，也可以积极利用新媒体的能量，塑造品牌形象、践行社会价值和缔结商业关系，发挥新媒体在组织运行中的这三重价值。

三、新媒体的把握和跨越

发展新媒体，提升新媒体能力，要做到两点。

第一要解决的是观念问题。互联网带来了大量的信息，推动着社会认识更快速地迭代，“数字鸿沟”在代际问题上的体现愈加显著。以包容之心接纳新鲜事物，跨越年龄对于认识的界限，转变观念，以理念上的“新媒体化”替代技术上的“新媒体化”，成为提升新媒体能力的核心。

且不谈衣着方面的观念差异，“00后”的闪亮登场，已经极大地改变了互联网的话术生态。诸如以“xswl”代指“笑死我了”，以姓名拼音的首字母简写代指某人，以二次元场景带入现实思维等话语方式，为相对老派的上几代人带来了些许理解上的不易。这样的案例屡见不鲜。[①]

第二是要跨界，做到互联、互通、互鉴。新媒体是信息，也是载体，但是其根源还在于人人的创造。随着社会发展对行业融合的需求愈加旺盛，各行各业的人之间做到互联互通互鉴便有着越来越强的必要性，这也是提高决策的引导性、广泛性和权威性的前提。

① 互联网时代下数字鸿沟始终存在，网络文化代际鸿沟只是其中一个方面。在经济发展、社会情感表达等方面，由互联网等信息技术带来的数字鸿沟也不容忽视。

“锦鲤”一例已经证明，各个企业、组织、自媒体可以通过新媒体互相联系，开展广泛的社会合作；人民日报、微信、今日头条等平台服务和各媒体入驻，提供广泛的业务服务，证明新媒体之间的互通可以实现传播效能的最大化；9月初中国欧盟商会发布历来格外受到重视的《欧盟企业在中国建议书（2018—2019）》，证明在新媒体时代，各组织、地区之间的观念互鉴可以为区域发展做出卓越的贡献。

电竞入亚不负梦，屏幕上的体育运动征途未来可期

由香港大学全球创意产业课程和创举（Creative Push）主办、浙江工商大学东亚研究院承办，主题为“全球化背景下的东亚创意产业：新的机遇与挑战”的第四届全球创意产业研讨会于 2018 年 5 月 26 日至 27 日在杭州电竞小镇举行。开幕式上，中国传媒大学文化发展研究院院长范周教授就电子竞技的相关发展问题发表了主旨演讲，现将演讲内容整理成文，与大家分享。

一、电子竞技初见峥嵘，中国市场潜力无限

2018 年 5 月 14 日，亚奥理事会、亚组委、亚洲电子体育联合会联合发布《英雄联盟》《Arena of Valor》（王者荣耀国际版）《皇室战争》《炉石传说》《实况足球》《星际争霸 2》六个电子体育项目，成为第 18 届雅加达亚运会表演项目。亚洲电子体育联合会目前对外给出的唯一评估标准就是这些电子体育项目要“符合奥林匹克精神，以进行跨国公平竞技，反对血腥暴力，游戏本身知名度及普及度高”。玩游戏终于不再是“玩物丧志”，而是为国

争光。[①]

电竞能够真正引爆亚洲，以《英雄联盟》为首的电竞头部赛事功不可没。2017 年，英雄联盟全球总决赛首次在中国举办，吸引了来自全球 13 个赛区的顶级职业战队。144 名选手先后经过武汉、广州、上海三站，并在北京的国家体育场——鸟巢展开冠军争夺战。整个赛事的全球累计收看时长超过 12 亿小时，半决赛 RNG 对战 SKT 的比赛中独立观众峰值超过 8000 万，打破所有电竞赛事纪录。其实早在 2000 年，被称为“电子竞技奥运会”的世界锦标赛 WCG 在韩国成立。随后的 2011 年，直播平台 Twitch 出现，电竞真正开始深入民心。

数据显示，2017 年中国电竞整体市场规模突破 650 亿元。2017 年亚太地区游戏市场规模约 512 亿美元，在全球市场处于主导地位，占全球游戏总收入的 47%，中国成为全亚洲最大的电竞市场。但与韩国自成一体的散发着强大生命力的电竞文化相比，虽然中国电竞已开始走向成熟，但与韩国仍有不小距离。

二、产业链条渐趋完善，下游行业发展迅速

就电竞产业链看，上游涵盖游戏研发商和游戏运营商，中游涵盖赛事举办方、承办方和参与方，下游涵盖传播平台、主播解说、场地配套、经纪公司、电竞教育等产业。上游行业以游戏为主，市场主动权仍然被牢牢地把握在研发的厂商手中。中国从事游戏行业

① 目前，很多高校开设了电竞专业，从“玩游戏”到专业学科，电竞经历了漫长的发展历程。电竞行业早已从简单的游戏发展为数据管理和分析、赛事解说、战队管理等细分领域。

的人员数量是世界最多的，但中国拥有的世界级品牌屈指可数，[①]原因是我们还处在“代工”的位置。若想要从代工变成自主知识产权，应高度关注内容的原发性和原创性，融入中华文明的很多文化元素。游戏厂商主导了电竞的比赛，对比赛当中的要求、比赛赛制的设定、比赛环节的内容跟踪也是尤为重要的。尤其是电竞的植入广告从研发阶段就可以有机地融入，如动画电影《功夫熊猫》在电影上映之前通过植入广告就已经收回了所有制作费用。

将中游赛事 IP 做强做大固然重要，但下游产业的开发空间更大。[②]近年来下游行业迅速延伸，市场规模增长迅速，变现方式多种多样，特别是最近几年“电竞 + 直播”，《王者荣耀》、线上狼人杀等移动手游的火爆勾勒出了游戏直播市场的广阔发展空间。同时，在这个领域中诞生了一批“王冠”级别的主播，其身后具有庞大的粉丝群体且普遍年龄较小，游戏解说的主播以女性为主。

三、人才培养可谓关键，小镇建设仍需努力，场地配套必不可少

从消遣到竞技，电子竞技游戏以娱乐打造全民休闲文化。国家体育总局对电竞的认可推广，使得电竞逐渐获得主流社会的认同，逐步向规范化、职业化发展。新的年代颠覆思想观念，我们短时间

① 电子竞技产业在国内已经形成一定规模，也产生了较大的经济效益。电竞产业的商业化和国际化也成为发展的趋势，未来电竞的“走出去”将成为行业的发展方向和目标。

② 电竞行业在我国确实具有广阔的发展前景，但是这也不等同于电竞产业未来的发展将是一片坦途。电竞产业的发展还有很多问题需要解决，电竞的人才培养、电竞俱乐部的盈利模式等领域都还在探索中。

内无法接受的新鲜事物在新时代茁壮成长，所以只有解放思想、转变认识，才能顺应电竞行业的崛起和发展。特别是在各种政策红利释放之前，我们必须要对其进行陈旧思想的“拨乱反正”。这个时代，玩抖音可能玩出亿万富翁，玩电竞可以玩出世界冠军。

然而，不断扩张的电竞行业总会进入增速放缓期，而制约其发展的主要原因就是人才。选手频繁跳槽导致俱乐部内部结构不稳定，相关赛事的质量也是良莠不齐，部分游戏主播素质低下。这一系列现象无一不反映了电竞行业在人才制度方面出现的短板。

2017 年 9 月我国教育部公布了 13 个增补专业，其中第一次出现了电子竞技相关专业。截至目前，国内已有 10 多所大专院校开设了电竞相关专业，包括俱乐部运营管理、电竞教练、游戏分析师、媒介运营、游戏视频编辑、解说主播等多个方向。

目前，电竞教育主要分为职业教育和学历教育。电竞的职业教育具有针对性，周期比较短，培训以掌握应用岗位所需技能为主，能够暂时缓解电竞产业中部分技术性、浅层次的人才缺口问题。而电竞学历教育的意义则不同，它是为了培养整个产业导向型的中流砥柱，即真正的电竞专业人才。

2017 年全国电竞用户高达到 2.2 亿人，同比增长高达 30.5%，电竞行业规模年复合增长率已经达到 46%，电竞行业人才缺口高达 26 万。正如动漫专业整个行业缺口 40 万人，全国 700 多个学校开办了动漫专业，但很多学生就业依然困难重重。2017 年国内应届大学毕业生达到 795 万人，今年将突破 810 万。一方面业界有大量人才需求；另一方面，高校、业界培养的人才一毕业就面临失业。因此，电竞这样的特殊专业教育要和俱乐部捆绑在一起联合培养人才，有行业经验的专业人士，可以走进大学教室去专门讲授课程。此外，亦可以联合招生情况良好的学校进行文化产业研究生学术硕士培养，让电竞专业的学生学习文化产业的政策管理，对电竞的发展也将具有很大意义。①

电竞行业的火爆背后，不仅是电竞人才的培养问题，还有电竞小镇建设的诸多思考。在电竞小镇的建设上要大刀阔斧，要敢于“吃螃蟹”，要真正成为世界的焦点。江苏太仓、安徽芜湖、辽宁葫芦岛、河南孟州等地都在发展布局自己的电竞小镇，中国电竞小镇联盟呼之欲出，推动制定电信行业国内赛事小镇的各种规范，与国家标准局联合出台各种标准。而我们的政府更是要支持“大气魄”“高定位”，小镇建设要避免“千镇一面”，对举办的核心赛事进行差异化定位。②

虽然电竞始于线上，但作为一项观赏性强的竞技体育赛事，与线下的结合是必然趋势。过去的大型电竞赛事也多为临时搭建或借用大型体育场。在第三方赛事兴起之后，赛事与场地的供需关系会更加紧张。

主场化对当地电竞行业及场馆配套商圈的发展起到了推动作用，如同我们传统体育项目中各种奥林匹克广场、场馆在体育产业中的作用。LGD 电子竞技俱乐部除了 LGD 俱乐部主场驻训基地、生活区及 LPL 赛事场馆之外，还囊括了围绕综合体概念打造的电竞互动娱乐区等多个区块，让电竞概念真正深入人们的头脑之中。

① 电竞人才缺口问题也反映了大众对电竞行业的认知度普遍较低，原本对游戏行业的刻板印象早已根深蒂固。

② 电竞小镇一度成为资本势力争相追逐的风口，但如今部分电竞小镇也不可避免地陷入高开低走的境地，电竞行业虽然发展潜力巨大，但也要“因地制宜”。

艺术产业创新：既要“阳春白雪”，更要“下里巴人”

2014年9月11号，第27届巴黎古董双年展在巴黎大皇宫隆重开幕。世界各国的艺术爱好者如同参加盛大节日一样纷至沓来，这场无异于体育界的奥林匹克、电影界的奥斯卡一样的艺术盛宴终于灿烂绽放。博览会上发布的《TEFAF2014全球艺术品市场报告》称，目前中国在全球艺术品交易中所占市场份额居全球第二，仅次于美国。中国艺术品收藏者并不局限于其经济价值，更加重视藏品的文化教育功能。同时，收藏家的专业化程度也在不断提升。

从全球格局来看，中国内地仍是全国文物艺术品拍卖的主要市场，占72.5%的绝对份额；香港特别行政区、日本等亚洲其他地区占20.1%；欧洲、北美和世界其他地区所占市场份额总和不到10%。全球中国文物艺术品拍卖成交额排名前五位的共占市场总额的42%，这五家企业均集中在北京和香港。从拍品结构来看，中国书画门类占据全球市场最大份额，成交307.1亿元人民币。从价位方面可以发现，中低价位拍品市场进一步扩大，本年度内全球95%的中国文物艺术品成交价均低于50万元人民币[①]。

① 从古至今，无论东西方家族，资产配置中必有艺术品收藏，这也是一种文化传承。

一、中国艺术品产业发展趋势

第一，业态构成逐步改变。传统交易方式比重下降，画廊业表现最为明显。从中国艺术品市场成交的总规模来看，其所占份额在不断下降；另一方面，新的交易方式和平台逐渐崛起，比如资产配置平台、电商交易平台、原创交易平台等。此外，多元热点兴起，书画、陶瓷、杂项、古籍善本、当代艺术等多元化的艺术品热点兴起。

第二，艺术品资产化进程加快。资产化进程加快表现为艺术品市场大趋势——“雅玩—商品化—资产化—证券化”，礼品市场转向投资市场，多层次的艺术品金融市场，以及机构与企业等资本大规模进入中国艺术品市场。据不完全统计，已有相关机构或企业的400至500亿元资金于2013年进入中国艺术品市场。例如，2013年11月初，大连万达集团与拍卖现场十几位国外藏家经过30多轮竞价，最终以1.72亿元拍下毕加索作品——《两个小孩》。

第三，国际化趋势明显。国际化趋势包含三个层次——艺术品层次、艺术机构层次及艺术家层次。其中艺术机构层次主要表现为国外拍卖行走进来，艺术家层次包括国际化展览及艺术家交流。2013年，国际拍卖巨头佳士得与苏富比分别在上海和北京成功举办两场拍卖会——佳士得在上海举办的内地首场艺术品拍卖会上，40件当代艺术品最终成交39件，成交率达97.5%，总成交额1.53亿元；苏富比（北京）共有141件拍品，成交率达79.4%，总成交额2.27亿元。

第四，区域艺术市场崛起。北京、香港、上海成为龙头，又涌现出江苏、浙江、广东和陕西等新兴艺术市场。此外，国内首个区域性艺术指数——“海西艺术指数”诞生，该指数以反映福建书画艺术市场为主。

第五，两极分化趋势明显。从艺术市场结构来看，个人收藏家逐步被边缘化，而企业藏家和机构收藏逐渐占据市场的主导地位；从拍品质量来看，品质参差不齐；从拍卖市场和拍卖公司来看，马太效应明显，强者恒强。

二、对艺术品产业创新发展的思考

第一，制定具有连贯性的艺术品行业政策。通过制定连贯性的政策来解决目前政策与艺术品市场发展阶段不适应、市场盲目性的问题。

第二，进行战略分层。艺术市场的多元化决定其受众的多样性及小众化特点。因此，“阳春白雪”与“下里巴人”的竞合发展成为必要，既要“在蓝海中做品牌”，更要“在红海中做市场”。二者皆可赚取利润、赢得消费者。

第三，建立交易诚信体系。通过诚信体系来杜绝违约、假拍、拍假等严重扰乱市场秩序的行为。

第四，建立科学的行业标准。目前行业标准缺乏，出现了各种鉴定评估乱象。因此，建立鉴定评估行业标准，健全艺术品鉴定的监管体系，推动第三方鉴定评估机构发展及提高行业公信力是国内鉴定评估行业的首要任务和难点。

第五，创新监管机制。当前市场监管体制创新不足，缺乏全面、有序、可持续的监管，亟需加强行业自律与行业监管。例如从行业协会出发，逐步建立适应行业管理的行业组织形式，进行全面、有序、可持续的监管。

第六，建立经济增长与艺术品市场的良性互动。通过经济增长高净值人群带动艺术品市场繁荣。

第七，加强电子商务平台的运用。电商能够为艺术品产业开拓巨大市场潜能，要努力让艺术品的购买就像在淘宝买衣服鞋子一样简单；另外，要把艺术品带入一个线上交易的诚信新时代。

（本文被新华网搜狐账号全文转载，详见 http：//www.sohu.com/a/46614422_1154022015-12-05）

文博会如何转型升级?

当下，大大小小各式各样的展会已经成为经济生活的一部分。风生水起的展会，是行业活跃度最直接的反映。随着国家对文化产业愈发重视，全国各省市纷纷举办文博会，以展示本地文化产业的发展成果。从 1998 年文化部设立文化产业司起，我国文化产业发展已经走过了 17 年，在这个过程中，我们对文博会的认识、对文化产业的认知在不断深化。各地文博会也对经济发展起到了巨大的推动作用。但文博会的火爆是“虚火”吗？在“热”交易的背后需要我们的“冷”思考。

一、现状概览

（一）政策孕育促发展

随着文化产业在国民经济发展中的地位不断攀升，国家政策方面对文化产业的扶持力度也逐渐加大。国家政策导向支持下，我国文化产业蒸蒸日上。在此基础上，文博产业也凭借文化产业发展的东风增势迅猛。基于此，各地的文博会展行业也应运而生。一方面各省市希望将文博会作为地方文化产业发展对外展示的平台；另一方面，它们也希望通过文博会招商引资促进经济发展①。

① 主办方常常出于保持展会档次和服务水平的考虑而提高准入门槛，从而给“冒名”展会以可乘之机，从各方面模仿品牌展会，给展商和观众造成混淆。

（二）名目繁多不胜数

2005年12月，首届西部文博会在昆明开幕，成为西部文化展示的窗口。这个成功的尝试让各地看到机遇，文化产业博览会方兴未艾，包括省会城市和三四线城市，各地文博会的数量难以统计，如重庆文博会、中国（义乌）文化产品交易会、连云港文博会等。一些地方性的专门文博会更是数不胜数，酒文化博览会、茶文化博览会、婚庆文化博览会等，名目繁多[①]。

（三）交易火爆需反思

目前，我国各地文博会的交易热火朝天，譬如，第11届（2015）中国（深圳）国际文化产业博览交易会总成交额达2648.18亿元，比上届增长13.90%；第20届（2014）中国义乌国际小商品博览会实现成交额170.74亿元，同比增长2.76%；第8届（2014）中国杭州文化创意产业博览会参观总人数23.5万人次，参展商2000余家，项目签约59项，项目成交25.52亿元。然而，透过这些数据，我们需要反思：这些交易额的统计是否准确？文博会的火爆是“虚火”吗？

二、“把脉”症结所在

（一）虚假水分量太多[②]

多数情况下，地方省市会将有投资意向的企业合作合同安排

① 同质化严重，中国真的需要这么多文博会吗？

② 一个开幕当天售价2000元的“工艺品花瓶”，在闭幕那天就“200元大处理”，价格“跳水”让人咋舌；“动漫游戏”展区仅有两家参展商，其余都是卖玩具的，甚至还有摊位卖“震动减脂机”，让人怀疑自己走错了地方。

在文博会上签约，以高额的签约金额来彰显城市发展强劲势头，或体现领导政绩，但实际上这些签约项目大部分还停留在意向阶段，未来真正能否实现合作尚不知晓。此外，很多艺术品展商也会借此机会行销售之实。有些艺术品质量并不高，甚至还有赝品掺杂其中，而政府作为策展方并未对这些入驻展品有准入考核机制或是后续保障机制，导致一些在文博会上消费产品的消费者的权益无法得到保障。

（二）时间规划不合理

目前，我国的文博会期大多设为5天左右，而我们认为各展馆的展出要有内容的层次性和时间的协调性。如果各类展览不区分内容且在同一时间出现，则不利于展览个性化发展。比如：深圳文博会针对专业观众和普通公众设置不同的日期分别开放，这就比较合理。另外，主展览在某些领域可以延长展期，不同时间段有不同的展览，专业人群也能很容易地找到专业内容，这样也有利于实现经济效益和社会效益的最大化[①]。

（三）协调联动不明显

文博会不是一个“孤岛”，而是要充分发挥其辐射联动的作用。各省市要将文博会纳入城市甚至地区整体规划布局中，让文博会深深植根于地区的文化土壤之中。深圳文博会作为我国国家级、国际化、综合性的文化产业博览交易会，其举办地主要还是深圳市，影响力和辐射力还不够强，这就需要把深圳周边的地区

① 有些行业协会或者展览公司办展的主要目的是“敛财”。它们往往只注重招展而不重视招商，参展企业来到展会现场，却看不到专业观众的影子，给企业带来经济损失，既耽误时间又浪费人力物力。因此，企业参展时要对计划参加的展会进行一个全方位的评估和了解。

都活跃起来，比如东莞、中山、珠海，包括现在正在倾力打造展览业的澳门，都应该成为文博会组成和协调的内容。

三、问道出路

（一）专业发展是前提

专业化体现在展会的空间布局、内涵挖掘、产品陈列、人员素养等各个方面。然而，目前我国文博会都有系列主题展会，但专业化程度还远远不够。在 2015 年的深圳文博会上，“一带一路”展馆用 LED 屏形象地展示沿线 15 个国家的特色，沿线国家都设有展柜，但其规模较小、产品稀少、品质低劣、销售人员少、专业水平低。譬如，哈萨克斯坦专柜只有一人，产品以泥塑、织品为主，缺乏特色。再如，土耳其专区的精油，随意堆放的伊朗地毯，印度的手串、头巾，均是引力不足。因此，要实现文博会的转型升级，必须提升其专业化程度①。

（二）结合公共文化内容是机遇

文博会可以为政府和社会力量搭建一个平台，为公共文化服务做好定制化服务。政府可以通过文博会来进行公共文化服务的公开招标，进而推动公共文化建设和文化产业的协调发展。2015 年 5 月 11 日，国务院办公厅转发文化部、财政部、新闻出版广电总局、体育总局《关于做好政府向社会力量购买公共文化服务工作的意见》，对建立健全政府向社会力量购买公共文化服务机制，完善公共文化服务供给体系，提高公共文化服务效能做出重要部

① 我参加过很多次这样的文博会，个人觉得外国馆就是来售卖东西的。

署。这也为文博会与公共文化内容采购结合发展提供了国家层面的政策支撑。

（三）资本对接是诉求

当前文化产业发展都会出现这样的现象：有项目没有钱或有钱没项目。目前，民间有大量的资本和极高的投资热情，政府应该积极引导文化产业与民间资本的产融结合，而文博会正好可以为项目与资本的对接提供一个良好的平台[①]。

（四）版权交易是核心

文化产业内容生产的核心关键是版权。而现在文博会上的版权交易隐含在各种各样的产品交易中，所以应该有专门的版权交易、版权转让、版权委托等内容存在。因为对很多领域来说，版权的委托经营及交易是其收益的主要来源。

2014年9月的第五届中国国际版权交易博览会中展示了多种以版权内容为核心的交易方式与模式。此外，中国摄影著作权协会推出了限量鉴证摄影作品服务，这为各省市文博会发展版权交易提供了良好的经验借鉴[②]。

（五）信息对接是关键

文博会是对各种信息资讯、发展趋势的集中发布，也应加大对市场的了解和信息的反馈。其实上百万人参加文博会，主要是为了资源采集、信息收集，进而为下一年的产业发展、结构调整

① 近年来屡屡揭露出来的傍展和骗展现象，是中国会展业快速发展的蛀虫，不仅损害会展的经济利益，还对会展的信誉造成很大的影响。有些地方的小展仿名展进行宣传，从宣传手册到招展流程，无不夸大其词。

② 版权是所有文化创意产业发展的核心，与版权相关的体系建设，将会为文化产业发展不断续航。

提供依据。米兰国际服装节每年都要发布行业发展趋势，为政府及企业的决策提供科学准确的依据，这对文博会的发展也有很大启示。然而这需要政府来做。但目前，作为文博会主办单位的政府有关部门在这些方面还是有很大的缺陷和不足。

（六）人才对接是保障

人才是文化产业发展的内核，谁拥有了人才谁就占领了高地。每年5、6月份是全国高校文化产业专业学生的毕业季，能否为他们量身打造一个人才交易博览会呢？文博会不仅是产品的交易会，同样也是人才的交易会，要为文化产业的人才和企业的对接搭建一个良好的平台。然而目前，这在我国各省市文博会中还很少见到。

文博会已经走过11个年头，需要我们深刻冷静地总结盘点①。当前，我国文博会的发展还处于政府主导发展的阶段。要真正实现文博会的转型升级，则需要优胜劣汰，以内容取胜，以品质为核心，以品牌为目标，否则文博会将只能成为表面功夫，并不能真正为地方发展带去实际的经济效益。

---

① 在文化产业大发展的今天，举办“文博会”还是有一定意义的，但是文博会不是“越多越好”，更不是一个大筐，什么都能往里面装。

适应新形势，加快广电改革突围

2017年5月3—4日，中国传媒大学文化发展研究院院长范周教授受邀前往陕西广电集团调研，并重点围绕陕西广电集团发展的现状、问题及发展建议发表主旨演讲。现将演讲内容整理发布，以期透视全国，以期回馈读者。

一、居“危”思危，拥抱数字创意产业春天

互联网和Wi-Fi全覆盖时代的来临，在某种程度上意味着广电已经开始面临危机。因为大流量，人们可以随时随地在网络上各取所需，从录播节目到直播节目，从养花网站到老年健身网站，不一而是。人们的消费习惯和消费观念也随之改变，不再准时准点地守候在电视机旁观看黄金档指定播放的电视剧，也不再愿意为有线电视付费。互联网时代下，改变中国的事件比比皆是。“小黄车”“滴滴打车”颠覆了大城市的传统交通方式；“顺丰”“中通”大大影响了几千年的传统邮政行业；“阿里巴巴”“淘宝”几乎架空了几万幢百货大楼……互联网在带来第三次产业技术革命的同时，也激起了社会革命与生活方式革命，并直接催生了数字创意产业这一新兴业态。在此基础上，有线电视业务递减、传统广告业务缩水、IPTV竞争激烈……这是挑战也是机遇，广电要想

突围，就必须正视这一巨大变革的时代背景，就必须在调整自有政治属性、社会属性和历史心态属性的前提下把握这一快速发展的时代脉搏。[①]

二、五大特点快速了解数字创意产业

数字创意产业是近两年才出现的新提法，其内涵是更加关注在数字领域的创意应用。2016 年 12 月，数字创意产业被列入《“十三五”国家战略性新兴产业发展规划》。据不完全估计，在“十三五”期间，数字创意产业将有 8 万亿—10 万亿的市场空间可供开发。随着数字创意产业的高速发展，它主要呈现以下五个特点。

第一个特点是快速发展，展现盎然生机。我国数字创意产业已进入高速发展时期，规模以上企业已经集聚 4600 多家，近 22 万名从业人员。从数字看该产业虽然不大，影响力却很大。淘宝上线“buy+”，足不出户带来全立体 3D 感官购物体验；电商蓬勃兴起，激活城市文化商业综合体；网络文学风生水起，挑战“经典”对传统文学造成冲击。2015 年上海张江数字创意产业园全园区共有 553 家数字创意企业，年产值达 346 亿元，产值增速连续 10 年超过 20%，集聚了如喜马拉雅、阅文集团等大批知名企业。阅文集团有几十万签约作家，每年产生的网络文学作品数量远远大于国内 570 几家出版社。喜马拉雅通过声音和内容产品交易，

① 广播电视作为新闻媒体的重要阵地，既是党和政府的喉舌，又是联系人民群众的桥梁和纽带，这就决定了宣传和引导舆论是我国广播电视的首要任务。

达到了广播历史上无法企及的成就。一方面，数字创意产业正在迅速生长；另一方面，它也通过不断地培育和投放新的消费需求改变整个消费生态。

第二个特点是成为社会资本追逐的新风口。数字创意产业以轻资本、高收益、广空间的显著特征，近年来随着国家扶持政策密集出台，行业内优秀企业不断涌现，吸引了大量社会资本进入，催生了大批企业跨界合作，PPP、PE、VC 等各种资本运作模式也都风生水起。**与传统业态相比，数字创意产业更易获得资本青睐的原因在于除了其高成长性外，还在于其互联网属性和技术优势更易于发挥平台作用，在资本运作上更能发挥资源整合的巨大优势。**资本总是“嫌贫爱富”，万达集团能用极低的成本建立如今的商业帝国，正是赢在观念上，赢在对各种资源的整合上。

第三个特点是“+ 内容”成为竞争焦点。数字创意产业具有技术加创意的双重属性，而内容则是企业开辟蓝海战略的重中之重。这个时代最大的特点就是“+”，即融合思维。单一的技术、行业已经无法企及融合发展的新业态。喜马拉雅精准定位于除音乐以外的音频内容这一蓝海领域，融合车载、授课等形式，并以技术为支撑快速打造起拥有 3 亿用户规模的国内最大在线移动音频分享平台，创造起一个商业帝国。

第四个特点是为大众提供平台，拉动非传统就业。数字创意产业以互联网为基础设施和实现工具，大幅降低了有创意、有知识、有能力的创造者进行创业创新的难度，提供了大量创业和创富机会。网络文学的兴起培育出一大批网络写手，阅文集团自成立至今累计为 400 万名作家提供了创作平台。低门槛、低成本的创作无疑也解放了无限创意资源。

第五个特点是易于跨界，增值空间巨大。数字创意产业的底层技术与内容在数字融合趋势下已经打通，领域之间疆界缩小，跨界发展成为行业内企业的典型特征。做视频内容的企业可以扩展到终端接入设备制造，做网络文学的企业可以拓展到下游影视、动漫行业。行业间原本明晰的界限已经越来越小。最明显的案例是“滴滴打车”。这本身是一个公共交通平台，但因其数量庞大的用户又是一个独立的新媒体，舆情、时政、市井民生，一切信息都能够在其中被传播。无论是微博、微信，还是打车平台，抑或是个人上传小视频，服务平台千千万，它们都有可能在这之后像独立的电视台或广播电台一样发挥作用。如今媒体的概念已经很难独立地去进行界定。这个时代，一切都在跨界。

三、四大领域挖掘数字创意产业蓝海

第一个领域是人工智能。如今的人工智能在我国已经步入应用阶段，进入我们生活中的各个领域。人工智能与搜索引擎，已经出现了大量技术上的创新，例如人脸识别、人工出版等，百度在这方面已经开始投放市场。2016 年对人工智能的风险投资增加了近 10 倍，因为其应用范围相当广阔。**第二个领域是 VR、AR，即虚拟现实和增强现实。**这项技术的出现让许多产业链更加延长，“VR+ 旅游”“VR+ 教育”“VR+ 游戏”等都是这一技术未来的应用方向。在未来，历史课上通过 VR 穿越回到古罗马时代，警察通过 VR 还原事件真相，主题公园通过 VR 眼镜使人身临其境……在此基础上，教育、游戏、旅游甚至刑侦等领域都将产生质的变化。**第三个领域是二次元与动漫。**我国二次元消费者已达 2.6 亿人，主要消费内容包括动画、漫画、游戏和小说等。国产动画与漫画正逐步向“二次元经济”核心收益区挺进，千亿级规模消费市场亟待开发。**第四个领域是电子竞技。**2016年中国移动电子竞技收入已经达到171亿元人民币，预计3年之后将达到537亿元人民币。电子竞技已经被国家体育总局列为正式开展的第99个运动项目，而伴随电子竞技产生的还有网络直播这一巨大蓝海。[①] 面对数字创意产业，所有的业态都在发生“质”的变化，站在“红海”，望向“蓝海”，关键是要认清现实，把握机遇。

四、三大趋势洞悉数字创意产业未来

在未来，数字创意产业将会呈现三大趋势。首先是融合发展将成为其重要特征。数字创意在科技的推动下，乘着“互联网+”的春风迅速向各行业无边界渗透，从而构建起无限延长的数字创意产业链，产业融合呈现出更多的表现行为，单一的节目和传播方式已经成为过去，门户网站、视频网站、移动APP等多元布局成为产业发展的常态。

第二个趋势是“数字经济”成为新兴增长点。数字经济在2017年刚刚结束的两会上被写入政府工作报告，在八个最新经济形态中排在首位。2016年我国数字经济规模达到22.4万亿元人民币，成为世界第二大数字经济体。在近70万亿元的GDP中，数字经济占近三分之一的比重。接下来，数字经济的各个领域即将

① 国内电子竞技的潜在用户达4.5亿，但至今为止用户规模尚在1.7亿，待挖掘的用户量非常可观。应用好体感技术，专业化硬件配套，不仅是赛车电竞，整个细分市场都能共赢电竞蓝海。

成为各行各业的主战场，在这个过程中共享经济就是数字化的直接产物。2015 年全球共享经济市场交易规模约为 8100 亿美元，中国共享经济市场规模约为 19560 亿元，参与提供服务者达 5000 万人，占劳动力总数的 5.5%。共享经济已经成为一种重要的新兴经济形态。值得注意的是，共享经济不仅包括共享单车、共享旅游，从广义上来讲建立公共服务平台，甚至军民共建、军地共建，生活必需品共享等都是可以用共享思维去衍生和开发的。与此同时，数字经济、数字创意产业和共享经济也在震荡和影响着金融领域，所以在这方面必须要加强对金融安全的管控。[①]

第三个趋势是与传统文化强强联合。优秀文化资源的创造性转化、传统文化业态的数字化升级等都将成为未来国家政策扶持的重点。2016 年五部门联合印发了《“互联网 + 中华文明”三年行动计划》，调动文物博物馆单位用活文物资源的积极性；总书记多次强调“要让文物活起来”，“让中华文化通过数字创意设计走向世界”。越来越多的红利被释放，“允许公益一类事业单位进行文物保护商业开发试点”；深圳文化产权交易所在 2017 年 2 月份正式颁布新四板，全部为数字创意产业，北京中关村的新三板也有 80% 被数字创意产业占据。数字创意产业与博大精深的传统文化叠加，是否能够产生 1+1 ＞ 2 的效果？在此基础上，广电又是否能够搭乘这股东风，发扬其主流价值及社会担当，布局“数字创意 + 传统文化”产业链？“这个时代一切皆有可能，不管你愿不

① 共享经济正深度重塑中国的经济形态。从工农业生产到老百姓的衣食住行，以物联网为基础的共享经济正给产能过剩、产品过剩、发展不平衡不充分的中国带来新的发展机会。但同时，这种新业态也逐渐暴露出信用建设、管理滞后等问题。

愿意，都必须去适应趋势。”

五、渐展锋芒，新业态与传统媒体试比高

（一）“互联网+新媒体”呈现新特征

互联网时代的到来也赋予媒体全新的结构和特征。交互化与实时化，信息正以迅雷不及掩耳之势扩散与传播；融合化，传统媒体与新媒体融合这个提法已然不陌生；精选化与亲民化，信息的选择与推送日益具有针对性并充满人文关怀；社交化与社群化，网络社群带来不可估量的商业价值；还有人格化与品牌化、个性化与定制化，以“弹幕文化”为代表的互联网思维下的去权威化，使信息传播逐渐由单向传播走向大众狂欢。在这个过程中，有三大现象不容忽视。

第一，移动端流量结构全面超越PC端，进入移动娱乐红利时代。截至2016年6月，中国网民规模达7.10亿，其中手机网民规模达6.56亿，占比达92.5%。移动互联网已经开始代替PC机，PC机代替了固定电视屏幕，用户偏好已经发生转移。无论是央视还是纽约时报的广告收入都在逐年下降，而5700亿元的广告总收入却每年都有8%—10%的增长。纸质报纸进入收藏市场，交易功能日渐消失，这就是移动娱乐的时代。**第二，互联网电视用户持续增长，但对用户圈地的竞争在加剧。**原来的电视用户在互联网上的数量并没有减少，但流向各异。互联网电视企业在与卫视大举争夺用户资源的同时内部也激战正酣，“唯流量”“唯粉丝”，用户的信息和数据成为核心资源。**第三，随着科技进步极大地拓展了娱乐视频的边界。**随着科技进步，娱乐的体验变得更加多元，场景更加多

元，体验本身也在推动科技的进步。湖南台的《我是歌手》节目推出了 VR 专区，提供用户浸入式体验，这也是一个趋势。

（二）新业态加持下的传媒发展趋势

第一个趋势是与智能前所未有地紧密联系在一起。据估计，人工智能在 2020 年将形成巨大的蓝海，它改变了很多用工形式，解放了人类的劳动力，传媒不再只为人类所有，为人类所用。随之而来的是生活质量的提高和社会伦理的重大变革。在未来，智能的迁移和复制将是人工智能发展的下一篇章。**第二个趋势是从“信息资讯”到“生活服务”的转变。**2015 年，服务业在我国国内生产总值中的比重首次超过 50%，已经成为我国的第一大产业，未来的发展潜力仍然十分巨大。在这个过程中，媒体所扮演的角色将发生质的转变，也会衍生出更多类型的服务形态。**第三个趋势是融合发展，打造全新生态。**陕西广电集团通过打造智慧酒店、智慧教育、智慧医疗等多元布局，将传媒与云计算、大数据全面融合，打造智慧生态群。多点开花，多元布局，这也是未来传媒发展的重要趋势。

（三）互联网背景下的广电发展之困

如今面对时代背景的巨大更迭，整个广电产业已经走到了发展的十字路口，出现了很多困境。[①] **第一，主动谋变者少，被动探索者多。**广电媒体转型发展的改革动力略显不足，这在很大程度上是观念问题，囿于“国家包办”的传统思维，还不能够适应市场化。**将来国家怎么管？管哪块？转移阵地、应对市场思路何**

---

① 目前，广电媒体已经被市场推到了十字路口，尽快实现从相加到相融促进深度融合，是广电媒体不容回避的问题。在未来的全媒体生态版图中，广电媒体必须跟上新入口的变化速度，否则电视端的入口价值将会更加降低。

在？**第二，有线用户颓势渐显。**截至2016年年底，IPTV用户总数达到8679万户，较2015年增加了4084万户，增长率为89%。与之形成鲜明对比的是截至2016年年底有线电视实际用户为2.23亿户，较2015流失了1267万用户。如何留住用户？**第三，思维僵化，内容创新乏力。**从“渠道为王”到“内容为王”，再到布局“多元内容”，更注重即时性、互动性，调动社会化资源广泛选取内容，“三网融合”这个巨大的盘子，究竟该如何整合和利用？**这其中是内容提供还是平台播出抑或渠道分发？广电又该扮演一个怎样的角色？第四，人才优势不足。**一方面体现在“为我所有但不为我所用”，另一方面体现在“为我所用但仍然匮乏”。**人才从何处来？往何处用？靠制度留不住人才，靠感情又能维持多久？**人才问题是涉及可持续发展问题的重中之重，人才问题一日不解决，广电的难题就一日存在。

六、理性研判，助力广电发展突出重围

（一）解放思想，用“突围意识”另辟蹊径

第一，要跳出广电看广电，既要用广电思维，又要超越广电思维。在实际工作中，既要依据广播电视传输的生产、技术和服务模式，又要遵循新的互联网思维和新兴产业发展规律，把实际工作放在新的互联网和数字创意产业的大背景下制定发展战略。本质上就是要突破“固守”，摒弃固有思维，跳出圈子看问题。**解放思想的第二个方面是要加强对政策的研究力度，把握政策释放出的红利和信号。**抓住和把握国家大力支持发展战略性新兴产业的重要机遇，保留核心产能、淘汰落后产能、开发新兴产能，充分发挥市场作

用。**第三个方面是要应用品牌战略，树立世界眼光。**目前“一带一路”倡议是非常重要的历史机遇，也是将中国展示给世界的最佳平台。品牌化在互联网时代至关重要，让世界认可中国，就是要在品牌战略的制定中强化世界思维，树立世界眼光。

（二）融合发展，在新增长点中寻找新蓝海

通过多元布局、融合发展创造新的增长点。江西报业集团的报纸发行和广告收入加在一起只占到收入的10%，而另外的90%都是来自于其酒店业、房地产业及它的双创空间、旧厂房改造园区等收入。该集团同时运营云平台，进行政务发布，包括相关政府网站的维护等。江西报业集团通过市场化手段，调整多元产能，赢得市场蓝海。供给侧结构性改革的思路就是调存量，做增量。在这个过程中，做增量不是简单的叠加和堆砌，深度融合才是关键，即嫁接一切可以嫁接的内容，主题公园、旅游、房地产开发、网站维护，包括与金融的合作，在没有得到更大权限的资本平台的时候，可以选择在资本的初级层次合作和运作。做大做强广电服务终端，不仅与互联网进行合作，还可以寻求多样载体。当然，在大胆解放思想的同时，还要谨慎论证、谨慎实验，尽可能地完善商业模式，配套详细的研究支撑，在政策和环境允许的条件下有目的地向前推进。

（三）紧跟趋势，用互联网思维解决一系列问题

趋势，不是形势。紧跟趋势的目的是要“防患于未然”，凡事想在前面、走在前面，这个问题在本质上也是思维问题，要有一个提前量的研判。电视购物的趋势一定是和电商有关；广电网络的趋势肯定是要和互联网、电信网三网融合，而不再是“上下一张网”。每个行业都有自身的发展趋势，具体来说应该包括以下五

个方面：[①]

第一是互惠互利，树立一种平台意识。新型博弈关系是竞合而不是竞争，没有一方会成为输家，共赢才是双方合作的目的。在接下来的产业发展中，在平台上下功夫要大于在具体产业的投放上。马云建立天猫平台，利用大数据“整合天下资源做天下事”，不但惠及商家便利用户，自己也赚得盆满钵满。互联网搭建起的信息高速通道节约了平台成本，而平台带来的无限机会则是加速共赢的重要砝码。**第二是对话交流。**互联网思维不是单向传导，而是对话和交流，通过交流使大家达成基本的共识，但这个共识不是一劳永逸的，对话和交流永远不能停止。在这个基础上，还要关注共享经济，共商、共建、共享。**第三是以客户和市场为中心。**这是融合发展的前提，生产中心制早已成为过去式，客户需要什么，市场需要什么，这才是生产的目的和意义所在。

第四是去中心化和去权威化。人人都是公司的代表，人人都是未来的创业者，人人都是互联网时代下的主人。去中心化的另一层含义是分众化，报纸永远都会存在，但还会有网络文学和新媒体；春节联欢晚会不会消亡，但还会有艺术电影和艺术动画片。所谓“萝卜白菜各有所爱”，以分众化和大众化需求为出发点的新型交互关系正是互联网思维下的题中要义。[②]第五是可持续，不断否定再出发。互联网时代的变速太快，日新月异的新技术和新环

① 这里想说说电视直销和电视购物频道，政策的变化使得这两种电视购物模式一衰一荣，那种语不惊人死不休的叫卖风方式的电视直销，被列入了购物短片广告范畴，这种购物产品广告 98% 已被叫停。

② 因为人是互联网时代的核心，所以用户思维自然也成为互联网思维的核心，而其他思维如平台思维、免费思维等，都是围绕这个思维展开的。

境正迅速解构着人们的生活，智能手机每年可能会更新两代甚至消亡，要发展就必须考虑可持续的问题。逆向思维很重要，要在否定中不断超越自己，实现飞跃。

（四）补齐短板，条件成熟时实现弯道超车

有的短板，例如制度性设计是很难被补齐的，但有些技术和产业层面的短板是可以补齐的。这些都离不开对共同认知的追求，针对观念和认知问题，可以通过培训工程来有效解决。弯道超车，是一种群体行为，而不是英雄主义，因此要把对群体的培训当作生产力来看待。开阔眼界培训，是针对足不出户的群体；知识综合培训，是针对年轻员工群体；管理体系培训，是针对中层干部群体。还有对技术部门的培训一定要针对特定技术层面。

除此之外，体制机制转型变革、广泛吸纳社会资本、树立全新人才观也是广电接下来发展的思路所在。在管理上由“链条式”向“扁平化”转型，在交互关系上由“自上而下”向“自下而上”转型；以资本杠杆推动集团产业链整合与扩张，着力构建“内容+平台+应用+终端”的全产业链经济生态。积极运用资本撬动更多产业板块，同时加强资本监管；在人才问题上，转变观念，“人才是天下的人才”，摒弃“唯学历说”“唯编制论”，靠制度稳定人才，靠竞争体制稳定人才，各美其美，各尽其用。

“宝剑锋从磨砺出，梅花香自苦寒来。”期待广电在经历层层阵痛后，能够突出重围，实现弯道超车。

从《战狼 2》反思中国电影发展现状

《战狼 2》之前，中国票房最高的影片是周星驰执导的《美人鱼》。2016 年，当《美人鱼》以近 34 亿元票房勇夺中国电影票房冠军时，很多人可能都没有想到下一次纪录的刷新竟会如此之快。《战狼》系列的试水之作《战狼 1》同是现代军事战争片，票房不过刚过 5 亿元，为何题材、演员、制作班底高度相似的前后之作在市场中的表现却迥然不同？而在《战狼 2》现象中，最让人惊喜的是，它让我们看到了中国电影市场未来的某种新的可能性。我们应立足于当下电影发展的现实，对于它取得的成绩或不足进行客观、理性的分析，从而发现它对于中国电影未来发展的启示和参考。

《战狼 2》在 2017 年火得"一塌糊涂"：2017 年 7 月 27 日晚 8 点 01 分正式上映，4 小时破亿，25 小时破 3 亿，46 小时破 5 亿，83 小时破 10 亿……8 月 14 日超越《碟中谍 5》，跻身历史全球票房 TOP100，打破了好莱坞对该榜的垄断；超过《泰坦尼克号》在北美收获的 6.59 亿美元的票房，成为全球单片单地区票房第三名，仅次于《星球大战：原力觉醒》（北美地区 9.37 亿美元）和《阿凡达》（北美地区 7.6 亿美元）；据全球权威票房网站 Mojo 统计，9 月 7 日下午《战狼 2》票房正式突破 55 亿元，已高于第 81 名的

《X战警：逆转未来》。[①] 票房一路飙高，令人欣喜不断。毫无疑问，《战狼2》在内地影史具有相当的里程碑意义，但这些美景就能说明中国电影的好日子真的来了吗？美景背后又有哪些乱象值得我们反思？

一、《战狼2》缘何异军突起？

（一）中国特色题材的完美演绎

《战狼》系列的成功带来了军旅动作电影的起势，说明中国电影在当下的某一个领域和点上是可以取得巨大突破的，甚至能够超过好莱坞影片在中国的受欢迎程度。一直以来，我国的军事题材电影侧重于回顾历史，多是表现战争年代、烽火岁月或者突出某个英雄领袖的历史叙事，这些内容在教化百姓、宣传思想、普及知识上有积极作用，但对于普罗大众来说还是有些遥远。与此不同的是，《战狼2》重视当今中国的大国担当，表现的是一名特战队员的精神，电影主角冷锋可以在生活中找到成千上万的原型，更加接地气。同时这种取向也更加符合未来取向，关注的是全球化发展过程中中国的大国形象与大国担当。

好的影片遇上好的时期无疑有如虎添翼的效果。经历四年的反腐，《人民的名义》应运而生，这种极具政治色彩的电视剧不但没有引起人们的反感，反而成为现象级电视片。《湄公河行动》根据“10·5中国船员金三角遇害事件”（湄公河惨案）改编，讲述

① 虽然看到中国电影取得这样优秀的票房成绩很开心，但必须要承认《战狼2》在国际上的认可度和支持度还是不够理想。我们也许马上又会出现新的电影票房冠军，但中国电影如何扩大在全世界的影响力，值得电影人深思。

了一支行动小组为解开中国商船船员遇难所隐藏的阴谋，勇于揪出运毒案件幕后黑手的故事。这些作品能够在现实生活中找到原型，符合人们的口味与期待，并且带有中国特色，再加上惊险刺激的特效、完美的剪辑和恰到好处的音效，完全不输好莱坞大片。

（二）多元审美下的血性回归

有人将《战狼2》称为“一封中国男人写给女性的情书”，在“小鲜肉”等新型男性时尚慢慢成为妖风的当下，吴京塑造的硬汉“冷锋”就像一股清流，成功俘获了观众的心。吴京曾说，“冷锋的出现便是要纠正观众对银幕上中国男性的偏见”。随着社会心态的日益开放和包容，审美标准变得日益多元，男性的中性化甚至女性化已经成为一种时尚，尤其是那些所谓肤白貌美带着阴柔之气的“小鲜肉”们更是“自带流量，吸粉无数”。“小鲜肉”潮流的开启可以追溯到2013年上映的《小时代》。该片当时斩获了4.8亿元票房，算是商业电影“成功”的典范。从此，“热门IP+小鲜肉”的电影开始大行其道。[①]

“这是个看脸的时代”，也是一个缺乏英雄气质、缺少刚强血性的时代。霸道女总裁成了少女们的憧憬，小鲜肉们成了粉丝追捧的对象。波兹曼在《娱乐至死》中指出，娱乐产业的无节制狂欢让“文化在欲望的放任中成为庸俗的垃圾”。此时，《战狼2》与“冷锋”的出现，似乎是用一声振聋发聩的怒吼，涤荡了银幕的靡靡之风。虽然我们鼓励多元，提倡包容，但多元审美下的血性回归不得不说满足了观众在“鲜肉”横行下的审美疲劳，让人们看

---

① 现在的电视里充斥着精致妆容、打扮时髦的“小鲜肉”，真是时代变了，审美也变了。就事论事，我个人觉得很多“小鲜肉”的演技的确还需要进一步打磨。

到一个铁肩担道义的阳刚硬汉。

（三）和平时期英雄主义的全新阐释

任何时代都需要英雄。一直以来，我们深受美国好莱坞、漫威英雄的影响。他们塑造的基本都是普通个人变成拯救万生的救世主，或者拥有特异功能，可以上天入地的钢铁巨侠，除了满足和激发观众的想象之外，基本上与现实八竿子打不着。人们为什么对冷锋的形象肃然起敬，因为任何时代都需要英雄，即便是如今的和平年代。《战狼2》打破了天马行空的想象，打破了历来崇尚集体主义的传统习惯思维与主旋律影片的常规，突出个人英雄主义气质，展现了中国军人誓死捍卫同胞安危的血性和豪情。从现实到银幕再回归现实，该片生动而真切地回应了人们对英雄的崇尚和期待。和平时代，人们依旧需要英雄，呼唤英雄，但这样的英雄少了一些完美无缺，多了一些烟火气息，可以和现实生活共同呼吸。

（四）大国崛起心态的文艺表达

“生逢其时”是多位业内人士对《战狼2》火爆做出的判断，不仅是因为这部影片选在海外影片给国产影片让路的“国产保护月”上映，更因为这部影片是国人大国崛起心态的文艺化表达，除了爱国主义以外，还有人们对于特色现代军事的发展与以强军推动国家建设的期许。国防的强大、军队的强大需要通过文化载体来体现，让观众高涨的爱国主义和英雄主义情结找到合适的出口释放。①影片结尾有这样一个镜头，中国护照缓缓拉近放大，伴

① 我是一名高中班主任，前不久，学校里组织全体高一年级的同学观看了这部电影。看电影过程中，同学们深深地被感人的剧情吸引，高潮处不由自主地鼓掌欢呼，同学们的爱国心更是被激发出来，纷纷表示要用积极勇敢、不怕困难的精神来面对生活。这部电影给学生们上了很好的一课。

随着这样一句话："当你在海外遭遇危险，不要放弃！请记住，在你身后，有一个强大的祖国！"引爆全场的台词很自然地让人联想到2011年的北非大撤侨行动。横跨9000千米，涉及35860名中国公民，整个撤侨行动仅仅用了240个小时。虽然电影用更加夸张的手法将现实进行呈现，但情感却不是无中生有，它真真切切地让国人看到，国家的发展与壮大与人民的安危、尊严紧密联系在一起。

近年来，军事力量建设迈入快车道，无论是研发尖端武器装备、提高作战训练水平，抑或重塑军事力量体系，更新未来战争观念，我国国防与军队现代化建设在强军梦的征途上，不断取得了新的突破。公开报道的阅兵及演习中，我们看到，不断增强的国家军事实力已经成为捍卫国家安全利益的坚实后盾。但与此同时，南海领土争端、印度军队越界等事件也一度引人关注，让人感慨祖国虽然强势崛起，但局部冲突不断，并不太平。因此一句"犯我中华者，虽远必诛"能够燃爆观众们的爱国主义情结，可以说这部影片占尽了天时地利人和，在合适的时机成功贴合了观众的痛点和情感共鸣点。

（五）匠人精神的精良制作

为了拍摄《战狼2》，吴京花了一年多的时间深入部队体验生活，采访军人，正因为有了真切的生活体验，才可以拍摄出这样有血有肉、打动人心的电影。吴京说过这样一句话："我不是靠脸吃饭，我是靠命吃饭。"拍摄过程中遇到无数危险，为了拍好一个水下镜头，往往要在水中泡上好几个小时，这样的拼搏精神和职业道德，又怎能拿不出优秀的作品？回顾《战狼1》就可以看出吴京的品格。在《战狼1》中，吴京有一个从腿上拔枪再射击的动作，这个动作吴京可以做到 0.8 秒。0.8 秒比一些特种兵的成绩还要高，这是他不断训练的结果，从这一件事情上就可以看到吴京的执着。整个制作团队也十分优秀，音乐、武打设计、摄影都是国际顶级的团队，除了启用《加勒比海盗》的水下摄影团队、《美国队长 3》和香港黄伟亮的动作团队之外，《战狼 2》还请到了好莱坞作曲家 Joseph Trapanese 和彼得·杰克逊的声效团队。《洛杉矶时报》评价《战狼 2》与好莱坞大片高度相似。

二、当下中国电影市场的反思

截至 2017 年 8 月 12 日，2017 年内地票房累计已突破 364 亿元，与 2016 年同期相比，总数增幅接近 55 亿元。《战狼 2》的火热引发了人们对于国产电影的新期待，但是国产电影的好日子真的来了吗？《战狼 2》的一枝独秀恰恰也暴露了中国电影市场发展的诸多问题。以暑期档电影前三强为例，《战狼 2》和《建军伟业》同为献礼片、主旋律影片，但《战狼 2》的 55 亿元票房是《建军伟业》4.57 亿元票房的十倍之多，为何差别这么大？备受期待的 IP 大片《三生三世十里桃花》也一路高开低走，还陷入粉丝“锁场门”。有人质疑，未来国产影片再用什么打破纪录？

（一）电影产业供给侧改革需深入

十年前，全国总票房为 33.27 亿元，《变形金刚 1》以 2.82 亿元的票房夺冠。十年之后，全国总票房达到 457.12 亿元，《美人鱼》以 33.93 亿元的成绩获得年度票房冠军。十年时间，中国已经成为全球第二大电影市场。需求的增长带动了国产影片的迅速增长。近年来，国内影片从每年不足百部发展到每年接近千部，但

2016 年制作的 944 部影片中，院线上映仅 334 部，剩下未能上映的电影几乎都成了“僵尸影片”；除此之外，银幕从 3000 多块发展到 41179 块，赶超美国成为全球第一。

2016 年全年，全国新增影院 1612 家，全国影院数量达到 7853 家，同比增加 19.6%。影城和银幕建设仍处于高投入阶段，但每家院线的实际效益却在下降。多不等于强，中国电影市场的需求已经被充分激发，但有效供给还需进一步深化改革。

2016 年票房数量同比增长 3.73%，但增长率创下 10 年新低。票房不再呈爆炸式增长，受众观影愈发趋于理性和冷静，电影市场发展进入调整阶段。

（二）电影政策作支持，电影审查需改进

电影政策在近年来不断调整。2017 年 3 月 1 日开始正式实施的电影法案**《电影产业促进法》**，在立法前期经过了长期的探索和修订，这一法案作为电影产业的制度保障和法律底线，说明国家在政策和法律上对电影产业的重视。从近年来电影产业的发展来看，电影政策需要适应社会发展的需要。

电影审查制度是净化国内电影银幕，维护国内主流价值观的制度。电影审查制度在执行过程中存在很大的问题。**第一，电影审查制度过程烦琐**。电影审查许可的标志是片头的龙标和片尾的技术审查合格证，只有两证齐全电影才能上映，整个审核过程繁复，时间持续很长，审查结束基本也就是影片上映前期，如果二轮审查无法通过将会直接影响影片的档期，给片方带来巨大的经济损失。2016 年冯小刚导演的《我不是潘金莲》就是在二审环节卡壳，最后只得无奈延档。**第二，电影审查标准的抽象化**。电影是否能够开拍，存在一定的不确定性。《战狼 2》在开拍前，吴京对剧本一遍一遍地改写，直到审核通过。在审核标准中（即《电影管理条例》和《电影剧本（梗概）备案、电影片管理规定》中）内容存在很大的不确定性，本身抽象的内容无法衡量，具体是否能够使电影过审还存在很多其他因素。中国当前的电影审查制度相对于电影市场化的巨大需求仍是远远不够的，电影审查的改革之路还有很长一段要走。

另外一方面，中国电影的分级制度近年来可谓是“雷声大、雨点小”，很多电影从业人员曾公开呼吁中国电影实行分级，既能从大层面上保护电影创作者的表达自由，又可以对特定年龄人群予以精神保护。但是事实上是只要电影审查制度存在一天，电影分级制度就不会真正到来，因为影片一旦上映就已经从官方角度向公众表明了它的合理合法，是可以面向所有人群的。

（三）资本语境下优质内容的缺失

近年来随着国产电影的迅速发展和崛起，更多资本从其他行业流向电影市场。资本不懂电影，只想逐利，他们觉得自己把握了时代的脉搏，拿着数据报表，分析别人的成功先例，发现什么能火便一拥而上。他们将年轻人尤其是“网生代”视为主要受众群，将能讨好迎合他们的“流量 +IP+ 营销”模式视为金科玉律，而全然不顾作品本身的内容与质量。这种做数据的奴隶，沉迷于大数据下反馈的观众既定期待视野，而罔顾民众内心未被激发的潜在创新期待视野的行为，不仅仅是创作者彻头彻尾的偷懒表现，更是其自掘坟墓的先兆所在。而这恰恰是《战狼 2》给业内带来的最大反思之处。编剧功力不足，叙事空洞，甚至价值观扭曲，投资方拿着三流的剧本，高价拉来几个风生水起的流量明星，原本粗制滥造的剧本再加上拙劣不堪的表演，游离于现实之外的台词加之莫名其妙的情绪爆发，让人尴尬丛生。这种不扎实、急功近利的创作心态使得国产电影几乎一度成为烂片的代名词。中国社会的多元性、复杂性、多层次性状态未能在中国的银幕上有效地呈现，银幕上的故事并非大众所切身感受到的人生，自然无法引起观众共鸣，也必然无法吸引消费者走进电影院。

在前些年市场喧嚣时确实出现了一些烂片靠着明星 IP、营销大卖特卖的现象，但指望观众会一直为烂片买单无疑是天方夜谭，而动辄指责“市场烂是因为观众烂”也多少带有逃避不负责的倾向。近几年，“大卡司”“大 IP”的“大制作”前仆后继，折戟沉沙，表明观众品位的迅速提升，给电影人提供了活生生血淋淋的前车之鉴。《摔跤吧！爸爸》《冈仁波齐》《大护法》以及在映的慰安妇纪录片《二十二》（仅上映三天便成为内地票房第二高的纪录片），也都证明着中国电影正在从要素主导迎合市场的初级阶段转向内容创作型市场，口碑越来越成为市场通行证。

（四）工业化任重道远

所谓电影工业化，其本质是电影的专业化程度。最近基于《战狼 2》的工业化讨论不绝于耳，其系列片类型化及密集冲突的叙事结构确实容易让人将其等同于好莱坞的动作大片。但事实正如《战狼 2》的编剧刘毅所说，只类皮相，不得根骨，《战狼 2》离工业化产物这个概念其实相去甚远。“因为它从编剧、导演、动作导演到男主角等方方面面都有吴京的参与，离开吴京，这部电影就是不成立的，这不符合工业化的标准。”现在中国电影还处在由手工业向工业化过渡的阶段，有个别的人和团队形成了一定规模的创作，如《捉妖记》《长城》等，但是要形成工业，一定是可复制的，可以量化的，可以不以任何个人的能量来决定电影最终质量。但目前中国的情况完全不是这样，个别高级的工匠起到了决定性的作用，而不是工业流程和整个系统发挥作用，这也就是工业和手工业的区别，专业应用型人才的稀缺则是国产电影工业化过程中最大的拦路虎。

（五）专业人才稀缺

刘毅表示："当初《战狼1》火了之后，便有很多人找我写军旅题材剧本，我都告诉他们，别想了，没戏。写出来谁导演，谁设计动作？好莱坞随手可以组很多套相同规格的动作片班底，但我们来回来去就那么几个人。"

贾樟柯在谈到为什么担任上海温哥华电影学院院长时说道："我们的电影工业就面临一个很大的问题——人才不够，而且是严重不够。我们一般意义上理解电影人才，首先想到的是导演、编剧、演员。但除了这些人才外，电影产业的任何一个部门、任何一个环节现在都急缺人才，包括美术指导、剪辑师、录音指导、制片等等。中国电影人才储备只够每年制作二百多部电影，如今每年有1000多部电影在拍，数量翻了五倍，人才严重跟不上。"而且贾樟柯更直接指出了当前综合性大学电影教育与实际需求的错位所在："综合性大学的电影系大多以电影文化研究为重点，培养的人才多是电影史论方面的。而电影是一个需要分工合作的产业，我们缺的是应用型人才，目前的电影应用型人才教育还是太少太少。"①

如今电影行业的演员断层是显而易见的，老戏骨已无法担任年轻角色，新生代演员良莠不齐不思进取，这也是当下出现模式

① 据我所知，中国是世界上学习电影人数最多的国家。除中国传媒大学、北京电影学院等电影人才培养的专业大学外，不少综合性大学也设置了与电影相关的学科。应用型人才缺乏的问题的确值得高校思考。

化组合诸如“戏骨配角+流量主角”的原因，“天价片酬”也不能说不是有号召力的实力演员稀缺所带来的恶果。

（六）明星片酬与粉丝经济

邀请流量小生却遭对方漫天要价，开拍在即女主角人选方要求增加片酬，吴京所遇到的不是小概率事件，而是整个行业内业已猖狂的恶劣风气下所造成的纯粹必然。这既是随着国内电影市场崛起蜂拥而来的外行资本一心想赚快钱的后果，也与从业人士内心浮躁漠视职业操守脱不了干系。知名制片人黄建新表示：“在当前中国的电影行业，制片人在管理电影花费时，最大的一部分精力就在平衡演员价格和收益。”这一局势无疑已成为行业的病态囊肿，时刻威胁着行业的健康发展与长久生存。

“天价片酬”除却是资本过热、市场恶性逐利下的确定结果，也与其工作室经纪人（或明星本人）的恶劣牟利行径有着密切联系。[①]“粉丝经济”的水涨船高是天价片酬的直接推手，明星经纪人为求圈粉无所不用其极，将粉丝的一腔热血变为他们恶劣牟利的工具。工作室幕后与粉丝后援会保持联系，粉头时刻保持待命，一经指示便竭全身心之力，“打榜”“控评”“锁场”“刷热搜”这些集体性组织活动已经成为“死忠粉”心目中支持偶像之必备技能，业内人士也心照不宣。这本是为偶像利好之举动，但随着市场和观众的成熟，对电影的包容度大幅降低，审美疲劳直线上升，由于流量明星演技不足和长期出没于烂片的不良记录，本身便使得拒绝和批评“小鲜肉”电影成为一种普遍的观影选择，而这时

① 曾经看过的一篇报道说“天价片酬”已经是娱乐圈里的顽疾，屡禁不止，甚至房价的增长速度都赶不上明星的片酬。过高的片酬最终导致影视作品呈现出来的效果大大缩水。

粉丝的戏多则会不断拉低大众好感，招致路人厌烦，当其行为仍愈演愈烈且不断触碰底线时，则必然遭到市场的反噬。强大的粉丝经济养了一大批影视寄生虫，从制作团队到演员，都存在浮躁、功利和圈钱的现象，电视作品一旦变成了快速变现的工具，何来艺术性和深刻性？念台词只做口型、演戏时“文替”“武替”交替使用，抠图和后期剪辑变成天经地义，这样的团队与演员完成的作品只能用粗制滥造来形容，如此一来只会伤害那些热爱电影的观众和真正用心做电影的人，出现劣币驱逐良币的后果。

《三生三世十里桃花》电影由杨洋、刘亦菲主演，但是从 8 月 3 日上映到 8 月 7 日的四天里，由当日占总票房的 40.7% 降到 12.5%，并且正常来讲影片在周六日的票房一般都会高于非周末时间，但《三生三世十里桃花》却出现下滑，本来依靠粉丝经济想拿下的票房却如此惨淡。广大电影人应引以为鉴。而动作片《战狼 2》，甚至纪录片票房都在上升，《战狼 2》振奋人心的不只票房，还有吴京不愿被资本俘虏的电影理想与真诚敬业的职业操守。

（七）现阶段“走出去”无市场动力，恐成伪命题

多数卖座好莱坞电影的票房至少有半数来自海外市场。尤其是前百影片中，除《战狼 2》外，这些电影的海外票房占比均不低于 40%。其中海外票房占比最高的电影是《速度与激情 8》（82%），占比最低的是《星球大战》（41%）。

相比之下，《战狼 2》《美人鱼》和《捉妖记》的海外票房寥寥无几，[①] 而是仅靠国人的一己之力，把它们送上了榜单。中国市场不仅成就国产电影，还成就了日本电影《你的名字》和印度电

① 这几部电影的确在走出去的过程中有着明显的劣势和不足。

影《摔跤吧！爸爸》。中国贡献了这两部电影绝大部分的海外票房。《摔跤吧！爸爸》的中国票房达人民币 12.97 亿元，贡献了该片 65% 的票房，远超印度本土市场票房（28%）。

目前来看，无论从票房还是银幕数量来看，全球电影市场都进入了低速发展期，只有中国电影市场一枝独秀，孕育着巨大的机会市场。而从文化折扣的角度来说，最能理解中国电影的，无疑是中国观众。所以立足于中国市场，致力于讲述以中国观众为对象的电影故事，“讲好中国故事”，应该成为中国企业的主要目标。借李安说过的一句话：“市场再好别揠苗助长，要输出先充实自己。”

2017 年《电影产业促进法》的颁布实施，从法律的角度提升了电影产业在国民经济中的重要地位，助力国内电影市场“去虚火”，引导电影人更加注重“工匠精神”，提升影片内容质量和思想内涵。随着电影的平民化，电影成为一种常见的娱乐方式，市场化是必然的结果。市场在高速发展过后开始趋于平缓，市场也逐渐转化到内容升级，这是好现象。在政策引导和市场调节的双重推动下，未来国内电影产业发展将进入重点优质内容驱动的快速发展阶段。尊重市场规律，尊重电影艺术，尊重观众，把电影做好，才是发展中国电影的不二法门。

十八大以来，文创园区如何实现跨越式发展？

十八大以来，在供给侧结构性改革的趋势下，我国文创园区作为文化产业的载体，将废旧厂房改造为动漫产业基地、文化产业园、影视基地及主题公园等，文创园区在变革中不断与城市融合。文化创意产业园区经历了产业集聚、产业集群形成独具地域特色及产业特色的文化创意产业园区、城市文化创意街区，并与新兴科技、产业政策、历史文化、城市社区交融，促进文创产业的空间聚合向价值聚合层面转化，形成城市文化和创意城市融合、文创园区协同发展、中国文化“走出去”的新态势。

十八大以来，中央和国务院有关部门进一步加大了文化产业政策的扶持力度，明确了政策导向，优化了产业环境，有效推进了文化领域供给侧结构性改革。文化创意产业园区作为文化产业规模化、产业垂直细分、创新发展的重要途径和载体，在促进产业集聚产生规模效益的同时，对国家和城市的文化建设、经济发展起到重要作用。[①] 据初步测算，2016 年我国文化产业实现增加值

---

① 北京市朝阳区毫无疑问是全国范围内老旧厂房改造文化产业园区的领头人。一方面，北京市 2017 年 12 月 31 日出台政策，鼓励利用老旧工业厂房改造文化空间；另一方面，2018 年 8 月 18 日，北京市朝阳区成立了全国首个老旧厂房保护利用与城市文化发展联盟，推动工业遗存转型。

30254亿元，比2012年增长67.4%，年均增速13.7%（未扣除价格因素影响，下同），比同期GDP现价增速高5.4个百分点，文化产业呈现出快速增长的态势。

在近些年的建设发展中，中国文化创意产业园区已形成了六大文化创意产业集群，即：以北京、天津、河北、山东等为先导的环渤海和京津冀文化创意产业集群；以上海、南京、杭州、苏州为先导的长三角文化创意产业集群；以广州、深圳为先导的珠三角文化创意产业集群；以昆明、大理和丽江为先导的滇海文化创意产业集群；以西安、成都和重庆为先导的川陕文化创意产业集群；以及长沙为先导的中部文化创意产业集群。在集群中又有大运河文化带、藏羌彝文化产业走廊等产业集聚区，集聚区内分布着支撑文化产业发展的文创园区。据不完全统计，目前全国正常运作的文化园区有2600家左右，其中产业形态基本分布比例为：21%为产业型，66%为混合型，3%为艺术型，5%为休闲娱乐型，5%为地方特色型。已有350余家由国家命名为文化创意产业各类相关基地、示范园区。

一、完善政策，示范带动

2010年，文化部出台文化产业园区（集聚区）认定相关政策。2010年，文化部办公厅印发《国家级文化产业示范园区管理办法（试行）》的通知，对国家级文化产业示范园区申报与审核的条件，管理和审核办法，园区考核包含的方面，撤销园区“国家级文化产业示范园区”称号的行为做出了明确的阐释，推动了国家级文化产业示范园区的建设。同年，文化部下发《关于加强文化产业园区基地管理、促进文化产业健康发展的通知》，加强了文化产业园区基地的有效管理，而且为解决一系列文化产业园区、基地发展进程中出现的问题提供了有利的指导。2012年，工业和信息化部印发《国家级工业设计中心认定管理办法（试行）》的通知，对推动企业工业设计中心和工业设计企业的建设，推动文化产业中工业设计产业的发展做出了巨大的贡献。2014年，文化部办公厅修订印发《国家文化产业示范基地管理办法》的通知，进一步加强了国家文化产业示范基地的建设管理，提高了我国文化产业规模化、集约化、专业化发展水平。

2016年9月，文化部办公厅下发《关于进一步完善国家级文化产业示范园区创建工作的通知》，以演艺娱乐、动漫、游戏、游艺、数字文化、创意设计、文化旅游、艺术品、传统工艺、文化创意和设计服务与相关产业融合发展等为重点领域，有明确的优势行业和发展定位，已集聚不少于100家文化企业，具备一定产业规模的园区，进一步创建成为示范园区，优化区域文化产业发展环境，提高区域文化产业竞争力，完善现代文化产业体系、实现文化产业成为国民经济支柱性产业战略目标提供有力支撑。2017年9月，文化部公示第一批国家级文化产业示范园区创建资格名单。①

十八大以来，国家加强对外文化贸易基地的建设，北京、上海、深圳三地的国家对外贸易基地作为我国实施文化走出去国家

① 政策的不断调整和认定标准的不断变化，体现出国家对于文化产业示范园区的管理也处于一个探索的状态当中。如何更好地创建文化产业园区，打造更有效率的文化产业集聚区，政策在其中发挥着怎样的价值，都是纵向发展、不断深化、没有终点的时代议题。

战略的首块“试验田”，正在成为中国文化“引进来、走出去”的前沿阵地。

二、五年转型历程，跨越升级发展

（一）转型发展，提质增效

随着系列文化创意产业园区相关政策的出台，文创领域的各个板块呈现出活跃的表现。文创园区及产业的发展脚步逐渐从注重数量向注重质量方向迈进。自2006年中国动漫启动产业化进程以来，商业化、市场化、产业化程度与日俱增。24个国家动画产业基地在探索中前行，2013年，我国动漫产业总产值达870.85亿元。近几年来新增加的福州动漫产业基地、天津滨海新区国家影视网络动漫实验园、黑龙江动漫产业（平房）发展基地、张家港（动漫）产业园、昆山软件园也不断尝试创新国产动漫。在影视领域，据统计，截至2013年10月，全国已建成、部分建成、建设中和规划中的上规模的影视园区共有219处，其中，已建成的影视园区有115处，部分建成的19处，建设中的44处，规划中的有37处。

（二）文化融合，科技创新

文化创意产业园区的多元化融合，是互联网3.0时代文化创意产业园区第3个发展趋势。这种融合主要体现为在互联网时代，文化产业园区与城市发展、大型商业综合体及新型农业的融合。园区建设已经逐渐由产业园区、文化创意街区过渡到与城市文化和创意城市相融合的第三个阶段，出现了798创意工厂等具有代表性的创意园区。在与大型商业综合体的融合方面，多数园区的设立体现在利用老建筑和老厂房进行改造，形成特色体验型商业街区中。

北京的郎园文创区是以郎园专利数字混凝土绸墙技术，结合数字建筑的设计方式，利用机械臂加工传统建筑材料水泥完成的城市公共艺术装置，以“文化+科技+艺术”有机结合，以数字建筑公共艺术作为走近大众的方式，促进园区与科技文化融合，促进城市公共艺术及文创园区的发展。[①]

（三）资本助力，模式创新

文化部2012年的《关于鼓励和引导民间资本进入文化领域的实施意见》，文化部、中国人民银行、财政部2014年《关于深入推进文化金融合作的意见》，财政部办公厅、文化部办公厅2014年《关于推动2014年度文化金融合作有关事项的通知》，中国资产评估协会2016年关于印发《文化企业无形资产评估指导意见》的通知等政策文件，为“互联网+”金融时代背景下的文创园区提供了良好的金融环境。众筹模式为文化园区融资提供了新平台，自2014年起，众筹成为国内热门概念及互联网金融新方式，构建“众创空间”的创业服务平台，类似“团购模式”的文化创意产业园区募集资金形式迎来了快速发展期，成为园区融资新的载体与形式。2014年4月，“中国创谷”众筹文化园揭牌，成为国内首家以众筹模式募得园区启动资金的园区。同时，以低租金提供场地，以成熟的园区平台提供服务，再成立创投基金来投资孵化好项目的孵化运营模式，成为多家文创园区的发展路径。

① 文化产业园区在新时代中，其文化内涵在社会中发挥的价值越来越大。园区、社区、校区、商区的边界也随着文化产业园区中服务型、休闲型空间的逐渐增多而被打破。

三、文创产业引领，多元驱动

（一）构建多元化场景，提升文创品牌效应

在移动互联的新时代，实体的园区建设与虚拟的园区建设完美融合，成为未来文化创意产业园区发展的新趋势。文化产业园区线上、线下的结合，主要体现在以下两个方面：一是形成园区O2O相结合的产业服务平台，其中包括投融资平台、信息咨询平台、科技服务平台和产权交易平台等，降低企业运营的成本，吸引海内外更多的文化产业资源集聚；二是建立园区自身的虚拟平台，或与门户网站合作设置虚拟园区板块。经过多年的发展，很多文化产业园区都已把提升体验作为重点工作：超级接口、人性化细节、浸入式互动、场景化设计、后续黏性。超级接口，就是要做好与用户所有品牌的接触点。同时，还要做好社区营造，打造市民口碑，实现现代意义上的完美互联网传播。

（二）运用工业遗产改造，促进文创与城市融合

2016年12月30日，工业和信息化部与财政部联合下发《关于推进工业文化发展的指导意见》，提出“发扬中国工业精神”，建设开放共享、专业高效的创新设计公共服务平台和具有国际影响力的设计集群；培育示范性创新创业工艺美术特色区域和大师工作室，打造工艺美术特色区域品牌；鼓励有条件的地区利用老旧厂房、设备等依法建设工业博物馆；建设一批具有社会公益功能的工业旅游示范点；推动工业文化与数字媒体、可穿戴设备、机器人、智能汽车等新领域的融合发展，催生一批新技术、新工艺、新产品、新业态；结合区域优势和地方特色，打造一批工业

创意园区和工业文化特色小镇。工业遗产承担着地方工业文化传承与保护、展示与交流窗口的角色，在以情怀驱动和文化耕植的理念下，挖掘工业文化基因和特质，有助于促进文创园区与城市的有机融合。[①]

四、国家战略带动文创园区跨越式发展

（一）文创园区“走出去”

十八大以来，“一带一路”逐步进入实质性推进阶段。园区也正在成为各地推进“一带一路”战略的重要载体，政府和社会资本合作（PPP）等融资模式创新也成为化解投融资阻碍的重要手段。在第十届北京文博会上，“一带一路”产业带上的各大文化产业园区，都在大力推动沿路文化产业的发展，以文化产业为载体实现对外交流。此外还特设对外文化贸易展区，显示“一带一路”作为中国文化“走出去”的通道和窗口作用。

同时，互联网的发展将促使实体文化创意产业集群在实体基础上打造无界域、国际化的虚拟文化创意产业集群，建设数字化网上市场和交易平台。构建“虚拟文化创意产业园区”或“文化创意信息数字交易港”，将是未来文化创意产业园区发展的高级形式和新模式。

（二）文化保税“走进来”

国家对外文化贸易基地可为进入自贸区的中外文化企业提供

① 关于工业遗存，如何在传承工业文化的前提下利用好工业空间，是城市发展当中的重要议题。而今，越来越多的城市利用老旧厂房改造文创园区，已经成为城市更新进程中一道靓丽的风景线。

国际展销、国际采购、国际结算、进出口代理、保税展示、保税租赁、保税仓储、金融投资、商贸咨询、政策研究、人才培训等全方位的专业服务和政策支持，为中外文化企业提供完善和高效的发展空间和良好配套服务。国务院印发了辽宁、浙江、河南、湖北、重庆、四川、陕西等第三批7个自由贸易试验区的总体方案，为文创园区建设与自贸区的建设提供了良好的空间。2014年国务院下发《关于加快发展对外文化贸易的意见》，旨在促进文化走出去、扩大和鼓励中外文化贸易发展。

北京市首个影视及文化产品公共保税仓库项目——红庄影视及文化产品保税中心，为文化企业提供文化产品展览、进出口报批、评估、担保、保险等全流程保税服务，加强国际文化贸易交流，推动国际优秀文化“走进来”。

（三）文创园区协同发展

京津冀三地的66家文化创意产业园区代表共同发起并签署了《京津冀文创园区协同发展备忘录》，加强对三地文化资源的协同开发、管理和利用，推进区域文化产业融合和文创资源共享，切实推动三地文创产业协同发展。三地正在加强建设动漫网游及数字内容功能区、798时尚创意功能区、戏曲文化艺术功能区、音乐产业功能区、新媒体产业功能区、创意设计服务功能区、会展服务功能区与周边产业区域及其他城市的合作与交流。

目前，国家文化产业创新实验区也正在筹备建立国家文化产业创新实验区理事会，联合京津冀三地重点文化产业科研机构、重点文化产业园区和企业，共同发起成立京津冀文化产业协同发展联盟，加强区域间交流合作、资源和要素对接，进一步加强京津冀文化产业领域的合作交流与协同发展。

当下，对国家级新区、文化创意产业园区的学术探讨也不断成熟。2017 年 5 月中国传媒大学成立了雄安新区发展研究院，通过对雄安新区公共文化、历史文化等资源的梳理，对全国 19 个国家级新区的文化产业建设进行了调研和总结。通过学术探讨的方式，促进文化创意产业园区的品牌建设、产业转型。

老旧厂房保护利用需凝聚合力

老旧厂房既是展现中国工业文化的重要窗口，也是延续城市文脉、拓展城市文化空间的重要载体。2018全国老旧厂房保护利用与城市文化发展论坛在北京市朝阳规划艺术馆举行，并成立了全国首个老旧厂房保护利用与城市文化发展联盟。未来，如何让老旧厂房在文脉传承、产业升级和生态环境等多个方面继续释放经济价值、社会价值和文化价值，是我国老旧厂房保护利用工作将要面临和亟待解决的重要命题。

一、老旧厂房是城市文化的“金山银山”

老旧厂房改造为文化空间，在保留工业建筑风格、工业特色设施的基础上，进行创意的改造和创新的利用，这是工业建筑的再造，是建筑在世界经验之书上的新画卷，也使得老旧厂房的世界经验更加立体，并开始出现“中国模式”。

过去几年，作为全国文化中心的北京与杭州、上海、南京等城市先试先行，支持文化创意产业园区创新发展，实现了高效城市更新与高质量经济发展的双重突破[①]。作为全国文化创意产业标杆的朝阳区也证实了以老旧工业厂房改造文化空间的可行性。截至2018年6月，朝阳区共登记注册文创企业88912家，由老旧厂房改造而成的文化产业园区目前已经有57家，改造的建筑规模达到281.7万平方米。数量庞大、质量上乘、服务完善的文化创意产业园区，借国家文化创意产业创新试验区之势，拉动了全区文化创意产业乃至区域经济的快速成长。根据朝阳区统计局公布的数据，2018年1—4月，朝阳区区规模以上文创企业实现收入1049.0亿元，同比增长11.5%。北京独角兽企业中，注册地在朝阳区的有27家，文化娱乐类独角兽企业便有6家；朝阳区文化娱乐类独角兽企业平均估值为18.9亿美元，远高于全区独角兽企业14.0亿美元的平均估值。

老旧工业厂房改造文化空间，是工业历史与文化的传承，有助于新时代文化氛围的营造。北京市委宣传部部长杜飞在会议上对老旧厂房的价值做出了如下论述："老旧厂房是城市文化的重要记忆，在历史文化、经济社会、生态环境和建筑美学等各个领域都具有重要的价值，同时也是文化的金山银山，是促进城市有机更新的重要载体、宝贵资源。"[②]每个城市都有主导产业，也就自然凝结成了各自独特的工业历史和文化符号。在当前"千城一面"的社会问题及背景下，作为见证了城市发展的老旧工业遗址，对

① 当下，全国各地均高度重视以老旧厂房改造推动城市更新与文化创意产业园区建设相结合，如上海市印发《上海市制造业转型升级"十三五"规划》，对工业用地改造文创空间进行指导；北京市出台《关于利用老旧工业厂房拓展文化空间的指导意见》，明确鼓励将老旧工业厂房改造为文化创意产业园区。

② 将老旧厂房改造为文创空间，是我国城市发展及文化创意产业提升过程中，老旧厂房去存量与满足产业发展、创意阶层需求的巧妙契合，是关乎未来的全局性举措。

于城市文化的传承和创新，有着特殊意义。

二、矛盾凸显，转型发展并非一蹴而就

（一）追逐热潮，缺乏“冷思考”

老旧厂房改造为文创园区是一项系统工程，没有科学、系统的规划引导，没有可持续性的发展理念，便无法真正实现“腾笼换鸟”。诚然，老旧厂房改造转型为文创园区已经成为城市建设的一股热潮，但很多城市老旧厂房的改造缺乏整体、专业的规划，缺乏对工业遗产的有效保护及科学合理的改造方法，出现了一些仓促上马，后来又被迫拆除的项目。

（二）“保”与“利”标准不清

老旧厂房不仅是城市工业发展的见证者，更是城市文明塑造的参与者，在经济社会等多个领域都具有重要价值。利用老旧厂房拓展文创空间，合理保护是前提。目前在老旧厂房的保护层面还存在价值认知不统一的问题，针对老旧厂房保护的评估体系尚不完善，改造利用的要求尚不清晰。

一方面，原本属于工业遗存的建筑设施得不到很好的保护，一些企业在改造过程中出现破坏式改造和过度利用问题；另一方面，原本可被改造利用的空间无法开发，希望进行保护、利用分类实施的企业找不到依据和抓手。指导原则不等于实际操作条例，只有明确了老旧厂房保护层面的标准和要求，才能有效开展利用层面的顺利开发。

（三）落地“最后一公里”悬而未决

随着老旧厂房改造文创空间的发展进程，很多悬而未决的问题

亟待突破。土地性质的变更是项目引进和项目注册的重大障碍。土地性质不变更，后续改造中的立项规划、建设施工、安监消防等一系列手续便难以进行，这是绝大部分老旧厂房在转型中面临的首要难题。

在新形势、新现实、新需求的形势下，北京市政府在借鉴以往的工作经验和兄弟省市一些好的做法后，于2017年年末给北京文创界送了一份大礼——《关于保护利用老旧厂房拓展文化空间的指导意见》。这份文件应该算是目前全国范围内与老旧厂房改造有关的文件中，最接近和触及当下实际改造困难的文件。但需要注意的是，这份文件中使用了“临时认定”一词，说明与政策的落地还存在距离。

这份文件所反映的问题并非个例。尽管包括北京、上海在内的不少城市已经出台了针对老旧厂房改造利用的相关政策，但这些政策相比国家层面的政策而言只是相对“具体”，而距离实质性解决老旧厂房利用层面的操作问题还有最后一公里。这也暴露出目前文化创意产业发展中存在的一大问题，那就是如何将白纸黑字的政策文件转换为切实可行的落地生产力？

（四）观念落后要“挨打”

目前，很多文化创意产业园区已经开始从瓦片经济向着利益共享、服务输出、品牌输出过渡，也许很快就将步入数字智能园区的新阶段。但现状是，全国绝大部分园区的发展方式还是“租赁模式”，经营的是商业地产而非文化创意产业①。各地园区建设的

① 许多文化产业园区都是租用老旧厂房改造建成的，房屋产权和土地性质没有改变，园区方只有使用权，没有产权，不能享受资产，只能靠运营获取房屋租赁的溢价收入，俗称“二房东”。这种单一依靠租金的盈利模式注定要在市场的竞争中受到严峻考验。

阶段不同，成熟度有差别，但从发展的角度来看，随着城市文化氛围的提升和文化产业自身的转型发展，园区间竞争的焦点问题已不再是租赁规模大小的简单比拼，而是强运营能力、强文化内容输出能力之间的残酷较量，是人才的竞争，是发展理念的竞争，谁能与时俱进、不落窠臼，谁就能在未来的市场竞争中占据一席之地。

三、双效统一待提升，服务认知待突破

随着我国城市的不断转型发展，如何保护利用好老旧厂房的文化遗产，盘活存量空间资源，建设新型城市文化空间，增强城市文化创新活力，是政、产、学、研各界面临的共同课题。

很多园区对公共文化服务存在误区，认为追求没有明确经济回报的“社会效益”毫无价值。目前，由老旧厂房改造而成的文创园区，还存在仅仅将自身视为文创园区的封闭化的认知围墙，没有找到与城市文化良性互动的内在肌理，没有将工业文化的历史记忆与现代城市文化内涵实现“隔空对话”，尚未融入城市发展大环境中。

（一）永续发展，为老旧厂房改造贡献“中国方案”

破解老旧厂房的瓶颈问题，需要系统认知、科学规划，需要实事求是、因地制宜，为老旧厂房改造提供全新的筹划机制，为世界贡献老旧厂房改造的“中国方案”。

（二）谋划顶层设计，向落地政策要效益

针对老旧厂房保护层面存在的难题，亟需建立对应的工业遗产评估体系，对老旧厂房的建筑、设施等逐一甄别，确定用途

和改造标准。在老旧厂房利用层面需处理的土地性质变更、建设施工、安监消防、遗产认定、转型文化创意产业和公共文化服务空间等内容和环节涉及政府多个部门，也需要顶层设计的政策突破。针对目前出现的政策落地“最后一公里”难题，中央有关部门要切实加强顶层设计，用法治力量推动政策落地开花，对老旧厂房改造文创空间中存在的发展难题予以深入研究，尽快制定出管控全国、惠及文创园区经营者的可落地、可见效、可惠民的政策。

近期，国家有关部委已经组成专门调查组，就老旧厂房的保护利用和文创再造的问题在浙江和江苏进行专题调研，我们期待着国家在顶层设计上，带来一场“久旱逢甘霖”的政策及时雨。

（三）打破思维定式，向公共服务要效益

经济属性与社会属性兼顾是文化创意产业的特点。公共文化服务打破了园区的封闭围墙，为园区、社区的良性互动搭建桥梁，也是提升园区品牌的重要方式，这一点在很多园区的实践中已被证实。例如郎园在每个园区都用一定比例的面积做公共文化服务项目，吸引和服务于大量的文化人流[①]；东方嘉城通过提供经营服务，创造了角楼图书馆等公共文化服务社会化运营的代表案例。这些公共文化服务项目正在反哺园区的品牌力和竞争力，这些园区在公共文化与文化创意产业融合发展方面提供了很好的模板和范式。这些真实、鲜活的案例说明“双效统一”并非是一句空话，产业经营和公共服务并不冲突。

---

① 郎园每年会举行大大小小的文化活动近 400 场，包括露天火锅派对、读书会、昆曲演出、公益音乐会、电影晚自习等，虞社和兰境艺术中心作为公共文化空间不仅服务于园区，更服务于周边社区。

（四）打造品质园区，向管理服务升级要效益

事实证明，好的园区不是靠空间体量取胜，而应是综合品质的赢家。园区管理和服务的升级是园区的生产力、品牌力。这里所说的服务，绝不是简单的水电物业、几间会议室的简单模式，而是全景式规划和运营的“强服务”；这里所说的升级是运营模式的升级、服务的升级，最终是人才的升级。园区运营者、管理者需要实现由“二房东”到“产业从业者”的角色转换，只有想企业之所想，才能让园区运营者与企业之间形成休戚与共、利益相关的共同体。高品质园区形成的是可以输出的服务和模式，是可以跨地经营的品牌。

（五）构建文化“生态圈”，向空间融合要效益

由老旧厂房改造的文创园区，不仅仅是一种有特色的物理空间，而且是承载城市文化发展的“生命体”。文化传承要从老旧厂房、工业文明入手，挖掘城市的文化精髓。城市更新不是园区的改造或新建，而是工厂大院、社会营造、城市生活美学的渗透。根据园区的特点，打破园区的封闭围墙，走向融合社区甚至校区的开放环境，才能为园区带来源源不断的活力，将老旧厂房打造为全新的城市会客厅，形成流动的城市美术馆，描绘生动的城市风景线。①

四、优势互补求发展，向合作要效益

在老旧厂房改造文创园区的过程中，部分问题并非园区层面

① 园区、社区、街区三区正在融合发展，创意园区作为一种产业集聚模式，只是创意产业发展起步阶段的一个“载体”和“抓手”。应逐渐打破园区固有的封闭式发展理念，从而形成创意社区、创意生活和创意消费三位一体的新模式。

能够解决，需要缔结联盟来共同探讨、联合发声，借助这一平台建立政府与政府、政府与企业之间的高效沟通渠道，实现资源的有效共享和园区之间的协同发展，推动政、产、学、研的深度融合。例如，已成立的全国首个老旧厂房保护利用与城市文化发展联盟，涵盖多个省市政府单位和园区共同参与，中国传媒大学文化发展研究院也作为智库单位受邀加入。各地特点不同，但政府管理的先进经验和园区改造经营的成功做法是可以相互借鉴的，企业资源和服务也可跨地配套，成功案例亦需要研究总结和探索。再比如，目前全北京尚无以文博文创为主题的文创园区，可以集结众多文博企业，共同打造第一家文博文创园，并将这一模式推及全国，形成文博文创行业的协同发展联盟。

老旧厂房保护利用并转型为文化创意产业园区，要有量更要有质，有规模更要有特色，有政策更要完成“最后一公里”。对此，我们还有很多可以提升的空间，还有很多可以探索的路。

五、创新升级，老旧厂房保护利用未来可期

（一）存量巨大，老旧厂房改造需重视数量、质量齐头并进

根据中国传媒大学的走访调研，截至目前，走在经济发展与城市更新前沿的北京市仍有老旧厂房 240 多个，总占地面积达到 2500 万平方米。统计显示，从新中国成立以来到 2017 年，我国的工业用房建设总量达到 88.3 亿平方米。就数据来看，目前全国工业遗产的存量依然巨大。若政策落地的“最后一公里”可以打通，未来势必会涌现出一大批老旧厂房改造的文化产业园区。

需要注意的是，改造园区数量并非是衡量成功与否的唯一指

标，经改造的老旧厂房单位面积产出如何也同样重要。换句话说，要保护利用如此庞大的未开发资源，不仅要重数量、重规模，还要重质量。存量有穷尽，但产业升级无止境[①]。在全球竞争日趋激烈，城市建设增速减缓的背景下，想要运用好巨大存量，开发更多数量的园区品牌，只有打造强运营、高质量、内容产出与模式产出并重的优质品牌形象，才能以园区自身核心竞争力的提升增强城市文化活力。

（二）政策向好，积极打通落地的“最后一公里”

对于老旧厂房的保护和利用问题，各地政府高度重视，有近30个城市的相关部门领导参加了此次论坛和联盟成立会议。2017年12月31日，北京市出台《关于利用老旧厂房拓展文化空间的指导意见》，南京、上海、杭州、深圳等城市也正在就此方面积极进行研究探索。但就效果而言，除市场积极性提高之外，各地乃至北京市的政策落地效果还不够显著。这也就使得未来相关政策的制定如何解决行业痛点，如何突破现有体制机制的限制，如何使政策落地、在地，成了行业瞩目的焦点。

据了解，国家有关部委已经组成专门调研组，在浙江和江苏等地就老旧厂房的文创再造及保护利用开始进行专题调研。我们期待着国家在老旧厂房保护利用顶层设计上，能够更好地借鉴和吸收北京的经验，使得顶层设计与发展需求相适应。有政策的指引，学术研究和人才的支持，相信目前关于行业关注的审批问题、土地问题、管理的细节问题等，未来都会在政策层面得到妥善解决。

---

① 老旧厂房既成为城市发展的见证，也成为重要的城市存量空间。在城市更新的过程中，我们需要关注的不仅仅是物质基础的更新，更是城市功能的升级、文化生态的营造。

（三）科技助力，为文化产业园区升级注入活力

目前我国由老旧厂房改造而来的文化产业园区主要集中在艺术设计和创业孵化两大领域，也有部分工业厂房转型升级成为艺术设计、传媒、影视等领域的园区。但是放眼国际，若要更加高效地激发老旧厂房的社会价值，不仅仅在于“做什么”，更在于“怎么做”。从这个层面来讲，科技助力和数字化管理，将对于文化产业园区的发展有着“鸟枪换炮”的效果。

在大数据、人工智能快速发展的今天，新兴科技的助力和数字创意经济的繁荣为老旧厂房的保护和再利用注入了新的活力，带来了新的可能。[①] 比如，国外许多运营商将老旧厂房改造成为 IDC 数据中心（International Data Center）并与现代智慧城市建设相融合，不仅可以有效地缩短建设周期，还带动了周边移动互联网产业和数字创意产业的加速发展。

（四）文旅融合，打造高质量工业遗产旅游目的地

工业遗产代表了旧时人们独特的技艺和非凡的智慧，而一些别有特色的建筑物、机械设备等也成为历史的见证，其社会价值和文化价值不容忽视。这样沉淀深厚历史文化底蕴的城市空间，能否打造为现代社会了解工业文化积累和城市文明进程的窗口，同时兼具观光、休闲和旅游功能的文旅新模式，值得思考。

鲁尔工业区曾是德国乃至世界最重要的工业区。自传统工业衰退后，鲁尔区积极组织资源，通过旅游线路规划、市场营销与推广、完善配套设施等保护和再利用的举措，成功打造“鲁尔工

---

① 在文化产业园区升级过程中，不仅需要突破文化与科技的地域限制，实现文化科技两大领域企业的物理融合，也需要通过提供企业服务、加强产学研合作、引导投融资服务等方式，引领上下游关联企业资源合作，形成文化科技融合生态。

业区”工业旅游品牌，成为经济、社会、城市更新等各个领域的经典案例。

2018年1月，文化和旅游部发布了《关于推出10个国家工业遗产旅游基地的公告》，首批国家工业遗产旅游基地出炉，我国的工业遗产旅游已经“在路上”。但是面对形态各异的资源，文化如何提炼，旅游品牌如何打造，如何与城市形象进行融合，这些问题都值得深思。

（五）传承文脉，促进老旧厂房成为城市文化“会客厅”

进入新时代，人民对美好生活的向往和需求，对城市文化品质提出了更高的期待。作为承载着城市文化记忆的老旧厂房，能否在未来帮助城市更新市容、传承文脉，实现差异化发展，真正成为城市文化会客厅、城市文化综合体、城市文化新地标？

北京的798艺术区，原为国营798电子厂，经改造后，将当代艺术、建筑空间、文化产业与历史文脉及城市生活环境进行有机结合，为这座传统古城带来了新的文化元素，成为北京都市文化的新地标和城市形象的新亮点，也成为世界了解现代北京的新窗口和新名片。[①]

保护好、传承好、利用好老旧厂房工业遗产，传承城市文脉，弘扬工业文明，与“美好生活”的追寻息息相关，是我们每一个人应当拥有的责任感和应承担的历史使命。北京市委宣传部杜飞进部长将老旧厂房比喻为城市文化的“金山银山”。通过加强政策创新，优化环境等一系列措施，老旧厂房在新时代下的新价值将

---

① 经由当代艺术、建筑空间、文化产业与历史文脉及城市生活环境的有机结合，如今，798已经演化为一个文化概念，对各类专业人士及普通大众产生了强烈的吸引力，并在城市文化和生存空间的观念上产生了不小的影响。

会充分展现，在传承历史文脉上的作用将更加彰显。

（六）双效统一，引领老旧厂房保护利用走出新路

在 2018 年 8 月 18 日的全国老旧厂房保护利用与城市文化发展论坛上，清华大学刘伯英教授谈到，使老旧工业资源正在通过功能的转变，实现资源转换，使老旧工业厂房从原来的工业生产资源转变为文化资源，转变为城市的特色。这些城市的新特色和新资源，正在为城市的经济发展和城市建设提供新动力。这些曾经见证了城市工业辉煌的老厂房，如今陆续转型成文创园区，在创造着千亿元产值的同时，社会效益依然是题中要义。

以北京朝阳区为例。这里不仅是许许多多文创园区产业生长的地方，更是提供优质公共文化服务和实现正向社会效益的地方。朝阳区多家园区在自身产业发展壮大的同时利用自身资源禀赋，将公益事业不断做大，与公益组织合作开展各项活动回馈社会。除此之外，园区还利用自身建筑面积，为园区、校区、社区提供丰富多样的公共文化服务，正面回答了“做公益是不是会影响企业效益”的问题，用典型的朝阳模式回答了“双效统一”在文化产业领域能否真正实现的问题，为公共文化与文化产业融合提供了新样板。

全国首个老旧厂房改造与城市文化发展联盟的成立，意味着多个城市、众多园区企业和学术研究机构能够同时在一个平台上进行正面的对话和高效的交流，这是注定将载入城市更新和文化产业历史当中的“大事件”。双效统一的发展模式是老旧厂房保护利用未来之路的“主旋律”，打造“社会企业”也是众多文化产业园区及文化企业的发展要求。希望在“双效统一”的引领下，我国老旧厂房的保护再利用，可以探索出更多为世界其他国家解决工业遗产社会效益和经济效益矛盾问题的“中国方案”。

辑三

对话民生：公共文化的时代使命

文化源于人民，也因此而服务人民、造福人民。公共文化服务是保障人民基本文化权益的重要途径。随着社会主要矛盾的转变，构建现代公共文化服务体系，促进基本公共文化服务标准化、均等化，满足人民群众对美好生活的向往是建设社会主义文化强国的时代使命。

终于等到你，基本公共服务有了“国标”

2018年12月，中共中央办公厅、国务院办公厅印发了《关于建立健全基本公共服务标准体系的指导意见》(以下简称《意见》)。《意见》的出台，标志着我国基本公共服务终于有了国家标准，这对于不断满足人民日益增长的美好生活需要、不断促进社会公平正义、不断增进全体人民在共建共享发展中的获得感，具有十分重要的意义。

一、政策出台背景

（一）一个总体目标为导向

习近平总书记在党的十九大报告中明确提出，到2035年基本公共服务均等化基本实现，全体人民共同富裕迈出坚实步伐。本次《意见》的出台也是以这一总体目标为导向，并在此基础上进一步明确了近期和远期两大目标——力争到2025年，基本公共服务标准化理念融入政府治理，标准化手段得到普及应用，系统完善、层次分明、衔接配套、科学适用的基本公共服务标准体系全面建立；到2035年，基本公共服务均等化基本实现，现代化水平不断提升。[①]

（二）两部国家级规划为基础

在此之前，《国家基本公共服务体系“十二五”规划》和《“十三五”推进基本公共服务均等化规划》两部国家级基本公共服务规划，已经基本建成覆盖全民的基本公共服务体系，各地的各类基本公共服务设施也在不断改善之中，国家提出的基本公共服务清单的81个项目全面开展，保障能力和群众满意度逐步提升。但从整体上看，我国基本公共服务仍然存在明显短板，比如区域发展不平衡不充分、公共服务质量参差不齐、服务水平与新时期经济社会发展不适应等问题。因此，本次《意见》以《“十三五”推进基本公共服务均等化规划》的公共服务项目清单为基础，并结合我国新时期的实际情况进行了完善。

二、政策四大亮点

（一）四个层面构建完善基本公共服务标准体系框架

《意见》首次从国家、行业、地方、基层服务机构四大层面出发，系统性地构建了基本公共服务标准体系的总体框架。国家层面主要发挥统领全局的作用，制定国家基本公共服务标准，向社会公布服务项目、支付类别、服务对象、质量标准、支出责任、牵头负责单位等。行业主要由各行业主管部门牵头制定各行业领域基本公共服务标准体系实施方案。地方政府则依据国家基本公

① 基本公共服务发展不平衡不充分，基本公共服务的服务质量参差不齐，基本公共服务的服务水平与经济社会发展不适应，是基本公共服务均等化发展仍然面临的一些困难和障碍，亟需通过推进基本公共服务标准化来加以解决。

共服务标准及各行业领域标准规范，结合自身情况，在与国家基本公共服务相关规划和标准衔接并进行财政承受能力评估后，制定地区基本公共服务具体实施标准。各类人民团体、企事业单位、社会组织在严格执行各级各类标准规范的基础上建立服务指南、服务绩效评价等制度。

从这四大层面出发，自上而下，由核心到外延，逐步构建起完善基本公共服务标准体系的完整框架和网络。一方面，这推进了城乡区域基本公共服务制度的统一，促进各地区各部门基本公共服务质量水平的有效衔接。另一方面，由国家制定最低标准的基本公共服务，地方要扮演好“承上启下”的角色，既不得低于国家标准，也不得脱离当地实际盲目制定，进一步保障了服务的落地性和可持续性，从而在根本上推动基本公共服务的均等化。[①]

（二）九个方面明确具体保障范围和质量要求

《意见》提出了涵盖公共教育、劳动就业创业、社会保险、医疗卫生、社会服务、住房保障、公共文化体育、优抚安置、残疾人服务 9 个领域的国家基本公共服务质量要求。既包含此前基本公共服务涉及的 8 大类具体服务项目，又结合目前发展的实际情况进行了完善和拓展，在原有基础上增加了优抚安置的相关内容。同时，在明确保障范围的基础上对每个领域提出明确的质量要求，这对实现“幼有所育、学有所教、劳有所得、病有所医、老有所养、住有所居、弱有所扶”的美好生活提供了坚实的政策保障。

① 基本公共服务有“基本”二字，意味着要坚持“尽力而为、量力而行”的原则，同时要考虑到“均等化”的目标，所以在标准方面不能厚此薄彼。

（三）政府兜底，合理划分支出责任

基本公共服务的支出责任问题一直备受关注，《意见》首先明确了政府的主导地位，以及要发挥好兜底职能。在此基础上，针对如何处理中央财政与地方财政的责任划分问题，采取“谁的财政事权谁承担支出责任”的原则，并将其进一步分为中央财政事权、地方财政事权及中央与地方共同财政事权三种情况。在此前发布的《基本公共服务领域中央与地方共同财政事权和支出责任划分改革方案》中，支出责任原则是将不同地区划分为五档，采取中央与地方按比例分担的方式。本次政策在此基础上进一步明确了中央与地方支出责任的划分，制定了中央与地方共同财政事权基本公共服务保障国家基础标准。[①]

（四）三大创新实施机制，增强政策落地性

为保证政策的落地性，《意见》在实施机制上也有所创新。**第一是推动国家标准的动态有序调整。**《意见》规定基本公共服务标准将根据具体发展情况每五年进行一次统一调整，这将保证在新的历史时期基本公共服务项目和水平能不断跟上我国经济社会发展的步伐，让城乡居民分享发展成果，同时也考虑了发展实际，保证了政策的灵活性。**第二是加强实施结果反馈利用。**在实施过程中将引入第三方机构，建立完善的评测指标，并将其评测结果与全国文明城市等公共文化服务体系示范区重要考核挂钩，进一步确保政策落地惠民，同时反馈的结果在五年调整时可以作为重要的参考来源。**第三是以“能者先行”为原则鼓励开展创新试点**

---

① 各级政府应积极落实主体责任，在安排财政支出时，应把基本公共服务放在首要位置，保证基本公共服务惠及民众，让更多人享受更多经济增长带来的福祉。

示范。《意见》鼓励京津冀、长三角、珠三角等有条件的地区发挥自身优势，积极探索开展区域性基本公共服务标准体系协作联动，为推动我国城乡基本公共服务均等化起到示范作用。

三、政策出台为未来发展带来哪些启示？

（一）发展重点从“有没有”转向“好不好”

“十一五”规划首次在国家战略中提出了基本公共服务，“十二五”规划提出把基本公共服务制度作为公共产品向全民提供，标志着基本公共服务均等化，“十三五”时期，推进基本公共服务均等化成为从国家战略到全面实践的题中要义。此前的基本公共服务均等化都在着重解决基本公共服务“有没有”的问题，而本次的《意见》从九个方面明确提出了基本公共服务的质量要求，可见其发展重点正在从初期的“有没有”转向“好不好”，为未来开展工作指明了新的方向，也为缩小我国城乡基本公共服务差距提出了新的要求。

以公共文化服务为例，主要针对欠发达地区的文化惠民模式如送戏下乡、慰问演出、农村图书馆等在不同程度上面临着“无人问津”的尴尬局面，这类报道近两年来屡见不鲜。这种计划性、配给式的文化服务，基本解决了“有没有”的问题，但是在未来的发展中如何提高服务质量来满足人们的新需求，解决“好不好”的问题，成了矛盾的主要方面。[①]

① 以人民群众需求为导向，探索“超市式”供给、“菜单化”服务模式，群众可以“各取所需”“私人定制”，满足自身的文化需求。

（二）“均等化”不是一刀切，而是有机均等

基本公共服务的“基本”二字意味着要坚持“尽力而为、量力而行”的原则，在国家标准方面要进行均等化的统一要求，即基础标准和保障。本次的《指导意见》中继续贯彻了基本公共服务均等化的原则，但是并非“一刀切”地否认差异化，而是在各地迥异的发展现状中推进有机均等。比如在明确公共服务支出责任时指出：“对不易或暂时不具备条件制定国家基础标准的项目，地方可结合实际制定地方标准，待具备条件后由中央制定国家基础标准。地方在确保国家基础标准落实到位的前提下，因地制宜制定高于国家基础标准的地方标准，按程序报上级备案后执行，高出部分所需资金自行负担。”

（三）多元化供给成为主流，新兴服务业发展方兴未艾

实现基本公共服务高质量发展，需要形成以多元化供给主体为支撑的发展格局。在《意见》中将“政府主导，多元参与”定为五大原则之一，以此突出政府在基本公共服务供给保障中的主体地位，同时充分发挥市场的作用，尤其是调动民营企业和资本的广泛参与，推动基本公共服务供给主体多元化、供给方式多样化、供给内容丰富化。

这也为我国服务业的进一步发展注入活力，尤其是在新兴服务业高速发展的今天。2018 年 1—10 月，我国规模以上服务业企业营业收入同比增长 11.8%；其中，战略性新兴服务业收入同比分别增长 15.3%，快于规模以上服务业 3.5%。新兴服务业发展方兴未艾，文化、教育等新型消费性服务业的产业链条延伸，进一步为消费市场带来了新的活力。尤其是文化服务业近年来快速增长，2017 年的文化信息传输服务业、文化艺术服务业、文化休闲

娱乐服务业均实现两位数以上增长。[1]

随着文化服务业逐渐成为新兴服务业的重要组成部分，文化消费未来在推动我国基本公共文化服务建设中也将扮演重要角色。**一方面，**根据城乡居民文化消费大数据可以明确公众在文化服务和产品上的偏好，推动基本公共文化服务的提供“有的放矢”，而不是“面子工程”。**另一方面，**通过政府引导文化性消费的做法，探索把市场配置资源的优势引入公共文化服务当中，在计划性、配给式的文化服务之外，提供了丰富的可能性，如北京连续六年开展北京文化惠民季活动。公共文化服务不再是提供什么群众就会接受什么，如何满足人民群众的自主选择，成了新时期公共文化服务的一个重要课题，而文化消费的介入将为这一问题的妥善解决提供新的方案。

---

① 近年来，文化产业行业中，以“互联网＋”为主要形式的文化信息传输服务业发展速度最快。中国人对生活品质的新要求，为文化服务业的发展带来新机遇。

脱贫攻坚战，文化不能缺席

中国有古语："扶贫要扶志""授人以鱼不如授人以渔"；外国亦有名言："影响人贫困或富裕的决定性因素是人，是人的素质。"可见，在摆脱贫困这个问题上，人类有一个共同认识，那就是，要真正拔除穷根、消除贫困，最终需要从文化和思想的精神层面给予帮助和支持，把文化作为转变思路的突破口、另谋发展的加油站，将精神力量化为摆脱贫困的内生动力，让贫困人口自发主动地走出贫困，走向富裕。

2018年的政府工作报告提到要打好精准脱贫攻坚战，深入推进产业、教育、健康、生态扶贫，补齐基础设施和公共服务短板，激发脱贫内生动力。此前《中共中央国务院关于打赢脱贫攻坚战的决定》提出要"加强贫困地区乡风文明建设，倡导现代文明理念和生活方式，改变落后风俗习惯"。习近平总书记在中共中央政治局第三十九次集体学习时亦强调"要注重扶贫同扶志、扶智相结合，把贫困群众的积极性和主动性充分调动起来，发扬自力更生精神，激发改变贫困面貌的干劲和决心"。由此，我们可以看出中央一直在强调文化和精神力量在脱贫攻坚战中不可替代的重要作用。可以说，在脱贫路上，文化不容忽视，它是枪也是粮。"五位一体"总体布局中，文化不能缺位。

一、文化是脱贫攻坚战中不可缺少的力量

一个地区的贫困，不仅是物质方面的贫困，也是文化精神上的贫困。物质贫困体现在衣、食、住、行等硬性指标上，关系到人们的温饱问题。[①]物质经济上的“输血式”扶贫，虽然能起到立竿见影的效果，但难以从根本上解决问题问题，当前部分地区的部分贫困人口脱贫后又返贫的问题就是证明。与之相比，**文化贫困则是软性的，它更多表现的是一种精神上的空虚、文化上的空白，关系到地区的内涵式发展问题。**很多贫困地区的群众游手好闲、无所事事，精神空虚，思想滞后，对幸福要靠奋斗获得的认知不强，扶贫变成了“养懒汉”。

改造贫困文化、遏制返贫现象、阻止贫困代际传递，其关键和根本还是扶贫对象自身素质的提高和自我发展能力的增强，而这些都与文化息息相关。[②]可以说，文化上的穷是“根”上的穷。文化脱贫解决的是思想意识问题、发展观念问题、社会文明问题，对物质脱贫有重要的促进作用。在精准脱贫这场攻坚战中，关键要激活贫困地区、贫困群众的“造血”功能，要在思想认识、教育培训、公共文化建设等多方面发力，将文化“种”到贫困对象的心上，改变落后的思维方式和价值观念。逐步引导人们重视文

① 传统的扶贫主要是从经济物质上进行辅助，而贫困地区要改变贫穷落后的面貌，既要从经济上加强扶持，更需要加强智力开发。扶贫不仅要扶物质，也要扶精神、扶智力、扶文化。

② 从文化和精神层面及时补位、造血帮扶，最终全面提高贫困地区人口素质，助力贫困地区脱贫致富。这是把文化、教育、科技等与满足农民求知求富求发展的需求结合起来的系统工程。

化和创新的力量，认识到文化既可以起到振奋精神、凝聚力量的作用，又可以成为转变思路的突破口、另谋发展的加油站。

二、当前文化扶贫的两大问题

（一）不平衡

一是物质脱贫和文化脱贫的不平衡。2018 年的政府工作报告指出，过去五年，贫困人口减少 6800 万，易地扶贫搬迁 830 万人，物质脱贫取得阶段性胜利，但是文化脱贫却相对欠缺。有的贫困乡村文化基础设施薄弱、活动经费短缺、专业人才匮乏、文化土壤贫瘠。当前，大部分地区的脱贫考核主要包括人均纯收入、住房条件、基本医疗、社会养老等物质脱贫指标，忽视了对精神文明脱贫情况的考核，一定程度上导致地方对文化脱贫认识的不足。

二是公共文化资源分布不平衡。就目前我国文化扶贫情况来看，县级文化扶贫占据了大量的资源，造成乡、镇、村文化扶贫资源较少，真正最需要扶贫的乡村成了文化的“孤岛”。物质扶贫和文化扶贫双管齐下，才能实现扶贫工作“治标又治本”。

三是文化事业与文化产业发展不平衡。文化扶贫既是思想、智力层面的提升，也是结构调整和产业创新的路径。目前的文化扶贫多着力在公共文化服务的均等化、标准化建设上，以提高公共服务水平，但对地方文化资源的挖掘转化意识薄弱，地方文化资源的产业化开发不足，“农业 + 文化”的产业创新不足。

（二）不充分

一是贫困地区的公共文化服务效能不充分。目前的公共文化服务建设主要集中在硬件设施的建设方面，但农家书屋、文化站等提供的服务内容缺少设计，供需环节有待畅通，管理服务机制不完善。[①]

二是贫困地区公共文化服务的精准化程度不充分。不少地区的公共文化服务内容仍是煮“大锅粥”、吃“大锅饭”，“所供非所需”，对地方特色、社会结构和扶贫对象的需求和针对性服务不充分，没有起到有效的思想文化教育作用，还造成文化扶贫资源的浪费。

三是贫困地区的数字化发展不充分。贫困地区的互联网环境相对滞后，不利于适应网络化、信息化的现代社会发展。

四是贫困地区的文化建设人才资源不充分。贫困地区的公共文化服务缺乏专业的管理和运营团队，专职工作人员严重不足且不稳定，服务水平有待提高。社会力量参与程度有限，不利于扶贫工作的广泛开展和持续发展。

三、充分发挥文化在脱贫攻坚中的作用

（一）基础一环：建立文化脱贫指标

建立文化脱贫指标是文化脱贫的基础一环。文化脱贫指标可以从教育水平、科技水平和思想文化水平三方面制定。具体来说，教育水平可以包含受教育年限和教育支出等；科技水平包括参观科普展览次数和参加农业科技培训会次数；思想文化水平包括人

① 文化扶贫要不断丰富公共文化服务内容，持续创新公共文化服务方式。进入“互联网+”时代，农家书屋数字化和“图书云平台”成为贫困地区公共文化服务供给的新方向。

均公共图书馆藏量、互联网普及和电视覆盖等。根据各地实际情况，建立灵活动态的文化脱贫指标，切实有效地对贫困人口的精神文化水平进行评估，在机制上弥补只进行物质脱贫指标考核的不足，建立起强有力的全面考核体系，为打赢脱贫攻坚战提供一定的制度保障。

（二）重要一步：加强公共文化服务建设

公共文化服务建设是文化脱贫的重要一步。加强公共文化服务建设，要结合国家乡村振兴战略和当前"互联网 +"趋势，通过一系列针对性措施，让贫困地区的文化设施不断完善，现代公共文化服务体系不断成熟，文艺创作不断繁荣，文化人才队伍不断充实。

一是要夯实文化基础设施和信息化基础设施建设，改善文化发展的硬件环境。实施贫困地区公共文化设施提档升级工程，发展完善公共数字文化设施网络，财政和政策上推进文化共享工程、数字图书馆推广工程、公共电子阅览室建设计划这三大数字文化惠民工程向贫困地区的倾斜。整合基层分散的公共文化资源，实现固定设施与流动设施、数字网络设施有机结合、相互补充和有效覆盖。充分发挥互联网在现代公共文化服务体系建设中辐射广、传播快、共享性强的优势，推进"电子政务、电子村务、电子农务"建设，借助信息的传播实现文化领域的多维度交流，形成较为完善的现代化公共文化服务体系和网络。①

二是要加大公共文化服务内容供给，向贫困地区输送各类优质的文化资源和文化项目。可以充分利用现有的党员活动室、农

---

① 基础设施状况不仅关系一个地区的居民生活状况，更关系该地区的未来发展。深度贫困地区的基础设施总体水平在改革开放后得到很大改善，但仍无法满足经济社会发展要求，已成为影响投资环境、制约经济社会发展的重要因素。

家书屋、电影放映、体育健身等设施资源，结合数字内容建设，根据贫困人口的年龄结构、文化水平、内在需求及当地特色和发展阶段，开发适合他们的文化内容，有针对性地提供与当地资源相关的互联网信息资源，如电子图书、讲座视频资源或者与当地特色文化产业相关方面的网络培训课程。充实“乡村舞台”建设，丰富群众文化生活。

三是要培育贫困地区村级文化阵地和队伍，促进文化的“种子”在乡村大地生根发芽。2015 年以来，国家出台《关于做好政府向社会力量购买公共文化服务工作的意见》。国家《“十三五”脱贫攻坚规划》提出“广泛动员社会力量帮扶”“进一步发挥社会工作专业人才和志愿者扶贫作用”，扶持贫困地区农村文化阵地建设，重视文艺人才培养，提高文化活动质量，增加村级文化专职管理岗位，种好文化“种子”，让农民自主参与到喜闻乐见的文化活动中。

（三）关键一招：培育发展文化产业

培育发展文化产业是文化脱贫的关键一招。文化脱贫最终还是要通过**产业脱贫**才能够实实在在地让贫困人口的钱包鼓起来，生活好起来。

当前我国贫困地区主要集中在中西部地区、革命老区、边疆或民族地区。这些地区在文化资源上并不贫困，传统文化、革命文化、民族文化异彩纷呈。在文化扶贫工作中，可以依托公共文化设施和文化民生工程，鼓励贫困地区依托丰富的特色文化资源，发展特色农业、演艺、文化旅游、艺术品等产业，发展农村特色农产品、手工艺品、非遗产品、民间演出和乡村文化旅游。推进“互联网＋文化”，发展农村电商，扶持小微企业，带动就业。加强保护少数民族特色村寨的建筑风格和整体风貌，培育打造一批特色小镇、街区和古村落，扩大农村就业。有效整合各类社会资源，从基础建设到技能培训，多渠道引入社会力量，打破传统思维禁锢，健全信息沟通机制，实现资源共享和产业共建。[①]

四、结语

“求木之长者，必固其根本；欲流之远者，必浚其源泉。”实现真正脱贫，需要文化的支撑。幸福美好的生活从来不会从天而降，脱贫致富终归是要靠群众用自己的智慧和双手来创造。只有结合实际、因地制宜、精准施策、靶向发力，充分发挥文化的作用，让贫困户提高自我发展能力，通过自身“造血”巩固“输血”的成果，才能从根本上刨掉穷根、消除贫困。

① 文化旅游是推动传统村落精准扶贫的不二选择。贫困地区并不是没有文化，贫困地区的文化也不等于贫困文化。

广场舞究竟惹了谁？

一个小音箱，几首富有节奏感的舞曲，几十个呈统一队形的老姐妹，由“中国大妈”领衔主演的广场舞已经风靡大江南北。但是广场舞带来的噪音扰民等负面影响也较为突出，由此还引发了一些极端情况，成为舆论关注的焦点。实际上，广场舞本身并没有错，出现问题的根源在于公共空间资源与群众文化需求的供需矛盾。群众练习广场舞的需求日益扩大，但是公共空间资源是相对固定且有限的。面对矛盾，我们要对广场舞本身及其参与人群有一个理性、客观、全面的认识。

一、广场舞的存在有无必要？

从宏观层面来看，广场舞是群众自办文化的重要表现，在丰富城乡居民精神文化生活、密切社会公共交往方面发挥了积极作用。广场舞倡导积极健身、健康生活，树立了积极向上的社会风尚，有助于社会主义核心价值观的构建。在许多地区，群众还自发将当地传统民俗与广场舞相结合，将山歌、民族舞蹈等融入其中，形成了具有地方特色的文化活动样式，为广场舞注入新的活力，成为群众自我表现、自我教育、自我服务的重要途径，也成为基层文化阵地建设的重要依托。[①] 从微观层面来看，广场舞是一种极其“接地气”的文化活动。它简单易学、进退自如、经济实惠，有效满足了人们健身、群体归属、自我实现等需求。强身健体是人们参与广场舞的原始动力。老年人对群体归属感更为看重，通过广场舞的社交功能驱散生活中的孤独感和逐渐被社会边缘化的恐惧感。此外，广场舞还为普通人创造了自我实现的舞台，不论年龄、身份、背景，只要舞艺出众就可以获得关注、尊重和认同，更不乏优秀者因此成为当地明星的事例。因此，广场舞积累了庞大的社会基础，并通过互联网的传播，在全国城乡各地快速地蓬勃发展。[②] 我们不能简单将广场舞看成是老年人的事情，而应该作为全社会的一件大事去正面认识，客观评判。

二、广场舞应该何去何从？

中共中央办公厅、国务院办公厅联合下发的《关于加快构建现代公共文化服务体系的意见》中明确提出“活跃群众文化生活”。广场舞作为基层群众文化活动的重要组成内容，政府应该通过积极引导、扶持、规范，为其健康、规范、有序发展提供良好环境。

顶层设计，管理“软着陆”。政府要做好顶层设计，通过“管放结合”的形式让管理“软着陆”，对广场舞进行有效引导和规范。在硬件配置方面，政府应该为广场舞的健康发展提供便利条

① 不同地区的广场舞各有特色，群众的创造力是不可小觑的。

② 广场舞其实是老年人的一种精神寄托。

件，如场地、音箱等硬件设备，同时利用科技手段改善广场舞环境。在软件配置方面，政府一方面应该调动文化部门的力量，组织专业人员开展广场舞的专业培训，满足不同层次的广场舞参与者的文化需求，不断提升广场舞的艺术水平；另一方面加大对优秀广场舞作品创作的支持力度，将广场舞的创作与各地文化特色充分结合，形成各地特色鲜明的广场舞内容体系；此外，还要不断创建广场舞的展示平台，通过组织广场舞大赛、广场舞交流会等，为广场舞的参与者提供展示自我的机会。

多方协作，实现联动效应。广场舞的健康发展需要文化、公安、环保等部门联动，多方合力。文化部门要加大公共文化活动场地的投入，发挥好文化馆等公益性事业单位的服务作用，组织专业人员积极参与广场舞活动的组织工作；公安部门应维护好治安，为广场舞创造良好的环境，减少不安全因素，保障公共安全；环保部门则需要合理规划公共场所的用地空间，并对广场舞音乐的分贝及活动时间进行合理限定，避免对周边居民产生噪音污染。此外，学校、企事业单位可以充分协调内部公共空间，为广场舞活动提供场所，增加公共空间的供给。①

社会自治，自己的事情自己管。社会自治是实现基层民主的重要手段，对广场舞进行引导和规范，离不开社会自治手段的创新。首先，要积极发挥协会组织的作用，增强群众的社会公德，做到文明跳舞不扰民。譬如，成都市温江区在2013年成立了群众广场舞协会，出台了《温江区广场健身文明公约》，建立了广场舞团队管理档案制、登记备案制、挂牌上岗制、星级评定制等相关

① 盘活存量，扩大增量。

管理体系，有效降低了投诉率，使广场舞成了温江区一张亮丽的名片。其次，社会自治离不开全体社会成员的积极参与。在社会自治的过程中，要以普通群众最能够接受的形式对广场舞文明进行宣传，提高广场舞参与者的文明素养。[①]

广场舞虽小，但透过广场舞所折射出的社会问题却需要我们慎重对待，妥善解决。对广场舞进行引导、扶持和规范，是实现现代公共文化服务体系均等化的重要抓手，是推进我国现代公共文化服务体系建设的重要切入口。

（本文发表于《中国文化报》2015年2月13日，后在文化部内参中被引用）

① 自发性的群众文化活动，也要充分发挥群众的自治能力。政府应搭好平台，做好服务和监督，群众代表共同参与管理。

“少数花园”的启发

从十六大到十八大，我国公共文化服务体系建设快速发展，在理论研究、政策完善和制度创新方面取得了令人瞩目的成果。十九大报告提出，要完善公共文化服务体系，深入实施文化惠民工程，丰富群众性文化活动。公共文化与文化产业之间如何打通，是中共中央办公厅、国务院办公厅下发《关于加快构建现代公共文化服务体系的意见》后，政策落地过程中所需要重点关注的。现代公共文化服务体系的建设，需要文化产业创新介入方式、创新介入内容，从而真正实现公共文化建设对广大百姓的滋养。

歌德曾说：“读一本好书，就是和许多高尚的人谈话。”读书是广大人民群众文化生活的重要组成部分。图书馆作为现代公共文化服务体系的重要主体，在满足人们读书需求方面作用重大，因此，如何将图书这一类公共文化资源配送到最广大、最理想、最需求的消费人群当中，需要在公共文化建设的实践中努力探索。

N18园区位于重庆市南岸区南坪东路原重庆印制五厂院内，是重庆市知名的文化创意园区。[①] 在这里调研的过程中，我欣喜地

① 由老厂房改造成的创意产业园区，不仅怀旧还富含创意艺术气息，是摄影、写生、休闲的好地方。

发现园区当中有这样一家咖啡厅——“少数花园”。“少数花园”寓意为少数人的理想国，来到这里的人们可以在由植物和书构成的花园里，互相切磋，进行“慢阅读”。不能小看这样一个小小的咖啡厅，它还是南岸区图书馆“少数花园”分馆。

自 2013 年起，重庆市南岸区图书馆借助国家公共文化服务体系示范项目——“南岸区社区图书馆标准化服务”的建设，通过在试点开展与社会单位合作，目前已成功打造了两家特色社区图书馆，“少数花园”就是其中之一。南岸区将图书馆的基本服务融入居民日常生活中。例如咖啡馆让市民在进行商业娱乐性消费的同时能够获取免费的公益性文化图书服务，极大地提升了人民获取公共文化服务的便利性，满足了市民就近阅读、交流、休闲的需求，不断提升阅读品质。[①]

目前，“少数花园”分馆的图书已和南岸区图书馆实现了图书通借通还“一卡通”。读者既可在这里随时查询南岸区图书馆及分馆的所有藏书目录，也可在少数花园借书，南岸区图书馆还书，以及线上申请借书，线下由工作人员送书上门的服务。此外，2014 年南岸区图书馆还与“少数花园”共同策划、组织了 100 余场各类阅读推广活动，努力打造市民阅读活动基地。同时，南岸区在建设“少数花园”的过程中，积极利用现代化宣传传播方式，充分考虑数字化时代人们文化需求方式和信息获取方式的变化，分管内均设置南岸图书馆的微信二维码。此外，“南岸区图书馆”

① LOFT 对人们生活方式的影响是肯定的，由于它在空间园林、历史内涵、商业经营等方面的独特性，在人们追求个性的独立、创造、自由的过程中，成为这些精神理想的表达者与承载者，因而构造出各种充满活力与创新的工作与生活方式，体现出更多特立独行的价值。

微信公众号服务界面定期更新新书推荐、最新活动资讯等信息。

“分馆一小步，公共文化一大步”，南岸区图书馆与社会力量合作的运营模式，一方面丰富了咖啡厅原有的经营业态，另一方面则为广大市民创造了就近阅读的高品质环境，可以说是开创了公共文化服务与文化产业融合的新路径。这对改善图书馆阅读人数少、阅读率低、图书周转性差的状况，提高公共文化资源利用率而言意义重大。

由此，我们还想到现在的一些“网咖”——咖啡、音乐、书吧、饮食等服务结合为一体，具有娱乐休闲、社交互动、商务洽谈、游戏竞技、高科技体验等新功能的上网服务场所。与此相似的场所在未来会越来越多，它们会积聚起大量的人气，是公共文化建设应重点关注的一个方向。因此，如何将一些公共文化内容，例如信息共享工程等数据、图书资源与这些社会力量整合起来，协调发展，是需要进一步探索的。

在重庆市南岸区，文化产业与文化事业协调发展的尝试还有很多[①]，南坪商圈亿象城就是其中之一。这里打造的集创意展示、发布服务、体验交流和互动玩乐为一体的时尚生活空间，可以说既是文化产业，也包含有公共文化的元素。

人们在这里可以了解新技术、接触新业态、拓展新视野，在无形之中得到文化的熏陶，提升自身素养。毫无疑问，这是公共文化的目的之一；这里又是文化产业的集聚，各个商家的展示体

---

① 随着大力发展文化创意产业，南岸区已成为越来越多文化项目的聚集地——除“N18LOFT 小院”外，重庆映像文化产业示范基地、长江汇美术馆、施光南大剧院、枣子湾抗战遗址群、南岸米市街历史街区、国际马戏城、西演文化产业集团等陆续落户南岸……“文化 +”已成为南岸发展又一动力。

验空间，是企业营销推广的一种重要途径。所以说，我们现在不能够把文化产业与文化事业截然分开，找到两者的契合点则至关重要。

重庆南岸区的这个做法是一个很好的开端，也给予了我们很好的启示。接下来，我们则需要继续去探索、思考在今后的文化产业规划中，特别是在公共文化资源共享和创新发展当中，如何揭开公共文化与文化产业协调发展、融合发展的谜底。

做客新华网：老百姓得实惠是基本前提

党的十八大以来，以习近平同志为核心的党中央站在时代高度，对现代公共文化服务体系建设做出了一系列重要部署。党的十八大将公共文化服务体系建设作为全面建成小康社会的重要内容，明确提出了到2020年“公共文化服务体系基本建成”的战略目标。2015年1月，范周教授做客新华网，参与录制《新华访谈》节目，就中共中央办公厅、国务院办公厅联合印发的《关于加快构建现代公共文化服务体系的意见》(以下简称《意见》)，谈了自己的几点理解和学习体会。在《意见》中，出现了均衡、融合、社会资本等诸多亮眼的关键词，那么这个新政策将会怎样影响我们的生活呢？下面就访谈中提到的一些关键点和各位分享。

一、如何实现全体老百姓的均等化

在《意见》中，公共文化服务的均等化、均衡化贯穿始终。我认为，均衡化既包含各个领域和各个层级，如老少边穷地区，也包含各类公共文化服务的对象，如农民工、农村留守妇女儿童等。

那么，如何才能落实均衡化？目前，公共文化服务的资金来源是以户籍人口列入财政预算。然而实际面临的问题却是，大量的城市外来人口按现在的预算办法并未被列入城市公共预算中。事实上，一些地区如北京、杭州、成都、宁波、大连等城市，已经在为进城务工人员提供文化服务，为他们量身打造了很多文化产品，在当地形成了良好的公共文化服务的氛围。前一段时间，我到辽宁大连调研，期间到新寨子街道办事处，这里属于城乡结合部，有10万人，其中将近一半是农民工。当地的社区非常重视外来务工人员的精神文化需求，为他们量身打造了很多文化产品。[①]

落实均衡化的另一个保障手段，就是把地方文化事业的发展纳入党政干部考核中。把文化考核纳入GDP考核，并在考核中体现预算依据、人员编制等内容，比如《意见》提出在乡镇一级的专职公共文化的管理人员应该不少于1个。

可以说，务实是此次出台的《意见》一个很突出的特点，在提出的内容上很有针对性，并且考虑了如何把问题落实到所有工作层面上。

二、文化企业如何满足老百姓的公共文化需求

《意见》提出，要吸引社会资本投入公共文化领域。其实，这也是国外发展公共文化事业的普遍做法。我们知道，光靠中央财政一个口子不能解决所有问题，还应该发挥社会方方面面的力量。这就为文化产业的发展提供了很好的机会。

我认为，公共文化需求是文化企业的“蓝海”。很多公共文化的内容是需要政府采购的，对于图书、戏剧、影视及其他很多网

① 外来务工人员是城市中容易被忽略的一个群体，他们离开故土，其实是精神纽带的一种割离，公共文化做好了，能帮助这一群体更好地融入城市生活、在城市扎根和发展。

络产品，这是一次难得的机遇。但是面对着文化产业的许多内容，如何为公共文化服好务，成为公共文化内容提供的重要来源，也是需要考虑的问题。[①]

这些年文化产业发展的速度很快。2015年作为“十二五”最后一年，是收官之年，按照我们国家原来定的目标是要实现支柱性产业的第一阶段。这个阶段如果实现5%的比重，应该说这是一个很大的成绩。

而对于落实和保障老少边穷地区公共文化服务建设的资金保障问题，这实际上也为文化企业带来了新的机遇。经济不发达地区是公共文化服务建设需要重点投入资金的地区，中央是要拿出一部分钱来予以支持，并以此撬动社会投资，鼓励社会各界共同来做公共文化事业。因此，文化企业应该调整思路，重视农村、农民的文化市场，多生产老百姓看得懂、听得明白、用起来方便的文化产品。比如，适合农民阅读的口袋书、语音书等，还应该量身定做有地域性特色、民族性和民俗性强的影视作品，加强文化产品的针对性。[②]比如，我们不能要求所有农民都参加交响乐音乐会，但是交响乐一定要客观存在的，包括芭蕾舞，它是为特定的消费人群去准备的。

三、产业事业怎样融合才能服务到老百姓的心坎上

《意见》首次明确了公共文化与文化产业融合发展的指导思

① 未来社会化的力量参与到公共文化服务中，引入一定的竞争机制，服务的水平和质量都会更好。

② 多听百姓的声音，了解百姓的需求，才能避免出力不讨好。

想。在此背景下，文化产业发展又将会迎来新的机遇期。那么，文化事业与文化产业将产生怎样的裂变效应，又将通过何种方式实现融合，是我们共同思考的问题。

在这一方面，北京朝阳区的尝试值得一提。目前朝阳区的一些公共文化设施比如图书馆、群众文化活动中心等，逐步引入民营企业投资经营。民营企业做一家成本可能很高，但是连锁做三四十家，成本就下来了。政府把原来做公共文化的资金投放进去，民营企业就有了固定收入。再加上卖饮料食品、代收快递，代缴纳其他费用等，形成便民服务中心。对企业来说，这是薄利多销，形成连锁；对政府来说这部分钱有效投放，对老百姓来说政府的实惠加上企业的有效经营在其身上很有收效。这在基层的文化阵线上就是一个很好的苗头。

另外，《意见》也明确指出来要利用好网络这种传播手段，让公共文化在传播手段上真正能够服务到人民的心坎上。现在有将近 10 亿人用手机，每天上网的人有 6 亿，这是一个很大的人群。目前，很多文化活动的载体已经开始向网络转移了。越来越多的网络产品通过数字共享工程让老百姓得到实惠。在这个背景下，“网咖”的出现就是一个典型的融合案例。“网咖”俗称网络咖啡厅。2014 年 11 月，文化部、工商总局、公安部、工信部联合发出通知，调整网吧行业管理政策，全面放开网吧审批，并力推网吧行业转型升级。[①]“网咖”正是传统网吧转型的一种模式。“网咖”为市民提供文化便民服务，通过薄利多销获得了更大盈利。比如

① 公共文化服务满足的是基本文化需求，网吧的分布多而密，深入社区。发挥这一优势，与公共文化结合，是个不错的办法。

农民工群体，他们在城里没有太多文化消费的选择，看电影、看戏票价又太贵，而在“网咖”可以上网、看书，满足其他文化的需求。这就是市场变化加上政府引导带来的结果，在消费的同时也实现了基础公共文化服务。

（本文发表于《东北之窗》2015 年第 3 期）

作为“文物学校”的博物馆，如何真正实现教育功能？

2016年1月，全国文化厅局长会议在京召开，会议部署了2016年文化工作的重点任务。文化部党组书记、部长雒树刚指出，要增强博物馆展陈感染力，推进博物馆资源与学校教育的衔接。众所周知，博物馆作为公共文化的重要组成部分，以其公益性、开放性及巨大的艺术性承担着丰富的社会功能。博物馆文化拥有四大力量，即以其民族的凝聚力，诉说着民族文化的博大精深、源远流长；以其历史的穿透力，演绎着漫长历史的沧桑巨变、岁月坦诚；以其文明的渗透力，寻觅着中华文明的悠悠源头、绵绵根脉；以其艺术的感染力，守望着精神家园的时代传承、人文自豪。那么，如何充分发挥博物馆的教育功能？这需要我们共同思考。

一、博物馆为何具有教育功能？

（一）具有收藏、科研和教育功能的公共文化机构

从张謇在南通设立中国第一所博物馆到现在，博物馆已经从最初贵族阶级的私人收藏地发展为公共文化机构。博物馆的发展是随着社会的发展同步进行的，回归社会成为其发展的趋势。人

类是先具有了收藏宝物的行为，而后才有博物馆的出现。无论是在中国还是在西方，博物馆文化都称得上源远流长。作为数百年来社会发展的缩影，博物馆已经从早期的收藏、保护和展示珍品的场所，演变为跨越人文和科技等领域，同时将科研、教育等作为主要职能，通过满足大众的文化知识需求，来服务于社会的公共文化服务机构。博物馆的三大功能是收藏、研究和教育，它不仅是收集珍贵文物标本及其他实物资料的场所，更重要的也是传播科学知识，进行思想道德教育和科学研究，丰富人民群众文化生活的重要场所。这三大功能的关系没有主次之分，却有着承前启后的关系。收藏和科研，是为了更好地保护和利用，最终是为了社会教育服务。

（二）承载丰厚的文化内涵，满足不同的文化需求

博物馆作为一个城市乃至国家的文化符号，承载了丰厚的文化内涵。它能作为公共文化服务的重要组成部分，是因为通过博物馆丰富的文化资源的展陈，人们能够几乎免费欣赏到具有巨大历史价值、文艺价值的文化艺术作品，进而对人们的审美能力产生潜移默化的教育和提升作用。可以说，博物馆是另一种形式的学校，在这座学校里没有老师和课本，只有无声的艺术和令人沉浸的氛围，它是可以真正让人对文化魅力产生现实感的空间。出自古人之手的字画瓷器，在你眼前触手可及。这种教育感化能力是学校中一般形式的文化课堂所不能及的。

此外，博物馆所拥有的文化资源可以满足多样化的文化需求，如观赏艺术品、鉴赏历史文物、学习知识、休闲娱乐等；博物馆可以满足不同层次人们的需求，如科研人员的专业研究需求，在校学生“实物教学”的需求，儿童接触世界、启迪智力的需求等；[①] 博物馆还可以满足不同社会群体的特殊需求，如18世纪后期中国新兴民族资产阶级将博物馆视为学习介绍西方资产阶级文明的工具，再如20世纪60年代摆脱殖民统治的亚非国家将博物馆作为树立国家形象、维护国家统一的机构。

二、我国博物馆教育功能的短板在哪里？

目前，博物馆的教育功能是最能体现它作为公共文化空间的特征之一。作为构建现代公共文化服务体系的重要组成部分，博物馆的教育功能得到了一定程度的发挥，然而还存在很多亟待解决的问题。

（一）对博物馆教育的理解不到位

博物馆的首要存在条件就是“博物”，即拥有足够丰富的藏品。成立于1925年的故宫博物院现有藏品超180万件，是中国最大的古代文物博物馆。180多万件文物是多么庞大的一个数量，它的每一扇门、每一块砖都藏着故事。但是能够展出的藏品又有多少呢？很多藏品因为年代久远而变得“脆弱”，再加上有限的展出条件，大量珍贵的藏品只能存在于藏品目录中，难与世人见面。[②] 这也是中国乃至世界上很多国家博物馆的问题。同时，各界对“教育”的理解有偏差，与博物馆教育相关的部门也举办过许多讲座等各种活动，但是百分之九十以上的博物馆仍然将展厅讲解作

① 博物馆与学校教育功能之不同，体现在其深厚的文化内涵和历史价值上，它可以通过生动的实物来进行教化。

② 博物馆的藏品与其对历史的讲解实际上存在一定的脱节。大多数情况下，人们进入博物馆参观后，并不能够通过“看”藏品真正对历史文化产生深刻的了解。

为最主要的教育形式。目前，中国博物馆宣教界多将博物馆教育理解为接待服务、讲解、组织活动，忽视了对博物馆教育职能的挖掘，对博物馆教育理论的研究也不够深入。[①]

（二）“以人为本”的理念未确立

目前，很多博物馆依旧遵循守旧被动的展陈和传播方式，博物馆教育几十年不变。说到底，都是没有将“以人为本”作为立馆思想，而是一直“以物为本”。“高高在上”的姿态使得博物馆的传播、教育和展陈方式不接地气，也缺少动力去真正思考如何丰富教育形式。博物馆给人的首要印象除了“高大辉煌”就是“高高在上”，或是陈旧老套，没有生命力。文物是没有生命的东西，但却是有艺术生命的。如果只是将其单纯地摆在那里，它背后的故事，它所体现的文化价值又怎么会被众人发现呢？而且绝大部分人是缺乏艺术审美能力和审美知识的。同时，对于人才队伍的教育存在误区。博物馆的宣教队伍几乎清一色是博物馆的讲解员，业内人士包括教育工作者本身都把博物馆教育等同于讲解本身。

（三）缺乏对教育资源的合理充分利用

在西方国家的博物馆经常能看到学校结合各种课程的教学内容，组织学生们有针对性地参观博物馆，博物馆也有结合学校教学大纲设计的面向各门课程的参观教学活动。利用博物馆藏品实施教学，比坐在课堂上用抽象概念开展的教学更适合学生。我们利用博物馆资源进行教育活动的延伸做得还不够。从时间上来说，我们国内的博物馆大多在晚间基本上是没有什么活动的，而国外

① 博物馆的服务和教育形式、手段都需要有更多种渠道的拓展。

的一些博物馆则会在晚间举办各种教育活动，活动形式包括讨论会、放录像、电影、举办讲座等；从活动范围看，国外博物馆的社会教育活动也不局限于展厅，一般在展厅之外都设有为未成年人独立开展教育活动的专门区域，另外还会有很多经常性的延伸到博物馆之外很远地方、很大范围的教育活动；在国外，从事教育活动的人员也不仅限于博物馆教育部门的人员。

（四）博物馆与教育资源如何有效对接?

教育功能的发挥是一个“系统工程”，这需要对博物馆立馆思想和传播方式等各个环节进行科学规划。那么，我们该如何深入推进博物馆教育职能的发挥呢?

（五）用群众喜闻乐见的形式深化教育功能

博物馆应从主观上努力，更新观念，开展丰富多彩的活动，为社会服务。比如，同当地的电视台合作，设置有关博物馆文化的专题记录片。目前是网络时代，各种类型的网络节目形式都可以应用到博物馆的教育当中。还可以利用节假日及当地的旅游旺季，与公园和旅游点合作，组织有特色的文物展览。只有以群众喜闻乐见的方式，才能得到社会的认可和支持，才能发挥馆藏文物的优势，扩大社会效益和经济效益。

（六）利用科技手段，破除“疲劳效应”

综合利用科技手段来提高博物馆的感染力，增强教育效果。目前，不同于以往只有静态文物和单调讲解的参观方式，融入多种科学技术的布展方式成为提高群众主动性和兴趣性的手段。在很多博物馆使用的新技术当中，实景再现的陈列手段及交互式自助设备的应用是较为引人关注的。科技手段的加入可以弥补博物馆实体空间的局限性，例如很多藏品由于各种原因不能展出。另外，科技化的手段可以增强展出效果，沉浸式技术的应用让人仿佛身在画中。①

（七）挖掘历史资源，革新教育手法

博物馆有着自身历史资源的优势，要充分挖掘历史题材，进行重新演绎，形象生动地再现历史事件，让群众振奋精神。过去，博物馆的宣教工作是单一讲解，就文物说文物，就图片讲图片。虽然编写了大量的讲解词，同时注重对各个层次、各种知识结构的观众进行讲解，但是总让人觉得缺乏活力，缺少动态认识，达不到教育的效果。所以，要提升博物馆的教育功能，就要在做好阵地讲解的同时，坚持进行宣教创新，让文物“动”起来，演“活”历史。

（八）加强对外联系，丰富教育形式

很长时间以来，博物馆都以雅文化者自居，拒众人于千里之外，使博物馆门庭冷落。要发挥其教育功能具体有以下三点可以尝试：一是“送讲座出去”。充分利用博物馆内的资源，分成不同的专题，撰写一系列的专题报告，以讲座形式送到共建单位进行宣讲，让观众在听讲座之中深受启迪，陶冶情操；二是“送展览出去”。在陈列展览的基础上提取精华，把文物及历史资源整合，制作成流动展板，带进共建单位。三是“送节目出去”。大力挖掘历史文化资源，把历史内涵转化为舞台艺术，把静止的文物和史实转化为舞台表演，满足不同群众群体多样化、个性化的文化需求。

（九）精心选拔与培养人才队伍

在培养博物馆教育部门人员要时做到以下几点：一是健全评估体系。健全人才评估科学体系，会让博物馆教育人员觉得“有

① 科技手段是拓展博物馆教育功能的重要途径，在这方面，故宫的数字化开发是值得学习的例子，无论是APP的开发还是VR技术的应用，都能够使博物馆更加亲民。

奔头”，是稳定队伍的一剂良药。二是建立人才梯队。整合全国人才资源，培养人才梯队，是中国博物馆教育的当务之急。三是借鉴先进经验。广州市文化局选派广州市属博物馆教育人员到首都博物馆和上海博物馆跟班学习的做法，可以促进国内博物馆教育的均衡发展。四是整合资源。在现有条件下，这将是快速培养博物馆教育人才的有效途径。

基层图书馆本应该更好

著名教育家蔡元培先生有言:“教育不专在学校，学校之外，还有许多机关，第一是图书馆。”图书馆最能体现一个城市的文明和文化发展程度。公共图书馆通常承担着引导大众阅读的方向和品位，帮助读者获取和利用信息及发挥城市教室的功能。注重基层图书馆的服务与创新，是基层图书馆顺应时代的必然要求，对于改善基层图书馆的服务质量，提高基层图书馆的服务水平，促进基层图书馆的健康发展起着十分重要的作用。

一、图书馆是公共文化的心脏

文化是民族凝聚力和创造力的重要源泉，是综合国力竞争的重要因素，是经济社会发展的重要支撑。深化文化体制改革，是党中央做出的关乎我国经济社会发展全局的重大决策。而公共文化在整个文化事业中又有着举足轻重的作用。完善和健全公共文化服务的建设一直是党和国家重点关注的内容，它关系到全面建成小康社会，如期完成“十三五”规划的目标。而在整个公共文化建设中，基层公共文化的建设显得尤为重要。作为公共文化服务体系中的重要一环，图书馆建设十分值得重视。公共图书馆具有收集、保存人类优秀文化成果、传承优秀文化、传递科学知识的功能。

一个城市的核心竞争力，除了经济发展水平就是它的文化氛围和文化资源。图书馆历来是一种重要的文化教育机构，是构成公共文化服务体系的重要组成部分，图书馆可为全民学习科学技术和文化知识提供有力的支持。[①]目前，在我国图书馆存在着地区间发展不平衡、效能发挥不充分等诸多问题，下面就从当前基层图书馆现状来剖析基层图书馆存在的问题，并针对如何发挥基层图书馆的最大效能提供几条解决思路。

二、基层图书馆的现状与困境

首先，一个最突出的问题就是地区间发展不平衡。发达城市与县级市在公共资源配置和经营管理方面有着很大的差距，[②]在此以两个不同规模和等级的图书馆为例来做具体说明。以北京市东城区第一图书馆和江苏邳州市图书馆作比较，无论是在馆内藏书资源还是运营管理上都有很大的差别。北京市东城区图书馆，设有政府信息查阅室、自习室等 10 个服务窗口，拥有各类文献近 60 万册（件），可上网电脑 100 多台，每年组织读者活动 300 余场次。而县级城市江苏邳州图书馆，全馆现有书刊 22 万余册，馆内分为三层服务区，首层是报刊服务区，二层为图书、期刊借阅区，三楼为特藏服务区。北京东城区图书馆馆藏资源丰富，国内外书刊

① 图书馆也是展示城市文化形象的重要一环，好读书的城市在文化底蕴和文化传承方面会有更好的表现。同时，市民对图书馆的态度也展现了这个城市的文化素养。

② 图书馆之间的差距是当地政府重视程度、公共文化资金到位情况及市民阅读量等因素共同决定的。图书馆不能被动地接受政府的资源配置和管理，需要自谋多样化，提高市民的阅读热情。

供给充足，图书馆的职能发挥最大化，利用效率高。与之形成鲜明对比的县级图书馆邳州图书馆的馆藏资源匮乏，机构设立简单，活力明显不足。

其次，基层图书馆人才队伍数量不足、质量不高。基层图书馆的馆内工作人员年龄层较高，工作积极性不高。他们学历普遍较低，专业技能一般较差。在引进先进人才上政府部门重视不足，图书馆员工薪资福利待遇相对较低，入职门槛不高，编制体系不完善，因此形成恶性循环，造成工作人员工作热情和效率低下。

再次，基层图书馆功能利用单一。它们虽然设有报告厅、展厅、培训教室等，但是在日常运营中，往往仅限于履行图书馆的本职——借阅图书。平时很少举办诸如“读者见面会”，“诗歌朗诵技巧分享会”等其他丰富群众精神文化的活动。这样就导致馆内一些设施基本处于闲置的状态，装修设备也还不错的展厅形同虚设，完全没能充分开发和利用场馆资源。[1]

最后，基层公共文化服务产品供给不足。随着城镇化水平的不断提高，基层群众对于精神文化的需求也越来越高。基层公共图书馆馆藏资源不够丰富，新书更新上架缓慢，外国文献资源紧缺严重。[2]产品供给不足不仅表现在有形产品中，诸如行业专家讲座、读者见面会、免费影片放映等无形公共产品供给更是非常稀

---

① 基层图书馆和高校图书馆不同，普通市民很难养成自发去图书馆阅读的习惯。所以怎样吸引市民进入图书馆，并最大限度地利用图书馆资源才是最重要的问题。

② 现在基层图书馆普遍的问题就是藏书数量少，图书更新速度极其缓慢，且图书分类不明晰，也很少对新书进行精选和展示，与读者的交互也比较少，读者体验较差。

缺，无法满足人民日益增长的文化需求。

三、基层图书馆的改变与发展

基于以上问题，下面从以下角度谈谈如何让基层图书馆发挥更大效能。

（一）加大资金投入，引入市场资源和社会财富

经济基础决定上层建筑，当基层图书馆的资金充足后，很多问题将会迎刃而解。比如调动图书馆工作人员的积极性、增加图书馆藏书量、提高图书更新频率、丰富图书馆文化活动等。在解决这一问题上，除了增加政府拨款、落实专款专用外，如何将市场和社会资源整合起来，共同建设好我们的公共文化也是当下的一个新渠道和思路。具体的方法包括引入咖啡馆市场化，规范化运营，增加税收和提高图书馆活力。

（二）在“互联网 +”的大环境下充分利用好新媒体资源

在这个时代，尤其是最近五年，我们对互联网的依赖程度超乎想象。在一些发达地区，图书馆与互联网的融合相对紧密，走在技术的前沿，但是基层图书馆在这一方面的成效就没有那么显著了。大多基层图书馆基本只配有几台可供检索图书馆书目的电脑，还停留在非常初级的阶段。[①] 还有很多能与互联网紧密结合的方式方法，在诸多基层图书馆都看不到。比如，图书馆移动终端应用的建设及完善，移动课堂的引进，与省内甚至全国全世界电

① 基层图书馆由于受众相对较小，很难有意愿投入大成本去建成数字化图书馆体系。政府更应辅助基层图书馆打造小而精的数字化平台，便民的同时也利于图书馆管理和操作。

子图书资源的互通连接等。

（三）引进专业的图书馆管理人才

新时代的图书馆工作，已不再是简单的借借还还，而是要实现知识的有序组织和广泛传播。基层图书馆人才队伍数量不足、质量不高、普遍学历和专业技能较差、组织架构也不完善，通常还普遍存在老龄化和非专业化的问题。① 因此，各基层应当加大资金投入，引进专业、年轻、高知的图书馆管理人才。具体可以采取如下举措完善人才队伍建设：首先，政府部门应增设和完善图书馆相应职位编制，面向全国招揽优秀专业图书馆管理人才，为公共文化事业源源不断地注入新鲜血液。其次，加大财政拨款和资金投入，给予图书馆从业人员薪资保障。再次，对于图书馆从业人员的定期培训及再教育也是不可忽视的一方面，只有图书馆从业人员自身素质提高了，才能更加高效地服务于公共文化事业。

---

① 高校图书馆专业的毕业生普遍不太愿意去基层图书馆工作，而更倾向于省市级图书馆。基层图书馆怎样吸引和留住人才是目前最紧要的问题。

助力文化建设，文化志愿服务有何作为？

基层文化志愿服务活动是一项惠及基层群众的文化发展普及工程，可以有效地增强基层公益性文化服务能力，为社会主义文化大发展、大繁荣起到积极的推动作用。如何将基层文化志愿服务活动办得有声有色，同时又能使基层文化志愿服务活动长期、有效地发展下去是我们面临的课题。随着我国文化志愿者队伍不断壮大，发挥文化志愿服务在构建现代公共文化服务体系中的积极作用，鼓励和引导文化志愿服务活动广泛深入开展成了文化建设的必然要求。文化部印发的《文化志愿服务管理办法》，向推动文化志愿服务常态化、规范化、制度化迈出了坚实一步。那么，助力文化建设，文化志愿服务有何作为？又如何作为？

一、不可或缺：文化志愿服务的重要意义

（一）助推公共文化服务体系建设，助力文化发展

2015年《关于加快构建现代公共文化服务体系的意见》出台，明确提出要“大力弘扬志愿服务精神，坚持志愿服务与政府服务、市场服务相衔接，奉献社会与自我发展相统一，社会倡导和自愿参与相结合，构建参与广泛、内容丰富、形式多样、机制健全的文化志愿服务体系”。可见文化志愿服务对于公共文化体系建设而

言举足轻重。[1]公共文化服务体系的建设，需要政府支持、社会参与，更需要全民意识的觉醒。文化志愿服务体系的建立通过对文化志愿服务者、文化志愿服务组织单位的规范化管理，为公共文化服务活动的开展提供了有效保障。

（二）促进全民参与，提高全民素养

文化志愿服务通过公益性文化活动的开展，吸引群众积极参与，将文化的力量经由文化活动潜移默化地传递到群众中去。文化志愿服务者是基层文化的“生命因子”和基层文化建设的生力军，具有一定的文化艺术专业素养和服务意识，[2]通过对基层群众文化知识的辅导，能够提高全民素养，加快社会精神文明建设步伐，通过积极带动群众参与到文化建设中来，提高公共文化服务的效益，让文化在群众心中生根发芽。

（三）营造文化氛围，传递真实声音

文化志愿服务作为连接政府和群众的纽带和桥梁，是公益性文化服务功能拓展的有效手段。文化志愿服务者作为公共文化的受益方和参与者，这种双重身份使文化志愿服务者对于群众文化需求有更为深刻、直接的认知，[3]可以根据当地群众的具体情况展开文化研究工作、总结经验，提供给文化传播的相关部门，有利

① 文化志愿服务是社会文化展示的窗口，当志愿的自觉性、服务性、规范化增强时，公共文化体系建设才更易推进。

② 虽然文化志愿服务者并不一定是受过高等教育的公民，但在文化艺术专业素养这方面一定有比普通公民更专业或者有强烈的兴趣，且又愿意将知识分享，愿意服务群众。

③ 因为文化志愿服务者有着相对更高的文化艺术素养，所以在一定程度上能够洞悉提供给基层公共文化服务的层次和群众的实际需求，并就两者之间的差距提出自己的见解。

于工作的进一步开展和方向性调整，使公益性文化服务更有针对性、更接地气。

二、反躬内省：文化志愿服务的现存问题

从党的十七届六中全会《决定》首次明确提出文化志愿者的概念，到党的十八大报告再次强调要“深化群众性精神文明创建活动，广泛开展志愿服务”，再到文化部和文明办联合把 2014 年确定为“文化志愿服务推进年”，党和国家对文化志愿服务工作的重视日益加深，并逐渐将此项工作提升到国家战略层面。以此为契机，国家鼓励各地区各级政府、机关、单位根据实际情况，深入开展文化志愿服务体制机制的研究。以指导实践工作科学有序地推进，一个文化志愿服务大发展的辉煌时代就此拉开序幕。

（一）文化志愿者的服务持续性不足

在我国，很多志愿者都是通过机关事业单位举行的行政动员活动参加到文化志愿者队伍中来的。虽然他们有比较强的文化志愿服务本领，但是缺少进行文化志愿服务的主动性和积极性[①]，在服务过程中的自主性不够强，有些志愿者总是把服务当成一项工作来对待，更有甚者把文化服务当成阶段性、临时性的社会事物来看待。“任务”心态，使得志愿者在参与文化志愿服务时积极性锐减。

（二）文化志愿考核制度不够完善

考核是对志愿者在一段时间内服务的综合性评价，可以更加

① 文化志愿服务者的首要条件就是要有热情。当志愿热情不足时，专业素养再怎么优秀，他们的实际服务也会大打折扣。因此，如何从根本上调动志愿者的积极性才是需要优先考虑的问题。

科学地评估志愿者的工作成绩和服务工作情况，使志愿者能够更加准确、全面地总结自己的工作，不断地去改进自己服务方法和服务水平。但是，很多地方都没有制定规范、系统的志愿者成绩考核方法。[①] 对志愿者的考核仅仅停留在服务时间和思想上。完整的、与现代志愿者服务相适应的考核系统还有待完善。

（三）完善的志愿者保障机制尚未建立

一直以来，我国文化志愿服务事业缺乏全面系统、成熟完善的保障机制，导致各地文化志愿服务仍缺乏有力的保障措施，极大影响文化志愿服务事业的发展。首先，法律制度不健全，法律效力不高。目前，虽然各省市根据自身实际情况出台了地方性规章制度，但我国在国家层面难以形成完善统一的志愿服务法律。第二，经费来源不稳定，缺乏资金保障。文化志愿服务事业的经费大多来自政府投入，少部分来自社会各界的捐助。[②] 显然，政府的投入不能完全满足文化志愿服务事业的资金需求，且社会各界捐赠的持续性较差。

三、他山之石：文化志愿服务的各地经验

（一）深圳：构建服务体系，增强文化认同

作为全国志愿服务发源地之一，深圳市的文化志愿服务工作

① 大多数对文化志愿服务者的考核都缺乏系统可行的考核标准，且即使确定了定量的考核指标，在实际操作过程中也带有考评者很大的主观因素，导致对志愿者的评价不客观公正。

② 我国目前还是没有形成好的社会捐助风气，很多文化志愿服务没有被重视和广泛认可，志愿活动的经费仍然要靠组织者和志愿者自己拉赞助来筹集，这在一定程度上会打击志愿者的积极性。

一直走在全国前列。2014 年 3 月，《深圳市文化志愿服务促进办法》就已出台，为“志愿者之城”的建设提供了有力保障。2016 年，全市共有文化志愿服务分队 231 支，文化志愿者超过 18000 人，建立了完备的管理制度和运行机制，服务领域广泛涉及文化各个环节。一方面，深圳市牵头构建“深圳文化志愿服务网”，搭建全市文化志愿的注册、管理、发布平台，形成了市、区两级文化系统，各类文化志愿服务队之间的交互式网络管理机制，不断提升了文化志愿服务的科学化、规范化、专业化水平。另一方面，深圳市还通过开发文化志愿者标识系统，开展“星级”文化志愿者评选活动，增强了志愿者的文化认同感，传递了志愿服务精神。

（二）广东：保障政策支持，强化品牌支撑

广东省文化志愿服务的经验主要体现为政策支持、品牌支撑。一是通过政策支持保障，助力志愿服务规范运行。2011 年以来，广东省先后出台文化志愿者总队建设方案、文化志愿者管理办法、文化志愿服务工作规范指引，明确了文化志愿者队伍的招募方式、权利与义务、退出机制等内容，做到有章可循。二是打造品牌文化志愿服务，开展特色文化志愿服务，不断提升服务效能。近年来，广东省打造了文化志愿者巡回演出、群众文化精品巡演等具有广东特色的文化志愿服务品牌，成为推动志愿者活动开展的重要抓手。仅 2015 年，广东省文化志愿者总队就牵头组织开展了 1000 场基层文化志愿服务活动，参与文化志愿服务的有 10 万多人，受益群众约 621 万人次。

（三）天津：多元资金筹措，社会力量参与

对于规范的文化志愿者服务体系来说，政策支持是其发展的有力支撑，经费保障则是公益性文化活动开展的重要前提。天津市通过建立多渠道资金筹措机制，为文化志愿服务提供了有效的经费保障。除了将文化志愿服务经费纳入财政预算外，还积极面向社会筹措资金，推动志愿服务高效开展。此外，天津市还注重整合优势，动员社会各方力量以多种形式参与到文化志愿服务之中。例如，天津市群艺馆通过联合天津市民营剧团产业孵化基地建立了文化志愿服务工作平台，拓展了民营剧团的社会服务功能，开展了农民工专场等关注弱势群体的演出，使民营剧团成为了文化志愿服务的重要力量。

四、把脉开方：文化志愿服务的发展建议

（一）制定有效的评价和激励机制

在服务型工作中，来自社会的认可和鼓励对志愿服务者具有莫大的鼓舞作用。面对我国文化志愿者管理中存在的问题，一方面，我们需要制定科学合理的评价和量化标准。另一方面，要建立有效的激励制度，对于志愿工作应该建立以精神激励为主，物质奖励为辅的激励制度。例如，可以依据志愿者贡献的大小来评定不同的等级并授予其称号；可以将较优秀的志愿者的事迹和行为，反馈到其所在的社区和单位；相关主管部门可以对一些表现突出、社会公论好、服务时间长的优秀志愿服务者进行表彰。

（二）完善志愿者进入、退出制度

志愿者团体的流动性比较大，因此在管理中需要完善志愿者的准入和退出制度。首先，要完善志愿者的招募制度。志愿者的招募同样需要门槛，不能因为志愿服务的公益性而降低志愿者的

招募标准。要根据各地区的文化志愿服务的需要，制定符合实际情况的招募方式，明确所需志愿者的要求和条件，如专业技能要求、身体状况和年龄范围，还包括敬业精神、职业道德和良好思想品质等。其次，在志愿者的退出方面同样需要加强机制建设。为避免志愿者不能以责任心来积极约束自身而出现随意进入退出的情况，需要在志愿者的退出方面建立严格的制度流程。

（三）建立完善的志愿者保障机制

文化志愿服务的保障机制离不开各方的共同努力。首先，文化志愿服务的非营利性和公益性决定其需由政府主导的特性，国家和政府的大力支持是建立完善文化志愿服务保障机制的关键力量。出台一系列国家级的法规和政策，在全国范围内形成法规政策配套的完整体系，为文化志愿服务提供资金保障和机制保障，是我国文化志愿服务突破瓶颈，进入跨越式发展的必由之路。其次，对文化志愿服务进行立法，对接国际通行做法。通过确立文化志愿服务的法律地位，提升人们对志愿服务的认知水平。第三，重视社会力量。推动文化志愿服务事业的发展，需要全社会的共同努力，也只有社会各界的通力合作，大力支持，才能进一步推动文化志愿服务保障机制的建立和完善。

繁荣群众文艺须脚踏实地

2014 年 10 月 15 日，中共中央总书记、国家主席、中央军委主席习近平在北京主持召开文艺工作座谈会并发表重要讲话。在习近平总书记文艺工作座谈会重要讲话精神指引下，我国文艺事业蓬勃发展。2015 年出台的《中共中央关于繁荣发展社会主义文艺的意见》进一步明确了文艺工作的指导思想、方针原则和目标任务，为繁荣发展社会主义文艺勾勒出了清晰可行的路线图、任务表。同年，文化建设作为"五位一体"建设的重要一环，已写入"十三五"规划建议。"扶持优秀文化产品创作生产""加强文化人才培养""繁荣发展文学艺术"成为经济社会发展重要内容，"深入生活，扎根人民""提高质量，勇攀高峰"成为作家艺术家的共同价值追求，"建设精神家园""让艺术的触角伸向广阔的时代""弘扬中国力量、中国精神"成为中华民族复兴路上的崇高使命。

2017 年 5 月 4 日，文化部正式发布《"十三五"时期繁荣群众文艺发展规划》(以下简称《规划》)，对"十三五"时期我国群众文艺的发展进行了部署，这是我国群众文艺领域的首部专项规划，具有创新性与开拓性意义。繁荣群众文艺非一朝一夕之事，任重而道远，《规划》的出台仅仅是一个起点，一个开始。千里之行，始于足下。群众文艺的繁荣与发展需要着眼当下，面对变化，全盘统筹，上下合力。

一、“晴雨表”：文化发展不能没有群众文艺

群众文艺是我们文化建设的重要“晴雨表”。《文化部“十三五”时期文化发展改革规划》《国家“十三五”时期文化发展改革规划纲要》等文件均对群众文艺建设提出了相关要求，可见其重要性。

第一，人民需要文艺，群众文艺建设好坏关乎文化民生实现与否。[①] 文化是一种生计，文化建设的初衷在于服务人。每个个体都有着不同类型、不同层次的文化需求，文化建设应当建立起与人最直接的文化联系。群众文艺生于群众、发展于群众的特点使其有着与人民群众的天然联系，与文化民生相关联。**第二，群众文艺让我们的文化建设找到了落地扎根的可能性。**文化建设要融入生活，群众文艺的开展让生活中的人们有了感受文化、创造文化、展现自身的机会，让文化的因素浸润在社会基层组织的细胞当中，使得通过文化营造实现社会治理创新有了更多的可能。**第三，“文化强国”要以“文化强民”为基。文化强国不是空口号，文化自信不能没有根基。**文化建设是“五位一体”的重要方面，而作为历史创造者与见证者的每一个公民，都应当在文化的浸润中不断提升文化自信。通过群众文艺浸润人心，是提升国民素质，

① 尽管文化产业市场越来越壮大，文化事业仍然在人们的文化生活中占据重要地位，优秀文艺作品既是时代的旗帜，也是群众的精神食粮。

建设社会主义文化强国，坚定文化自信不可撼动的群众基石。

二、“接地气”：群众文艺建设要喜闻乐见

因势而动，因时而新。创新是五大发展理念之首，创新也体现在《规划》的方方面面。“接地气”是群众文艺建设的天然优势。当下，互联网基因深入社会，文化产品丰富多彩，“地气”已经改变，群众“口味”也在发生微妙的变化，倒逼群众文艺应机而动，自我创新。否则，“接地气”只能是空头支票，新环境中群众的喜闻乐见也只能是空谈。

第一，要有支撑。群众文艺的繁荣要以优质的作品、多样的活动为支撑。本次《规划》中的主题性群众文艺作品创作、各类型文艺评奖项目开展，以及专栏中优秀舞台艺术作品移植改编计划、网络群众文艺作品征集与传播计划等，都是在为群众文艺繁荣找支点，为群众文艺繁荣搭建交流与展示的平台。

第二，要有市场。群众文艺繁荣，一定要有群众“买账”，不能自说自话，而要喜闻乐见。《规划》明确提出要打响群众文艺活动品牌，积极开展艺术普及活动，让群众文艺在群众中普及、推广。这就需要充分梳理现有群众文艺资源，做到群众文艺繁荣与群众需求的精准化对接，系统策划、重点推进。

第三，要有新意。[①]“互联网＋”的时代里，群众文艺的实践也已经有了诸多“触网”创新尝试。充分利用互联网，开展线上线

① 互联网时代，从孩子到老人都在用手机获得信息，沟通交流。如果群众文艺不能做到与时俱进，实现内容和形式创新，又怎么能真正走进人们生活中呢？

下结合的群众文艺与惠民文化服务，进行优质资源采集和网络直播、展播及线上线下互动，建设特色网络群众文艺资源库，纳入公共数字文化工程资源库等内容，是《规划》中的亮点。《规划》中提到的“百姓大舞台”网络群众文化品牌活动作为群众文艺与互联网联姻的示范性项目，值得我们期待。

第四，要有根基。习近平总书记多次强调要实现中华优秀传统文化的创造性转化与创新性发展。传统文化五千年传承，本来就是广大人民群众的创造，群众文艺与传统文化的联系千丝万缕，群众文艺的繁荣同样需要挖掘优秀传统文化的精髓，承担起优秀传统文化融入生活的使命。

三、“针对性”：群众文艺建设要正视差异

统筹布局，对症下药。我国地域文化差异显著，文化建设水平参差不齐，在这种背景下的群众文艺建设同样要正视差异、立足实际，找到各地群众最喜爱、最容易接受的方式，有针对性地推进群众文艺建设。

第一，既要普及，也要提升。地域间文化发展水平的差异客观存在，各省（区、市）要针对自身文化建设的实际情况与实际水平，开拓群众文艺建设的新局面，打造升级版。文化发展建设有一定基础的地区，要进一步夯实基础，在已有的群众文艺优势与基础上实现质的提升，做到既接地气，又有境界；文化发展建设基础相对薄弱的地区，则要迎头赶上，从小事做起，做好群众文艺发展计划与目标分解，扎实前行、逐步推开。正如《规划》中要求的那样要从实际出发，尊重群众意愿，推出更多易于推广、

易于普及的群众文艺作品。

第二，要杜绝一股脑、一刀切。[①] 地域文化差异、文化资源禀赋不同、民族资源特色显著是群众文艺发展的现实土壤，这也恰恰是我国群众文艺百花齐放的文化资源基础。因地制宜的理念在本次《规划》中也多次涉及，结合文化特色，开展具有差异性的群众文化活动，进行群众文艺的本土化创新，是群众文艺生生不息的发展动力，为群众文艺“小而美”的文化之光温暖大众所必需。

四、“固阵地”：群众文艺建设要科学引导

文化阵地是群众开展文化活动的重要保障，是开展群众文艺活动、丰富人民文化生活、保障人民基本文化权益的基础平台。我们要把五大发展理念中的“绿色”发展理念与群众文艺相结合。群众文艺繁荣就是要起到增加优秀文化供给，净化社会文化环境，浸润心灵的作用。群众文艺建设形式多样、参与群体多元、活动类型丰富，这些现实情况都决定了群众文艺的发展必须要强化引导，树立阵地意识。

第一，导向要正。[②] 群众文艺建设的导向性是否科学事关社会稳定。因此，群众文艺发展一定要以社会主义核心价值观为引领，从意识形态高度认识群众文艺阵地建设。《规划》中多次强调要弘扬主旋律、传递正能量。导向的正确性与形式、内容的创新并不

① 的确如此，地区差异性是文化多样性的根源。正视差异，鼓励本土群众自我创新、自我服务，从创作到欣赏都参与其中，一定会产生很大能量。

② 文艺作品一定要把社会效益放在首位。三观正，才能站得稳、传播广，引起社会共鸣，营造积极向上的良好风气。

矛盾，与积极健康、宽松和谐的群众文艺生态环境并不冲突，只有坚持正确导向，创新才能持久，才能更上一层楼。

第二，管理要活。完善群众文艺工作机制是本次《规划》的重要内容。群众文艺机构的领导作用、群众文艺创作机制、专业文艺帮扶机制、群众文艺宣传推广机制、现代科技助推机制等内容的提出，可以说是在构建群众文艺建设与管理的立体化、多层次工作网络。在这些机制的运行过程中，要进一步突出相关主体责任，提升工作的规范性，从创作规划和指导意见出发，强化内容管理、阵地规范管理，完善评价机制，定期抽查考核，做到分工明确、上下衔接。

第三，线上要强。网络是群众文艺未来发展的全新空间，网络阵地的管理也是日后群众文艺发展不能忽视的内容。人民群众在哪里，我们的阵地就应该在哪里，群众文艺的发展要用好互联网这一工具，使之成为群众文艺发展的新阵地。

五、“激活力”：群众文艺建设要以人为源

群众文艺建设的核心在人。人气足，群众文艺才有明天；人发力，群众文艺才有发展。在群众文艺发展的过程中落实“开放”“共享”的发展理念，就必须激发人民群众的创造性与活力，“开放”就是要多元参与，“共享”就是要让群众文艺从群众中来，到群众中去。

第一，要强化群众主体。坚持群众主体地位，是《规划》中的重要原则，也是群众文艺的生命之所在。群众文艺重心下移，就是要让群众在自我管理、自我创造、自我服务的过程中获得文

化上的满足感。《规划》扶持和引导群众自办文化活动，就是对群众主体作用的重视。

第二，要健全人才支撑。[①]培育和壮大群众文艺力量是《规划》的一个重要内容。加强群众文艺人才队伍建设，发挥群众文艺骨干、意见领袖的引领力量，加强基层群众文艺团队建设等内容在本次《规划》中均做出了相关说明。群众文艺繁荣不能没有健全的人才队伍做支撑，要通过培训计划、帮扶计划等可落地的、实实在在的、科学、系统可持续的人才支持项目予以全方位保障。

第三，要鼓励社会参与。社会化参与是近年来公共文化服务领域的重要趋势，在群众文艺建设中同样需要。《规划》将鼓励社会参与置于基本原则之一，是对开放、共享发展理念的进一步细化落地。与之相关的政府购买、志愿者队伍建设、社会组织法人参与形式创新等具体问题，需从各参与主体的特点出发，综合考虑，科学系统规划。

第四，要强化保障机制。激发群众活力，要形成群众文化建设的常态化激励机制，为激发群众文艺活力提供动力源。群众文艺发展，要有强有力的组织领导，有充足的经费支持，有各级资源的有效整合，要有良好的发展环境，只有做好了这些方面，群众创造力激发才能更加持续、更有活力。[②]

一个时期以来，我国群众文艺建设取得的成绩有目共睹，党和政府对于群众文艺活动的关怀支持非常有力。在新的历史时期，

① 人才队伍建设面临着人才培养模式创新和管理机制体制创新的难题，特别是如何吸引新型人才，留住优秀人才。

② 文艺高峰并不是少数优秀的文艺工作者自己闭关创作出来的，各种文艺事业中的参与者乃至全部国民才是群众文艺事业的主体。

《“十三五”时期繁荣群众文艺发展规划》从顶层设计角度对群众文艺发展繁荣予以统筹很有必要。群众文艺要乘势而上、积极作为，书写和记录人民的伟大实践，为全国各族人民同心共筑中国梦提供强大精神动力。

老街新语：下足真功夫才能华丽转身

城市造就了我们的伟大，在变迁中留存下来的历史街区，是往日都市文明的纪念物。可以说，历史文化街区既是一个城市在历史环境下财富积累的集中体现，也是城市独特的文化观念、生活方式得以延续的物质载体。2015 年，范周教授先后调研了浙江衢州水亭门街区和上海虹口区多伦路街区，都深刻感受到文化之于城市的重要性。如何让历史文化在城市建筑与街区中呈现开来，是一个非常值得深入研究的问题。

在历史街区改造的过程中，需要在对历史街区人文生态认识的基础上，认识其历史与现状特征，进行有针对性的保护。目前历史文化街区有很多成功的案例，国外如伦敦的泰晤士河南岸、巴黎的拉德方斯等，国内如上海豫园老街、北京的什刹海、南京的夫子庙、成都宽窄巷子、哈尔滨中央大街等。在历史文化街区的改造中，我认为比较突出的问题有以下几个方面。

一、寻找文脉，认定价值

文化街区的改造需要建立在对文化价值认识的基础上，所以在历史文化街区改造过程中，首先是要把历史文化的文脉梳理清楚。很多的历史街区对于自身的历史文脉还处于懵懂状态。2015年，我在浙江衢州调研。她是南孔的祖庭，也是中国儒家文化思想在南方的一个重要转折点，这就需要把中国儒学的北孔和南孔，特别是南宋以后南孔的发展使得孔子文化思想在南方落地开花、走进民间的这些特点与文化资源梳理清楚。对于衢州的历史文化名城的改造而言，这是首要的前提。

同样，北京的胡同文化也非常复杂。南锣鼓巷在东城，八大胡同在西城，这两个文脉都有八九百年的历史[①]，而八大胡同在清代以后的情况则更加复杂，其人文内涵与南锣鼓巷迥异。八大胡同的青楼文化、茶室文化、红楼文化、赛金花与八国联军的故事、小凤仙与蔡锷将军的传说、徽班进京文化与东侧的大栅栏民国金融街区、西侧的琉璃厂古玩街区等，构成了老北京南区的特色文化街区。然而与南锣鼓巷相比，八大胡同由于没有得到应有的文化挖掘，现在保护与开发的情况逊色不少[②]。

二、修旧如旧，恰如其分

我们常说，要“修旧如旧”，就是要既能原汁原味地还原历史面貌，又能够丰富立体地展示今日风采。欧洲城市的成熟理念是

① 老北京有句顺口溜：“看玩意上天桥，买东西到大栅栏。”“头顶马聚元，脚踩内联升，身穿八大祥，腰缠四大恒”，说的都是早年间大栅栏的繁华景象，大栅栏街区至今保存着明末清初的“三纵九横”的格局。

② 2005年的那一场争论中，舒乙先生就指出：如果没有胡同和四合院，那么北京城就跟伦敦、东京、莫斯科、香港一样了，那就没有北京了。兹事体大，怎么能不保护呢？

“在城市上建造城市”“在城市上复写城市”[①]，即承认“都市人为事实”，并在此条件下进行建设。

当然城市改造的“渐变”好过“突变”并不是绝对的。在西方城市理论中，当大量资金短时间内注入一个区域时，会产生“空间生产”效应带来的繁荣，比如武汉的光谷等片区。但这种发展模式适合一个城市新区，而历史性的老街区仍应以“渐变”式的保护更新为主。要“改善生活”，更好的途径是采取渐变式的方法去介入改变，这就是我们说的“柔性介入”[②]。

目前，国内在历史文化街区改造方面已经开始注意到这个问题，文脉搞清了不见得能做好规划、搞好改造。到底是以旅游、产业开发为主，还是产业保护、适合居民居住为主，都是要考虑的问题。就拿上海市虹口区多伦路来讲，这个街区的改造应该如何适应老百姓的需求与生活？所有的改造都要求把老百姓全迁走吗？这个做法显然是不正确的。在城市历史街区的改造开发中，街区既是本地居民的“生活区”，又是开发后的“观光区”，在这个重叠的空间里，哪些场所和环境可以成为观光区，哪些私人性质的空间不适宜开放，必须得到相对明确的区分和一致的认可。也就是说，必须保持“生活空间”与“公共空间”

① 捷克著名作家米兰·昆德拉在小说《慢》中提到，“在慢和记忆之间，快和遗忘之间有一个秘密的联系”：慢的程度和记忆的强度直接成正比，快的程度和遗忘的强度直接成正比。对一个城市来说，它变化得越慢，城市人对它的集体记忆就越强，变化得越快，城市人对它遗忘的速度就越快。

② 人和空间的联系能延续下来是上策。我们曾经去老街区里做调查，了解到很多年轻人想搬走，但上了年纪的人往往不想搬，所以对于不同群体来说，想要留住城市记忆的态度是不一样的。

的适当距离[①]。

三、活化历史，挖掘特色

每一个城市都有不同的历史与文化背景。在历史街区的开发中，要充分尊重每一个城市的历史，努力发掘当地有特色的文化内涵。如果不重视当地历史街区文化的一致性及其特有的地域文化，往往拆掉的是真文化，留下的是“假古董”。

上海市虹口区是海派文化的发祥地，先进文化的策源地，文化名人集居地，有300多处各等级文物点。多伦路[②]被文化部评为中国历史文化名街，它是上海虹口区的一条小街，全长500多米，路虽短却幽深，夹街小楼，鳞次栉比。多伦路是一个卧虎藏龙之地，在中国近现代史上，这条500米的街道居住着众多的文化名人，鲁迅、茅盾、郭沫若、叶圣陶、柔石等都曾经在这条小街上生活居住过，这里可以说是20世纪二三十年代文化界的大本营。在一条500多米的小街上集中了如此多的著名人士遗迹在上海是罕见的。

除了名人故居遗址外，多伦路上还有许多小型私人收藏博物馆，包括“筷子博物馆”、目前亚洲最大的一家古钱币展览馆、南京钟博物馆、文风奇石藏馆等。其他的私人收藏馆还有：藏书票

① 现在北京不少胡同深处都有老外开的汉堡店和咖啡店，甚至是四合院客栈，老胡同里的特色小店走几步就是一家。不过近来北京治理背街小巷、开墙打洞，一些店面转化成了公共服务的场所，可能是因为这些店面有扰民的嫌疑吧！

② 一个多世纪以来，上海走过了从开埠时期的沙船渔村到30年代的十里洋场直至形成今日东方大都市的沧桑历程，多伦路及其周边地区从一个侧面集中展示了这个历程印迹和文化缩影，真可谓“一条多伦路，百年上海滩”。

馆、集报馆、古陶瓷收藏馆等，而给这些店铺的牌匾题名的几乎都是文化名人。如何最大化地利用与开发这些特有文化资源，是目前虹口区历史街区改造需要考虑的重要问题。

四、产城一体，持续发展

在老街区改造中还要特别注意产城一体化。在产城一体化的过程中，城镇应当融合经济、金融、信息、贸易、生态、生产、生活、服务、教育、文化等多元功能，尤其是产业与生活服务功能，强化城镇在区域中的产业与生活服务中心作用。

产业要与老百姓、城市管理及整个城市的文化定位有机结合起来。水亭门历史文化街区是衢州市仅有的两个历史文化街区之一[①]，是传统风貌建筑最集中、历史文化遗存最丰富的街区，是衢州市历史文化名城的重要组成部分。水亭门古街区位于衢州城内西隅，区内散布着庙宇、宗祠、会馆、城楼、古迹及成片的传统民居。水亭门街区改造在整体规划上十分注重产城结合、适合人居，通过土地使用与道路交通调整，功能结构调整、公共服务设施规划、绿地与开放空间规划、市政工程规划、建筑整治与更新模式和方式引导、景观整治引导等，实现了产城一体化。

把历史文化街区改造同文化产业开发、园区建设、城市发展结合起来，这是一个好的思路。但是，千万不要忽略了街区

---

① 水亭门历史文化街区至今仍保留着旧时的布局风貌，蕴含着不同时期的历史信息，成为衢城当代与过去对话的最佳媒介，是历史的缩影与沉淀，是衢州千年文化史的鲜活见证。

的可持续发展，以及周边环境的一体化建设，避免这些历史文化街区与周边的环境出现割裂，成为文化的孤岛。因此，开发历史文化街区是一个系统工程，不能拍脑袋乱做决定，更不能急功近利。

辑四

以点带面：区域发展的妙笔生花

随着文化产业对经济发展的贡献率日益提升，文化产业的区域化发展及区域间和区域内部的联动将成为重要的发展引擎。区域文化产业发展有优势、有机遇也有挑战。如何挖掘各地文化特色，变文化资源为文化资本，是促进文化产业持续健康发展的关键问题。

“双奥之城”应当这么办

北京把2022年冬奥会作为普及推广奥林匹克运动，加快城市和区域发展的重大机遇。如果北京申办成功，那么北京将创造在同一个城市举办夏季和冬季两个奥运会的历史，并奉献一届令运动员引以为傲，让所有参与者终生难忘的冬奥盛会。北京《申奥报告》这样表述：北京2022将把地域维度的长城文化、时间维度的春节文化及百年冬奥与奥运会元素整合，创造丰富的文化遗产，为奥林匹克大家庭提供独一无二的体验。

2016年3月17日公布的政府工作报告（最终版）和“十三五”规划纲要中，均提到冬奥会。一个说要“做好北京冬奥会和冬残奥会筹办工作，倡导全民健身新时尚”，另一个说要“做好北京2022年冬季奥运会筹办工作”。2022年春节期间，北京要办冬奥会，这是一件大事。

习近平总书记对冬奥会的各项筹备工作也十分重视。全国两会后，他的首个公开活动，就是在中南海主持召开了一次会议，专题听取北京冬奥会、冬残奥会筹办工作情况汇报。正如习总书记所言，在北京举办一场全球瞩目的冬奥盛会，必将极大振奋民族精神。这是一次极为重要的“文明交流互鉴”机遇，我们将共同见证中国和世界的“冰雪奇缘”。

一、场馆建设：节约“闹革命”

“场馆和基础设施建设是筹办工作的重中之重，周期长、任务重、要求高，要加快工作进度，充分考虑赛事需求和赛后利用，充分利用现有场馆设施，注重利用先进科技手段，注重实用、保护生态，坚持节约原则，不搞铺张奢华，不搞重复建设。”这是总书记对冬奥会场馆建设提出的明确要求。

我们知道，大型赛事体育设施的建设可以提升体育运动的档次，更可以带动地区体育设施水平的整体提升，而冬奥会的举办则更能够充分保障冬季体育运动设施的建设水平。总书记提出“节俭”建场馆，是对冬奥会场馆建设的更高要求，节俭办赛事不是要降低体育场馆的规格、标准，而是要通过合理的规划设计，使场馆生命不断延长，使场馆效率最大化。

这在国际上是一个通行的惯例，且在国外已经有了很多成功的实践案例，悉尼奥运会的场馆规划与建设就是典型。我曾经参观悉尼奥运会的场馆，这些场馆在赛事结束之后立刻进行再造，以满足日常文化活动、体育活动的实际需求，从而在很大程度上延长了场馆的生命，极大地提升了场馆的使用效率，“节俭”二字已水到渠成，当然，这离不开有远见的科学规划。[①] 与之相反，北京奥运会在这些方面有所欠缺。我们在看到 2008 年北京奥运会取得的辉煌成就时，也要看到应当汲取的教训，场馆建设与管理就是一个需要反

① 体育赛事场馆的有效利用是场馆“活起来”的基础，将场馆升级再造，成为人们日常文化活动的中心，是场馆生命力的延伸。

思的重要方面。我们应当认识到，场馆建设固然重要，但场馆的日常运营与后续作用的发挥更需要予以关注。“科学化、可持续化、重复利用化”是总书记对于场馆建设的重要指示精神，与场馆建设的“节俭化”不谋而合。这些新的发展理念，值得我们一起关注——场馆如何更好地服务百姓？如何做好公共体育服务和公共文化服务？[①]这都是非常实际的问题，需要我们充分思考——不仅仅是冬奥会，其他大型赛事及社会治理当中都需要对这一新问题予以全面考量。

二、冰雪激情：文化舞台已开演

2022年的冬季奥运会正值我国的春节期间，开幕式的时间2月4日也是我国二十四节气之立春。这是一个中国春节文化符号与举世瞩目的冬奥会冰雪文化符号碰撞、交织的时刻，这对推动我国海内外文化交流而言是一个绝佳的机遇。可想而知，不论是各种各样的春节文化活动，还是围绕冬奥会开展的文化体育活动，都将在这段时间高密度地绚烂绽放。

目前，世界大型赛事都与文化有着密不可分的联系，不论是索契冬奥会，还是美国盐湖城冬奥会及其他各种各样的大型赛事，这些赛事本身就是一场文化的盛会。在此期间，文化或与体育赛事有机融合，或在赛事周边及赛事筹备阶段展开。这样的文化交流活动最能够深入人心，最能够集中展示一个国家、一个地区的文化魅力。[②]因

① 公共文化服务与体育的关系是密不可分的，都是提升人们生活幸福感的重要方面。

② 体育赛事尤其是国际重大体育赛事，是展现一个国家文化风貌的窗口，如何通过体育赛事将国家文化精髓传递给世界，是我们需要思考的命题。

此，我们要专注北京冬奥会这个绝佳的契机，做好文化交流工作，做好文化建设工程。这是一个系统工程，不仅仅是体育部门一个部门的事情，也不单单是北京和河北的事情，更不是中国残联一家的事情，而应当是与文化相关的各个部门需要统筹规划、共同发力的大事。冬奥会在北京举行，冬奥会在中国举行，这给与文化建设相关的全部管理部门提供了一个无比巨大的舞台。这个舞台绝对不是比赛这短短几天，从冬奥会申办成功那一天起，这个舞台就已经开始运转了。

在这一过程中，我们要处理的事情太多太多。利用冬奥会做好文化和体育、体育与旅游、旅游与各种深入体验的有效融合，需要从顶层设计出发，只有这样，文化效应才有可能带来不言而喻的经济效益。

三、国际传播：讲好中国故事

总书记在会议中特别讲到国际传播问题，又一次强调要讲好中国故事。北京冬奥会要讲好中国故事，就是要在冬奥会举办期间，利用大型体育赛事，在赛事筹备前、比赛中及赛事后让世界真切地了解中国、了解北京、了解河北。讲好中国故事，就是从身边的事情开始，从一点一滴开始。所谓故事要有情节，所谓讲好就是感人、动人、深入人心。实际上，这为文化走出去、为国际传播提出了又一个新的课题。

四、冰天雪地：文化消费搞起来

北京冬奥会的筹备与准备，无疑将推动中国冬季体育运动产业的迅速发展，促进全民冬季健身运动风尚的形成。冬季运动产业发展既有滑雪、滑冰等大众喜闻乐见的项目，还有冰上旅游、冰上健身、冰上养生等有待进一步创新开发的项目。这些运动项目具有推动冰上运动全民普及的作用，也有助于将体育文化健身活动与之有机结合，拓展中国“冰雪”发展的创意和设计空间。

此外，冰雪产业也为文化消费提供了一个全新的广阔而极具增长潜力的舞台。在这个舞台上，我们可以有计划地将长期以来北方地区的冬闲时间变成可开发的有效资源。[①]这个“舞台”上，演艺产业、休闲养生、文化体育产业等都有很大的开发潜力，而目前我国在这些方面仍旧存在很大的短板。冬奥会是一个极佳的契机，但我们需要认识到，仅仅依靠体育运动项目的带动作用是极其微弱的，借助体育赛事，实现跨界融合发展，才是需要予以关注和研究的重要命题。

五、雪中漫步：国家形象新阵地

冬季奥运会对于提升我国的新形象极为重要，它的举办时间既是“两个一百年”奋斗目标的第一个一百年的结束期，也是第二个一百年目标的开始期。2022 年还是我国实现第十三个五年规划之后向第十四个五年规划迈进的第二年。在这个伟大的历史转折时期，中国的整体形象是对我国文化实力最好的展示。在这一过程中，我们会发现不足，需要弥补不足。通过大型体育赛事，

① 随着人们生活水平的不断提高，冰雪产业成为一个极具潜力的产业，成为体育产业的重要组成部分。

我们和世界的关系会得到长足的发展，对体育赛事而言，完成竞技比赛是小事，展示国家形象、国人风采才是大事。冬奥会是机遇，我们可以从世界中得到启迪、滋养，收获经验、教训。中国要融入世界，经济上的块头大不够，军事上的肌肉强也不够，以一个具有文化灵魂的完美形象去向世人展示中国才是题中之义。[①]

正如李克强总理在答记者问中所言，要真正得到世界的尊重，我国的经济要从市场经济、法治经济提升到道德经济，而我们的国人形象不是仅仅靠拿的金牌多，参加冬奥会的国家人数多就能达到目的。我们应该让世界人民看到一个热爱和平、勤奋劳动、聪明才智又不乏幽默和富有民族特色的中华民族，在与世界人民交往、交流过程当中展现出中国的独特魅力。一个国家的文化形象特别是整体社会形象是我们真正融入世界大家庭的一个重要基石，冬奥会恰好为我们提供了这样的舞台。

① 冬奥会也是文化软实力的重要体现！

创新与融合：关于全国文化中心建设的几点思考

2014年2月26日，习近平总书记视察北京并发表重要讲话，明确了“四个中心”的首都城市战略定位。经过四年的发展，北京市文创政策全面开花，文创环境全面向好。在经济发展稳中向好的大背景下，北京如何进一步推进全国文化中心建设，本文给出了不同视角的思考。

2014年2月26日，习近平总书记考察北京时提出“四个中心”（即全国政治中心、文化中心、国际交往中心、科技创新中心）的建设目标，要求努力把北京建设成为国际一流的和谐宜居之都。2017年8月18日，北京市委书记蔡奇在推进全国文化中心建设领导小组第一次会议上进一步强调，要“建设中国特色社会主义先进文化之都”。

经过四年的发展，北京市在人才引进、老旧厂房保护利用、园区认定等方面的政策全面开花，文创环境全面向好。而文化和旅游部的成立，以及国家大力倡导发展全域旅游，更是以全域为载体，为文化事业和文化产业的双效统一和全面提升创造了历史性机遇，为文化发展的顶层设计开拓了思路。

进入新时代，在经济发展稳中向好的大背景下，如何引导这些利好政策深入产业一线，服务北京市全国文化中心建设目标，实现区域协同创新及推进构建“高精尖”的产业结构，这便需要从文化、城市、产业和人才四个角度入手进行思考。[①]

一、文化视角：“三带”建设融会贯通，双效统一提升城市文化内涵

2017年9月，中共中央、国务院批复的《北京城市总体规划（2016年—2035年）》（以下简称《规划》）中表述道：“推进大运河文化带、长城文化带、西山永定河文化带的保护利用。”三大文化带的建设，是北京进行城市文化保护和建设的重要内容。

统筹推动三大文化带建设，有利于发挥区域的地缘优势，实现历史文化遗产整体保护，让文化带成为活着的、流动的、发展的黄金廊道。面向未来，三大文化带要在过往实践的基础上，积极整合文化旅游资源，进一步推进文旅融合。

（一）要科学统筹规划，加强顶层设计。

打通三大文化带，实现空间和文化、场所和精神的融合发展，需要加强顶层设计和政策引导。在统筹设计的过程中，要加强发改、规划、财政、城建、文物、水利、旅游及环保等部门的联动，协调各部门工作，明确各部门职责，将文物保护和利用与区域的生态保护、旅游发展、环境整治、改善民生等工作有机协调。

① 北京应在推进历史文化名城保护、提升文化服务质量、打造城市文化品牌等方面激发文化活力，提升城市文化品质，展现开放包容自信的大国首都人文形象。

（二）要整合区域资源，强调协同发展

三大文化带串起的古都文脉将带动京津冀三地社会文化的充分提升。因此，三大文化带的建设要充分考虑在资金、技术、人才等资源上的合作与交流，综合政府、学术机构等多方力量，打破行政区划的界限，将文化带建设融入京津冀协同发展中，创新区域协同保护与发展模式。[①]

（三）要创新体制机制，实现重点突破

在创新机制方面，要把保护和利用结合起来，创新投融资模式和绿色发展激励约束机制等，在政府主导下合理地引入社会力量，打通资金渠道。此外，在三大文化带的建设中，建立以世界文化遗产、重要国家级文保单位、国家级非物质文化遗产所在地和世界地质公园、国家级风景名胜区为核心的整体保护格局，实施重点突破、点线面结合的战略，统筹推进三大文化带保护利用。

此外，完善相关基础设施配套，创新三带文化旅游产品和服务，深度挖掘文化资源，打造精品型、体验型的文化旅游线路，推进旅游与演出、夜游等新兴产品和服务业态的融合，是发展文化事业和文化产业、打造城市文化体系过程中的有效路径。

二、城市视角：把握“一体两翼”布局下的城市文化营造，不断推动区域协同创新

城市文化营造应围绕城市布局和发展目标定位而展开。2017

① 京津冀协同发展的创新驱动是一个长期的系统工程。京津冀协同发展，不再是简单地依靠投资、项目的发展老路，区域发展必须要有新的思路，要依靠内涵发展、创新驱动。

年9月27日，中共中央国务院发布关于对《规划》的批复，提出深入推进京津冀协同发展。伴随京津冀协同发展战略的全面部署，北京以核心区为“一体”，以河北雄安新区和北京城市副中心为“两翼”，“一体两翼”的发展格局基本确立。

（一）以运河为底色的北京城市副中心文化营造

《规划》中提到，北京市城市副中心到2035年初步建成国际一流的和谐宜居现代化城区，成为低碳高效的绿色城市、蓝绿交织的森林城市、自然生态的海绵城市、智能融合的智慧城市、古今同辉的人文城市、公平普惠的宜居城市。根据北京城市副中心的战略定位，通州区要从历史文化特点和城市建设布局上提炼自身特色和产业布局。

一方面，通州区是北京大运河文化带建设的重要承载区，具有以运河为特色和底色的城市风貌和文化氛围，应保护好、传承好、利用好大运河历史文化。另一方面，要依托大运河形成的生态文明带，构建以水为亮点、聚焦文化旅游、生态休闲的“运河文化+”业态，全面展示中华文化的博大精深和北京特色，弘扬“文化自信”，塑造区域文化品牌，实现推动北京全国文化中心建设的时代要求。①

（二）以传承和创新为精神内涵的雄安新区文化营造

雄安新区作为我国重要的国家级新区，不仅经济地位举足轻重，也是未来城市文化发展的风向标。因此，雄安新区的文化建设既要考虑如何在当前文化设施建设中继承中国优秀历史文化传

① 北京应担起大运河文化带“龙头”之责，通州也将全面推进全国文化中心和大运河文化带建设，整合沿线文化旅游资源，做文化遗产保护的先锋和典范。

统，又要考虑如何为未来文化发展留有空间和余地。

2018年9月22日，河北雄安新区规划建设领导小组召开会议。会议强调，要坚定不移贯彻党中央重大决策部署，努力打造推动高质量发展的全国样板，相关单位要精心编制公共文化服务体系专项规划，高标准布局建设博物馆、美术馆、剧院等公共文化设施，在街道、社区建设综合文化站和文化服务中心，积极推进公共文化服务数字化建设，大力发展文化产业。

基于战略定位和空间布局的确立，北京的要素资源开始向两翼和京津冀渗透。以大运河文化带建设为例，北京通州、天津武清和河北廊坊共同成立了“通武廊旅游合作联盟”，三地正式揭开携手打造京津冀协同发展试验示范区的序幕，这既是京津冀文化贯通的集中展现，也是以文化为引领，积极推动三地境内大运河沿线区域产业升级的重要尝试。

三、产业视角：对标世界文化名城，提升北京全球文化影响力

北京的目标是要建设成为“彰显文化自信与多元包容魅力的世界文化名城”“具有广泛和重要国际影响力的全球中心城市”。文化作为民族凝聚力和创造力的重要源泉，在综合国力竞争中的地位和作用越来越突出，成为国家核心竞争力的重要因素，文化产业也在自上而下地逐渐成为国民经济的支柱性产业。

2018年上半年（1—6月），北京市规模以上文化创意企业营业收入为8493.4亿元，这一数值相当于全国2017年全年规模以上文创企业营收的1/10，在促进经济结构转型升级中发挥着强劲的作用，并且在全国范围内处于绝对领先的地位。但同世界级的文

化产业大城相比，北京市文化产业，特别是在文化产业从业者占城市工作人口比重方面，差距较大。①

文化产业是当今世界经济发展的新潮流，纽约、伦敦、东京等众多国际城市均对文化及文化产业进行了战略布局。由于发展时序有先后，各地呈现出的发展现状也有所不同。要追赶其他全球文化名城，将北京打造成为具有全球影响力的文化中心城市，需要在以下方面着重发力。

（一）空间保障

作为全国首个以政策形势明确利用老旧厂房拓展文化空间的城市，北京市在疏解非首都功能的大背景下，积极腾退老旧厂房224个，已经转型利用的老旧厂房占地面积601万平方米，为文化产业发展提供了充分的空间保障。北京市国有文化资产监督管理办公室主任赵磊称，到2020年，北京将再腾退出约1000家一般制造型企业，腾退的老旧厂房资源将更加丰富。贯彻落实利用老旧厂房改造文化空间的发展思路，加强文化产业园区在“三区融合”中的参与度，将更大限度地激活北京市的创新创意氛围，服务北京市世界文化名城的建设目标。②

（二）产权保障

文化产业的核心层包括内容产业，而知识产权保护则是支撑内容产业商业化运作最重要的因素。面对文化产业中层出不穷的

① 2018年《关于推进文化创意产业创新发展的意见》出台，标志着北京文创产业发展的一次“大洗牌”，不利于环境发展，不利于产业链条优化的产业类型，会在这一轮的淘汰中逐渐被疏解。

② 盘活老旧厂房的空间资源，一个重要方向就是发展公共文化空间，既能够实现待更新空间的去存量化，而文化空间的增量发展，又能增强城市的文化氛围。

新概念、新技术、新业态，如IP、数字创意产业、VR/AR、文物版权、体验经济等。知识产权保护是市场能够良性发展的重要保障，加快立法、加大知识产权保护力度是文化产业跨越式发展的重要前提。

此外，在版权运营体系的构建上，我国与好莱坞等文化产业头部区域也还有一定差距。因此，文化产业全球价值链的构建和提升，是北京市发展文化产业，建设全国文化中心和世界文化名城的重要组成部分。

（三）金融保障

自2014年3月文化部、财政部和中国人民银行共同出台了《关于深入推进文化金融合作的意见》以来，文化与金融合作已经成为文化创意持续发展的重要动力。截至目前，北京市在文化金融方面已取得了丰硕的成果：北京银行、北京信用管理有限公司、深圳证券交易所北京中心等金融机构为文创企业提供畅通的融资信用服务；蜂鸟贷、银担通、税易贷等特色金融服务产品为文创企业提供便捷、优惠、一站式金融服务；2018年8月28日，北京文化金融服务中心正式投入使用，它整合了各类金融服务和政策资源，为文创企业提供全面、精准的金融服务。未来，北京市应进一步深化落实文化和金融的合作，丰富文化金融服务手段，推动文化创意产业与相关产业的融合发展，加大对外文化贸易，扶持小微文化企业的发展，以促进文化消费。

（四）扩大融合

创新性和耦合性并举的产业特征，以及高附加值、不完全竞争的市场特征，使得文化产业在其他产业当中逐渐渗透，并模糊其中的产业边界。在经济发展稳中向好，供给侧结构性改革进入深水区，经济发展进入新常态的大背景下，文化产业与其他产业进行融合的趋势日益明显，外延也逐步扩大。这一方面表明了文化产业对经济社会全局发展的重要意义，另一方面凸显了文化对相关产业的重要影响。下一步，北京市应在多个领域中倡导“文化 +”的概念，如工业、农业、旅游业、制造业等，继续扩大第三产业在北京市经济结构当中的比重，助力经济结构向“高精尖化”发展的不断推进。

四、人才视角：充分利用平台资源引进人才，充分利用高校资源培养人才

在深入实施创新驱动发展战略的同时，如何更好激发释放文化创意产业人才价值，如何推进文化产学研有效互动，如何实现“双创”环境提质发展，如何根据行业发展，动态调整人才激励机制，值得我们进一步深入思考。

（一）人才引进

2018 年 3 月，北京市人力资源和社会保障局印发《北京市引进人才管理办法（试行）》，为优秀人才和优秀创新创业团队开通“绿色通道”，加大对文化、教育、医疗、体育等方面人才的引进力度。相应地，北京市住建委 7 月正式发布《关于优化住房支持政策服务保障人才发展的意见》，面向人才提供专配公租房、共有产权房，发放租房补贴，通过住房政策来服务保障在京就业创业的人才。面向未来，北京市要通过对相关环境和配套服务的提升，进一步加大对于文化产业人才的引进力度，在政府、企业、高校等各个层面扩大专业人才的覆盖面，完善城市文化治理体系，释

放文化创意活力。[1]

（二）人才培养

北京市拥有92所教育部认可的普通高等学校，其中包括31所“双一流”建设高校，8所“985高校”和26所“211高校”，教育实力雄厚。推动全国文化中心建设，要立足人才培养，拓展国际化视野，把握自身丰富的高校资源优势，不断推动“三区”联动和产学研协同发展。

对于高校而言，应紧抓教师队伍建设，与学科相关的企业和国际名校进行战略合作，为学生提供品类更加丰富、质量更加优异的前沿课程、专业课程和实践机会，为学生搭建创新氛围浓厚、兴趣得以满足、机遇充分流动的平台型校园。

面对国家大力发展现代文化产业的战略机遇、大运河文化带繁荣发展的时代机遇、“一体两翼”和京津冀区域协同的空间机遇，文化、旅游及相关产业融合发展的市场机遇，北京要建设好全国文化中心，还需把握政策机遇，结合新时期发展的要求，坚定发展思路，引导文化事业、文化产业齐头并进，实现社会效益和经济效益的双丰收。

① “房子是用来住的，不是用来炒的”，经历2018年租房市场的动荡后，北京应多渠道增加租赁住房供应，全面规范市场主体行为，规范发展规模化住房租赁，促进住房租赁市场平稳健康发展。

如何打造北京城市副中心的“设计之都”？

2018年4月23日，通州区打造北京“设计之都”新平台专家座谈会在通州会议中心举行，来自国内外设计领域企业、高校、科研院所的16位专家学者齐聚一堂，共同分享国内外设计产业的创新理念、实践及典型案例，深入探讨推进通州“设计之都”示范区建设的路径。范周教授受邀出席本次座谈会，并就如何打造北京城市副中心的“设计之都”新平台发表了自己的观点和看法。本文根据范周教授现场发言整理。

一、围绕“智慧设计之都”发力，拓宽国际视野

习近平总书记强调，要坚持世界眼光、国际标准、中国特色、高点定位，以创造历史、追求艺术的精神，高水平规划建设好城市副中心。这是中央对于副中心建设的希望，更是通州区开展一切工作的统领思想和意志。因此，在“设计之都”新平台打造过程中，应立足城市副中心定位，在全球范围内搜寻设计产业领军企业、人才，用世界眼光来实现创新和差异化发展。

2008年以来，深圳、上海、北京相继获得“设计之都[①]”的美称，多地都在寻找着力点，向“设计之都”建设迈进。首先是深圳：工业设计和高科技产业。得益于改革开放的历史机遇，作为中国第一个跻身“设计之都”的城市，其地位正得到越来越多国际人士的认可，尤其在工业设计领域积极向高科技产业的转型，形成了一种值得总结的“深圳模式”。其次是上海：电影产业。与北京相比，上海发展设计产业起步较早，规模较大。凭借独特的发展优势和丰厚的历史资源，以设计产业为代表的上海文化产业如今正成为产业转型升级的助推器，带领着上海市经济发展迈向新的高峰。“十三五”之后，特别是在习总书记主持召开文艺工作座谈会之后，上海更是发挥出电影发祥地的优势，电影产业得到快速发展。再次是杭州：影视产业。从在杭州白手起家的阿里到中国电视剧第一股的华策，杭州影视产业发展成绩喜人，近些年在影视数字化方面更是走在全国前列。最后，还有一批在设计领域发展上独具特色的城市。无论是台湾、香港，还是武汉、成都、西安、天津、重庆等地，这些城市在设计产业发展上都是各具特色，各有千秋。

如今，设计产业发展已经进入一个新的历史拐点。数字创意产业被纳入国家“十三五”战略性新兴产业，数字化转型势在必行。在众多的“设计之都”建设中，综合考虑北京市资源优势，通州区台湖镇要想打造出区别于中国其他冠以“设计之都”之称的城市，就要在互联网“智慧设计之都”上下足功夫。

① 2004年，联合国教科文组织创立全球“创意城市网络”，提倡全球创意产业对经济和社会的推动作用。“设计之都”可以说是一个世界级的城市文化品牌，有利于城市向生态化、创意化发展。

二、强化互联网思维，打造开放式平台

（一）锁定全球 500 强，量身打造招商引进

台湖镇加快动能转换、实现转型发展，其落脚点就是优质项目。北京“设计之都”的特色是全球智慧设计中心，这就要求我们不能以传统眼光去拼企业的体量和数量，而是要放眼全球，吸引一家或几家符合台湖规划思路的、具有全球影响力和知名度的优秀设计企业。值得一提的是，这些独角兽企业爆发能力大，这将是未来台湖地区招商引资的重要部分。

首先，目标锁定全球 500 强当中的企业设计团队。所谓的“全球 500 强”是一个全领域的概念，绝不是一家或几家的单打独斗[①]。其次，对优势团队积极开展专业化精准招商，发挥大项目的强势拉动作用。设计团队在中国的设计总部一旦建立，带动的将是整个全产业领域的发展。最后，量身打造招商引资战略，要让领军团队和人才进得来、留得住。

（二）加强高校合作，构建互利共赢格局

相关统计数据显示，目前全国本科阶段开设产品设计专业的院校有 340 余所，开设视觉传达设计专业的有 637 所。北京作为全国文化中心和科技创新中心，开设艺术设计专业的院校数量更是全国领先。现阶段，高校越来越注重办学的国际化视野，长期与国际设计公司开展项目合作，设立国际艺术设计驻留工作室。

---

① 互联网思维，包括大数据思维、平台思维、跨界思维等，要将这种思维应用在台湖镇设计企业的引进上，更好推动设计生态的营造、专业服务平台建设，承接优质设计资源，推动建设国际化设计创意集聚区和高端人才创业项目在京落地。

因此，一个大学的设计学院背后就有一大批与其长期合作的中高端设计企业。从这一点上来说，通州区应充分利用高校资源与吸引力，将与高校合作作为平台建设的重要组成部分，抓住高校也就抓住了根本。

（三）科学研究产业特性，完善人才引进机制

对设计产业特性进行科学性研究。创意来自设计师富有创造力的头脑，设计产业的竞争说到底就是人才的竞争。[①] 一是充分考虑设计人才的诉求。坚固一批成长型人才，有针对性地为富有潜力的创意人才量身打造优惠政策，充分考虑核心诉求，切实解决其后顾之忧。二是着力破解束缚“人尽其才”的体制机制瓶颈，包括政策环境、医疗养老、住房、购车、子女入学、户籍等，提供相应的配套设施和特色的孵化基金，使设计人才进得来、留得住，还能住得安心。三是优化创作环境和平台。设计工作不是“闭门造车”，研发工作需要大数据、云计算等科技设备，需要图形图像处理设备，更需要一定的设备投放空间。因此，政府要提供一定的公共空间和平台，形成鼓励原创、支持研发的氛围。

三、占领世界话语权，打响通州台湖品牌

（一）打响通州“设计之都”台湖品牌

在形成台湖自身特色的基础上，打响通州“设计之都”台

① 2017年，武汉成为继深圳、上海、北京之后的中国第四个“设计之都”。近年来，武汉相继实施了“百万大学生留汉创业就业工程”“海外科创人才来汉发展工程”“城市合伙人”等一批人才工程。如何吸引设计人才、留住设计人才，台湖镇不妨学习借鉴武汉经验。

湖品牌。通州是区级名称，城市副中心是行政概念，因此，在对外传播上，选取“台湖”二字作为“设计之都”宣传的核心点。通过和一些国际标准委员会合作，开展国际设计论坛、出台数字化设计标准、年度报告等，向世界发声，占领世界话语权。

（二）打造中国自己的台湖“红点奖”

德国红点奖是 Design Zentrum Nordrhein Westfalen 设计协会创立的一个国际奖项，现已成为全球范围内最重要的设计奖项之一；瑞士达沃斯论坛由瑞士大学教授 Klaus Schwab 提倡创建，现已成为全国各国领导参与的世界性经济论坛；美国奥斯卡金像奖是在美国电影艺术与科学学院成立的宴会上提议发起的，现已成为全球瞩目的电影盛事。这些全球性赛事给了我们很大的启发。通州区打造北京“设计之都”新平台从一开始就要瞄准世界，投入相当的启动和筹备资金，邀请设计行业各领域“设计之父”担任大赛评委，建立一个具有权威性的世界顶级台湖设计类奖项，通过多年的培育，逐步吸引世界目光。

四、对接北京市现有资源，做加法做增量

（一）做好与北京市的政策对接

目前，北京市已出台多部政策来支持“设计之都”的建设，包括《北京市促进设计产业发展指导意见》《北京“设计之都”建设发展规划纲要（2012—2020 年）》《关于保护利用老旧厂房拓展文化空间的指导意见》等政策文件。通州区打造北京“设计之都”新平台的政策要与北京市现有的文化创意产业政策做好对接，具

体到设计产业各门类上也要与北京市的功能定位相契合[①]。

（二）提升大局意识，增强全局观念

纵观北京市设计产业总体发展，要想真正解决好如何创新发展、如何集聚产业、如何培育新企业、如何支持新团队的问题。不能只因一区一地发展，通过不合乎市场规则的杠杆把海淀区、西城区、朝阳区等其他区县的好企业撬动过来，这样简单的物理平移是毫无意义的。通过“设计之都”新平台，我们的着眼点在于做加法、做增量，而不是在存量上“打主意”、想办法。

（三）做好与现有设计产业资源对接

近年来，为把北京建设成为具有全球影响力的“设计之都”，北京市政府、相关机构、协会都在不懈努力，已经形成了教科文组织创意城市北京峰会、中国设计红星奖等品牌活动。如何与北京市现有的资源做好嫁接？如何真正地把设计品牌做足擦亮？如何真正发挥出设计资源的最大化？这是目前我们仍需要思考的问题[②]。

① 政策创新是国家促进区域文化发展的重要动力。除了做好政策对接，雄安新区也应充分利用先行先试的优势，积极参考和借鉴国家文化产业创新试验区的政策，集成创新区域特色的文化政策，特别是要创新人才政策。

② 设计产业作为服务业的高端环节，可以通过设计手段，促进科技与文化融合，促进城市发展创意化。要进行资源整合，更好地将北京科技优势、人才优势转化为产业发展优势。

雄安新区研究的新理论增长点——基于文化、产业、民生的现实维度

“雄安新区”的设立是以习近平同志为核心的党中央做出的一项重大历史性战略选择。雄安新区的建设，着眼党和国家发展全局，立足大历史观，深入推进京津冀协同发展战略，探索人口经济密集地区优化开发的新模式，谋求区域发展的新路子，打造当代中国经济社会发展新的增长极。随着新区建设的有序进行，现有县域的产业形态、社会空间、生活方式、治理模式、文化生态、城乡风貌等各方面都迎来颠覆性的转变，而与之相应的是一系列亟待深入研究的重要议题及相关理论的系统建构。本文基于对雄安新区辖域内的雄县、容城县与安新县实地调研，从文化资源、产业与民生三个现实维度，系统梳理了雄安县域文化遗脉、产业结构与民生现状。目前，雄安新区面临公共服务落后、经济基础薄弱、利益主体多元等棘手“考题”。这需要在把握新区自身发展基础与发展特点的前提下，将雄安新区的学术研究置于经济社会发展的宏观系统中予以统筹考量，以期建构雄安学术研究的理论体系，为当代中国社会发展贡献新的理论增长点。

一、文化资源：保护与活化

雄安新区的历史使命与高点定位，决定了文化是立区之魂。没有文化传承就没有雄安的未来。在规划编制中体现文化先行的理念，把文化建设放在重要位置，努力把雄安新区建设成中华优秀传统文化传承示范区，守住安全红线、生态红线，更要守住文化底线。新区文化是城市文化精神及城市景观的总体形态，要保护与活化文化历史资源，让城市建筑环境传承历史记忆，形成连续的城市记忆与城市文脉。

（一）历史古迹：让历史古迹成为新区文化地标

雄安新区历史文脉悠长，承载着超过千年的历史文化资源。雄县、容城、安新三县最早在汉代就已建县。三县目前拥有全国重点文物保护单位 2 处，省级文物保护单位 8 处，市县级文物保护单位 40 余处，登记在册的不可移动文物点 140 余处，尚未核定公布为文物保护单位的不可移动文物数量更多。雄县境内，古时雄州是边关要塞，宋军为抵御辽军修筑的堪称“地下长城”的大型地下防御工事蜿蜒十几千米，气势恢宏如今依旧可辨；容城境内，商州时期的晾马台遗址、春秋战国时期南洋遗址及唐代晾马台遗址均保存完好，并出土了大量陶器，具有重要的历史和学术价值；安新县内的“两塔一庙”历经沧桑，如今已经成为重要爱国主义教育场所，具有深厚的文化底蕴和光荣革命传统。这些只是雄安新区丰富深厚的历史文化遗产积淀的冰山一角，经过系统梳理，我们发现文物保护区范围内的遗址保存相对完整，这里的文化挖掘和保护工作正在展开，文化遗存的修复与保护工作也已列入计划。一处处历史遗迹记录着千百年来这座城市的发展轨迹，在时空变换的新陈交替与变迁之中，恰恰是这些不同时代、不同维度的遗址构成了城市独特的魅力，并世代延续。

历经千百年时间沉淀的文化古迹不仅见证着这座城市的历史变迁，构成这个城市的历史文化空间，更塑造了这座城市特有的文化基因，代表着城市独有的文化精神。[①] 正因为这样，我们才要精心保护文物建筑、城市历史，建设众多的博物馆来保护这些可移动和不可移动的文物。雄安新区未来的城市建设中，文化自然不能缺失，其中历史文化更要重点保护，而作为历史文化重要载体的历史古迹则应该成为雄安新区的文化地标。

要让历史遗迹成为雄安新区的文化地标，首先必须系统梳理新区历史文化，并进行保护与活化，让原住民能够记住新区的历史，让外来移民能够深入了解与感悟新区的历史积淀。其次要借鉴国际经验，让古迹在新区复活。用丰富多彩的方式，提高名胜古迹的利用率，从新的角度诠释文化遗产在现代生活中的作用，并产生可观的经济效益。在这一过程中，要严格遵守文物保护规定，不使古迹受损是底线。再次，统筹古迹内外环境，延续历史氛围。只有完善基础研究，熟悉内外环境，才能有的放矢寻找保护与活化的措施。除此之外，要将先进的科学技术引入文物与遗迹的保护之中，用现代化的措施与手段提高修复、建设与保护的能力。

（二）非遗传承：让非遗传统“活”在当下

雄安新区文化积淀深厚，一批各具特色的非物质文化遗产成

① 故宫博物院原院长单霁翔曾提出，文化遗产不应该是城市发展的绊脚石。当你把它当成是城市发展的负担时，它就只能蓬头垢面地待在角落里，而当你把它当成是城市发展的不竭动力与文化资源时，它就立刻站起来，光照四方。

为新区文化发展的宝贵财富。雄县共有非遗项目 21 项，其中国家级非遗项目 2 项，县级以上非遗代表性传承人 23 人；安新县共有国家级非遗项目 2 项；容城县共有市级非遗项目 2 项。

随着雄安新区建设的推进，非物质文化遗产的保护必然会面临生存环境变迁、传承人断代及外来文化的冲击等问题，这些问题的出现将对目前非遗保护带来一定的阻碍。就目前来说，雄安新区的非物质文化遗产保护存在着传承意识与传承主体两方面的问题。

首先，基层文化部门对于非遗的认识及重视程度有限，一些非遗项目要么散落民间，要么未能发掘。例如“容城八景”是已挖掘的两处市级非遗项目之一。据《容城县志》记载，该非遗项目原为容城县的八处景观，[①] 现在传承下来八个传说，但该项目已没有传承人，只有三贤文化研究会的一些会员可以完整讲述这八个传说。除此之外，尽管还有一些类似于酒曲制造等地方特色传统技艺存在于新区，但并未收录进非物质文化遗产的名录。

其次，非遗的传承与保护主要由中老年人承担。例如容城的市级非遗项目高腔戏，起源于清代乾隆年间，为飞叉会表演前奏曲目，代表作有《五鬼拿刘氏》等。但由于目前高腔戏的传承人年事已高，受身体原因所限，传承活动基本已经不再开展。在雄县，起源于宋元时期的雄安古乐是国家级非物质文化遗产，是研究民族古典音乐的宝贵文化资源。但目前的表演队伍，半数以上是年过半百的中老年人，年轻学员数量稀少。在雄安新区，曾经

① 据《容城县志》记载，容城八景为：“古城春意”“易水秋声”“玉井甘泉”“白沟渡”“贤冢洄澜”“忠祠松雪”“古篆摇风”“白塔鸦鸣”。容城县有“容城八景”和“容城县高腔戏”这两个保定市级非遗项目，遗憾的是，“容城县高腔戏”处于已经彻底消亡的状态。

家家户户编苇席的盛况早已不再，编苇这项技艺甚至只有 60 多岁的老人掌握。古稀、耄耋之年的老人仍然孜孜不倦地致力于非物质文化遗产的传承，但随着传承人逐渐老去，年轻的传承力量却断代严重，为非遗传承带来了一定难度。

因此，让雄安新区的非遗传统活在当下，要从以下几个方面入手。首先，要尊重客观规律，从上至下，从高层至基层树立起保护非物质文化遗产的意识。要着重观察这些非物质文化遗产在当代社会的生存情况、生存环境，既要注重维护非物质文化遗产的具体形态，更要保护其根本的生命力。其次，针对传承人，应该形成政府主导与社会力量共同参与的局面。一方面要依靠政府的资金与政策扶持；另一方面要鼓励社会力量与民间资源的参与，尤其是要在未来一批高等院校进驻雄安新区之后，加强与高校之间的通力合作，为民间传统技艺输送一批专业管理人才。再次，激活非物质文化遗产，增强其竞争力与知名度。要突破单纯封闭式、抢救式的保护模式，而要在某种程度上与市场接轨，用更开放的思想拥抱市场、实现传承，不断增强非物质文化遗产的竞争力与生命力。

（三）红色文化：铭记红色历史，弘扬革命精神

雄安新区在中国民族革命时期扮演着重要的角色，这片热土曾涌现出许多可歌可泣的人和事，镌刻着鲜明的红色印记，孕育了深厚的革命精神。在雄安新区的建设过程中，一定要将红色文化作为一个着眼点，将此处的红色文化资源与其他的文化资源融合在一起，打造出雄安新区的文化名片。

总体来说，雄安新区的红色文化资源类型丰富且历史价值高、影响广泛、文化基础厚重。就历史价值层面而言，茂密葱茏的白洋淀里，一道道芦苇形成天然“水长城”，为抗击日寇发挥了重要作

用。一支神出鬼没、骁勇善战的抗日武装——雁翎队，智取十方院岗楼、夜袭大淀头岗楼、巧用矛盾端岗楼等对日抗战的英雄事迹至今广为流传。岁月磨平了多少当年曾辉煌一时的往事，而雁翎精神却伴随着历史的发展教育了一代又一代人。在白洋淀人民的长期抗战过程中，逐渐形成了敢于斗争、机智灵活的雁翎精神，体现了中华民族的民族性格和民族气节。就影响范围而言，很多文学作品和影视作品如《小兵张嘎》《荷花淀》等，对历史上发生在白洋淀这片红色土地上的事迹都进行了很好的宣传与弘扬。白洋淀既是革命圣地又是华北明珠，这些在碧波万顷的芦苇之间生长出来的红色文化，与绿色的绝美景致构成了白洋淀文化更广阔的想象空间。

相比于其他文化，红色革命文化有更加特殊的历史与现实意义，它带有鲜明的民族性、时代性与人民性，体现着中国文化的先进性，具有传承历史和教育人民的作用，对红色文化的发掘既要注重实体性遗产的保护利用，更要注重精神内涵的提炼升华，这些红色文化不能只是被动地承载传统、反映历史，更要成为培育先进文化的酵母，为社会实践活动提供思想源泉、精神养分和创新动力。

基于此，在雄安新区未来塑造红色文化名片时，要做到以下几个方面。第一，红色文化资源要与个体、群体环境形成互动。白洋淀的革命文化经过战争年代血与火的淬炼，包含众多人、事、物、魂等具体内容，要挖掘红色文化中生活化、草根化的内容，适应群众需要，真正将红色文化渗透到人民群众的生活之中。第二，红色文化资源要与经济功能形成合力，不论是物质形态还是非物质形态的红色文化资源，在具有政治与教育功能的同时，还应具有市场经济功能，要充分利用良好的知名度和现有的品牌效应，科学规划，合理开发，将红色文化与历史文化、民俗文化、生态文化等进行整理，打造品牌，多元融合，形成一张独特的城市名片，做到铭记历史文化，弘扬历史精神。

（四）民俗文化：延续文化生态，为雄安留住乡愁

美国人类学家罗伯特·雷德菲尔德提出了“大传统”和“小传统”的理论模式。所谓“大传统”指的是一般所说的占统治地位的文化，所谓“小传统”则主要是指民间文化、民俗文化。民俗与民众的生活须臾不可分离，是一种与生俱来的日常生活文化，展现了这个地方的民众生活智慧，传承了独有的文化基因。但同时，民俗文化又是一个城市、一个地区的根脉文化，为这个地方的精英文化、典籍文化甚至外来文化提供母体、奠定基础。雄安新区的人民长期以来伴水而居，相对封闭的生活环境为其生活方式打上了浓郁的地方特色。

第一，民风民俗淳朴，文化发展方式传统。雄安三县历史悠久，早在新石器时代就有人类生息繁衍，在长期的生产生活中，民间形成了独具特色、丰富多元的民俗文化。容城县的民间花会年年举办；中元节时用荷叶或荷花制成河灯放在水中的习俗流传至今；捕鱼、织网、苇编和那些朗朗上口的渔谚都表现着雄安新区与众不同的文化气质。

第二，传统观念影响深远，移风易俗初期受到阻碍。这种情况在乡镇和农村地区表现较为明显。以白洋淀为例，白洋淀周边各村村民生活经营方式较为传统，以捕鱼、手工业、服装业为主，至今这个片区还有水葬的风俗习惯。村民们的传统观念不容易改变。

第三，文化名人的精神影响世代传承。无论是来源于生活的传统民俗，还是植根于心灵的文化精神，在雄安新区这片热土上，都以其最淳朴的方式影响着祖祖辈辈生活在这里的人们。容城三贤之一杨继盛第十四代传人杨四合老先生为了感念祖先的无畏精神，号召组织村民捐款复原重建了杨继盛祠堂。祠堂逐渐受到政府和各界的关注，吸引全国各地的人汇聚于此。每月初一、十五，祠堂必有进香供奉，杨继盛的精神得以流传，渐渐成为容城这一方土地的文化象征。

我国在城镇化发展的过程中取得了举世瞩目的成就，但也带来了许多问题，例如造城运动带来农村空心化、传统民俗文化大量消亡。雄安新区的城市建设，不能只看见未来而抛弃过去，要保护传承优秀的民风民俗，要让雄安人民即使是在很多年后也能感受到“乡愁”的温度。对于民俗文化的保护和传承，要遵循民俗文化发展的内在规律，在保护的基础上，对其进行合理利用，激活其内在活力和生命力，积极有效融入当代元素，使民俗文化在活态传承中得到保护。[①]保护和传承民俗文化，并不是“原汁原味”地将民俗文化作为标本进行保护，而是要保护其文化内涵、文化基因、核心工艺，把它们变为现代生活文化的一部分，变成“活”在我们身边的必不可少的活态文化。

（五）文学流派：荷花淀派与白洋淀诗群

雄安新区坐拥着被称为“华北明珠”的白洋淀，它既是华北平原水文湿地的自然遗产，也是在人类文明历史上人与自然和谐共处、相融相济的文化遗产。

以“荷花淀派”为代表的文学流派是新中国的第一个文学流派，在中国文学史上有举足轻重的地位。荷花淀即白洋淀，“荷花

---

① 民俗文化博大精深，有丰富深邃的精神内涵，是提炼城市精神的文化宝库。在城市发展的文明历史长河中，民俗文化也随时代发展而变化，展现出新的形式和内容，成为市民乐于接受的城市精神的要素，更显城市文化品位和人文魅力。

淀派”以孙犁为代表，起源于孙犁1945年写作的《荷花淀》。在创作上，“荷花淀派”主要描写白洋淀地区的农村日常生活，语言清新、朴素，富有诗情画意，有“诗体小说”之称，主要作家还有刘绍棠、从维熙、韩映山等。如今，孙犁已经成为白洋淀地区的文化名人，孙犁纪念馆也成为白洋淀地区的文化地标，这里完整收录了孙犁的主要作品、生平思想和创作历程，具有珍贵的文化遗产保护和研究价值。

“白洋淀诗群”为新诗潮的形成起了奠基作用，使安新县成为20世纪80年代朦胧诗全面复苏的发源地。“白洋淀诗群”形成于“文化大革命”时期，主要创作群体是1968年底大规模“上山下乡”运动期间到白洋淀地区插队的北京知青，包括根子、芒克、多多、依群、方含、宋海泉、林莽等。他们自发地组织民间诗歌文学活动，以其创作高度把“文化大革命”时期的“地下诗歌”推向高潮，被称为新诗潮在潜流期最具典型意义的诗歌群体，为20世纪80年代朦胧诗的全面复苏唱响先声。

白洋淀不是独立存在的单一生态体，它令人心醉神驰的自然风光与其浓重深厚的文化色彩，延续着雄安新区悠长的历史文脉，承载着新区的文化价值。这里是人文的热土，是历史的积淀，是创意的起点，如何在新区建设中雕琢这块瑰宝，使其在新时期绽放光芒，是值得深思的问题。

二、产业现状：机遇与挑战

雄安新区将成为“创新、协调、绿色、开放、共享”五大发展理念的集中施展平台。然而，目前雄安新区所辖范围内整体业态发展水平比较低端，产业结构以劳动密集型为主导，未来新区中的产业布局挑战巨大。与此同时，新区建设也将为当地企业迎来产业转型升级、产业结构由劳动密集型向知识密集型、技术密集型方向发展的历史机遇。挑战与机遇的并存，正是当地产业生存与发展所面临的现实，也是当地民众心之所系。

（一）产业现状

雄县四大支柱产业：纸塑包装、乳胶制品、压延制革、电线电缆。

雄县产业发展以民营经济为主。民营企业起步于 20 世纪 70 年代末 80 年代初，经过近 40 多年的积累发展，逐步形成了以塑料包装、压延制革、乳胶制品、电器电缆为支柱，箱包加工、制帽、机械制造等为主的门类比较齐全的工业体系。目前全县共有民营经济组织 15723 家，从业人员 121020 人。2016 年，年营业收入 432 亿元，利润 43.2 亿元。其中规模以上企业 118 家，从业人员 7520 人，年营业收入 219 亿元，占当年总营业收入的 50.7%，利润 6.8 亿元，仅占当年总利润的 15.7%。这些数据说明雄县的民营经济是切切实实的富民产业。

2016 年，雄县生产总值完成 101.14 亿元，年均增长 7.92%，超过全国平均发展水平；固定资产投资完成 69.86 亿元，年均增长 13.5%；规模以上工业增加值完成 72.74 亿元，年均增长 19.7%，发展迅速。

塑料产业。塑料包装企业主要分布于雄州镇三街、县城周边专业村及龙湾乡。塑料管材企业主要集中在昝岗镇、米北乡、张岗乡等专业村。据官方统计，雄县现有塑料企业 20000 余家，据行业协会统计，此类企业为 80000 余家，从业人员 80000 余人。

塑料行业资产总额 110 亿元，固定资产 55 亿元，产值 367 亿元。主要产品占国内市场 8%，国际市场 4%，已形成原材料、生产、回收、再加工、生产与再生产的塑料产业链。

压延制革。压延企业主要集中于雄县县城至白沟镇路两边的革塑工业园区。现有压延制革企业 670 余家，其中有一定规模的中小企业 20 余家，产业链条相关配套小微企业 650 余家，从业人员 7000 余人，拥有生产线 70 条。压延行业产值 1105 亿元，利税 60 亿元。产品占国内市场份额 30% 左右，是我国北方最大的灯箱布生产基地。

乳胶制品。雄县现有乳胶企业 75 家，集中分布于龙湾大步村、昝岗镇。其中气球生产企业 70 家，安全套生产企业 3 家，乳胶手套生产企业 4 家，从业人员 30000 余人，拥有乳胶手套生产线 590 条、气球生产线 660 条、手套生产线 80 条、医用手套生产线 10 条。乳胶行业资产总额 35 亿元，固定资产 25 亿元，年产值 56 亿元，利税 6 亿元。其中气球产品占全国市场份额的 80% 以上、占国际市场 60%，而雄县大步村更被称为“中国气球第一村”。

电器电缆。目前雄县拥有电器电缆企业 350 余家，从业人员 3000 余人，主要设备包括成缆机、压胶机、连流护套生产线等。雄县有优质聚乙烯塑料产业生产区，可满足塑料外皮包装所需要阻热阻燃阻电的特种塑料的生产。行业固定资产 21 亿元，产值 169 亿元，利税 7 亿元。主要产品占国内市场 6%。

从整体看，雄县四大支柱性产业起步之时正值改革开放之后民营经济的兴盛时期，以“轻小集加”（轻工业、小企业、集体经济、加工业）为代表的乡镇工业异军突起，支撑起雄县经济的半壁江山。新世纪以来，这些民营经济一方面为我国以房产和汽车为代表的第二次消费升级提供各种生产材料和配件，另一方面为快速发展的物流、电商、娱乐、体育等现代服务业提供产品，所以在很多地区民营经济低迷的当下，雄县的民营经济仍然保持了不错的发展态势和发展空间。

（二）容城县：服装业

目前，容城县共有服装企业945家，服装加工户2000余家，已经形成龙头企业带动、骨干企业支撑、服装加工户遍地开花的产业格局。全县年产各类服装4.5亿件（套），2016年完成产值256亿元，产品涵盖衬衫、西服、休闲、棉服、内衣、裤装等六大系列上千个品种。服装企业引进了先进的专业生产设备，制作工艺达到国内一流水平。全县共拥有设备7万余台（套），95%以上生产设备采购于日本重机和兄弟、德国杜克普及国内先进设备生产企业，其中国外进口设备5万余台（套），占设备总量的70%以上。在服装业的带动下，纺织、印染、拉链、制线、纽扣、包装、装潢等服装配套行业得到迅猛发展，服装产业化程度进一步增强，产业链条进一步延伸。2016年，配套产业完成产值65亿元。

目前，全县初步形成了“一城、两园、三区”的发展布局，服装配套产业专业村建设成效明显，产业聚集程度进一步提高。规划占地10.4平方千米的服装工业园一期工程已有21家企业入驻，大河服装工业园已有企业60家。通过实施“建名企、出名品、创名牌、塑名城”的四名战略，全县涌现出一批省级著名商标和省级名牌产品。目前，服装产业拥有国家精品1个、国家免检产品1个、18个省级名牌、25个河北省著名商标，位居全省前列。容城服装产业被河北省政府命名为“十大特色产业”，容城被中国纺织工业协会和中国服装协会命名为“中国男装名城”和全国纺织产业集群试点，成为闻名全国的北方服装名城和服装出口基地，与浙江义乌、诸暨并称全国三大衬衫生产基地，行业内素有“南石狮、北容城”之誉。

（三）安新县：服装业与制鞋业

安新县的服装产业主要集中在大王镇北六村，不少村民利用自家大院四层高楼作为厂房进行服装加工生产；部分村民则作为雇工参与服装生产。作坊式的服装加工生产使得百姓早早地走上了致富道路。20 世纪 80 年代初期，趁着改革开放的新机遇，北六村的服装产业迅速发展，全村进入服装生产行业。当时的服装产业以衬衣、裤子和童装为主打，背靠京津做内销。后来，随着中国与苏联关系的缓和，中苏边境贸易逐渐恢复和发展，此后中苏边境贸易遵循“自找货源、自找销路、自行谈判、自求平衡、自负盈亏、自主经营”的方针，步入了稳步发展阶段。从 20 世纪 80 年代末期到 90 年代初期，随着市场需求的增大，北六村乃至安新县服装产业逐渐走上规模化生产的轨道——以家庭作坊式为主开展大批量的订单贸易。现在村内有企业和工商户 200 多家，生产成本低廉，形成了辅料、扎围、包装、缝纫、绣花、印花、制版的完整产业链，发展势头良好，大部分产品远销俄罗斯、乌克兰等地。

安新县的另一个核心产业——制鞋业，主要集中在三台镇。制鞋业从家庭小作坊逐渐发展成为现代化的制鞋公司，这些企业主要经营外贸和内销，外贸产品主要销往中东、欧洲、美国、日本等地，大多是在给国外制鞋公司做生产加工。以欧洲为例，制鞋企业根据欧洲公司的要求选购材料并按照对方提供的设计样式完成鞋子制作，质量检测报告达标后贴牌运回欧洲市场销售。当前，也有一些当地公司独立开发自有品牌和款式，例如华北地区的双星鞋基本都是由三台镇生产。

三、面临的困境

（一）领军企业：兴奋与隐忧并存

目前，雄安新区内代表性产业的装备较为领先，自动化程度也在不断提高，产业链条相对完整，领军企业也进行了管理变革，部分乡镇自发形成了产业集聚区，产品的国内市场占有率较高，在海外也有一定销路。然而，在一张张闪亮名片的背后，这些企业还面临着新区规划的诸多不确定性与变化，未来的它们如何适应雄安新区的建设目标，是具有挑战性的。对于这些领军企业来说，新区建设所带来的机遇令它们兴奋不已，而与兴奋并存的则是对未来的隐忧。这些企业在新区产业格局中如何布局，其产业业态如何转型升级需要进一步思考。

首先，“高能耗、高污染、低投入”是河北目前经济运行的现实，也是以“塑料包装”“乳胶制品”“服装加工”“制鞋产业”为主要产业的部分领军企业共同面临的问题。这与“构建蓝绿交织、清新明亮、水城共融的生态城市”目标显然还存在着较大差距，基于此，这些企业势必要尽快做出相应调整。

其次，新区成立后，对现有的建筑、户籍等进行了管控，尤其是基于拆迁的考虑而做出的未完成工程都必须停工的要求，这直接造成了订货单和生产能力的不确定性。在未来一段时间内，基于政策的不确定性，产业收益或将受到较大影响。

最后，当地部分领军企业虽然“摊子”够大却管理混乱。主要问题是缺乏从全区角度着眼的产业系统谋划，致使产业发展在产业形态或是产业分布方面，表现出散乱无序的状态，呈现出显著的乡土特征。这直接导致大企业内部缺少必要的合作意识，大型生产企业各自为盟，难以形成推动产业有效升级和相互促进的机制。

（二）中小微企业：夹缝中如何生存

对于中小微企业来说，在雄安新区建设的关键时期，它们面临的形势则更为严峻。面对“疏解非首都功能”的战略新要求，中小微企业可能很难通过新区产业和环境的遴选标准。尤其是在当前新区各项规划与相关政策还尚未明朗的敏感时期，转型之路往何处走是当地中小微企业最为困惑的问题。

相较于当地的龙头企业，这些中小微企业大多以家庭小作坊式生产为主，资金流入少、产业链短、抗风险能力低，上有政策严密管控、大企业垄断市场的现实，下有市场规模小、生产价值不大、市场控制力低的限制，即使是微小的政策调整也会对其产生巨大的影响。面对未来可能的厂房拆迁问题，中小微企业如果重租厂房，则费用昂贵，如果放弃产业，则面临失业。此外，中小微企业搬迁过程中的赔损问题、企业的贷款问题、合同问题、土地问题等，都需要站在新区发展战略的高度谋划全局。

（三）劳动密集型，品牌附加值低

雄安新区的主要支柱产业，如服装产业、制鞋产业、塑料包装产业等皆属于劳动密集型产业，存在产品科技含量较低、附加值不高、财富贡献率低的问题。以服装产业为例，当地的服装产业以贴牌、代加工生产为主，几乎不存在真正意义上的自主设计，当地服装产品附加值极低，极大地压缩了产品利润。这样以“走量不走质”为主要特点的服装制造行业，面对着人口红利向东南亚转移的现实，其生存本身就面临挑战。而在雄安新区的建设背景下，其低端的产业定位必定与新区发展格局格格不入。

与之紧密相关的是人才问题。人才难留也是当地产业品牌附加值低的重要原因之一。无论是打造自主品牌的服装企业，还是一流生产加工企业都必须依托于人才。现阶段，雄安新区服装业从业人员规模庞大，但质量不高，一线员工受教育程度普遍在初、高中水平，设计人员更是形同虚设，多是负责打版、成衣等工作，基本不具备设计水平。雄安三县作为县级城市，在人才引进方面还有着诸多限制。

（四）面临失业的产业工人

产业的问题即“人”的问题，产业变迁与民生问题高度关联。以雄县为例，雄县目前有 12 万产业工人，占雄县总人口的 32%，其中大多数都在中小企业工作。这些中小企业可能很难通过新区的产业和环境遴选标准，那么十多万雄县产业工人将面临失业、再就业、技能培训的问题，这将涉及雄县各家各户的生计。当地许多从业者在某一行业从事多年，职业技能有限，很难重新进入其他行业。安新县三台镇约有 90% 的本地人都从事跟制鞋相关的工作，一旦面临产业转移或搬迁，这些人及其所在的家庭都将受到极大的影响。

四、未来机遇

根据总书记讲话精神，雄安新区将成为一座有着新发展理念的实践之城、示范之城，也是人们宜居宜业的理想之城、幸福之城。雄安迎来了巨大的历史机遇，公共服务、现代服务业、环保生态、交通业都将可能是直接受益的产业。从产业角度来讲，雄安新区也迎来了千载难逢的历史性机遇。

（一）农业现代化升级转型

按照“蓝绿交织、清新明亮、水城共融的生态城市”发展要求，三县传统农业应该向现代农业、特色农业转型。实行区域化布局、专业化生产、规模化建设、系列化加工、社会化服务、企业化管理，形成种养加工、产供销、贸工农、农工商、农科教一体化经营体系，使农业走上自我发展、自我积累、自我约束、自我调节的良性发展轨道，构建起现代化经营方式和产业组织形式。其中具有“地热＋互联网＋农业”特色的智慧生态循环农业示范园区，集花卉科研、培育、展示、交易、观光等全产业链于一体的鲜花港等项目在新区建设中迎来了全新的发展机遇。

（二）工业转型升级

当地传统加工业自身实现产业转型升级的需求与雄安新区定位转变的叠加，使得新区工业转型升级迫在眉睫。一方面，传统产业面临升级转型，合理地疏散“散小乱污”企业，加强产业集聚，有助于推动当地制造业向高端化迈进、向智能化升级、向服务化转型、向绿色化发展；另一方面，作为非首都功能疏解集中承载地，可以瞄准承接京津产业转移，把央企、知名民企、世界500强、国内500强作为主攻方向，把引进高附加值、高税收项目作为主要目标，有机会引进具有带动能力的重大产业项目。同时，也可以与迁入当地的各高等院校、科研院所通力合作，开展全方位产学研联盟，打造自主品牌。一方面，要通过知识共享不断优化生产流程，科学指导企业管理实践；另一方面，要用高校与科研机构的技术资源能力促进生产设备技术更新，推动产业科技创新。

（三）现代服务业迎来高速发展契机

目前，雄安新区的文化旅游、电子商务、现代物流、健康养老等现代服务业刚刚起步。在雄安新区的规划带动和资源聚集下，一方面，乘借现代服务业东风，服装制造等传统产业将进一步壮大规模、提升档次；另一方面，依靠系统布局，现代服务业也将利用产业集聚打造整体合力，大量央企、上市民企、互联网公司将会在雄安布局，共同推进在文化旅游、电子商务、现代物流、医养服务等领域的建设发展。这些合作也会大大提高当地的教育、医疗、物流等服务水平。

五、民生现状：安乐与隐忧

关怀民生现状，关注民心、体察民情、解决民生等现实问题，是建立新区的稳定根基。只有根基扎实稳定，新区建设才能根深本固。在新区建设的国家战略背景下，保障与改善民生是一切工作的前提与出发点。必须始终贴近群众最关心、最直接、最现实的利益问题，让人民群众共享新区建设发展的成果，做到时刻关注人的生存和发展，满足人的物质生活需要，维护人民的根本利益，改善人民群众生产生活状况。

雄安新区成立的消息公布以来，当地民众表现出欢喜与隐忧并存的心理状态。一方面，人们对新区的未来建设充满期盼，作为雄安人民的自豪感与幸福感洋溢在谈笑之间。另一方面，随着时间的推移，人们的心中逐渐萌生出故土难离、乡情难去的复杂情绪。“安居”和“就业”成为老百姓在这个时期最为关心的问题，当地民众心中安乐与隐忧的交织是这一时期新区民生现状的真实写照。新区的成立不仅是产业转型升级的问题，同时还触及当地居民的民生问题，增强新区“民生温度”建设是题中之义。

（一）居民就业与收支：产业转型中的民生温度

雄安新区规划范围内的雄县、容城、安新三县覆盖 557 个行政村，总人口数约110万。2016年，三县城镇居民人均可支配收入实现1.8万元，其中，雄县作为三县经济实力最强的地区，城镇居民人均可支配收入已经达到2.8万元。三县的服装制作、纸塑包装、乳胶制品、压延制革、电线电缆、毛绒玩具制作、箱包制作、制鞋业等多种产业的技术完备，产业链条完整，从业人员众多，普遍属于“富民行业”，老百姓因此生活富足。

其一，家庭手工作坊带动就业，自产自销。近年来，三县通过大力推进产业结构调整，产业转型升级步伐加快，传统产业活力迸发，新兴产业蓬勃发展。以容城县为例，全县加工户达1170家，从业人员1万余人，箱包产品出口20多个国家和地区。容城县基本上每个村都有较大型箱包生产家庭手工作坊，将来自白沟、义乌、广州等地的原料进行手工加工后，远销巴西、俄罗斯、阿联酋等国家。这种家庭手工作坊为村民就业搭建了渠道，已形成较为完整的产业链条。也有一些家庭手工作坊已迁到外地扩大工厂规模，工人达到400名左右。

其二，集体资产带动村庄建设，服务村民。雄安三县的部分村庄都拥有集体资产，有一部分属于集体土地用于县城开发，改建成了蔬菜市场和批发市场。村民以此获得自己的摊位，获得长期收入来源；另有一些主要是土地征收过程中的集体提留款，在基础设施建设过程中政府对村里的相关土地资源进行征收，并予以补偿，补偿中的一部分以提留款的形式补充进入村集体资产。这些集体资产都是村内基础设施建设和村民发展的帮扶款。

其三，先富带动后富，携手致富。以容城县城子村为例，该村村支书及村主任在带领村民摆脱贫困的路上发挥了重要作用。他们通过引进先进种植技术，克服了传统西瓜种植必须倒茬的不足，并探索出了多种作物混种、接茬种等搭配种植的新模式，扩展了包括茄子、辣椒、西红柿等在内的作物品种。此外，他们还通过帮助村民贷款、开拓市场等举措，带动村民走上了致富之路。

（二）公共文化：供需错位，发展受限

雄安新区公共文化服务处于初级阶段，城乡差异明显，百姓期盼更多的文化获得感。受限于县级财力基础，目前三县经济发展状况存在差距，公共文化服务能力也有高低之分，但总体均处于初级阶段，大部分内容仍未达到国家相应标准。县乡村公共文化设施虽有一定基础，但建设层次、规模数量与运营情况不尽如人意，乡镇以下公共文化建设资源紧缺。基层政府虽然重视对民间文化能人和文化爱好者的培养，但受限于资金和管理能力，目前群众文化活动多处于自发状态，文化凝聚力不足，缺乏具有号召力的文化领军人物。

第一，文化主管部门设施不完备。由于历史原因，雄安三县文化主管部门设置不完备、人员不齐全等问题普遍存在，程度不一。雄县、安新县设有专门的文广新局，统筹本县内的文化发展；雄县文物保护及遗存整理由地方志办公室负责；安新县的文化资源梳理则更多交由作家协会承担；容城县设有文体教育局，但从目前已开展的工作内容来看，教育管理工作占据主要方面。

第二，公共文化基础设施利用率低。从公共文化基础设施质量的指标来看，新区所辖三县城乡公共文化服务工作不容乐观，县城虽已建有可供市民休闲娱乐的大型文化场所，但所提供的公共文化服务种类传统单一，文化场馆使用效率也有待提升。询问县级图书馆，出现若干百姓无人知晓的境况；“农家书屋”书目种类齐全，但书屋形同虚设，乏人问津；每月开展的“电影下乡”

活动，村民反应冷淡，观影热情不高；剧团转企改制后，下乡公益演出活动也随之停止，三县现有公共文化服务内容乏善可陈。

第三，公共文化服务的“功利性”问题亟待解决。享受公共文化服务是提升个人文化素养，促进人的全面发展，丰富百姓精神食粮的手段。当前三县老百姓的文化素质水平相对较低，物质生活与精神生活的失衡问题日益严重。农村公共文化服务的功利性和指向性较强，往往把文化作为务农及婚丧嫁娶的附属品，让文化失去了提升村民整体素质的价值，容易造成文化服务的物质化和工具化。

（三）文化消费：形式单一，消费低迷

雄安所辖三县的文化消费市场具有巨大潜力，但从实际情况看，这种潜力并未得到充分的发挥。相对较低的文化消费会对文化市场的发展形成制约。一方面，雄安三县居民收入水平较低，成为影响文化消费的主要因素；另一方面，文化创新产品的匮乏，导致新兴文化消费品和传统文化消费品发展的不平衡；此外，文化产品的供给较为滞后，产品的数量和质量都影响了文化消费的发展。

一方面，老百姓文化消费意愿低迷。雄安三县村民普遍没有形成文化产品付费的习惯，有偿文化消费匮乏，享受公共文化设施和服务并自发组织参与活动是当地人满足精神文化需求的主要方式。目前三县的经济发展水平参差不齐，比较富裕的村庄文化消费场所较多，人均文化消费支出在可支配收入中占据一定的比例，但是在经济欠发达的村庄，文化消费几乎是一张白纸。经济收入的高低直接影响着文化消费的能力，也成为养成文化消费意愿的必要前提。除此之外，广场舞与电视节目可以在一定程度上满足一些村民的消费欲望，中老年人对新生事物的接受度普遍较低，年轻人忙于工作无暇顾及，导致出现文化断层，消费意愿低迷。

另一方面，文化消费市场喜忧参半。雄安新区所辖白洋淀地处九河之尾，早在金代就已经成为皇家的游览胜地，作为京津冀地区重要的文化旅游消费胜地，这里吸引着众多游客前来观光休憩。但是雄安新区以白洋淀为核心的旅游产业未来发展也面临着诸多问题：[①]一是水位不稳定。从20世纪80年代开始，白洋淀容水量以每年60万立方米的速度递减，连续干淀，为了生存，渔民在淀中种了麦子。水是白洋淀旅游发展的前提，水位不稳定是其致命的制约因素。二是白洋淀水质污染未得到根本治理。由于上游来水较少，对水污染物的稀释、净化能力较弱，同时伴随着白洋淀周边地区经济的发展，大量未经处理的生活污水、工业废水、生活垃圾直接入河进淀。近年来，安新、雄县政府也对白洋淀的污染治理做了大量工作，但由于污水源头问题没有解决，其水质污染状况仍很严重，淀区的生物多样性遭到了严重破坏。三是旅游项目内容缺乏，文化特色不够凸显。人们到白洋淀旅游，往往都是以“水”为中心。城镇景区都是从码头乘游艇到淀里游览，来回不足3个小时，整个旅游线路走马观花，有当地文化特点的景点匮乏。村镇景区旅游项目，多是游船、劈苇叶、下网捕鱼，其内容贫乏简单无法长时间留住游客。整个白洋淀的旅游项目产业吸引力不够，限制了白洋淀景区旅游经济效益的提高。四是白洋淀旅游管理不到位。白洋淀周边有安新、雄县、任丘、容城、高阳5个县市，从这些地方都可以进入白洋淀观光游览。各县市在

① 白洋淀旅游业存在的另一个问题是社区居民参与不足。旅游企业成为最大受益者，而部分当地居民却被排斥在旅游决策、规划、经营管理和获益之外，其结果是社区居民缺乏保护当地资源和生态环境、保护和传承社区文化的热情与动力。

对各自所属景区的管理上缺乏协调和统一，景区存在着多头管理、体制不顺和政出多门等问题。

（四）民众心理：欣喜与忐忑交织

筹建时期的雄安新区临时党委、筹委会高度重视群众工作，对认真做好 110 万群众的思想工作进行了全面的安排部署，共有 1560 名驻村干部进村入户，557 个村实现了驻村工作组全覆盖。各级干部进村入户、走访企业，宣讲政策、了解诉求，合理引导群众心理预期，激发起群众参与新区建设的热情。

雄安新区的建设过程中，坚持以人民为中心，注重保障和改善民生，是建设初期解决一切问题的根本前提。驻村干部坚持“管控”和“摸底”工作，对新区内一砖一瓦实行每日检查，全面了解居民情况，变等待“上访”为每家每户主动“入访”，梳理了涉及户口、房屋与就业安置、迁坟、承包期限未满、村公产分配等关系到老百姓切身利益的问题。即便如此，老百姓心中仍然是欣喜与忐忑交织。

第一，民众心理变化周期性波动。在短短两个月时间里，雄安新区老百姓起初激动和自豪的情绪随着所有工厂、在建房屋全部停工，一些人面临失业的现实问题，而被浮躁和迷茫的情绪所冲淡。关乎切身利益的大事，如何处理？所谓产业即民生。单就雄县而言，解决好这里的 1500 多家民营企业、12 万产业工人、无数的产业家庭在新区建设中合理安置的问题，是民生的底线，是新区民生问题解决的重中之重。

第二，阵痛转型中的企业家、劳动者。随着新区的设立，雄县产业也面临“脱胎换骨”的改造。一方面，传统制造业正面临着转型升级的巨大机遇；另一方面，一些不适应规划发展的产业和项目或将面临淘汰危机。针对传统行业的“散、小、乱、污”企业，河北省也出台相关政策进行整治和改善。毫无疑问，随着新区建设的推进，雄县传统产业会优胜劣汰，企业将会面临转型升级的机遇和挑战，转型既需要成本，也要关注企业下岗人员的再就业问题。

第三，民众获得感亟待提升。产业转型升级，民生为要。雄安新区作为北京疏解非首都功能的重要承载地，绿色、生态、智慧、人文、创新是雄安新区发展的关键词。然而雄县原有企业不符合新区的产业发展定位，传统产业在政策的管控中如何转型升级？企业和劳动者又应该怎么面对转型阵痛期？政府如何化解新区建设的阵痛，守住民生的底线，增强居民的获得感，都是新区建设中的重中之重。

六、雄安新区发展对策：顶层设计与底层关怀

（一）以人为本，谋定后动

雄安新区要始终将“人”放到新区建设的首位，动态深入地了解民情民生民意，让雄安成为人们生产、生财、生活的理想之地。一个城市的价值是城市中每个市民的价值，只有将人研究透彻，所有的政策、对策和顶层设计才能找到有效的出口。未来的雄安人将主要包括原住民、疏解于此的北京人、国际精英人群等多种结构和层次的人群，他们各有不同的生活追求与价值诉求，因此需要具有前瞻性地全盘谋划与考虑。以人为本，谋定而后动。

当前最重要的是解决好原住民的问题。要改变观念，将他们看成是新区的见证者与贡献者，而非“包袱”。要解决好拆迁补偿、异地安置、就业转岗、持续收入、社会保障等问题，让他们

在雄安建设中拥有更多的幸福感、获得感与认同感，能在雄安体面地生活，而不是最终成为“四保人群”（保安、保姆、保洁、保险），成为新区建设中的边缘人。

其中重点和关键是要解决好拆迁补偿和群众的民生保障问题，结合陕西西咸新区的经验，雄安可以探索建立“五金制度”，全面保障拆迁群众的未来生活。这就是在房屋拆迁、土地征收与流转时，群众可以领到补偿“现金”；回迁后可以利用闲置或空出的房屋收取“租金”；政府在安置区为回迁群众预留商业用房，群众以房入股，村经济组织统一经营后，群众可以获得“股金”；通过开展劳务用工对接、加大就业创业培育等，推荐群众到新区企业进行工作，参与新区建设，让群众获得“薪金”；通过合理提高社保和养老标准，让群众获得足够的“保障金”，进而减少群众的后顾之忧，保障新区的长治久安。

（二）塑造文化特色，打造传承创新示范区

以历史大视野规划雄安文化发展，塑造文化特色，将雄安建成为中华民族文化传承与创新发展的示范区。文化是一个城市的灵魂与精神之所系，魅力与竞争力之所依。但凡名城，无不与其独特的文化魅力联系在一起。事实上，一个新区发展水平越高，对文化的追求也越迫切，深圳、浦东皆是如此。因此，作为“千年大计、国家大事”的雄安新区，从一开始建设，就应强化文化意识，做好顶层设计，让城市拥有独特的文化气质与魅力。如果千城一面，则它将失去文化之魂。[①]

① 文化已经成为国际新城建设的重要考量指标，不论是超大城市的拓展新区，还是传统老城的更新发展，文化的服务、塑造和孵育作用愈发明显。

首先，要将文化发展专项规划纳入新区“1+N”的总体规划体系中，强化新区在文物保护、文脉传承、创意经济、文化服务和社区营造等方面的部署，推动文化与建筑、设计、旅游、健康等领域的融合发展。其次，要明确文化发展的使命与特色。在实现中华民族伟大复兴中国梦历史背景下建设的雄安新区，其文化必须站在全新的历史高度进行规划，既要延续文脉，以华北文化积淀为背景，以白洋淀地区文化为核心进行传统文化的传承，又要海纳百川，吸收世界各国先进文化之精粹，顺应时代文化发展之潮流，融会贯通，自成格局，打造一种基于创新性传承和创造转化的新型文化，将雄安建设成为中华民族新文化的创新实验区和发展引领区。再次，要加快设立雄安新区文化发展专家咨询小组（专家咨询委员会）。雄安新区的建设，是贯彻落实新发展观、推动“五位一体”的建设，不仅需要城市规划、区域经济、产业研究、交通景观等领域的专家参与，同时也需要文化领域的专家进入，因此建议邀请国内外文化领域的顶级专家，组建雄安新区文化发展专家咨询小组（专家咨询委员会），为雄安新区的文化发展建言献策。

（三）汇聚高端要素，实现“双轮驱动”

新区建设以世界眼光，汇聚高端要素，出台特色政策，实现高新产业的蓬勃发展与在地产业转型升级的“双轮驱动”。高新产业是雄安新区发展的新动能，在地产业涉及雄安百万群众的生计，需要统筹安排。

一是要瞄准发展高端高新产业，积极吸纳和集聚创新要素资源。培育“新动能”的战略目标，把握全球高新产业发展的最前沿，结合雄安新区的地域优势、资源优势与承载能力，大力发展新一代信息技术、高端装备、新材料、新能源汽车、新能源、节能环保、数字创意等战略性新兴产业，将新区打造成为具有全球影响力的战略性新兴产业发展策源地和技术创新中心。

二是要立足当前新区产业发展的实际，推动传统服装、纸塑包装、乳胶制品、压延制革、电线电缆等产业的淘汰、迁移或升级。其中要充分重视文化的力量，将文化创意和设计服务融入工业生产，提升工业产品附加值，推动产业环节向“微笑曲线”两端延伸。例如江苏南通将创意设计与传统蓝印花布相结合，每年推出数万种花型，成为继纽约第五大道和法兰克福之后的世界第三大家纺交易中心，为南通赢得了“中国蓝印花布之乡”的美名。

三是创新产业发展政策。产业政策是一个国家的中央或地区政府为其全局和长远利益而主动干预产业活动的各种政策的总和。在中国特色的市场经济体制下，政策对我国产业的发展发挥了巨大的引导和推动作用，例如深圳特区、浦东新区、滨海新区的快速发展，无不得益于特殊的政策支持。因此，新区政府应积极争取国家支持，制定新区特色的优惠政策，助推产业培育与升级。

（四）鼓励“双创”，打造创客天堂

新区建设要鼓励创新创业，将雄安打造成为最吸引中国乃至全球有梦想年轻人的一块热土，成为创客的天堂。哪里有创业者，哪里就有活跃的经济。深圳特区的发展，得益于一批充满激情的创业者，其影响一直持续到今天。建议雄安新区制定“创客计划”，创新科技成果转化制度、留学制度、企业创投制度等系列制度，积极营造一个适合创新创业的城市生态体系，吸引全球顶级的孵化机构、创投机构、众创空间运营机构落户雄安，吸引全球有梦想有创意的精英集聚雄安。

一是建议积极打造双创载体平台，大力发展各类众创空间。

例如浙江舟山群岛新区为了推动科技创新创业，建立了国家大学科技园、青年创业园、山海云间-智库创客总部、科学城创客码头、普陀湾众创码头等众多载体平台。二是应创新“双创”的培育方式。例如滨海新区以腾讯为龙头推动创业，具体而言，即是依托腾讯资源，线上为创业者提供云存储、广点通开发、应用宝分发、QQ 物联智能-硬件开放平台等运营服务；线下开放创业基地，定期举办腾讯公开课、开发者沙龙、创业训练营等活动，通过龙头带动创客集聚。三是要做好创业服务。针对创新创业企业不同阶段的现实需求，提供全程化、全链化的管家式服务。例如滨海新区建立了“首问负责、专人对接、一管到底、全程代办”的管家式服务机制，为创业者提供设立、金融、运营、市场等四类专业化服务，同时开通了“双创通”线上平台，集成企业在线注册、生成服务订单等功能，不断完善创业服务。

（五）探索发展新模式，落实发展新理念

新区建设要不断探索城市建设与发展新模式，打造全面贯彻落实新发展理念的创新发展示范区、绿色智慧的生态之城。一是要积极探索基于新一代城市雨洪管理概念的海绵城市建设模式。从机构设施、制度建设、技术研讨、工程建设、产业扶持等方面着手，推动海绵城市建设理念在新区中的落地实施，打造海绵城市建设的全球典范。二是应创建基于信息时代的智慧城市营建模式。[①] 通过千兆光网、下一代物联网和 5G 网的提前布局，推动智能交通、电网、建筑、医疗、教育等智慧应用，构建智慧生活的

① “智慧雄安”居雄安建设七项重点任务之首。雄安新区建设智慧城市有先天优势，超额政策红利预期及“优惠、创新 PPP 模式”助力新区智慧城市建设推进。

全球示范城市。三是要探索土地开发与市政基础设施建设的 PPP 模式，充分调动社会各方面的力量，减少政府财政负担，提升设施的建设与运营效率。例如湘南新区、贵安新区、西咸新区等新区，都在 PPP 建设模式上积累了不少经验，雄安新区可以参考借鉴。四是要探索基于交通导向（TOD）的空间布局模式。吸收东京、首尔大都市圈等地新城建设的经验，避免传统“摊大饼”式的城市发展，发挥交通的带动作用，形成多中心、多组团的空间格局，同时要重视优美特色小镇的建设。五是探索基于经济与生态和谐共进的发展模式。以科技创新为核心驱动力，着力发展新一代信息技术、高端装备、节能环保、数字创意等环境污染小、附加价值高的战略新兴产业，通过生态一票否决、负面清单管理等方式，从产业源头上减少生态破坏与污染。六是要探索基于产业链和价值链的区域协同模式。立足“北京非首都核心功能疏解集中承载地”的战略定位，积极承载北京转移过来的经济、科技、教育、医疗等方面的功能，打造区域创新驱动发展的新引擎，促进京津冀地区协同发展。七是探索基于多中心治理理论的公共治理模式，建立“小政府、大市场、大社会”的基本格局，发挥市场在资源配置中的决定性作用，同时更好地发挥政府作用，激发更多力量参与新区建设。

（六）制定城市根本大法，奠定千年发展基石

要推进制定城市根本大法，为雄安新区奠定千年发展之基石。良法才有善治。新区建设不仅要有坚实、现代的城市基础设施，更需要有可供遵循的城市根本规则。从管束效力来说，制定城市根本大法，无疑是保障新区发展有序性与持续性的重要措施。在国际上，通过立法推动新城建设也是重要经验。例如英国政府颁布了大伦敦建设的《新城法》（1946）；日本政府制定了《首都圈整备法》(1956);韩国先后颁布了《首都圈管理法》(1982)、《新行政首都特别法》(2003)、《关于世宗市设置等的特别法》(2010)等。对于雄安而言，也应积极谋划新区法律或条例的制定，从法律上确定新区的基本定位、发展方向和重大任务等，强化新区建设的法律基础，用良法推动善治，用善治实现千年雄都之梦想。

七、雄安研究的未来展望：责任与担当

中央建立雄安新区，是历史与现实的必然选择。面对千年大计，学术研究应当立时代之潮头、通古今之变化、发思想之先声，肩负学术责任与理论担当，做好雄安理论研究的全局谋划；紧跟发展大趋势，探索新区发展新模式；汇聚精英力量，为雄安产业转型升级提供理论支撑；将调研持续跟进，以雄安为范本，总结其发展特点与规律，建构雄安新区研究理论体系，为当代中国社会发展贡献新的理论增长点。

（一）以大文化视野，总揽新区建设全局

千年大计，国家大事，沃土丰盈，文脉传承。雄安新区的建设若要实现以新的发展理念为引领，文化建设就不能缺位。当然，这里的文化建设绝不是“就雄安谈雄安文化”，而是“大文化”的研究视野——既要积极吸收国际先进文化，拥有包罗万象的国际先进思维，又要以华北文化积淀为背景，以白洋淀地区文化为核心进行传统文化的传承，让雄安新区既是中国的，也是世界的。未来十年，这种大文化概念应该完整、科学、艺术地渗透到雄安新区的设计、规划、实施等方方面面。

大文化视野正意味着要以本土文化为根基，兼容吸收外来

文化，要以“和而不同”的文化多元性创造出健康的城市文化生态。联合国教科文组织在《世界文化多样性宣言》中提出：“文化在不同的时代和不同的地方具有各种不同的表现方式。文化多样性对人类来讲就像生物多样性对维持生物平衡那样必不可少，从这个意义上说，文化多样性是人类的共同遗产，应该从当代人和子孙后代的利益考虑予以承认和肯定。”文化自身所具有的这种社会性、融合性和开放性等性质，在全球化加速和西方文化主导的当下，更加触发了城市多元文化的发展。都市人类学的观点认为，城市社会的异质性与乡村社会相比，其复杂程度要高出许多。

雄安新区的城市文化建设，要尊重城市文化演化的自然性和规律性，以中华传统文化为核心，兼容与融合世界多元文化，促进城市文化生态的多元化发展。随着高端服务业、高新产业的进驻，逐渐吸引来自全球的高端人才，集聚于新区工作与生活。对于城市建设以城市景观、办公场所、公共配套设施等基础设施和硬件设施为核心，学术研究应考虑如何将传统文化与美学设计有机融入，探索新区文化融入、创新营造的新模式。

“大文化”并不是世界文化符号的堆砌地，而是秉承寻找城市精神的宗旨，构建“文化之城”。然而，面对外来的“异质文化”，一方面要避免“文化霸权主义”，另一方面又要避免文化自卑心理，树立文化认同与自信。应该认识到的是，中华优秀传统文化及其当代意义在于聚集到城市中的各种文化的接触、碰撞过程中，既要能够认同与汲取其他文化精髓，又要保持自身的整体性和独立性，以和平共处、相互尊重的健康心态面对他者的文化选择。雄安新区的城市多元文化生态，不仅将是中国当代文明的象征，同样也将是世界各种文化交流与融合的典范。这些发展路径都需要学术研究在理论上做深入分析，在思想上给予方向指引。

（二）“小政府、大社会”，探索新区发展新模式

雄安是一座崭新的城市，中央将之定位为“小政府、大社会”，这将成为贯彻总书记“五大理念”的最好试验田，成为推进治理能力现代化的重要实验区。从计划经济转向市场经济的过程中，政府的行政管理职能也从政府一把抓的“大政府、小社会”模式转为“小政府、大社会、大服务”的管理模式。这种模式以政府、非政府部门的公务机构、中介机构和群众团体为主体的多元管理体系，促使传统体制下的部分政府职能从政府中分离出去，从而充分发挥各类企事业单位和市场的作用。随着“小政府、大社会”理念的深入发展及其在现实中的深刻实践，减弱政府的职能，使社会逐渐承接并独立管理原属政府职能范围的某些事项，成为未来的必然发展趋势。

然而，面对快速城市化背景下我国社会治理体制改革进程与社会形态的变迁，雄安新区的建设同样面临根本性挑战：在异常复杂的社会样态长期存续的前提下，社会治理何以可能？我国社会治理体制的改革创新必须充分考虑这种城市化背景下社会结构样态的变迁，既要针对特殊样态，探寻社会治理的多元模式，又要把握共性，做好顶层设计，从总体上推进社会治理体制的改革创新走向深入，促进社会和谐有序地快速发展，实现政府机构和人员缩小，社会权力扩大，社会自治能力提高，从而提高效率，推动社会快速前进。这些问题都需要学术研究密切关注公共管理的新理论、新思维、新举措和新走向，吸取国外理论与实践经验，综合新区建设实际，提出新城发展过程中社会治理的新模式、新理念、新路径，钻研中国特色新城社会管理、国家治理的新理论，形成新成果，为实践提供理论指导与学理支撑。

（三）以高精尖产业驱动，汇聚新区驱动力量

未来十年里，雄安新区的经济结构将是中国经济结构的精华版和浓缩版，也代表着中国经济改革和发展的前沿趋势。在经济社会发展新常态的背景之下，我国的经济增长早已向创新驱动发展转变，土地占用多、资源消耗大的粗放型发展模式逐渐被淘汰，与国际前沿相对接的生物产业、智能产业、新能源产业、现代服务业、航空产业、康养产业、数字信息产业等高精尖产业终将成为新区经济的驱动力量。这些领域必将成为未来雄安新区的发展重点，并且在很长一段时间内占据发展前沿。

世界眼光、国际标准、中国特色、高点定位，这决定了新区未来产业发展的基础，因此，学术研究要把握全球产业发展前沿趋势，拥有区域经济发展视角，秉承系统经济哲学思考，从而更好地为新区高精尖产业布局与切入寻找到学理支撑，寻找到新区产业发展格局的长期与短期路径。高精尖产业集聚，一方面需要外来产业类型的引入，另一方面需要实现雄安新区在地产业的转型升级，学术研究需要做好传统产业的科学评估，寻找传统产业转型升级之路径，尝试用信息化、数字化等手段对之进行改造。同时要做好规划，在新区内合理布局，以集群化和集约化不断提升发展竞争力。

（四）以雄安为范本，为当代中国社会发展贡献新的理论增长点

雄安新区是疏解北京非首都功能的集中承载地，处于深入推进京津冀协同发展国家战略的大背景之下，要建设成为绿色生态宜居新城、创新驱动发展引领区、协调发展示范区、开放发展先行区，与国家“十三五”规划、五大发展理念一脉相承。新区的建设过程，同时也是新区辖域内传统乡村社会形态、空间治理模式、生存方式等方面深刻变迁的过程。

中国传统社会本质上是农业社会，在很长一段时间内，以村落聚居为主的文化格局在中华文化圈中占据着主要地位。村落文化的形成具有特定的社会背景和自然环境，是人们的社会实践经过长期积累、沉淀、变迁和延续的产物，在农村社会发展变迁中具有重要地位。制定建设有中国特色的社会主义现代化发展战略必须面对中国传统乡村社会的实际，必须发掘传统乡土社会可利用的资源并予以整合；必须考察现代化进程中农民的生活及与之共生的民俗文化心理，促进全面的、深刻的、具有世界历史意义的整体变革；还要把握中国传统村落的现代走向，发掘传统村落里可利用的文化资源，探索传统家族村落向社会转型的有效途径，从而促进中国社会的现代化转型。

伴随着雄安新区建设的推进，在外在环境和内在行为、价值观念等因素的影响下，村落文化也将发生深刻变迁。传统村落由一个相对封闭的社会空间，逐渐向复杂和多元的方向发展，这将导致传统文化发生延续、延伸的社会现实。村落承载着厚重的中国农耕文明和乡土文化，村落文化的凋零会让人们失去“文化自觉”的基底。在现代化进程中，村落文化变迁的现状如何？村落文化要如何与时俱进，在促进社会发展与进步的同时促进自身的发展？在新区建设过程中，如何保存独特、优秀的村落文化，并使其融入新区文化？这些问题需要进一步深入研究。

在建设雄安新区的进程中，社会形态的变迁、既有产业的转型升级、民众实际生活状况的改变及其对生活质量的感受与评估，政府在其中所发挥的功能与作用，都是研究机构及其研究人员应研究的重大课题，也是新区成长过程中需要进行持续性研究的课题。通过透视微观家庭纵览宏观社会，通过个体的价值取向、行为变迁与心理变化衡量社会变迁的程度；通过了解民意促进政府工作决策的民主化、科学化进程。

综上所述，建构雄安新区研究理论体系，要结合雄安实践，总结发展特征，从产业经济、政府效能、公共服务、社会空间、社会形态、社区党建、创意产业、科技创新、产学研合作及文化研究、纪实文学等方面进行理论体系建构的全局谋划与系统研究。同时还应具备研究体系的本土关怀，在对本土问题的关注中拓宽雄安新区的研究思路。要以雄安新区为范本，为当代中国社会发展贡献新的理论增长点；要以雄安新区的城乡变迁为缩影，为中华民族伟大复兴历程中开创又一历史新篇章作序。

雄安建设中的文化时空规划问题初探

雄安新区作为我国重要的国家级新区，不仅承载着重要的经济功能，也承载着未来文化发展风向标的功能。故而，雄安新区的文化建设规划设计中，需要考虑当前文化设施建设之中既继承中国优秀历史文化传统，又为未来文化发展留有空间和余地的问题。文化建设中需要考虑的“文化-时空”一体化问题，对雄安新区文化建设规划和设计提出一定的思路参考。本文通过对文化概念、文化的空间问题、文化的时间问题进一步分析，厘清文化建设规划设计的着眼点与重点。

文化应是一种整体的沉浸式体验。在文化建设之中应当考虑到文化功能设施与当前生产生活区融合的问题，为未来文化发展留出修改、新建空间；在整体设计上应突出中华优秀传统文化与中国特色社会主义先进文化交相辉映、合理设计的特点，并通过指导当前建筑、装饰风格，摆脱传统现代性设计所带有的旧文化烙印，走向人必然从世界解放出来的“后技术文化”。

一、新城区建设中的“文化-时空”问题

雄安新区的规划建设是以习近平同志为核心的党中央做出的

一项重大历史性战略选择，是继深圳经济特区和上海浦东新区之后又一具有全国意义的新区，是千年大计、国家大事。雄安新区的文化建设具有特殊性，雄安新区在规划之初便要求“坚持保护弘扬中华优秀传统文化、延续历史文脉”；而作为国家的“千年大计”，则又需要面向未来，体现未来文化发展的可能，并不断处于历史发展的前沿。这对当前的文化哲学、文化建设理论提出了新的挑战，有待深入探讨。

在文化领域，雄安新区规划和建设所面对的最大挑战在于，对自然生长的文化应当如何认识和设计。这就是说，在雄安新区的建设过程中，需要考虑到文化建设的方方面面。文化研究中凸显出这样一个难点：文化并不是一个特指概念，而是一类社会活动和现象的统一体。这就意味着文化这个词所对应的对象是模糊的。文化所包含的元素众多，而文化元素间的联系却不是特别紧密。

故而，文化本身是难以直接把握的。在研究文化建设相关问题时，总是难以找到中心问题、重点问题。非但如此，文化还具有自然生长的特点。文化的自然生长，意味着文化不可能单纯依靠理论指导、宣传手段，或者一定的文化实践来决定其发展方向；相反，文化的发展有其自身规律，一系列偶然的事件可能导致文化向着之前设计无法考虑的方向变化发展。文化的自然生长也意味着，文化有着自身的来源和过去，带有自身的历史烙印和特色。所以，过于绵密的文化设施设计有可能会适得其反，使得未来文化无法就其自身规律自然生长下去，文化便失去了它的吸引力。[①]

---

① 文化时空是一个系统理念，将过去的历史文化和未来的发展留白都交汇于城市空间中，通过城市的文化设施、设计装置等体现出来。

在厘清文化建设的相关思路时，需要与雄安新区的具体实际结合考虑。雄安新区的建设将要传承中国优秀历史文化传统。概括地说，中国传统文化和社会主义新文化这两部分都是雄安新区作为国家千年大计的应有之义。如何结合这两种文化，使其迸发出新的魅力是一个重要课题。同样，作为国家的千年大计，为未来新文化做准备的雄安新区也需要关注在它的设计规划中是否有改造、扩建、增加的可能性，是否能让未来的文化发展同样烙印在雄安这片土地上。所以，在雄安新区设计、规划、建设之初，就应当考虑并设计相关文化设施建筑、普通建筑装饰、城市整体规划的表达问题。这样的考虑，笔者认为着重点在于对一种“文化时空”问题的把握。

“文化时空”问题是考虑雄安新区设计规划时，相关文化建设与空间、时间方面统一性的问题。扼要地说，在雄安新区的设计规划中，需要留出充分空间以应对未来文化发展的可能性，并设计已有空间来接续中国特色文化传统，并引导未来文化的发展方向。文化发展是文化在时间中发展变化，并雕刻在空间之中的印迹和符号；那么相关规划理应着力于一种文化、空间、时间相结合的整体设计思考，必须考虑到三者的相互渗透。

二、发展问题：空间的历时性

文化是一个复杂的概念，思想史上对文化本质的争论不断。但是，对文化的讨论中占主导地位的观点是，虽然文化是众多繁杂概念和事物的一种集合体，但这些繁杂的概念和事物都具有一种共性，那就是它们都是符号。这种文化符号可以在语言、建筑、设计、仪式等多种不同的社会行为中表现出来。故而，文化符号依托相关的文化设施、装饰和整体设计而发挥作用，这就是说，文化生效有赖于相应的物质方面。承载文化符号的物质方面需要空间，所以相应地，必须在雄安新区设计之初就留下足够的“留白”和“颜料”。

一旦文化有所发展，新的文化就要求新的空间来承载相应的文化符号。在社会生活中，这具体表现为建筑、雕塑、绘画、音乐等文化产品及要求特定活动场所的人类仪式。单次的规划设计不可能涵盖未来的一切变迁：旧的文化总会过时，其中的一部分被淘汰，另一部分则保留下来；被淘汰的部分文化设施可能被改造，但这部分空间是远远不足以支持未来文化发展的，未来文化还需要新的空间来承载它。

雄安新区作为我国的千年大计，必须考虑到未来很长时期内文化可能发展的变迁，需要留出空间。但是“留白”与“颜料”之间的矛盾依然存在，雄安新区建设规划要求从新区建设之初就建成一定的文化设施；因为，文化不仅有未来，还有过去。对文化的传承也需要相应的文化符号，这也占据空间。在空间上的过去与未来之争，是“文化时空”的第一个着眼点。

首先，这一矛盾的主要方面在于，在雄安新区的建设过程中，必须规划、建设一批继承和弘扬中国优秀传统文化和社会主义先进文化的建筑作品、装饰作品；然而，在表达过去的同时必须为未来文化发展留有充分的弹性空间。雄安新区建设的目标既不是一个暂无文化设施的“空白画板”，也不是一个已经涂满“颜料”，无法承载未来的可能文化发展设计的“历史名作”。

考虑历史与未来的设计，可以参考优秀的方案。如天安门广场的设计是以故宫中轴线为基础展开：一方面，利用故宫中轴线相关的历史建筑，环绕着人民英雄纪念碑、毛主席纪念堂、人民大会堂、中国革命博物馆等体现着社会主义特色设计风格的建筑；另一方面，这些历史建筑给人一种从历史的遗迹中走出，创生出新文化、新思想的革命精神。

而相反地，武汉老汉口地区的江滩建筑，受制于绵密的租借建筑规划，导致在老建筑现代化、新市政设施建设、新文化与历史建筑结合方面都受到极大掣肘；故而，武汉的新文化中心转向毗邻汉口老城区的琴台地区、隔江相望的首义路附近。其根本原因在于这些地区还有足够的空间创造新的文化符号。但是，一旦这样处理新旧文化间的关系，新文化区就与传统的城市重心产生了偏移。文化区域成为一个独立的功能区域，便脱离了日常生活，成了特定人群的特定享受。就文化的本质来说，它应当是与生活相互渗透的。所以，这种文化与城市主要功能区不相覆盖的情况是不理想的。

其次，文化是一种整体氛围。在整个区域设计、规划之初就应当将文化因素的相关考虑渗透到整个区域建设的全过程之中。现代城市的设计与建设符合当代生产模式的特征。这种当代生产模式以效率为要，所以城市建设和规划表现出包豪斯主义、现代主义的特点。

这种城市建设模式最典型的特征是去装饰化，突出城市设计、建筑设计、城市装饰的功能性，反对过度装饰城市；所以，现代建筑普遍以平面、直线为主要设计要素，简洁、成本低、建设和使用效率较高；这一风格所对应的文化便是文化本身的“污名化”。文化是非生产性的、无效率的，所以是“无所事事”，不好的、有害的，除非文化活动发生在特定的高端文化区，成为严肃文化，与正常工作生活区分开。

如此一来，文化区域就成为一个独立的功能区，与生活、工作截然分开。但是，中国特色社会主义文化与这种西方现代性思路截然相反：文化恰恰是应当与生产生活相结合的，形成一种特有的“后技术文化”。追求这种新文化，要求在雄安新区城市规划、建筑设计之初就考虑到文化空间问题；并不是为文化单独设定区域，而是在生产、生活功能区之中留有文化设施；并且，这些设施还为未来进一步改造留有空间。①

武汉汉口民众乐园是这一设计思路的优秀例子。民众乐园位于汉口老城区商业区划的中心，自 1919 年建立以来便是当地民众购物、娱乐乃至生活创业的集散地；历史上，民众乐园在经营中历次为适应当时社会需要大规模改造改建，至今依然承担着重要的社会文化功能，甚至“民众乐园”的名字已经成为一个文化符号。

上海静安寺虽然承担着当地佛教文化的实际功能，但是被新城区所环绕，无法进一步修建，近年来屡屡遭遇人流量过大，无法有效承担相应社会功能的困扰。文化设施需要与城市功能区划结合考虑，使两者相互沁入、相互渗透、相互包含，不仅要在功能区之中处处体现文化符号，也要突破现有唯生产效率至上的文化倾向，形成富有魅力和人情味的城市设计。这是相关规划设计的难点。

所以，在考虑文化建设的空间性问题时，应注意在文化的物

---

① 隔离的功能区化的文化空间并不适合中国众多历史悠久、人口分布密集的城市。处处有特色，处处有文化，形成五分钟或十分钟公共文化服务圈更能让大众共享文化。

质符号之中处处体现过去的烙印，并为未来的新文化留下发展的余地和空间。也就是说，将文化作为“文化时空”的总和概念进行考虑，必须考虑到“文化时空”的历时性变迁，文化符号在历史中的表达，以全面的、历史的、具体的思路来考虑每一个既定社区的文化社区建设问题。

三、传承问题：时间的空间性

雄安新区的文化使命，要求考虑到表现中国传统文化的魅力和中国特色社会主义文化的先进性。文化表达不是凭空而来，文化符号是否能够使人感受到一种文化氛围，需要考虑文化的历史表现力，即文化的表达深度问题。雄安新区的规划设计不是在一张“白纸”上投出“当下”的文化“风景”，而是承接历史，面向未来。

一方面，中国传统文化和社会主义文化是雄安新区的文化建设基础和底色。雄安新区作为京津冀城市圈的一角，坐落在白洋淀一带，具有天然的文化优势。首先，雄安地区上承燕赵文化，作为中国游牧文化与农耕文化的交界线，具有极强的文化多样性与包容性。元代大都定都京津冀地区后，雄安地区成了当时文化、学术的中心地带，明清时期建立了渥城书院、正学书院、葛乡别塾、静修书院，并称为白洋淀四大书院。这些具有厚重历史感的文化符号都应当在雄安新区的建设规划中仔细考虑、研究。其次，理应考虑雄安新区建筑风格设计、中国传统特色民居等设计元素，并为开展相关文化活动留出足够多的广场、剧院、文化场馆以供未来使用。所谓继承传统文化，意味着与传统“共在”，即依然生活在传统的元素和传统的活动之中。最后，雄安地区还是中国新民主主义革命的核心地区。以“雁翎队”为代表的抗日革命武装，以“张嘎子”为代表的抗日革命英雄人物是中国家喻户晓的红色符号。当然，社会主义印迹的表达也需要特别注意和设计，中国特色社会主义是马克思主义理论与中国传统文化、革命实践相结合的产物。它们是相互包含和渗透的，这理应体现在雄安新区的文化设施设计、规划、建设之中。传统文化与社会主义文化的结合是一个重要的研究课题。①

另一方面，面向未来的雄安新区需要考虑到未来文化一定是突破了包豪斯主义、现代主义，甚至后现代主义建筑风格以后的新风格。中国特色社会主义的理想社会是“后技术文化”的：人从技术的“必然世界”走出，走向后技术文明的“自由世界”。马克思主义批判现代性问题时采取的立场是反对这种“技术文化”将人和机器紧密结合起来，使人只能以一种僵化的生活模式度过一生；马克思主义很早便从浪漫主义中寻得并继承了这种对于自由的追求，并将这种追求表达为“每个人自由而全面的发展”。这样的一种新文化，带有后现代主义设计的突破性，即那种不受任何既有框架束缚的自由表达，也带有对客观世界的深刻认识。这种“后技术文化”应当是未来雄安新区在长期发展中的着眼点，需要特殊考虑。

所以，要在历史和未来两个方面汲取营养，启发对雄安新区文化建设的思考。一方面，雄安新区的空间设计需要包容传统文

① 宋辽古栈道、宋辽古战道、南阳遗址、梁庄遗址、留村遗址、山西村明塔、晾马台遗址、明月禅寺等重要文化遗产，也是雄安的明珠，如何保护开发这些重要遗址是重要命题。

化和社会主义要素；另一方面，雄安新区的空间规划需要考虑到未来文化转型的方向，为新文化设施留下空间。也就是说，在考虑雄安新区的“文化时空”问题时，需要在考虑历史和未来时着眼于这种表现历史和容纳未来之间的空间耦合，为未来社会的发展找到历史轨迹，为历史的表现找到未来方向。

四、文化时空的统一：雄安建设的关键点

综上所述，文化是一个比较空洞的概念，因为它是太多具体概念的杂合。文化建设的相关规划设计容易迷失在文化设施所占据的时间、空间的相互渗透和包含之中。但是，通过对“文化时空”的分析，我们可以更好地把握文化建设问题的核心：它在于一种文化符号的表达。文化符号可以是建筑设计风格、城市环境艺术装饰、公共艺术品、文化场馆和场地的规划，也可以是鲜活的文化活动、文化仪式。文化是依托于空间的，更进一步说，文化设施和文化活动都发生在融合于生产、生活区域的文化场所之中。而从时间方面看，雄安新区既传承中国优秀传统文化又面向未来。所以，雄安新区的设计规划也要考虑到文化空间的时间接续问题。在考虑文化的时间性表达时，重要的是要了解文化是怎样从过去走向未来的。当前的文化符号只是对从过去走向未来的这一连续趋势的当前表达。用哲学语言说，文化是从过去走向未来的连续“叙事”。考虑到文化的空间性和时间性，可以说，文化建设的规划设计是一种“文化时空”的整体规划。当前，对于雄安新区“文化时空”问题的探讨和资料依然存在巨大的不足，需要在雄安新区的设计与探索之中注意。

“文化时空”的本质，是一种从过去到未来的连续时间之流，是一种从过去“绵延”到未来的整体建构。文化建设的最终结果，应当是一种处于其中便能够感受到文化氛围的整体环境、风格。这就需要设计一个包裹着生活于其中之人的整体“文化时空”。一旦这种“文化时空”设计得当，生活在其中的人便能够感受到一种从过去走向未来自然的连续整体，沉浸于这一整体之中，理解并赞同这一时空流动方向，即从陈旧而充满困难的过去，一路走向未来理想社会的坚定旅途。

古运河畔话杭州：大运河文化带建设新思考

2018年5月17日，在杭州拱墅区中国京杭大运河博物馆举办的“浙江人文大讲堂·大运河讲堂”的首堂讲座上，范周教授就大运河文化带的建设，与杭州市拱墅区机关企事业单位人员、社科工作者和社区居民分享了一些新的思考。本文根据此次讲座内容整理，与读者朋友分享。

一、大运河的前世今生

今天我们常讲的“大运河”，在春秋时期就已经动工开凿，当时主要用于军事物资的运输，也包括部分地区性的疏浚工程、灌溉工程和小型防御工程，虽然规模不大且不连贯，时兴时废，没有形成一个完整的水运系统，但却为后来纵横南北的庞大运河体系奠定了基础。隋代统一中国后，为了解决交通运输问题、增强北方边防力量、进一步巩固统治，从公元584年开始，倾全国之力耗时20余年，终于形成了今天我们所看到的以洛阳为中心，北抵河北涿郡，南达浙江余杭的大运河。元朝开凿济州河、通惠河等运道，使得大运河直接贯通南北，并就此奠定了京杭大运河的基本走向及规模。历经时代风雨，大运河如今面临的问题也着实让人心忧：部分流域环境污染问题严峻，文化遗产遭到破坏，非物质文化遗产传承人断代……2014年6月22日，中国大运河在第38届世界遗产大会上获准列入世界遗产名录，正式成为中国第46个世界遗产项目①。如今随着大运河文化带建设的逐渐深入，昔日的黄金水道有望重现往日辉煌。

大运河由京杭大运河、隋唐大运河、浙东运河现有的和历史上使用的主河道构成。与其他国家的运河相比，中国的大运河历史悠久，里程漫长，规模庞大。运河沿岸分布散落着几十座因河而生又因河而兴的城市。2017年，大运河沿线八省市贡献了全国近一半的经济总量。运河流域形成了独具特色的"运河文化"：京津、燕赵、齐鲁、中原、淮扬、吴越六大地域文化源远流长，水利、漕运、船舶、饮食、工艺文化各有精彩②。建设大运河文化带，不仅是保护和传承优秀传统文化、全面展示中华文化博大精深的现实需要，更是进一步增强文化自信，加快推进国家文化强国目标实现、深化国内文化交流合作的长远战略布局。

二、大运河与国家战略

（一）大运河文化带与"一带一路"建设

过去，大运河是连接陆上丝绸之路和海上丝绸之路的纽带，

---

① 中国大运河代表了工业革命前水利水运工程的杰出成就，实现了在广大国土范围内南北资源的大跨度调配，沟通了国家的政治中心与经济中心，促进了不同地域间的经济、文化交流，在国家统一、政权稳定、经济繁荣、文化交流和科技发展等方面发挥了不可替代的作用，是全人类共同的财富。

② 大运河从北至南沟通和融汇了京津、燕赵、齐鲁、中原、淮扬、吴越等地域文化，南来北往的人群不但将本土的文化习俗带到了沿河各地，而且与当地文化相互撞击与交融，形成新的文化形态。

见证着商贸云集、人民往来的盛况。而今天，京杭大运河连通着黄海、黄河、淮河、长江、钱塘江五大水系，它与长江的纵横轴向式结合，在空间上与“一带一路”形成水陆两路兼济的双重对接，是推进“一带一路”建设的重要切入点。其中，以杭州为代表的江南丝绸产地，是丝绸之路这条古代出产丝绸的贸易交通线的内容生产地，与大运河文化带存在着内在紧密联系①。

（二）大运河文化带与京津冀协同发展、雄安新区建设

建设大运河文化带，是深化推进京津冀协同发展的新契机和重要机遇，而雄安新区作为北京、天津和河北三级的核心，更是期冀借助大运河文化带建设的契机大力推动自身建设。目前，北京通州、天津武清和河北廊坊共同成立“通武廊旅游合作联盟”，三地正式揭开携手打造京津冀协同发展试验示范区的序幕。这既是京津冀文化的集中展现，也是以文化为引领，积极推动三地境内大运河沿线区域产业升级的重要尝试②。

（三）大运河与长江经济带战略

江苏的扬州、镇江、苏州、无锡、常州，浙江的杭州、嘉兴、湖州等城市，既是大运河沿线的重要节点，同时也在长江经济带建设的宏伟蓝图中，镇江、扬州更是直接连接京杭大运河和长江的重要支点。长江经济带建设发展的诸多经验，可以为大运河文化带提供借鉴和思考③。

---

① 李冉．中国大运河：当文化遗产流向未来文明——对话著名文化学者范周[J]. 人民交通，2018-07-04。

② 同上。

③ 从总体来看，大运河牵起了京津冀、长三角两大城市群，西北接“丝绸之路经济带”，东南连“21 世纪海上丝绸之路”，成就了“一带一路”整体布局的完美一圈，让国家战略更显协同性、全局性和科学性。

三、大运河文化带建设的新思考

（一）抓住重点，保护先行

沿线各省市目前都在加快运河开发的速度，运河面貌日新月异的同时也产生了一系列问题，如建设中急功近利的心态导致遗产保护压力加大；文化遗产未能妥善活化，传承利用质量不高；资源环境形势严峻，流失浪费加剧；生态空间挤压严重，运河消失加速；地域交流不足，合作机制有待改善等。对于大运河文化带的建设，习总书记明确提出要做好“保护好、传承好、利用好”三篇文章。我们对于运河的开发应该有重点、有节制，要在保护的基础上开发和利用好大运河这一世界级文化遗产。具体而言，各地应提升物质文化遗产保护和开发水平，加强非物质文化遗产的保护和传承，不断完善对于历史文化风貌的保护和开发方式。

（二）古为今用，强化传承

建立综合展示体系。以杭州的中国京杭大运河博物馆为代表的运河主题公共文化空间，是当前最为常见的运河历史文化综合展示载体。未来，清楚的定位，差异化的表现形式，应成为这种展示载体发展的新趋势。与此同时，要积极开展非遗宣传和普及活动。山东广播电视台与台儿庄古城旅游集团有限公司 2018 年签署战略合作协议，双方将打造“媒体 + 景区”的创新合作模式，而西安市委宣传部将“抖音”作为城市文化宣传的重要手段，写入西安市委宣传部文件中。如何借助新兴传播方式、工具和平台，开展分众化、创新性宣传，值得沿线各地深入思考。重视社会教育引导，全国多地中小学举办的“运河文化进校园”活动，让千年运河的悠久文化得以不断传承、发展。

（三）合理布局，科学利用

对于运河的开发和利用，集中表现为遗址保护与展示类、生态休闲与运动类、文化旅游与体验类、文化创意与融合类、文化合作平台类五大类。后三者尤其应成为在大运河文化带建设中的重头戏。特别值得注意的是，各地在开发和利用的过程中，要正确处理资源和产业之间的关系。资源固然重要，但绝不能成为地区发展的包袱，传统文化资源相对匮乏却有着蓬勃文化产业的深圳就是最好的例子。大运河文化带的发展最终要落脚到运河公共文化建设、运河文化产业发展和运河文化的世界传播上。

（四）系统思考，以人为本

运河的故事，是运河两岸人民生息繁衍的片段集结；运河文化，是世世代代社会生活的生动再现。运河的发展与人民息息相关，建设大运河文化带，应立足于更好满足人民对于美好生活追求的现实需求，不断丰富人民群众的精神文化生活[①]。总书记提出“还河于民，造福于民”的要求，是我们在大运河文化带建设中应该始终坚持的原则和价值取向[②]。

四、建设大运河文化带，讲好中国运河故事

（一）加大创新整合力度，做好文旅融合文章

文化和旅游部的成立是顺应文旅融合大趋势做出的机构调整，

① 大运河文化带建设，要以人民为中心，面向市场需求，加速文化和旅游深度融合，将大运河庞大的优秀传统文化资源转化为符合时代要求与游客喜闻乐见的文化和旅游产品，从而为人们提供多样的精神文化食粮。

② 李冉．中国大运河：当文化遗产流向未来文明——对话著名文化学者范周[J]. 人民交通，2018-07-04。

文旅融合的新局面也将给大运河文化带的沿线城市带来新一轮的发展机遇。位于北京通州的大运河森林公园经过引导和宣传后，在2018年五一期间接待人数超过一万人次，同比增长15%，增幅创下新高。北京、扬州均表示将尽快完成大运河文化带的旅游规划，无锡市公布了23个大运河文化带建设核心区和辐射区的重大项目，廊坊联同北京通州共同推出了廊坊运河风情体验区，杭州通过了《大运河文化带建设区县合作杭州共识》……运河的发展一定是与沿线城市的发展相结合，而如何持续推进文旅融合，应重点做好三方面的工作。首先，完善相关基础设施配套，创新大运河文化旅游产品和服务；其次，解放思想，深度挖掘文化资源，打造一批精品文化旅游线路；最后，推进运河旅游与实景演出、灯光夜游等新兴产业、业态的融合①。

（二）找准定位持续发力，加快特色小镇建设

《住房城乡建设部、国家开发银行关于推进开发性金融支持小城镇建设的通知》《体育总局办公厅关于推进运动休闲特色小镇建设工作的通知》《关于组织开展农业特色小镇建设试点工作的通知》……在过去的一年里，国家多部委陆续出台关于支持特色小镇建设的政策文件。3月，“特色小城镇”更是首次写进政府工作报告。在政策的鼓励带动下，多地加入特色小镇建设的热潮中来，但问题也随之产生②。浙江是全国最早建设特色小镇的省份，给全

---

① 大运河文化带文化和旅游融合具有良好的时代机遇：文化和旅游行政管理机构的职责整合，国家文化和旅游部的组建，为融合发展创造了顶层设计新环境；中华优秀传统文化传承发展工程的深入实施，为推动大运河文化创造性转化创新性传承，加快融合发展提供了重要的动力支撑。

② 李冉．中国大运河：当文化遗产流向未来文明——对话著名文化学者范周[J]．人民交通，2018-07-04。

国各地留下了许多供参考的经验和范例，如何让特色小镇在大运河文化带的建设中发挥作用，应重点思考以下几个问题：一是特色小镇的特色化，应避免缺乏理性思考的“脑热”行为造成的资源浪费，有其名而无其实；二是特色小镇的创新性，应突破老思路旧经验的拘束，特色小镇建设绝不是“新一轮造地运动”；三是特色小镇的产业培育，文化是特色小镇的灵魂，而非遗应是小镇发展特色旅游产业的根本所在。

（三）搭建文化交流平台，文化交流日益深化

扬州作为大运河联合申遗的牵头城市，在中国运河文化的交流和传播中发挥了重要作用。作为设立在北京之外的6家国际性非政府组织之一，世界运河历史文化城市合作组织（WCCO）通过世界运河城市论坛、世界遗产运河古镇大会、“中国艺术家笔下的运河”世界运河采风创作系列活动等平台①，维系着国内外运河城市的多方互动，致力于实现运河城市的共同发展。除此之外，北京的“大运河文化”网络文学孵化项目、杭州的中国（杭州）新年祈福走运大会、无锡的中国运河网、洛阳的大运河文化论坛都不同程度地推动了文化交流的日益深化。未来，如何进一步打造高水平交流合作平台，推动中外人文交流，提升自身传播话语权，值得我们思考。

运河沿线有着不同的自然风景、人文景观和民风民俗，但运河文化却是从南到北、一脉相传。大运河文化带的建设，以运河文化的保护、传承和利用为基本原则，以运河文化遗产和历史风

① 李冉．中国大运河：当文化遗产流向未来文明——对话著名文化学者范周[J]．人民交通，2018-07-04。

貌为重要对象，以发展运河文化事业、运河文化产业和实现运河文化世界传播为主要目标，它既是一项延续文脉、古为今用的宏伟工程，又是一项凝聚智慧、体现创新的时代探索。大运河文化带建设日渐深入，但我们对于运河的思考却不会止步[①]。

① 李冉.中国大运河：当文化遗产流向未来文明——对话著名文化学者范周[J].人民交通，2018-07-04。

新旧动能转换中的山东文创发展思考

当前，我国经济正处在转变发展方式、优化经济结构、转换增长动力的攻坚期，新旧动能的转换成了推动经济高质量发展的内生要求。在此背景下，文化产业的转型升级是不容忽视的命题。2018 年 9 月 29 日，范周教授受邀参加“山东儒商大会·文化创意产业发展与新旧动能转换高端论坛”，围绕新旧动能转换中的文化产业发展进行了主旨演讲，本文为演讲内容核心观点。

一、新旧动能转换中的文化产业转型升级

（一）新旧动能转换的背景

纵观人类历史，第一次工业革命后，机器代替了手工劳动，实现了经济发展动能的第一次转换。在此后的历次工业革命中，新兴能源、信息技术与远程通信技术等新动能的出现不断推动着社会变革。

如今，中国经济增长动力转换进入了攻坚期。[①]2017 年 1 月 20 日，国务院办公厅印发《关于创新管理优化服务培育壮大经济

① 目前，我国已由中低等收入国家跨入上中等收入国家行列，但从绝对水平来看，仍处于跨越“中等收入陷阱”的中间区域。我国要跨越“中等收入陷阱”、顺利迈向发达的高收入阶段，需要由投资转向新的动能拉动。

发展新动能加快新旧动能接续转换的意见》，这是我国关于新旧动能转换的第一份文件。2018 年 1 月 3 日，《山东新旧动能转换综合试验区建设总体方案》获国务院批复，标志着山东将以新旧动能转换综合试验区的建设为抓手，在全国新旧动能转换中先行先试、提供示范。

（二）文化产业转型升级需认识的几大问题

在社会经济发展内生动力更迭的背景下，文化产业的发展也必然要顺势而为、借势而进、造势而起、乘势而上。一方面要“无中生有”，用新技术催生文创新业态、新模式，另一方面要“有中出新”，做好传统文化产业的转型升级工作。而文化产业转型升级的未来，也必然要认识到以下问题。

第 42 次《中国互联网络发展状况统计报告》数据显示：截至 2018 年 6 月 30 日，我国网民规模达 8.02 亿，互联网普及率为 57.7%。

第一，有效供给是前提。面临着文化消费主战场正向互联网与数字领域转移及文化消费群体的代际更迭的背景，文化产品与服务的供给不论在内容上或形式上，都面临着“量”上的数字繁荣与“质”上的精品短缺的现状。以电视剧行业为例，2017 年前三个季度，全国通过审批发行的电视剧达 186 部合计 7706 集，通过审批的剧集比例仅为 22%，真正播出的比例更是少之又少。大量产品刚“出生”就“入库”，成了“僵尸产能”。瞄准新消费群体的消费端需求，提高文化产品的供给质量和效率是文化产业健康发展的前提。[①]

---

① 提高有效供给，清理僵尸供给，就要激发企业活力。政府应为企业提供良好的市场监管保障、知识产权保障、税收优惠政策等。

第二，技术创新是关键。如今，以人工智能、移动互联网、云计算、大数据、区块链等为代表的新一代信息科技已经渗透到文化产品创作、生产、传播、消费等各个层面和关键环节，正成为文化产业创新的核心支撑和中坚引擎。不论是新业态的培育，还是传统产业的转型升级，都离不开技术创新的载体。

第三，融合发展是必然。文化产业是一种与其他产业关联度较高的产业类型。文化与相关产业跨界融合、应用新技术、活跃消费市场需求，可推动关联产业转型升级，催生文化新业态发展。融合发展不断推动文化产业在与相关产业的竞合中调整优化产业结构、提高资源利用率，成了未来发展的必然。

二、新旧动能转换中山东文化产业发展的关键点

（一）重新思考新业态：紧扣未来发展趋势

山东新旧动能转换综合试验区是党的十九大后获批的首个区域性国家发展战略，也是中国第一个以新旧动能转换为主题的区域发展战略。面对新旧动能转换的重大机遇，山东省将文化创意列为“塑造活力新山东”的十强产业。在此过程中，新业态的发展应紧扣未来发展趋势、顺势而为。

一方面，要发挥数字文化产业的龙头作用。2016 年 12 月《“十三五”国家战略性新兴产业发展规划》正式公布，数字创意产业首次被纳入国家战略性新兴产业发展规划。2017 年 4 月，文化部颁布了首个“数字文化产业”概念的政策文件《关于推动数字文化产业创新发展的指导意见》，向社会发出国家鼓励数字文化产业发展的明确信号。从全球数字创意产业的规模和产值来看，

该产业主要集中在北美、欧洲及亚洲地区。其中，美国占市场总额的43%，欧洲占34%，亚洲及周边国家占据19%，其中日本占10%、韩国占5%。我国的数字创意产业增速较快，潜力巨大，预计到2020年，我国数字创意产业规模有望达到3万亿元，相关行业产值规模将达到8万亿元。[①]

动漫游戏、网络文学、网络音乐、短视频，越来越多的数字文化产品走进我们的生活，数字文化产业正在成为引领新供给、释放新消费潜力的新动力。山东省的文化产业发展，抢占数字文化产业的发展先机至关重要。

另一方面，文化产业的发展应与国家重大战略相结合。山东省得天独厚的区位优势使其成为“一带一路”海陆交通的重要节点。与此同时，大运河文化带等重大文化发展战略也是打造开放新山东的重要机遇。

（二）打赢人才争夺战：留住人才是核心

文化产业发展归根结底是人才问题。人才战略是文化产业可持续发展、后发制人、弯道超车的最根本保障。2018年，全国各地陆续出台政策开展人才争夺战。山东出台了“人才新政20条”，从人才工程、引才用才机制、人才培养开发模式等7个方面提出了20条突破性措施，含金量高、针对性强、支持力度大。

但与此同时，我们不能忽视的是吸引人才是为了留住人才。人才新政的出台只是人才争夺战的第一步，能否留得住人才才是检验人才争夺战成绩的最终标准。因此，要以“别出心裁引人才、

① 网络用户规模的持续扩大，为产业的发展打下了坚实的根基。特别是网络用户的付费习惯逐渐养成，加之移动支付技术的突破与助攻，8亿网民将成为数字创意产业发展的真正助推者。

独具匠心育人才、不拘一格留人才”的胆识与魄力，让人才真正能“为我而来、为我所用”。依托山东156所高等院校和239家国家级创新平台，吸引对文创领域发展起到决定性作用的领军人物，是关系到山东文化产业发展能否从第二方阵跻身第一方阵的关键。

（三）发挥文化资源优势：实现文化资源的产业转型

转变思想：资源≠产业。齐鲁之邦，历史悠长。提起山东，我们会想到孔子、孟子、墨子等一大批推动中华文化发展的杰出人物，会想到“好客山东”的旅游标识。儒家的“仁义礼智信”“修齐治平”等理念，更是影响了一代又一代中华儿女。山东的文化资源灿若星河，这也正是山东实现传统文化创造性转化的基础。

但同时我们要意识到，资源不等于产业。这也正是国内许多文化资源大省不是文化产业强省的困扰所在。深圳以“无中生有”实现了从“文化沙漠”到“文化绿洲”的蜕变，而传统的文化资源大省何时才能真正实现“有中出新”、唤醒沉睡的文化资源呢？

解放思想、独辟蹊径，不应让文化资源成为文化包袱，打造好客山东的“传统文化”金名片是构建文明新山东的必由之路。[①] 在此过程中，要进一步梳理有效资源和历史文化资源之间的关系。

探索乡村振兴的齐鲁文创模式。2016年11月以来，国务院办公厅发布《关于进一步扩大旅游文化体育健康养老教育培训等领域消费的意见》，中共中央、国务院印发的《健康中国2030规划纲要》也专门就康养旅游做出规划部署。山东良好的自然人文环境，深厚的历史人文环境，使山东可以依托其儒家、道家特色资

---

① 除了充分挖掘和诠释文化资源，肃清文化旅游市场也是山东文化形象树立的必由之路。“好客山东”输给青岛一只虾的城市形象危机，其影响一直延续至今。

源，实现从养生到养心、从自然到人文的深度融合，发展精品旅游产业，打造美丽新山东、魅力新山东。

此外，作为传统农业大省，山东丰富的乡村特色资源也正是其探索乡村振兴的齐鲁模式的基础。传统的手工艺产业，有产业、有基础、有产能、有制作，但还要学会有效传播和精准营销，这样才能够变资源优势为产业优势，尤其注重融合发展。

统筹陆海战略：写好海洋经济的文创篇。山东海域面积广阔，与陆域面积相当，海洋经济总量约占全国的五分之一，拥有全国近一半的海洋科技人才，以及青岛海洋科学与技术试点国家实验室等一批重量级海洋科研机构和创新平台。

在山东的未来战略中，陆海战略中的海洋文明、海洋经济、海洋文化、海洋旅游是未来发展的潜力，而这篇文章目前还未真正破题，历史把这篇文章留给了我们这一代人书写。山东的海洋资源，既是旅游的财富，也是文创的财富。所以挖掘海洋文化资源、发展海洋经济、传承海洋文化，文创篇是其浓墨重彩的一笔。[①]

---

① 山东不能因循守旧，走经验主义之路。重要的还是要解放思想，强化创新意识，坚定扛起文化大省的时代责任和历史使命。

一座“三无”城市的妙笔生花

这是一个“三无”城市——“无中生有、无奇不有、无数商机”。对，这就是义乌。义乌是一个商贸立市、商贸兴市的城市，也是世界上最大的小商品批发市场。习近平总书记曾经说：“义乌是一个莫名其妙、无中生有、点石成金、无奇不有的城市。”在当前经济的新形势下，义乌如何实现转型升级是值得思考的问题。多数人看到的是义乌翻天覆地的变化和它所闪现出的无数商机，而忽略了引发义乌质变的深层原因——文化。城市在拓宽思路求发展的过程中，文化是其精魂所在。

一、发展需要精准定位

目前义乌的发展需要一个明确的定位，在文化发展中还存在着一些问题。第一是“弱”，没有发挥党委和政府谋篇布局义乌发展的同等作用。第二是“散”，不论是创意设计，还是展会活动、相关街镇的项目布局都没有凝聚收缩。第三是缺少一个总体的系统化考量。应当结合现在正在做的“十三五”规划，为义乌的文化产业在下一个五年发展做一个清晰的符合义乌实际的、其他区县无法代替的义乌“十三五”文化产业实战战略目标，这是当前需要关注的问题。[①]

二、义乌发展需关注的六个重要方面

第一个是生产制造业的全面升级。在生产、设计、制造业这几个环节上义乌都有非常好的条件，尤其是与文化相关联的衍生产品的创意设计，义乌有条件走在全国前列。要由被动地提供物理空间摊位到共同研究，从要有厂房才能建店，过渡到对工厂、产品进行有设计做引导的上游发展，凭借此优势打造特色的产业链。

第二个是文化旅游产业的深度发展。义乌有1000万国内客人的采购，还有几十万、近百万国际客人的采购，还有几万国外客商常驻，这是巨大的旅游资源。义乌要把1000万过路客人变成目的地客人是较为容易实现的，因为这些人很可能要留一些时间，而在这个过程当中，与商贸结合的旅游发展大有可为。

第三个是商贸物流业的转型升级。义乌的商贸物流城集商贸与物流为一体，具有综合交易、金融等多项功能的商贸与物流互相带动、促进的服务模式。这种多种服务集成的运作模式是一种创意模式，也为继续开拓国际市场有效助力。

第四个是文化产业制高点的打造。结合义乌正在打造的一些老街和古镇，包括佛饰等流通物品的集散，这将会成为全国很重要的一个文创制高点。

第五个是用好国际交流的现有资源，做好升级优化。有四通

① 义乌经济飞速发展，城市变得现代化了，人民生活水平也大大提升。在这迷人的容颜下，如何找寻自身独有的竞争力和发展目标，让城市建设避免“千城一面”，还需深入思考。

八达的航运、便捷的物流做支撑，义乌在国际交流方面的发展大有潜力，这将是未来义乌经济社会发展在现有基础上需要重点突破、实现升级的地方。

第六个是抓紧“一带一路”战略契机。目前，义乌没有参与发改委西部司做的全国39个“一带一路”规划项目。在这一方面，义乌可以放宽视野，将发展纳入国家战略布局，而在这一过程中，相关的文化项目不可或缺，只有进入国家层面，才更能有发展的深度和广度。

三、厘清“四个关系”

浙江省率先在全国形成特色小镇的发展，包括已经在省里立项的37个小镇，还有一大批古村落。在这个方面，第一是要处理好经济发展和全面提升原有居民幸福指数的关系，第二是要处理好商贸和相关产业的发展。商贸肯定是我们的重中之重，在这一过程中要协调好一些大型项目。第三，要处理好中心城市群和广大村镇之间的关系，实现中心城市群和周边城镇的联动发展。第四，要处理好快速增长的经济和浙江省特色小镇建设的关系。在这一过程中，要避免重复定位，突出自身特色，与现有的小镇有所区别。

四、摘掉“单纯制造”的帽子

义乌小商品的发展主要以做平台为主，许多生产企业并不是义乌本地的，它们来源于全国各地。因此，义乌最迫切需要解决的问题不是摘掉“生产帽子”，而是搭建好平台。放眼国际，目前对文化产品，特别是富有个性的文化创意产品的需求越来越大，这是全球文化产业在内容产业上发展的基本趋势和正常需求。

首先，尽快建立以义乌小商品集散地为核心的全球文化产品消费需求指数机制显得尤为重要。如今，义乌已经在做全球小商品需求消费指数的报告，但并未在其中添加文化产业的相关指数。在今后小商品市场的发展中可以把这块短板补上。

其次，依据需求报告和市场导向，组织一些以高校和民间为主要力量和基础的创意设计赛事活动，为那些有需求但无能力的企业解决“智力”投入问题。与全国乃至世界高校创意设计人才的合作迫在眉睫，“介质”和“引质”是做好这个平台的基础。①

再次，政府在打造义乌小商品市场这个平台时，应加强对文化创意设计的重视。文化产业的核心竞争力是创意，创意最直接的体现是创意设计。义乌若想把小商品市场的产业链做长、占领足够多的市场份额，仍需在此方面下大功夫。

最后，政府的导向性要明确。如政府在扶持和支持的专项资金方面，要向具有创意性的外贸、物流、生产加工企业倾斜。有了以上措施，发挥创意设计在小商品集散过程中的龙头作用，从而打造核心竞争力将水到渠成。

五、义乌文化产业需要把“账”还上

义乌的文化产业一直处于一种“欠账”状态。不久前，义乌

① 发挥“智力”资源，让人才战略成为城市发展的坚强后盾。

市委召开会议，称拿出10亿元资金发展文化产业，因此有人会说义乌的文化产业迎来了黄金期。这句话应当从两方面来看，一方面是政府已经开始有了发展文化产业的意识；另一方面，义乌的博物馆、公共文化设施好多仍未达标，这与义乌的雄厚财力极不匹配。政府当前应真正做到“取之于民，用之于民”，加强公共文化设施的建设，把“账”还上。

六、适度开发非物质文化遗产

不是所有的非物质文化遗产都能打造成文化产业。如一些稀有的剧种和民俗行为是百姓约定俗称的习惯，没有办法转化成产业。因此，在这一过程中，要对义乌已有的非物质文化遗产中具有可开发要素的部分做文章，如义乌的饮食、火腿、蜜枣等，可以将其产业化；当地民俗文化可以在节日庆典中体现出来。切记不要“勉为其难”地开发，避免破坏非遗的遗存。

七、城市发展的精魂是文化

改革开放以来，义乌中心城市的户籍人口已由3万增长至五六十万，加上流动人口已达上百万，而中心区域已由5平方千米扩至100多平方千米。改革开放以来义乌的快速发展，得益于国家的改革开放政策，得益于义乌充分发挥其小商品经济的优势，以及勤劳的义乌人民用智慧打造出的商品平台而激发出的无限商机。这是一个城市在改革大潮中的成功选择和经济发展的范式。

城市如果要做到可持续发展，其精气神一定是文化，但照目前情况看，义乌距这点要求还有一段距离。义乌经历了四个发展阶段：由最初的假冒伪劣商品集散地、“山寨”商品的集散地、能够保证品质的集散地，发展至现在的“义乌 4.0 阶段”，即注重产权和打造品牌的阶段。支撑义乌发生变化的是文化，由早期的“投机倒把文化”向诚信文化、品牌文化过渡。商业发展离不开文化，城市建设离不开文化，在这里生活的人民同样离不开文化。因此，打造这座城市必须要有文化和文化工程作为支撑，义乌在这方面要走的路还很长。

八、历史文化资源如何创造价值

首先，梳理文化资源，摸清“家底”。义乌有诚信文化、古村落文化、宗教文化、奋斗不息的“鸡毛换糖”文化。这些文化资源都有待进一步地挖掘、开发。[①]

其次，有文化不等于有产业，找到承载文化资源的有效方式十分重要。例如，义乌与吉利合作开发汽车产业，需要的是汽车文化；与法国最时尚的赛车俱乐部合作，要有时尚文化作为依托；义乌正在进行的古村落改造，与当年盛行的佛教文化是分不开的。

最后，在政府做好顶层设计的前提下，要把义乌的优势资源与当地产业相融合。义乌有一千多万客商，他们需要文化消费，

---

① 人文建设是未来城市发展的灵魂所在，文化产业的发展必然是一个城市发展的主导产业。优质的环境、淳朴的民风、精致古朴的民俗文化都能激发城市的文化活力，推动城市的可持续发展。

这是十分珍贵的商机。把一般性的、原始状态的商业文化转化、提升为商业文明，是当前亟待解决的问题。

（本文根据范周教授在“《中国城市报》专家顾问委员会走进义乌”调研咨询座谈会上的演讲及采访整理而成）

嘉兴的“文化有约”给了我们什么启示？

2016年4月，在国家公共文化示范区的验收工作中，浙江嘉兴的一项重要公共文化工程——“文化有约”使人印象颇深，创建公共文化服务体系的“嘉兴模式”使我深受启发。2013年创建国家公共文化服务体系示范区以来，嘉兴市围绕“构建具有嘉兴特色、东部地区示范、全国领先的现代公共文化服务体系”的总目标，积极创新实践，形成了一系列具有嘉兴特色的工作亮点。“文化有约”服务项目是其中的一项特色品牌，研究“文化有约”对于我国其他地区的公共文化建设具有实际借鉴意义和参考价值。

一、有效整合资源，提升供给水准

尽管来自不同领域、不同行业主管部门的文化阵地的内容千差万别，但在“文化有约”的统一组织协调下，公共文化服务能够更好地、更有针对性地发挥作用。“文化有约”整合了文化系统内图书馆、文化馆、博物馆、美术馆和系统外科技馆、工人文化宫、青少年宫等各类资源，并由市级延伸到各县（市、区），由政府主办的公益性文化机构拓展到社会力量兴办的各类文化机构，实现了跨部门、跨行业、跨地域公共文化资源的有效整合，极大地丰富了公共文化产品和服务的供给，群众的文化活动内容也更加丰富多彩。[①] 截至2015年年底，“文化有约”共推出培训、展览、演出等各类公益性活动2700多场，网站点击量已突破300万人次，直接参与群众突破100万人次。

二、拥抱“互联网+”，打造创新平台

“文化有约”通过“互联网+”的形式把许多共享的文化资源都整合到公共文化服务的平台上。通过这个平台，不仅文化部门自己管的内容得到了充分的发挥，而且与文化有关联的一些机构也主动地参与进来。[②]“文化有约”着眼于通过供给模式的创新，运用“互联网+”思维，建立综合性、一站式服务和管理平台，嵌入大数据采集和分析处理，精准对接群众文化需求，大大提升群众的参与度。依靠数字化打通公共文化服务“最后一公里”，实现文化与科技的深度融合，打造“互联网+公共文化服务”的创新特色平台，不断提升公共文化均等化水平。“互联网”平台预约和“订单式”活动参与，实现服务与需求无缝对接，推动基本公共文化服务与多样化、个性化、优质化公共文化服务的有机统一；“互联网+公共文化服务”打破时空界限，有力提升了公共文化服务的现代传播能力，促进了基本公共文化服务的标准化、均等化。

---

① 文化资源的整合能够更好地盘活文化要素，一定程度上优化了各文化领域的资源配置，避免同质同构的恶性竞争，有利于管理和使用。

② 利用新媒体手段，让市民增强了体验感与互动感，新颖的运行管理能够让传统服务焕然一新，值得借鉴。

三、强化运行管理，政策保驾护航

2013年7月，“文化有约”公共文化服务平台改版升级，融合现代信息技术成果，引入团购式服务供给界面，将所有活动资源包装成文化产品统一上架，让市民通过预约方式参与相关活动。为推动“文化有约”可持续发展，2014年初各种完善和深化举措陆续推出：《嘉兴市全面推进“文化有约”项目实施意见》《嘉兴市“文化有约”项目资金补助暂行办法》接连下发，前者着眼于保障公民基本文化权益、发挥公共文化机构基本职能作用及增强公共文化服务能力和管理水平三方面，后者明确对本市公益性文化场馆“文化有约”项目进行补助，并探索以政府购买服务形式引进社会力量推出“文化有约”项目，参与公共文化服务。同时，制定《“文化有约”用户积分管理暂行办法》，建立积分激励机制，实现了群众的实时评价与反馈。

四、拓宽服务覆盖，精准对接需求

“文化有约”平台通过对各类公共文化资源的整合，满足了各类人群的需求，活动范围也扩大到“大嘉兴”区域，提高了品牌的社会公认度。将公共文化资源打包成项目供群众预约、参与，提高了服务的针对性和实效性。畅通监督反馈机制，对项目做出评价，及时受理群众诉求，提高了群众参与的积极性和主动性；以“菜单式”“众筹式”等预约形式向群众提供免费培训、辅导、演出、场地及各类特色文化活动。博物馆推出“流动博物馆”“流动体验区”，将馆内固定展览及专题类题材以展板形式向社区、学校等社会单位提供展览服务，并将泥塑、软陶等制作项目送至乡村、社区；文化馆开辟“春耕”“夏种”“秋收”“暖冬”服务，音乐舞蹈、书画摄影、送书送戏、声乐器乐、非遗保护等“菜单”四季不停歇；科技馆将科普知识、手工实验室送到社区，引来社区孩子们对科技的好奇与兴趣。

“文化有约”以保障文化民生、落实文化惠民为根本，逐渐成为嘉兴公共文化服务体系中的一张新名片。[①]“文化有约”的“嘉兴经验”的启示如下：

第一，转变政府角色，发挥市场机制。在政府的统一协调下，通过市场运行机制，采用政府采购和购买的形式，调动社会力量参与公共文化服务的积极性，让隶属于不同部门的文化资源和文化服务的内容得到更好的发挥。“文化有约”在政府层面建立了统筹协调机制，公共文化供给实现了横向拓展、纵向延伸，形成了部门联动和跨领域合作的协作联盟，促进了区域内公共文化资源的共建共享，实现了供给与需求的有效对接。目前，“文化有约”已吸纳近20家民营文化机构加盟，推动了公共文化服务向优质服务转变，培育和促进了文化消费。政府实现了由办文化向管文化的角色转变，强化了政府购买公共文化服务的理念；社会力量涌入公共文化服务领域，打破了原有的体制壁垒，最大程度保障了广大群众的基本文化权益。

第二，打破行政壁垒，扩大资源共享。长期以来，文化部门

① 随着嘉兴“文化有约”项目的出台，不少公益力量积极加入，无疑给城市增添了一座“能源补给站”。这也成为了嘉兴市政府购买公共文化服务、引导社会力量进入公共文化服务领域的一次有益探索。

只注重对于文化资源的开发与利用是不够的，还应该通过有效的途径打破行政壁垒，充分发挥我们全社会公共文化资源的作用，这也和国务院 2 号文件的精神是一致的。在这方面，嘉兴做了非常有意义的尝试。在公共文化服务建设的过程中，整合隶属于不同行政部门资源的工作还应更进一步地打破壁垒，扩大更多领域的公共文化资源，包括高等院校、当地驻军的资源等。只有实现我们社会的公共文化资源利用的最大化，我们的公共文化建设才是属于全民性的，才能打破单个文化主管部门的局限，进而使公共文化服务建设能够全面发展和有效开展。

第三，正视既得利益，打造民心工程。在整合资源的过程中，不能简单地靠行政命令，而在现行体制下，各个行政主管部门的既得利益是非常顽固和明显的。如何让这些利益得到有效保护，同时又能让这些资源得到最大化的盘活？嘉兴的做法是值得我们深入思考和研究的，"嘉兴经验"在全国具有很强的推广价值和影响力。此外，文化部门还应深入推进横向拓展、纵向延伸，提供更加丰富多样的公共文化产品和服务，有效对接群众的文化需求，培养群众主动走进文化场馆亲近文化、接纳文化的习惯，为市民群众献上丰富多样的大餐，使公共文化民生工程走入千家万户，真正成为老百姓公共文化服务的"民心工程"。

西藏文创发展的碎片化思考

近年来，西藏自治区经济蓬勃发展，在国民经济增速放缓的大背景下，2015 年，西藏全区生产总值达到 1026.39 亿元，增长 11%，增速强劲位居全国前列，成绩令人瞩目。经济的快速发展带动了文化建设，西藏的文化产业也在同步成长。2015 年西藏文化产业产值突破 30 亿元。从西藏的经济基础和发展条件来看，文化产业 30 亿元的产值可以说是质的飞跃。

中国是一个统一的多民族国家。藏族作为中华民族大家庭中的一员，在与其他民族不断交流和相互吸收、促进的漫长历史中创造和发展了具有特色的灿烂文化。2016 年 8 月初，范周教授一行对西藏自治区的文化产业进行了调研。以下是范周教授此次调研后对西藏文化产业发展的几点思考。

一、六大特点：打开西藏文化建设之门的钥匙

（一）党委政府高度重视

西藏自治区党委和政府高度重视文化产业发展，针对文化领域的不同问题出台了大量文件。这些文件政策导向鲜明、涉及领域广泛，对推动西藏文化产业发展、促进西藏公共文化服务体系建设及提高西藏文化产业从业人员素质等关乎文化建设的关键环

节与重点内容都起到了显著的促进作用。

不论是响应国家政策促进社会主义文艺繁荣发展的《中共西藏自治区委员会西藏自治区人民政府关于推动文化大发展大繁荣的决定》，还是促进文化与旅游深度融合的《西藏自治区推进文化与旅游深度融合发展，加快特色文化产业发展的意见》，抑或是为推动加快构建西藏地区现代公共文化服务体系的《西藏自治区贯彻落实〈关于加快构建现代公共文化服务体系的意见〉的实施意见》，这些政策的出台与发布都显示了西藏自治区党委和政府对文化建设的高度重视。

（二）顶层设计和整体规划先行

“十二五”以来，西藏自治区政府注重顶层设计，对区域文化资源进行了科学规划和合理开发，围绕拉萨打造了一批文化产业园，以重大项目为抓手、以产业园区为平台，实现文化资源的活化和变现。[①]

以拉萨市为例。拉萨市为大力实施“文化兴市、产业强市”的战略，于2012年正式启动建设西藏文化旅游创意产业园区。园区规划面积约8.147平方千米，计划总投资约300亿元，以“藏文化的世界总部基地”为总体发展定位，建设包含“文成公主”文化旅游主题公园、藏民族民俗风情体验园、藏医药文化创意园、艺术家创意创作基地、藏民族手工艺品加工体验区和高端旅游服务配套设施等在内的九大功能区。目前，《文成公主》实景剧场已经正式运营，总投资7.5亿元，截至2016年，票房收入已达3.31亿元。正是整体

① 顶层设计与整体规划为西藏文化产业发展谋规完美的蓝图，是其发展的先导。良好的顶层设计能促进西藏文化资源的充分挖掘。

规划与设计实现了对西藏文化资源的有效利用与合理开发。

（三）避免平均，以拉萨为动力核

总体来说，西藏地区的文化发展呈现以拉萨为核心，其他地区适当兼顾的格局，周边的日喀则、林芝、昌都及阿里地区的文化发展各有侧重。在中国，“一刀切”对于文化产业发展而言是不现实的。就全国范围而言，我国东中西部资源禀赋不同，经济基础有差异，这就决定了文化产业的发展必须“量体裁衣”。

这一原则在西藏地区同样需要遵循，西藏地区文化产业的发展避免了在全藏地区的平均分配，而是聚焦核心、带动周边。西藏的文化产业发展选择在核心区拉萨做大、做强、做实，以核心区发展带动其他区域发展，以龙头企业、大型项目的发展带动全局。在新修订的西藏“十三五”规划中提出的要按照“一轴两带”的思路发展文化产业，就是这一原则的体现与落实。

（四）文化助力，为美丽西藏“造血”

作为全国唯一的省级集中连片特困地区，西藏现有贫困人口77.7万，占总人口的23.96%。贫困程度深、人居环境差，因病、因灾、因债致贫现象较为普遍，扶贫任务十分艰巨。产业是区域经济发展的重要基础，产业扶贫是指贫困群众依靠产业发展促进增收、逐步实现脱贫致富的一种扶贫模式，是贫困群众由“输血”向“造血”转变，实现脱贫致富的重要途径，更是加强民族团结，建设美丽西藏的必由之路。

西藏地域辽阔，气候类型多样，特色产品丰富，文化资源丰厚，特色产业发展潜力巨大。目前，西藏的特色文化旅游已经成为西藏经济的支柱产业之一，立足西藏地区各地丰富而富有特色、具有个性化的文化资源，文化产业为实现产业扶贫和精准扶贫提供了巨大可能。[①] 例如，实景剧《文成公主》的演出地慈觉林村取得了社会与经济等多重效益，当演员已经成为村民很重要的一部分收入，人均月收入达到 3000 元以上。

（五）凝聚小微文化企业的力量

在文化产业发展过程中，西藏尤为重视小微文化企业的力量。近年来，拉萨市小微企业数量、实现收入和就业人口均保持 20% 以上的增长率。小微文化企业创新力强，灵活度大，掌握新技术的速度快，最能够以灵活的创意活化文化资源，将藏文化的独特魅力推向市场。[②]

此次西藏调研中，我们参观了西藏当地的小微文化企业。这些小微文化企业对传承藏族文化，彰显西藏文化特色发挥了重要的作用，例如从事铜艺制作、藏香生产、藏医药深加工的企业等。它们在生产过程中实现了对非遗的传承，对文化的传播。在参观的一些小微企业当中，较为出色的是一家名为“醍醐公司”的小微文化企业。该公司致力于用新媒体平台宣传西藏艺术，平台汇聚了西藏顶尖的艺术家与工艺大师，以西藏艺术为资源基础进行文创产品的设计、生产和市场推广，为促进西藏艺术拥抱互联网、西藏艺术家走出去及推广西藏艺术做出了杰出贡献。而作为 2016 年全国小微企业创业创新基地示范城市，拉萨在未来三年将获得中央财政扶持资金 9 亿元。这都为小微企业的蓬勃发展创造了良好的政策环境，为推动大众创业、万众创新提供了新的机遇，也

① 西藏独特的气候条件与地理条件为西藏孕育出了独特的文化资源。西藏乃至全国各个地区都需要立足自身定位，发挥自身特色优势。

② 小微文化企业是文化产业发展的助推器，小微企业有着自身独特的优势，凝聚好小微文化企业的力量，我国文化产业的发展将迈上台阶。

为西藏文创的发展带来更多的可能。

（六）文化传承与发展双管齐下

文化资源的活化，应首要解决的就是开发与保护之间的平衡问题。在文化资源开发的过程中，西藏高度重视藏文化的传承与保护，以多种方式实现社会效益和经济效益的平衡，藏戏和唐卡艺术的开发与保护可以说是这一问题的典型。

藏戏是藏族的宗教艺术，起源于距今600多年以前，已被列入第一批国家级非物质文化遗产名录。为保护藏戏这一古老艺术，自治区文化厅采取重点项目保护计划的方式，对国家级、自治区级藏戏流派和重要藏戏队开展了有效的保护工作，在保护基础上，通过内容开发和包装，进行市场化推广。此外，西藏还将藏戏与当地公共文化建设相连接，以更好地满足当地人民公共文化需求，兼顾了社会效益与经济效益。[①]

唐卡艺术是藏族文化中一种独具特色的绘画艺术形式，当地非常注重唐卡人才的培养。通过开办唐卡艺术培训学校和培训中心，培养了大量的唐卡艺术传承人。同时，西藏致力于打造唐卡艺术品牌，通过举办唐卡艺术展览等方式扩大唐卡艺术在国内外的影响力。

（七）三点感想：西藏之行的行与思

藏民族文化至今仍然是中华文化和世界文化宝库中的一颗璀璨明珠。在这片神秘的土地上，文化创意产业的藏地密码也在近年来绽放出自己的光芒。此次西藏之行让我们实地了解了西藏文

① 西藏文化资源丰富，但是不能盲目和过度开发。文化资源的开发要实行保护式开发，要解决好保护与开发之间的关系。

化产业的发展，以三点来总结此次西藏文化之行的感受。

第一，耳目一新。西藏文化产业的许多内容和发展措施可圈可点，发展之路走得扎扎实实。最显著的表现就是西藏文化产业的发展没有搞“一刀切”，杜绝了“摊大饼”，立足资源与经济社会发展的实际情况，以拉萨为动力核，整合内部资源，聚焦核心优势，形成西藏地区文化产业发展的高地。在此基础上，带动周边城市文化产业的逐步发展。[①]不搞平均，逐步摊开，西藏文化产业的发展走得扎实而有力，也更有未来。

第二，富有特色，既谋当前又谋未来。西藏文化产业以藏文化、宗教文化等各种特色文化资源为基础，以特色文化产业为发展方向，了解自身现实，立足自身特色，致力于打造富有竞争力和差异化的西藏文化产业格局。特色是文化产业发展的根本，也是其形成核心竞争力的基础，在这一点上，西藏有着先天的优势资源与文化底蕴。西藏文化产业的发展不仅着眼于现在，更加看重文化产业的未来发展。这里的文创发展非常注重自身特色的提炼，而只有立足自身优势，才可以走可持续的特色发展道路。

第三，文化产业发展与国民经济发展相协调。西藏的稳定关系国家的稳定，西藏的安全关系国家的安全。在“文化 +”的时代里，文化产业作为地区经济的重要组成部分，以其经济效益与社会效益兼备的特点，必将对推动民族融合、边疆稳定及西藏地区整体协调发展发挥重要促进作用。一方面，文化产业具有社会效益，对丰富人们的精神文化生活，弘扬社会主义核心价值观，提

① 每个地区都有自身独特的文化资源禀赋与地理环境特征，所以文化产业的发展切忌“一刀切”，更不能搞“平均主义”。

升民族凝聚力有其他产业无可比拟的作用；另一方面，文化产业带来的经济效益，能够在很大程度上提升当地人民的生活水平与生活质量。利民之事，丝发必兴，文化产业在推动经济社会发展中的巨大撬动作用，必将对西藏各族人民带来利好。这两点可以充分说明文化产业在维护民族团结，促进经济社会协调发展中的重要作用。

二、两组数字：文创发展的“藏地密码”

（一）400 亿 & 30%：惊世骇俗

体量小，增长快，是西藏地区国民经济发展的显著特点；就文化产业而言，基数小、增速快，是西藏地区文化产业产值的重要特点，也是西藏文化产业后发制人的“金刚钻”。“十三五”末，西藏文化产业产值收入预计将突破 300 亿甚至 400 亿。初步计算之后，如果西藏地区生产总值在“十三五”末达到两千亿，西藏文化产业产值有望突破四百亿，这也就意味着西藏文化产业发展的增速要达到每年 30% 左右，可谓惊世骇俗。

（二）20%：独树一帜

西藏的文创产业若以 30% 的增速增长，那么文化产业总产值将会在“十三五”末期占到 GDP 的 20% 以上。由此看来，西藏虽然地处高原地区，经济发展资源和条件相对落后，但它将在“十三五”期间成为中国文化产业发展的一支新秀。在我国，文化产业总产值超过 5% 则可以将之称为国家的支柱性产业，而未来西藏文化产业的 GDP 占比将接近 20%，甚至达到或超过 20%，这在全国也是不多见的。

“十三五”时期是西藏与全国一道全面建成小康社会的决胜时期，是西藏加快发展的重要战略机遇期。此次西藏之行让我们看到西藏的明天会更美好，西藏文化产业的发展会更美好，因为它的美好不仅有量还有质。

作为一个西藏文化产业发展的“门外汉”，我在此次简单的调研中仅看到了一些皮毛，得出了一些并不一定成熟的结论和看法，它们可能会对我们重新审视西藏文化产业的发展提供些许帮助。金秋九月，著名的藏博会就要开幕了，我们期待着这次盛会能够揭开“十三五”文创发展的序幕，文化产业发展将与国民经济的其他领域一样，出现一批标志性成果。我们也期待着西藏文化产业提供属于“雪域高原”的独特经验，走出一条西藏文创发展的“天路”。

白山松水，吉林省文化产业如何转型升级？

为了支撑东北的长期发展，发改委提出东北振兴重大政策，投资1.6万亿元开展130个重大项目，推动形成东北新一轮发展的长效机制。2016年4月，《中共中央国务院关于全面振兴东北地区等老工业基地的若干意见》发布，指出要积极培育新产业新业态，积极推进落实“互联网+”行动。新时期的发展契机，吉林省如何紧抓国家政策利好，促转型、谋发展至关重要。2016年8月，范周教授被聘为吉林省文化专家智库首席专家，并做了吉林省文化产业发展的专题报告。

一、三个感受：资源丰富、空间广阔

（一）富矿留存，文化资源基础雄厚

吉林省文化资源丰厚，以长影集团、吉林出版集团、吉视传媒为代表的文化企业资源，以白山松水生态文化、黑土地农业文化为代表的特色文化资源，以满族说部、朝鲜族长鼓舞、东北二人转为代表的非遗文化资源，以伪满洲国皇宫及文物资料为代表

的历史文化资源，为吉林文化建设留存了珍贵的富矿。[①]这些资源是吉林发展文化产业的重要基础，在此基础上吉林的文化发展、文化传承、非遗保护取得了令人瞩目的成就，为未来发展奠定了有利条件，提供了广阔空间。

（二）政策频出，文化企业商会助力

文化产业的发展，政策支持是保障。吉林省近年来先后制定出台了《吉林省政府关于大力发展文化产业的意见》《吉林省千名文化产业拔尖人才开发计划》，为吉林省的文化产业发展提供了政策红利。[②]2015 年 4 月，吉林省文化企业商会成立，以文化产业资源整合和项目引进为驱动力和突破口，致力于优化产业结构、打造文化品牌、提升吉林省文化软实力。文化企业商会在谋划吉林文化集团的未来发展方面有思路有想法，但成果不凸显，怎样凝聚优势、盘活资源至关重要。

（三）迫在眉睫，转型升级势在必行

“互联网 +”时代的到来，颠覆和重构了文化产业中既有的传统模式。传统文化产业的固有模式已然不能适应新时期的经济发展要求，陷入发展困境。传统文化企业如何在新一轮社会与国民经济发展中创新突围，打破现有条件的制约，如何推动文化产品走向全国，转型升级迫在眉睫。

① 文化资源是文化产业发展的基础。吉林省具有丰富的文化资源，发展文化产业的基础较好，未来发展前景广阔。

② 政策是产业发展的先导。吉林省出台一系列文化产业相关政策，从顶层设计的高度对文化产业的全局发展做出了谋划。

二、五大建议：整合资源、创造蓝海

（一）明确定位，思路清晰

无论是产业发展还是企业建设，定位决定高度。[①] 吉林省的文化企业及产业园区发展只有进一步厘清思路、明确定位，才能在未来发展过程中占领产业制高点。以吉广传媒国家广告产业园为例，园区硬件建设、传统广告发展及正在推动的新型现代印刷企业都呈现较好态势，但数字互联网背景下在转型升级、与互联网深度融合方面虽有思考但思路不够清晰。因此企业定位至关重要，投入多寡并不意味着市场反馈好坏。

（二）聚合资源，培养人才

人才是文化发展的核心要素。据统计，2015 年全国高校毕业生达 749 万人。吉林动画学院作为特殊文化产业人才培养的基地标志，如何在此基础上发挥吉林长春大学城的作用，做到产学研相结合、以产业发展带动人才培养、以人才培养聚合国内外优秀师资资源，与学生的毕业就业、创业有机结合，发挥大学经济、大学产业圈、经济圈的辐射带动作用，是解决吉林文化产业发展人才流失问题的有力手段。[②] 也正是基于此提出围绕大学周边的产业园建设，应该是地方政府与高校联手打造新的特色产业圈、产业带。

（三）转型升级，未雨绸缪

首先，要在已有的传统文化产业基础上做好转型升级。吉林

---

① 精准的定位引导着产业发展的方向。吉林省应根据自身的特点，明确发展定位，厘清发展思路。

② 人才是文化发展的核心要素。当前，我国文化产业相关专业毕业生逐渐增多。但是，既懂文化又懂经营管理的复合型人才仍然稀缺。

省领域集团推动装饰设计、在线装修 APP 研发及创意设计与城市建设相结合的一系列举措，给了我们一个新的启发。面对全国同行业都不景气的情况下能够转型成功、未雨绸缪，不断通过信息的影响刺激，使他们能够抓住先机、一马当先，和市场紧密结合。类似企业不胜枚举。其次，转型升级的问题上，长白山雪文化与广袤的特色农业文化融合值得思考，转型升级不能停留在纸面上，而要落实到实际发展举措上。

（四）资源整合，释放活力

首先，挖掘整理转化传统文化资源。伪满皇宫衍生产品开发是一座文化富矿，长影是全国人民皆知的文创富矿，还有著名的工业摇篮一汽等，吉林省具有开发价值的文化资源不胜枚举。其次，释放文创元素活力。一流品牌的文创元素如何释放出来，应该做专门研究、规划和发展，要在资源整合的基础上打通资源、相互借力，发挥其应有作用，资源的再利用再挖掘是发展前提。

（五）科技先行，谋划未来

科技将成为未来世界经济与社会发展能力的决定性力量，将会不断带来生产方式和生活方式的巨大变革。在未来发展中，科技先行是重点。[①] 吉林省林田远达形象集团从发展了 30 年的标牌企业，现在转型为多元文化、多元业态整合的新兴文化产业示范基地，还储备了一些未来的文化产业新千人计划等工作室。提早谋划，提前进行科研投入，这样的企业不多但是是未来的方向。“干一看二想三”，文化产业在深度谋划、转变观念、提高认识、沟通信息中形成了很好的思路，让文创在未来发展中发挥更大作用。

---

① 科学技术将引导着未来社会的进步，尤其是在转变生产方式和生活方式方面将产生巨大影响。

辑五

深度观察：繁荣背后的文化思辨

文化，是润物细无声的心灵浸润。正因为文化产业“双效统一”的特殊属性，我们不能用常规的经济数字去衡量其成功与否。纵观文化产业的发展，欣欣向荣之象令人欣喜，朝阳产业活力无限。然而，在文化产业呈现出数字繁荣盛况后，其发展中的问题也逐渐凸显，这同样值得我们深思。

文化产业20年，学科建设任重道远

2018年9月16日“2018年国家文化创新实验区发展论坛·中国传媒大学学术论坛”上，13位资深专家围绕文化觉醒与文化自信这个主题展开研讨，其中文化产业学科建设问题尤为引人关注。随着竞争的日益激烈，就业市场对文化产业人才的能力提出了更高要求。我国文化产业学科建设经历了怎样的历程？呈现出怎样的特征？未来将走向何方？文化产业专业应该如何培养人才？如何进行师资队伍建设？这些问题值都得我们深入思考。

一、从无到有，学科建设仍在路上

（一）文化产业学科建设概览

20世纪90年代后期，国家教育部允许一部分学校开设文化产业学科试点，由此正式拉开了文化产业专业学科建设的大幕。

1993年，中国第一个以“文化经济”为专业方向的四年制本科专业——“文化艺术事业管理”在上海交通大学成立，标志着文化经济学的理论研究与学科建设进入了中国学术界的视野和高等教育领域。

2002年党的十六大以来，文化产业成为我国改革开放的重要领域之一，“十一五”文化发展规划纲要明确提出：“鼓励有条件的高等学校整合相关学科资源，集中开展文化事业、文化产业重大理论和现实问题研究，为先进文化建设服务。鼓励文化单位与高等学校合作举办高级研修班、培训班，培养高素质的专业技术人才、经营管理人才。鼓励和支持文化人才参加学术研究和交流，承担重大课题和项目。”

2004 年 3 月，教育部下发《关于公布 2003 年度经教育部备案或批准设置的高等学校本专科专业名单的通知》，正式批准在山东大学、中国传媒大学（时为北京广播学院）、中国海洋大学和云南大学四所高校中首先开设文化产业管理专业。

历经 20 余年，文化产业学科建设经历了从无到有的转变。目前，全国有近两百所院校开设了文化产业，700 多所高校开设了相关的课程，形成了文化产业教育的基本态势。

产业实践快速催生学科向纵深发展，由于各个学校的学术背景有所不同，文化产业挂靠在不同的学院之下，自然具有不同的特征。文化产业往往挂靠在人文历史学院、新闻传播学院、经济学院或艺术学院，因此也就导致了全国在文化产业的学科建设上“各具特色”。

学科发展史、方法论和学科经典案例是一个完整学科体系不可或缺的三大要素，但客观来讲文化产业还不具备这三个方面的基本要件。从这个意义上来说，文化产业的学科建设不但在路上，而且只是刚刚起步。学科体系若不经过长时间的时间沉淀和反复论证，便无法形成自己的学科特点。文化产业包罗万象、内涵丰富，并随着经济社会、科学技术的发展而不断变化，推陈出新，因此它所面临的学科建设难度和压力就显得与其他一般学科大为不同。[①]

（二）文化产业学科建设的四大特征

第一，文化产业与社会经济发展紧密相连、高度契合。“十三五”规划纲要提出“‘十三五’时期我国要实现公共文化服务体系基本建成，文化产业成为国民经济支柱性产业”的目标，这表明推进文化产业发展已经成为国家层面的行为，也能看出文化产业已经进入大众视野并引起了极大关注。将一门学科所涉及的产业直接定性为国民经济支柱性产业，是其他同类型学科难以企及的，因此从这一点来说，文化产业与国民经济高度契合是其产业建设必须面对的重要特点。

第二，文化产业需要实现社会效益和经济效益的双效统一。这就使得文化产业学科和其他经济学领域中的产业有所不同，需要更多关注国家文化工程建设和国家文化软实力建设，包括中华优秀文化走出去、中华文化的全球化表达、社会主义核心价值体系的建设等。因此党中央在提出“三个自信”的基础上，进一步提出文化自信，文化产业作为弘扬文化发展，提升文化自信的重要组成部分，是其学科建设面对的第二个特点。

第三，文化产业与其他行业正在进行深度融合。融合化发展是“十三五”时期乃至今后很长一段时间的重要特点和趋势。文化和旅游、文化和科技、文化和金融、文化和传统制造业、文化和创意设计等一系列的融合现象尽管一定程度上模糊了文化产业的边界，但扩大了文化产业的外延，也成为文化产业学科建设的

① 文化产业发展一定是交叉学科的建设道路，要在专业建设中加强和新闻与传播、出版、文物与博物馆、农业、中医、工商管理、公共管理、旅游管理和艺术的交叉融合。

重要特征。

第四，不论是产业发展还是学科本身的要求，都对人才有宽泛而严苛的要求。文化产业人才不仅需要有深厚的理论修养，还需要有丰富的实践经验；不仅要借助大量的管理学、新闻传播学、市场营销、工商管理等相关学科的辅助，还需要学习各种现代传播和表达手段。因此，文化产业是一个多种学科交叉综合之后形成的学科，在漫长的学科“嫁接”过程之中，文化产业学科所具有的属性和特征给师资建设工作带来了巨大的难度。

由学科建设延伸到文化产业教材。在这一方面，截至目前，我国已经有 300 多种不同版本的教材，结合不同时代、不同地区发展实际进行编撰，深刻反映了我国文化产业发展现状及变化轨迹，但从学历层面进行教材编撰仍然有一段很长的路要走，因此我认为，教材建设工程也亟待启动。结合国内文化产业发展现状和国际文化产业发展实际，形成能够适应本科、硕士生、博士生等不同学历，管理、技能等不同类型的具有中国特色的多元化、多层次教材体系。

学科建设是一件持之以恒的事情，需要脚踏实地、久久为功。高校和相关研究机构应该充分调研、论证，达成共识，使文化产业尽快成为国家教学管理机构的一级学科。在此基础上，根据文化产业与其他学科的交叉发展现状，形成自己富有特色的研究领域和研究方向。[①] 其次，全国从事文化产业学科研究的同仁，应该分享在各自领域的创新和实践中积累的宝贵经验、教训，充分交

① 文化产业是一个新兴交叉学科，在发展过程中不断与其他行业、领域融合交叉，所以急之不得，也不能放任自流。

流，让观点和思想交汇、碰撞。最后，学习借鉴国外经验，学会弯道超车，探索出既具有中国特色的文化产业学科体系，又能适应当下国内外文化产业发展实际。

二、强化师资，综合素质仍需提高

（一）当下文化产业师资力量建设的短板在哪里？

第一，总体上人数较少且来源单一。近年来，许多高校虽然在文化产业管理教学方面涌现出不少高水平的学科带头人，但教师的数量与学生数量的增长却不成正比，难以满足学科发展的需求，师资力量的缺失制约了学科建设的发展。同时，师资队伍的来源结构比较单一，其实这一问题不仅出现在文化产业，也普遍存在于当前的高校中。招聘中的唯学历、唯职称论将很多优秀的老师拒之门外，没有多元化的招聘运营机制，使得很多招聘上来的教师缺乏行业活动经验。同时，文化产业普遍存在“创意型”教师总量不足的现状，文化产业师资队伍的国际化水平也有待提升。

第二，学科设置分散导致培养目标不明确。如上文提到的，专业隶属问题一直悬而未决，造成各院校学科归类不清，多种业态的复杂现状使得很多学校和老师对于发展目标和思路的把握尚不清晰，缺乏整体设计和长远规划。比如说，文化产业到目前为止还没有形成统一的教学大纲，老师们开设的课程随意性还比较大，板块、数量、层次都缺乏统一的标准和具体执行方案。甚至还有一些学校、学院盲目跟风，在自身师资力量还不完善，教学实力欠缺的情况下开设一系列课程。[①]

第三，有融合趋势但仍需加强。从内容来看，文化产业涵盖了影视、动漫、演艺、出版等多个门类；从产业运作角度来说又包含策划、营销、管理，同时随着时代发展，IP 开发、文化科技、文化金融、文化旅游等行业的融合趋势出现，这对于知识储备的要求大大提高。文化产业教师不仅专业知识要多元广泛，还要与其他学科相互交叉、跨界。就目前来说，融合发展已经引起了学界的高度重视，但师资队伍适应这种新变化和新趋势的能力还有待提高。有些老师深受原专业影响，当面对蓬勃发展的新态势时很难快速与文化产业发展相联系，新知识更新换代不足。

（二）文化产业专业师资应该具备哪些素质？

文化产业的学科建设和学科归属问题不可能一蹴而就，不可能仅靠一个学校或者一部分教授、老师就能够完成。在这个漫长而艰难的过程中，需要政府相关部门的支持配合，也需要众多学校和研究机构的共同努力，更需要一个个作为拓荒者的老师们的辛勤劳动和前赴后继的开拓精神。没有前人的成功经验可以复制，只能在实践中反复检验、更正，所以我们更需要一批具有高度学术担当和使命的优秀教师出现。

第一，全面了解文化产业基本走向。拥有深厚的理论基础是对文化产业师资的基本要求。此外，想要不断了解新业态就要全面掌握文化产业基本走向和国际文化产业发展动态，紧跟时代发展。

第二，丰富的社会实践经验。文化产业是一个与社会实践紧

① 大量地盲目开设文化产业专业，注定难以保障师资力量和教学质量，因此也难以保证毕业生的水平，跨学科、跨领域、高层次的复合型人才仍然短缺，难以满足市场需求。

密结合的专业，只有教育工作者拥有丰富的社会实践经验，才能在具体的教学中做到理论与实践相结合。[①]

第三，学科交叉与融合的能力。文化产业包罗万象、日新月异，这些都对专业师资力量提出了较大挑战。因此要紧密结合行业需求，文化产业教师既需要在传统领域深耕，又需要与新的学科进行交叉融合。

第四，底线思维和高度的学术担当。文化产业教师是文艺创作和文化产品生产者的引路人和培养人。因此作为一名文化产业教师，首先应该对文化有深刻认知，有强烈的文化自信；其次要有“底线思维”，为将来的文化产业从业者树立正确的价值观念。

第五，了解科技前沿，具有创新精神。VR/AR 技术的出现改变了线上购物、游戏产业；人工智能技术改变了传统教育、医疗等领域；新型电影和电视剧拍摄技术已经完全颠覆了传统影视产品制作方式；新零售的出现重新定义了线上线下的人货场关系等。这些新旧业态融合交互的现象、技术和前沿知识，文化产业教师都应该积极主动地学习，用开放包容的心态和创新精神去对待。

第六，国际视野。拥有丰富的国际学术交流经验，了解世界文化产业前沿和发展动态，以国际视野来开展教学工作，这样培育出来的学生视野才能够更加宽广，才能够更加符合国际化的标准和要求。因此国际视野也是文化产业师资应该具备的基本素质之一。

---

① 文化产业人才培养中不仅需要实力雄厚的师资队伍，还需要将教师队伍建设与社会实践导师相结合，加大力度实行“双导师”制，实现理论讲授与业界实践的结合，促进案例分享与实际操作、体验的结合。

三、凝聚合力，让社会实践成为关键抓手

（一）实践体验教学是文化产业学科建设不可或缺的部分

随着经济社会的不断发展，科学技术的更新迭代，文化市场主体间的竞争愈加激烈，是否具有较强的实践能力成为衡量文化产业专业毕业生能力高低的重要指标。相较于以传授书本理论知识为重心的传统学科而言，文化产业这个学科具有较强的实践性，这就要求学生既要"读好万卷书"，还要"行好万里路"。不仅有灵活迅速的执行力，还要有适应社会的应变力及对文化产业最新动态的敏锐洞察力。只有亲身体验，从实践出发，对行业有一个清晰的认知，理论知识才能回到实践中去发挥其应有的作用。因此，根据文化产业本身的学科特点，建立实践教学基地，是文化产业学科建设的重要环节。

20 世纪 80 年代，大卫·库伯提出了"体验式学习"理论，即在教学过程中，教师不仅要向学生传授知识，还应注重学生对知识的体验，以加深学生对知识的理解①。他在《体验学习：体验——学习发展的源泉》中提出了自己的经验学习模式：体验学习过程是由四个适应性学习阶段构成的环形结构，即体验、反省、思考、实践。②这一理论传入中国以来，国内一些学者从不同角度

① 尹志红，杨东红，纪锋，王怡．基于实践性思维的工商管理专业体验式教学模式 [J]. 中国市场，2010（13）：90-91

② 学习是一个过程而非结果，体验式学习就是一个动态的、持续更新的过程，学习者可以通过直观体验反思概括学习内容并回归实践，并进行不断求证。文化产业学习也需要从理论到实践，再从实践中检验和升华理论。

展开了研究。工商管理专业正是以此为基础，尝试构建一种以提升学生实践能力为目的的体验式教学模式，文化产业学科建设或许能从中受到不少启发。

（二）建立实践基地、搭建实践平台是加强学科建设的必经之路

根据中国传媒大学这些年的实践经验来看，建立相对稳定的实践基地和动态化的实践场所，且在此过程中注重产业的全流程，是加强学科实践的一个重要环节。

第一，建立相对稳定的实践基地。由于管理理论具有“从实践中来，到实践中去”的特点，建立相对稳定的实践基地，在课程介绍相关理论之前，组织学生深入到企业内部进行参观、调研，近距离与文创园区负责人、文创产业从业者交流，传达最直接的行业经验，提供最真实的发展现状，使学生在教室外的“第二课堂”获得最鲜活的文化产业资讯。在以往的研究生课程中，我院就组织学生到铜牛电影产业园、北汽齿轮厂文创园等文创园区进行参观学习。学生可以通过亲身实践提出问题、解决问题，从而培养对专业的体验能力和深度思考能力。

第二，搭建动态化的实践平台。除了相对稳定的实践基地外，搭建动态化的实践平台也是一个方面。深圳国际文化产业博览交易会、北京国际文化创意产业博览会、杭州国际动漫节等大型文博会展活动不仅是展示最新成果的窗口，更是信息集散的重要平台和促进合作交流的前沿阵地。此外还有不少的品牌学术活动，如国家文化产业创新实验区发展论坛、海峡两岸文化创意产业高校联盟白马湖论坛等。这些论坛云集众多专家学者、企业精英，最关键是他们所带来的行业信息和“干货”，对很多青年学生掌握

前沿动态具有重要的现实意义。①

第三，关注产业发展全流程变化。在实践过程中还应注重产业发展的全流程。有些产业发展的整个流程的变化非常重要，比如文博创意设计和衍生产品开发上。以北京高校为例，它们具有文化氛围包容、文化资源丰富、学术积淀厚实和创新能力强的条件，能够利用这些优势参与许多文博创意的项目，与国家级大型博物馆、创意设计公司开展合作，实现学研优势和市场资本的有效结合，也为学生提供翔实的现状信息和多元的视角，更好地了解文博领域。

文化产业学科的实践体验和案例教学是做好学科建设的重要内容，我们的师资库既要有专业教师，也有要社会实践导师；既要有校内实验室，也要有社会大课堂的实践基地。文化产业的发展和学科建设都需要凝聚全社会的力量，共同助力，真正为人才培养打开一片崭新的蓝海。

① 大型会展活动、高端学术论坛等正是文化产业业内信息资源的汇聚之地。这些资源完全可以转变成文化产业专业的教学资源，帮助文化产业学生接触和了解优秀行业案例，进一步提高其对专业实践性的认知能力。

推动文化创新，解决开采人才“富矿”的组合命题

当前，随着我国文化产业发展迈上快车道，文化产业转型升级的瓶颈也不断凸显，而人才缺位在一定程度上成为中国文化产业发展的桎梏。据相关统计数据，目前我国游戏行业人才缺口达60万，巨大的人才缺口与游戏产业快速发展的形势背道而驰。2018年政府工作报告提出，“我国拥有世界上规模最大的人力人才资源，这是创新发展的最大‘富矿’。”创新是社会进步的灵魂，而创新驱动的实质是人才驱动。在深入实施创新驱动发展战略的同时，更好激发释放文化产业人才价值本就应该是一对组合命题，值得我们进一步深入思考。

政府工作报告在对2018年政府工作的建议中，提出了“加快建设创新型国家”的目标，并要求“把握世界新一轮科技革命和产业变革大势，深入实施创新驱动发展战略，不断增强经济创新力和竞争力”。报告中还提到，“我国拥有世界上规模最大的人力人才资源，这是创新发展的最大‘富矿’”。文化产业是当今最具活力的产业之一，它正在成为各地经济增长的新引擎，巨大的增长空间和发展潜力更是产生了大量的产业人才需求，但我国文化产业人才成长的脚步似乎未能与产业发展的速度同步起来。随着我国文化消费

增长进一步加快，产业规模不断扩大，要统筹推进我国文化产业健康发展，人才问题至关重要。文化产业人才需要什么，人才机制如何落地，如何与创新驱动战略相协调等有待破题。

一、文创人才问题何在？

改革开放以来，我国文化产业人才资源的开发与经济社会发展形成良性互动，但与加快转变经济发展方式的需求相比仍不相适应，文创人才长期落后于产业的发展。具体而言，文创人才问题主要表现在以下几个方面：

（一）专业人才存在缺口

一是缺乏核心创造人才。我国文化产业的发展，需要系统化培养各层次的文创人才，参与到文化产业各个具体门类之中。其中，培育和吸引核心创造、创新人才，有助于提升我国文化领域的创造力和全球话语权。目前，我国文化产业的核心创造能力有待提升，影视、动漫等核心产业叫好叫座的精品仍是少数。[①]

二是缺乏"文化+"复合人才。伴随产业的发展，"文化+商科""文化+法学""文化+互联网""文化+公共管理"等文化领域工作的内容增多、专业化需求提高。同时，伴随文化产业与科技、农业等领域融合的加深，跨界人才的需求量加大。然而目前，无论是从业者还是研究者，了解和熟悉文化领域特点的复合型人才缺口仍然较大，不利于文化资源产业化开发、文化遗产的保护和传承。

① 目前，国内已经有上百所高校开设了与文化产业有关的专业，然而其中不乏盲目开办文化产业专业的实例。专业特色不鲜明，缺少社会实践，真正意义上与国际接轨的高水平创意人才仍然不足。

（二）学科认定待突破

当前我国文化产业人才培养过程中存在学科归属混乱的现象。文化产业涉及管理学、经济学、艺术学等众多学科，根据各培养单位、研究机构重点领域和认知的不同，归属于不同学科。目前全国 170 多所大学开设文化产业管理专业，但专业归属各有不同，包括艺术学、管理学、经济学或其他学科。文化产业的学科交叉性，使其在研究体系、研究资源、学历认证等方面处于弱势，不利于人才就业和深造。[①] 此外，很多高校实践环节落实不到位，学生毕业后与需求市场脱轨，缺乏竞争力。

（三）就业结构失衡

近年来，中国文化产业就业人口持续增长，而文化产业本身就具有就业容量大、形式灵活的特征，可以提供相对充足的就业岗位。但在文化产业就业总体增长的趋势下，隐藏着复杂的就业结构问题，集中表现为供需的不平衡。具体而言，传统行业人力资源需求在下降，但就业人数总量仍然巨大。其中，广播电视产业吸纳了将近 1/4 的文化产业就业人口，仍然是产业人才的就业首选。而文化信息服务和以电子竞技为代表的文化休闲娱乐等新兴领域发展迅速，虽然近几年就业人数稳中有涨，但尚无法匹配当前行业发展的速度和人才需求。供需不平衡一定程度上是就业观念与就业环境发展不同步造成的。在择业中，公职编制、企业规模、品牌名气、薪酬待遇、工作地点等要素的诉求强烈，而建立

---

① 作为文化产业专业的毕业生，在面临就业问题时并不像许多人认为的那样选择多、前景好，相反具有很大的局限性，甚至许多单位的招考都没有对文化产业专业学生设置名额。遗憾的是，由于各种原因，身边的许多同学最终也选择了与本专业不相关的岗位。

在行业发展前景预判和个人职业生涯规划基础上的前瞻性择业观念相对缺乏。其中，特别值得注意的是公共文化服务领域的就业情况不理想，尤其是乡（镇）村公共文化服务人才匮乏。受制于有限的购买力和有限的政府编制名额，广大农村地区公共文化服务和人才缺位。虽然社会力量的介入在一定程度上填补了目前的空白，但要实现文化精准扶贫，稳定的专职队伍必不可少。

（四）产学研合作缺位

文化产业的产学研合作是促进科研、教育、文化、生产的资源优势协同和集成。产学研合作在文化产业领域得到普遍共识，但相关人才在其中所发挥的作用和价值还不够。随着文化产学研合作的加深，各高校科研项目增多，但普遍存在科研项目开展困难的情况，立项手续繁多、经费不足、审核进度缓慢、报销难等问题，影响科研成果转化。新的产业模式，新业态的出现也迫切需要一大批专业精、能策划、会经营管理、掌握高科技、有能力推动文化产业走向国际化的从业者和研究者。

（五）“双创”环境待优化

李克强总理在2014年9月的夏季达沃斯论坛上公开发出“大众创业，万众创新”的号召。几个月后，“双创”被写入2015年政府工作报告。[①] 在政府一系列政策的号召下，全国各地开始了浩浩荡荡的“双创”实践。2017年，国家日均新设企业由五千多户增加到一万六千多户，创业活力盎然。然而各地在“双创”政策

① 2018年9月26日，国务院发布《国务院关于推动创新创业高质量发展打造“双创”升级版的意见》，针对“大众创业，万众创新”的战略方向，提出要进一步优化创新创业环境，降低创新创业成本，提升创业带动就业能力，增强科技创新引领作用。

落地执行及其效能等方面呈现出明显差异，北京、上海、深圳双创成效位居前列，而一些省份的双创活跃度则与本省所拥有的高新技术资源优势不符。一批“双创”基地、众创空间重视物质环境建设，但是企业共享、互动和行业指导机制不落地，创新创业的文化氛围不足，平台服务功能较弱。

此外，人才的去组织化、离散化工作模式越来越普遍，以网络文学作家、自由撰稿人、互联网“大V”等为代表的一批自由职业者已形成具有一定规模的创意群体，并受到广泛关注。根据现有行业和新型业态发展情况，动态调整与增补人才扶持政策的对象范围很有必要。

二、文化产业人才活力如何释放?

（一）推进文化产学研有效互动

2017年5月3日，《文化部“十三五”时期文化科技创新规划》（以下简称《规划》）正式下发，在文化科技成果转化方面，提出“争取中央和地方财政加大对文化领域的科技投入，并引导文化企业先行投入开展研发攻关，政府部门以财政后补助、间接投入、以奖代补、政府采购等形式进行支持，探索设立文化科技类扶持基金等几点措施。”

在新的历史时期，要推动文化产业向前发展，需要加强产学研各个环节之间的互动和联系，推动协同创新。[①] 深入开展文化

① 文化产业的产学研合作应紧密围绕内容创作、人才培育、合作办学三个核心，拓宽文化领域的理论和学术新基础，孕育和培育文化产业的新技术和新人才，打造文化产业的新业态和新模式。

领域核心技术攻关和创新创业人才的培养，提高创新成果转化率、发展自主品牌，增强知识产权保护意识。理顺体制机制，加大科研经费管理的灵活性，落实此次政府工作报告中提出的“赋予创新团队和领军人才更大的人财物支配权和技术路线决策权”，强化产业发展的人才支撑。

（二）“双创”环境提质发展

文化产业的创新创业，需要政府与社会营造崇尚创新、宽容失败的环境。要进一步深化行政审批制度改革，以市场为导向，建立健全“双创”管理服务体系，加大事中事后监管力度。大力发展技术转移转化、科技金融等科技服务业，完善场地、网络、资金、人才等扶持政策。依托国家级自主创新示范区、国家级文化产业示范园区等资源集聚优势，充分利用产学研协同机制，促进要素间的流动与整合，助力中小企业做优做强。提升相关工作人员的专业素质，增强服务意识，提升平台服务效能。引导广大青年树立正确就业创业观念，落实创新创业指导和培训机制。

（三）根据行业发展，动态调整人才激励机制

2017 年 3 月，中共中央印发了《关于深化人才发展体制机制改革的意见》（简称《意见》）。《意见》公布后，各省区市相继出台人才政策。黑龙江结合省内国企密布并占有重要经济社会分量的现状，提高了国企经营管理人才市场化选聘比例；《重庆市引进高层次人才若干优惠政策规定》中要求，对于调入迁入的高层次人才，在科研项目扶持、人才培养使用及住房、购车、子女入学、户籍、税收等多方面给予优惠保障；长沙发布“人才新政 22 条”，支持各类创新创业平台建设资金 10 亿元以上。《北京市引进人才管理办法（试行）》（以下简称《管理办法》）提出要加大文化创意人才引进力度，包括建立面向文化创新贡献突出且依法纳税的自由职业者的人才引进通道。

面对愈演愈烈的“抢人大战”和社会物质生活水平的提高，要把对人才的待遇从重视薪酬待遇转向引进待遇与后续配套待遇并重，更大程度地消除人才的后顾之忧。根据现有行业和新型业态发展情况，及时调整企业和人才的认定统计标准，让新业态人才共享政策红利。

关于双创，你需要冷静思考

自2014年以来，助力“双创”成为国务院常务会议的高频话题，我国政府针对“双创”发布了一系列政策措施，从政府职能到税收优惠，从用地到人才，从金融创新到平台建设。政策密度如此之大，显示了国家和政府推动“双创”的决心和用心。在政策频出的环境下，社会的创业环境和就业形势都发生了显著变化。

2015年10月21日，李克强总理在国务院常务会议上强调“要用政府税收减法，换取‘双创’新动能加法”，这一税收利好信号再一次将人们对于“双创”的热情推向了高潮。党的十九大报告再次将创新创业置于重要地位。面对我国现在“双创”如火如荼的发展形势，放慢脚步重新审视“双创”红利问题很有必要。

一、政策落地情况

（一）政策利好愈发普遍和实惠

随着改革的深入，促进“双创”的政策越来越实惠，也更加具有针对性。如李克强总理在2015年10月21日主持召开国务院常务会议时提出，要用政府税收减法，换取“双创”新动能加法，确定完善研发费用加计扣除政策等。这是直接惠及中小企业和科研工作者的政策。再比如鼓励地方设立创业基金，对“众创空间”

的办公用房、网络等给予优惠等。

（二）创业基金纷纷成立

2015 年以来，各级政府和企业纷纷设立创业基金，积极响应国家关于“双创”的政策号召。一些地方已经在试水创业基金，据官方消息，四川省 2015 年 6 月 2 日发布的《四川省 2015 年“互联网 +”工作重点方案》就明确提出引导“互联网 +”创新创业投资子基金。成都市也于近期启动了相关创业活动，将用 5000 万元专项扶持资金打造创业孵化器，为创新人才和科技企业提供相应扶持。

（三）创业拉动就业的成效显著

2015 年 3 月，国务院出台了《关于发展众创空间推进大众创新创业的指导意见》，意在将创业和就业结合起来，以创业创新带动就业。人社部数据显示，我国 2015 年一季度城镇新增就业 320 万人，就业形势平稳，失业率保持在较低水平。这与创业活动的蓬勃发展有着密切的联系。

（四）政策落地情况存在区域性差异

相对于北京、上海、深圳等具有浓厚创业创新氛围的城市，以传统产业为主的地区和领域的创业行为依旧比较少，政策落实情况还有待提升。虽然很多地区正在进行多方面的改革，但是创业层次依然比较低。在政策层面，如河南、河北、山东、东北等地区的配套政策比较迟缓。另外，有的地区虽然出台了相关的配套政策，但是缺乏政策监管，并没有得到应有的成效。

二、孵化器建设的实际情况

“众创空间”是科技部在调研北京、深圳等地的“创客空间”、孵化器基地等创业服务机构的基础上，总结全国各地的总体发展经验而提炼出的符合“四众”特点的新名词，是“双创”浪潮下的产物。根据国务院办公厅印发的《关于发展众创空间推进大众创新创业的指导意见》中的定义，“众创空间”是顺应网络时代创新创业特点和需求，通过市场化机制、专业化服务和资本化途径构建的低成本、便利化、全要素、开放式的新型创业服务平台的统称。“创客空间”在国外已经发展成熟，中国第一个创客空间是于2010年在上海建立的“新车间”。经过几年的发展，北京、上海、深圳等文化产业发达的城市已出现了很多各具特色的创客空间。“创客”文化和“创客空间”及各种类型的孵化器构成了“众创空间”的发展基础。

（一）“众创空间”呈现井喷式发展

在政策和资本的推动下，“众创空间”如雨后春笋般出现在中国各省市。有一组数据可供参考：2015年3月两会期间，全国政协委员左晔称，国内创客空间只有70余家。现在，仅深圳一座城市就有近百家创客空间。根据深圳市2015年7月出台的促进创客发展的三年行动计划，到2017年年底，深圳市创客空间数量将达到200个。重庆市更是提出了到2020年在全市建设1000个众创空间的目标。除了政府的大动作，有实力的企业也是不甘落后。海尔集团打造了“海创会”的众创空间，建筑面积达14000平方米，承载海尔集团的创新项目。

（二）“创客空间”有余而创客不足

中国此轮创客和“创客空间”的蓬勃发展，很大程度上源于自上而下的政策和资本的驱动，“创客空间”存在一定程度的泡沫成为很多业内人士的共识。国外的创客和“创客空间”源自车库文化，它多为有相同兴趣、相同想法的人聚集在一起交流碰撞思想的空间，通常是自下而上的成长方式，更为自发、开源和自由，使创客的培育和发展也有更为深厚的土壤。中国的创客和“创客空间”近几年有一定发展，当前政府想通过政策红利来撕开一个小缺口，从而释放出创新的无限潜能。但“国内无论是创客群体还是投资人，似乎都还没有准备好迎接一个真正的大众创业时代的到来”，真正靠谱的创客是需要时间来培养和教育的，同时，好的创业项目同样需要时间的打磨。① 过于快速的发展，会使创业圈出现浮躁和急功近利的情绪。

（三）对“众创空间”的认识有待加强

“众创空间”是为创业者提供工作空间、网络空间、社交空间和资源共享空间的地方。它显然不是一个单纯的物理空间，也不能将它与当前任何一种具体的服务平台混为一谈。科技部一再强调，众创空间绝对不是大拆大建、大兴土木的房地产工程，而是在各类新型孵化器的基础上，打造的一个开放式的创业生态系统。

突然火爆起来的“众创空间”一开始就被打上了创业的烙印，它自然是帮助和鼓励创业者进行创业活动的空间，但是过于被动的商业性“创业”往往不能孵化出成功的项目。在这种氛围下，“创客”成了专指可以做出商业化项目的创业者，“创客空间”则演变成了“给创业者提供的办公场地”，成了接近联合办公空间的地方。

① 对于众创空间，国家政策红利更多的是起到引导和鼓励作用，除此之外，还需要更多的创客主体对于好的创业项目进行打磨，才能切实推动“双创”的发展。

另外，很多地方政府和企业在并没有真正理解“众创空间”的情况下就盲目建设，导致资源浪费，无创业公司入驻，空间大量闲置。有些创客空间来自空厂房和咖啡馆的临时改造，戴上“创客空间”的帽子后，即使没有任何相关盈利和活动，也足够去争取政府的资金补助。

三、从草根到精英：理性对待创业

（一）政策红利是否惠及每个人?

李克强总理就如何将支持性政策和市场热情转换为“双创”红利给出了答案：大众创业、万众创新首要在“创”，核心在“众”。要激发“双创”红利，就必须把“众”字落实。“双创”依赖“众人”发挥巨大能量，无论是草根还是精英，都可以通过互联网投身到创业创新的队伍中。那么政策红利就要争取惠及每一个想要创业、正在创业的人，同时能在国内培育一种自由、创新的氛围和热情。

在国家的大力扶持下，中小微企业的数量逐渐增多，各地政府也纷纷设立专项资金鼓励青年人创业，奖励优秀的创业项目，政府在尽可能地改善创业者的创业环境，很多创客纷纷感受到了政策带来的效应。但问题依旧存在。北京、广州陆续发布区域内创业情况调查，二者在多处不谋而合，两地很多创业者认为创业环境较差或者一般，存在政策主体分散、申请门槛高、申请程序复杂等问题，导致了创业青年对政策的满意度不高。有些创业者没有兴趣深入了解国家的相关政策，指出很多创业青年并没有明确感受到创业政策的帮助，具体操作过程仍然非常复杂。除此之外，相对于北京、上海、广州、深圳等一线城市，很多二三线城市也并没有很明显地感受到变化。

（二）人人都适合创业吗？

自国务院出台“双创”相关政策以来，中国的青年创业者们对于这一轮力度如此之大的创业政策利好予以热切回应。据统计，2014年一年间，首次参与投资创业的自然人达到291万余人，2015年前三季度，我国经济增长6.9%，保持在7%左右，就业率提高，“双创”起到了重要的支撑和拉动作用。这样的数据自然体现出国家创业政策的高效，创业似乎成了不怎么遥远的事情。青年创业的数量也大大提升，但创业环境的优化不意味着创业难度的降低。

随着互联网的发展，越来越多的人投身到互联网大军中去，竞争愈发激烈。创业者和创业项目越来越多，能够成功的人却不见得有太多的增加。这就要求青年创业者既要牢牢抓住机会，又要全面评估自身能力，分析时势。[①]创业者不能跟风和盲从，乔治·斯穆特说，真正在创业上有较大突破的人，要在学科和专业背景上非常好，在某一个领域具有天分，“有一技之长”。

四、“双创”红利需要政府继续保驾护航

推动“大众创业，万众创新”是一项宏观而系统的工程，它不应该仅仅停留在一句简单的政治口号面前，而是要真枪实弹、

① 身处互联网创业大潮当中，创业个体要审时度势，根据自身优势和所掌握资源进行创业，不可盲目跟从，保持创业理性方可立于不败之地。

披荆斩棘地去闯出一条符合我国现实情况的特色发展之路，这个过程尤其需要作为双创政策现实策划人的政府继续扮好“后台服务器”的角色，继续优化政策实施细节，做好顶层工作。

首先，政府要继续推进简政放权，进一步转变政府职能，进一步取消和下放与促进创业密切相关的审批事项，降低市场准入门槛，简化行政审批手续，推进投资创业便利化，营造有利于创业的良好环境。

其次，政府要健全创业人才培养与流动机制。传统的教育理念在一定程度上束缚着我国国民的创业热情，作为政府应该尽早把创业精神的培育和创业素质的教育纳入国民教育体系，实现全社会创业教育和培训制度化、体系化。加快完善创业课程设置，加强创业实训体系建设。

再次，政府要继续推进鼓励“大众创业，万众创新”的相关利好财政政策，优化创业企业财税，强化对创业企业的扶持力度，落实扶持小微企业发展的各项税收优惠政策。

最后，政府要健全对于创业行为的安全保障体系建设，包括建立小微企业融资征信体系，完善政府担保体系，加强对创业知识产权的保护等。

胸怀，决定文创发展的厚度、深度和广度

文化是民族生存和发展的重要力量。人类社会每一次跃进，人类文明每一次升华，无不伴随着文化的历史性进步。党的十八大以来，我国文化产业始终保持两位数增速，呈现出“千帆竞发、百舸争流”的良好态势。2016年我国文化及相关产业增加值比上年增长13%，我国文化产业增加值占GDP比重首次超过4%。文化产业在建设社会主义文化强国中的支撑作用不断凸显，成为助推我国经济社会发展的重要产业力量，成为提升我国文化自信的重要依托。

与其他产业不同的是，文化产业集经济效益与社会效益于一身的产业属性，决定其在发展过程中对于发展环境、发展政策的特殊需求。这些问题我们需要予以充分关注。这一切的核心都在于文化创意产业是以“点子”，也就是创意，为最初起点与核心的。文化产业以个人创意为核心诉求，其可持续发展需要文创生存土壤和消费市场的支撑，离不开政策保障与人才动力，这一切则需要政府及文化产业从业者有着博大的胸怀。结合实际，实事求是，正确看待失败，不急功近利，按照文创的规律去谋划、建

设和推动，才能最终实现文创发展的厚度、深度和广度。[①]

一、包容失败，减少前行阻力

做文化产业，尤其是文化创意产业的风险之大，主要在于产业发展过程中绝大部分是以个人创意为核心诉求，往往一个令人拍案叫绝的金点子、一个苦思冥想的好策划就能成就一个事业、一个伟大的产品、一个伟大的企业。金点子可贵却非常脆弱。金点子和好策划在层层执行的过程中难免被打折扣，以致很难收获意想之中的结果，着实叫人遗憾，这样的情况在文创发展中极为普遍。更何况能够走到执行层面、执行环节的金点子，已经是经过大浪淘沙之后“存活”下来的久经考验的、具有市场存在能力的创意，已经是实属不易了。

充分认识到文化创意产业发展的这一核心特征，全面认识文化创意产业发展的风险，通过简政放权、优化机构设置、创新体制机制、创新税收优惠政策、完善文化金融支持体系等形式，为文化创意企业减负，使他们能够轻装上阵，没有负担地阔步前行很有必要。而能否真正做到这一点，我认为这与各级政府管理者如何看待文创发展、如何对待从业人员，以及以何种心态包容产业发展中的挫折和失败有很大的关系。这些要素需要在文创发展大环境中予以重点考量，通过政策创新、文化涵育等形式来创造文化创意产业发展的宽松、宽容的环境。[②]

---

① 相较于欧美日韩等国家而言，我国文化创意产业的发展仍处于落后状态。我们需要升级，需要超越。但在这一过程中，一定不能急功近利，为发展而发展。

② 文化产业是以创意为核心的产业。从各国文化产业发展的历程来看，政府的力量起到了十分关键的作用，在我国同样如此。

二、涵育产业，切忌急功近利

但凡国内外文创发展较好的地区，都需要有文创生存的土壤和消费市场作支撑，政策作保障，人才作动力，如此才能持续发展。然而，领导者或决策者对失败的宽容程度即胸怀，决定了当地的文创能走多远，能做多大，能钻多深。卡梅隆为了拍摄电影《阿凡达》，前后酝酿 12 年，潜心钻研拍摄技术，甚至说服索尼将当时自家高清摄像机的镜头和图像传感器从处理芯片中分离出来，从而改造出一种新型轻便的 3D 摄影系统。漫长的开发过程并没有透支投资人对他的信任，相反投资人持续不断地为其电影技术的创新提供支持。长久的投资和坚持换来的是最终的辉煌。相比之下，国内投资人在同样的情况下，是否也拥有足够的胆量提供十年如一日的支持，管理者是否拥有如此的气魄去十年磨一剑？我们常说“前人栽树，后人乘凉”，从项目的概念策划到最终的具体落实，或许很多人都无法再说出最开始的豪言壮语。这是值得国内文创从业人员与研究人员及政府部门充分警醒的一个问题。

影视创作如此，文创园区建设也是如此。文化创意产业园区应当建立形成一个完整的产业生态，构建起园区的良性运行机制。然而，在我国文化创意产业园区次第开花的过程中，园区的发展在如火如荼的背景下暴露出了一系列发展问题。在园区的规划上，很多地方政府常常急于招商引资，急于出租房屋，急于收到回款，急于看到业绩。[①] 然而，一个园区产业链的形成并非一蹴而就，鲶

① 我国文化产业园区建设速度之快令人惊叹，然而真正的效果却需要理性看待、冷静分析。我们看到大量的文创园区只有空壳没有内容，只有建筑没有产业的现象，都是我们在未来的规划与发展过程中需要反思的问题。

鱼效应也需要在市场中逐渐生效。政府如此急功近利地大力推动和强力招商，只能得到短期的租金收入和业绩贡献，而园区内部循环体系的有效建立、企业内生动力的充分彰显却还需假以时日。要想破除这种短视行为，必须要从根本上将文创发展与政绩观彻底决裂。立项就要有结果，产品诞生就期望获奖，这种现象在根本上还是把产业发展与个人升迁、部门业绩挂钩。统计注水、园区空壳、项目浮夸，凡此种种，莫不是上述心态作祟的结果。有人问，做文创特别是文创园区的商业模式是什么，我们可以给出若干个答案，但更重要的是如何涵育产业。

三、尊重规律，树立正确政绩观

文化创意产业的特殊产业属性，决定其有着自身的发展规律，尊重规律，从实际出发，不好高骛远，才是文化创意产业发展的应有之路。正如习近平总书记在北京视察时谈及北京城市建设，提到要把规划真正落到实处，一张图纸干到底。文化创意产业的发展亦是如此，也需要有一竿子到底的气量和胸怀。

政绩观是党员干部对工作业绩的总体认识和根本观点，关系到各地政策的导向性与操作性问题。许多领导干部希望自己主政后能够提出新口号、新思路、新目标。事实上，目标口号并不是坏事，但关键点仍在于是否能够将规划真正落到实处，目标能否细化成具体可以执行的项目和可以实施的路径；标新立异并不是错误，错误的是盲目制造口号，打造政绩工程；加快发展速度与步伐不是错误，错误的是那些只管当前不顾长远的事情，干那种涸泽而渔的事情。如若背离了初衷，没有了正确的政绩观念，文化创意产业的发展也不可能健康可持续。俗话说，“心急吃不了热豆腐”“欲速则不达”，政绩工程理念下发展起来的文化创意产业，只能是“虚胖”，而不是“强壮”，只能是地基不稳的一幢幢“危楼”。“纸包不住火”，看似强大的背后隐藏的各类问题，一定会在发展到一定阶段后逐渐显现出来，心存侥幸是万万不可的。因此，我们希望这些从政绩观出发的文创规划和项目开发能够回到事物的原点，结合实际，实事求是，按照文化创意产业发展的客观规律去谋划、建设和推动，让文化创意产业能够在规律的道路上稳步前行，稳中求进。

尊重文化创意产业发展的客观规律，涵育文化创意产业发展优良环境，实现文化创意产业健康发展，让文化创意的“金点子”在中华大地上闪闪发亮，时不我待，势在必行。这一切说起来容易，做起来不易，需要胆量、气量与能力和魄力。一句话，有多大的胸怀，就有多大的文创发展后劲，胸怀决定了文创的厚度、深度和广度。

文旅融合并非“拉郎配”，促进城市发展要警惕“伪文旅”

2019年1月3日至4日，2019年全国文化和旅游厅局长会议在京召开，对推进文化和旅游融合发展等重点工作进行部署，全国多地相关部门、景区、企业都开始制定、实施文旅融合发展的新举措。那么，在文旅融合的大背景下，城市应如何抓住机会为未来发展注入新动能？范周教授近日在出席人民网主办的“新时代文旅融合国际峰会”时发表了相关主旨演讲，以下是演讲内容。

据国家统计局统计数据，2017年全国文化及相关产业增加值为34722亿元，占GDP的比重为4.2%，比上年提高0.06个百分点，增速略有放缓。在下一轮加快新旧动能转换、推动经济高质量的发展当中，增速略显乏力的文化产业需要找到自己的新动能。中国旅游研究院数据显示，2018年国庆期间超过90%的游客参与了文化活动，78.3%的游客花在文化体验的停留时间为2天以上。

旅行者越来越多倾向于有文化附加价值的旅游项目，这种变化其实是旅游消费者根本诉求层面上的一种提升，为文旅融合发展奠定了坚实基础。

一、文化与旅游如何相生共荣

（一）理念融合是基础

深层次理解文旅融合，需明确它不只是单纯地在旅游产业发展中融入文化元素，也不只是将文化资源进行旅游化开发，更不是站在某一个产业的立场将另一个产业消融解构。文旅融合本质上是一种方法，一种思维的融合。比如前几年提到的“互联网 +”和“文化 +”的概念，是注重两个产业在融合的过程中互相借力、相生共荣。所以，文旅融合进一步推进的基础是在观念上明确文旅融合不是“拉郎配”，而是在理念和内涵上深度融合发展。否则如果只将“文化旅游化，旅游文化化”肤浅地停留在形式上，得到的也只能是“伪文旅”。

（二）职能融合是保障

国家文化和旅游部的成立及很多地方的文化、旅游相关机构调整与合并，正是为了解决文化旅游多年来存在的“多管一”的问题。对于历史文化资源，文化部门强调的是保护修缮，而旅游部门强调的则是开发利用，这种行政隔阂与管理壁垒导致历史文化资源在保护与开发方面难以统筹考虑和协调运作。所以，职能融合不是简单的“一加一等于二”的问题，在理顺管理机制的基础上将资源优势、人才优势、资本优势有效地整合与放大，是文旅融合可持续发展的基本保障。

（三）产业融合是核心

市场是配置资源的最佳方式，也是实现文化旅游产业融合发展的核心动力。据原国家旅游局统计，2017 年全国旅游投资超 1.5

万亿元，全国已有 144 只旅游产业投资基金，总规模超过 8000 亿元。在我国经济下行压力加大的情况下，旅游投资持续逆势上扬。

通过市场化过程进行项目投资与运营，充分发挥市场这只“无形的手”的作用，才能实现文化旅游产业健康发展。[①] 同时，文旅融合不是传统的旅游产业和文化产业二者的简单叠加，它势必会产生出新的第三种业态，因此在文旅融合的过程中要注重培育新业态。

（四）科技融合是助推器

2018 年 3 月，国务院印发的《关于促进全域旅游发展的指导意见》提出要加强旅游服务，提升满意指数，推进服务智能化，借助大数据分析加强市场调研，提高营销精准度。除了大数据，随着虚拟现实、社交网络、云计算、5G 与数字创意产业的快速发展，科学技术颠覆性地改变了现有文旅产业的呈现方式和体验模式，进一步加速了文旅融合的速度和深度。[②]

二、文旅融合如何赋能城市发展

（一）城市形象塑造从旅入手，向文挖掘

近年来，随着传播手段的丰富，很多城市通过网络宣传变身“网红城市”。以重庆为例，携程旅游与百度数说联合制作的《2018 年城市旅游度假指数报告》显示，2018 年游客数量增长最快的十大“网红城市”中重庆荣登榜首，游客增长达到 262%；80

① 以市场为导向，结合旅游市场需求，以旅游消费者为目标进行旅游商品的设计和开发，不能脱离市场需求进行产品供给。

② 场景科技正在不断发展和应用，如何与科技融合成为文化旅游发展的重要实践方向。旅游场景的打造可能成为未来旅游目的地竞争的关键。

后和90后游客成为重庆旅游的中坚力量，占比近40%。

根据抖音、头条指数与清华大学国家形象传播研究中心城市品牌研究室联合发布的《短视频与城市形象研究白皮书》，重庆是唯一一个城市形象相关视频播放量过百亿的城市。当简单的城市形象营销热情退却后，重庆进入“后网红时代”，需要考虑如何丰富浅层的形象符号，挖掘文化内涵，彰显城市精神，开启城市品牌由依赖“硬”推广到“软”传播的转变。

（二）文旅融合构建城市新业态

正如前文提到的，文旅融合势必产生新业态，新型业态也成为各地进行供给侧改革的重要推动力。在行业经济向跨界经济转型的背景下，城市亟待整合文化旅游资源，并将其转化为产业优势和市场优势。

比如，曾经的曲阜旅游业以三孔的门票收入为主，但是在文旅融合的大背景下，研学游悄然兴起。短短几年间，当地出现了三十几家研学游基地，年游客量数十万人次，成为带动当地旅游业和经济发展的又一重要抓手。

（三）文旅融合推动优秀文化传承创新

从社会文化价值看，旅游是城市传统文化发展和传承的重要载体，是一种社会化的、场景化的文化传承途径，具有深远的教育意义。因此，如何让旅游业为文化遗产的保护开发提供经济效益的支撑和文化效益的宣传，是未来推进文旅深度融合的题中要义。但是，在文旅开发的过程中要对文化资源的挖掘和梳理进行甄别和思考，不是所有的文化都适合进行传播和开发。比如，运河沿线城市将“小德张”作为运河文化符号，建设了小德张故居，并举行了相关展览，但是“小德张”是否真的适合作为大运河的文化符号之一仍有待论证。

三、文旅融合促进城市发展的新展望

（一）供给端发力，全域旅游向纵深发展

文旅融合不仅仅是某一个产业的问题，作为居民文化消费新形式和经济转型的新动能，文旅融合要真正发力，就要把“全域”的概念进一步延伸。目前旅游业发展存在供需错位、供给不足、供给低端等问题。因此，“全域”概念的提出是从供给侧入手，靶向纠正原本的资源错配现象。

与此同时，“全域”强调以旅游业为优势产业整合区域内社会资源，因此区域内其他与旅游关联较远的农业、医疗、交通、教育等产业也可以借助旅游产品找到新的定位和销售渠道，形成成熟稳定的产业新链条，带动区域经济转型升级。①

除此之外，“全域”的文旅融合要考虑它与当地社会功能及当地居民生活需求相结合的问题。文化旅游产业融合发展，实际上是实现当地居民与游客共享资源，常态化宜居宜游、主客共享的过程，所以必须考虑当地的地理与人文和社会等种种条件因素。②

（二）结构性优化，把握发展趋势

如今人们出行的目的不再是简单的观光游览。以 90 后和 00

---

① 文化旅游产业在区域经济经济发展的重要性日趋突出，是当前区域经济发展的新支点。

② 现在很多旅游项目的开发忽视了当地的人文和社会条件，一味地跟风潮流和热点，导致民宿开发的“同质化”，缺少对当地人文环境、文化肌理的深入考察和探索。

后年轻群体为例，他们评价旅游目的地的重要指标不仅包括自然景观是否精致，旅游设施、文化服务、整体环境也影响着旅游满意度。在人人都是自媒体的时代，上述因素更是广泛影响到后续的口碑营销。所以消费升级带来的品质追求和个性化需求，是进一步发展文旅产业应面对的新课题。[①] 如文旅项目应该具备业态组合的灵活性和多元性；如积极培育影视文化内容，涵育 IP；引入 VR 科技等展示和体验形式；运用科学专业的大数据平台精准掌握游客的消费需求并预测趋势。

（三）理顺政府与市场关系，引导投资重心

文化和旅游的融合发展，既需要政府引导，也需要市场支撑。从市场现状来看，投资主体依然呈现出民营资本为主、政府投资和国有企业为辅的多元化格局，境外资本也在加速进军。但是众多投资主体的投资重心偏重基础设施的建设和房地产项目的开发销售，对于项目的前期策划和后续运营关注度较低。在旅游综合体和文化旅游兴起的背景下，政府应适当引导投资重心由技术设施向文化与旅游的内容培育和后续运营上倾斜，避免脱实入虚。[②]

---

① 旅游的消费升级体现在从观光游览到深度体验的过程，旅游随着社会发展已经成为部分年轻人的生活刚需，越来越多的人愿意为优质的服务、体验项目付费。

② 文化旅游项目的开发运营并不是一蹴而就，而是需要持续的关注和完善，这需要政府发挥重要的引导作用，一味依靠市场机制可能出现因趋利而导致的项目后期经营不善。

莫忘初衷：聚焦文博会展业的“八度灰”

伴随着我国文化产业的发展，各类文博会的发展也如火如荼。但是，我国不少文博会都在强调展示我国文化形象和文化产业发展的美好前景，很注重外表的热闹和光鲜，而忽略了这件事背后的价值和真正目的。现在很多省市参展越来越注重宣传各自的文化形象、文化资源、城市形象，展区布置也非常“热闹辉煌”。但是，若作为专业买家，而非看热闹的普通观众，却很难发现其有特色的、优势的拳头文化产品到底是什么。这并不是文博会的初衷。

虽然我国只拥有一个国家级、国际化、综合性的文化产业博览交易会，即深圳文博会，但各地的文博会多如天上繁星，不仅省会城市有，三四线城市也有，可谓遍地开花。表面上百花盛开的文博展业，却存在着以下几个值得思考并亟待解决的问题。

一、同质化：“千会一面”来赶集？

五大综合性文博会和其他综合性文博会在很大程度上是“同质”的，即文化产品、展馆设计、论坛会议大同小异，甚至举办程式都极为相似。因为文博会的举办时间间隔只有一到两年，每年要举办的全国性文博会有好几个，因此，不少参展商和政府像赶集一样组织参加文博会，极少总结参展经验，很难在完善参展展品之后再参加其他文博会。即使不同文博会在展区布置，具体展示方式上有所变化，但展示的内容内涵却无质的提升。

二、忽略重点：捡了芝麻丢西瓜？

全国性综合文博会级别高，宣传声势浩大，所涉内容可谓面面俱到。开幕时，领导讲话、贺信贺电好不热闹，三四天到了多少万的观众、有多少项目达成协议、签约了多少意向金额，夸夸其谈。文博会应当重点关注的却被忽略了。

忽略文化企业——忽略了文产企业和文产产品，以致若除去各省区市政府的展馆，会场就会冷落许多，不足以支撑文博会的大场面。

忽略观众——忽略了真正有利于文化产业发展的专业观众，会场意向签约项目和签约资金真正落实的不多，对文化产业发展的作用有限，围观观众倒是不少。

忽略专家——忽略了专家对展品的研究，对文化产业各行业发展的把脉。一届文博会并不能让我们全面把握一两年来我国文化产业发展的现状，更无法弄清楚如何在未来促进我国文化产业发展。如果文博会文化产业的全面展示功能和对文化产业发展的预示功能缺失，文博会的价值就会大打折扣。

三、展览内容：挂羊头卖狗肉？

许多地方的文博会为了凑展台，使现场显得更加热闹，让一些非文化产业、非文化创意产品也进入文博会进行展销，背离了文博会的初衷，无法发挥其应有的价值。在很多专业性博览会上，很多珠宝玉石展商借“艺术品”之名，行销售之实，但这些“艺术品”不但没有收藏价值，而且掺杂着假货，消费者发现真相后也无从理赔；更有一些“艺术品”展览后价格“大跳水”，令人咋舌；还有一些“动漫游戏”展变成“动漫玩具”展，以文化之名借机掏空家长的口袋。

四、时间规划：来也匆匆，去也匆匆？

文博会最终希望达到的目标是实现经济效益和社会效益的最大化，让参会各方有所收获，而不是走马观花的匆匆一瞥。并且，针对不同受众的展览内容也应在时间上有不一样的规划，如果各类展览不区分内容、在同一时间出现，将不利于展览的个性化发展。[①] 各展馆的展出需要有内容的层次性和时间的协调性。目前，我国的文博会如北京国际创意设计产业博览会、中国杭州文化创意产业博览会、中国义乌国际小商品博览会等期限设置大多为5天左右。其实，主展览在某些领域可以延长期限，文博会完全可以考虑举办十天到半个月，不同的时间段有不同的展览，专业人群也能很容易找到专业内容。

五、协调联动：“孤岛”文博会？

文博会不是一个“孤岛”，要充分发挥其辐射联动的作用。各

① 感觉上来说，基本每一个展台都一样，很少有特别的东西，同质化过于严重。

省市要将文博会放在城市甚至地区的整体规划布局中来，让文博会深深植根于地区的文化土壤之中。譬如，深圳文博会作为我国国家级、国际化、综合性的文化产业博览交易会，其举办还是主要集中在深圳市，影响力和辐射力还不够强，这就需要把深圳周边的地区都活跃起来，比如东莞、中山、珠海，包括现在正在倾力打造展览业的澳门，应该都成为文博会组成和协调的内容。

六、政府角色：大包大揽？

我国文博会基本是由相应政府主办，不仅举办文博会的场馆大多是政府投资兴建，而且政府基本负责了文博会的方方面面，包括规划方案、招展招商、资金投入、会场各项活动。这就导致文博会组委会等机构较为庞大，行政成本过高。以第三届西部文博会为例，其主办单位有 4 个，协办单位 11 个，承办单位 24 个，支持单位 41 个，文博会组委会主任 4 个，常务副主任 2 个，副主任 14 个，执行委员会主任 16 个，副主任 29 个，组委会办公室主任 2 个。一个一年一度为期只 3 天的文博会，牵涉 80 个行政单位，设立了 67 个主任、副主任。[①]

即使有些社会力量、市场力量开始参与博览会，但整体上文博会还是由政府包揽，出现了亏损由政府买单，所有的资金基本是政府承担。因此，如何介入市场化手段，是提高文博会效率的重中之重。

---

① 政府主办但并不意味着需要如此大动干戈。

七、软性服务：重招商，轻服务？

场馆的规模、参展商的人数是衡量文博会外在影响力的重要指标，而判断一场文博会的服务水平，则需要考量其软性的服务做到了何种程度。一方面，主办单位需要摒弃过去“重招商、轻服务”的思想，把文博会展服务工作放到与招商同等重要的位置上，把参展商的利益放在第一位。其次，文博会的各种服务也应该向规范化的国际标准看齐，形成一套适用于本地区的全方位、人性化的服务模式。

八、繁华落尽：不了了之？

在不少文博会现场，特别是最后一天，观众大大减少，甚至有些展台已无人把守。文博会在整体上缺乏有效的善后工作，比如，有的文博会缺乏完整的资料汇编，大多是“一个总结”就完事。而在文博会结束之后，如何对文博会进行评估和反思，以及对会场上达成的意向协议进行跟踪，加强其效果的落实，如何引导、推动文化产业企业改良发展等诸多与完善文博会、切实发展文化产业的工作却较为忽视。在这方面，深圳文博会的善后工作就比较完善，如委托专家做评估，会展结束后有详细的评估、系统的剪报集、资料汇编和影音资料等。

总而言之，创意提升、统筹规划、合理定制、规范管理都是当下文博会展业亟须改善的问题。我国不少文博会都在强调展示我国文化形象和文化产业发展的美好前景，很注重外表的热闹和光鲜，而忽略了这件事背后的价值和真正目的。[①] 现在很多省区市参展越来越注重宣传各自的文化形象、文化资源、城市形象，展区布置也非常“热闹辉煌”。但是，若作为专业买家而非看热闹的普通观众，却很难发现其有特色的、优势的拳头文化产品到底是什么。这并不是文博会的初衷。

① 文博不是噱头，用好其本质应当是其存在的价值与意义。

改革现行评奖、评论、评价体系势在必行

在市场化和网络化的今天，越来越多的文艺作品要么倾向于表现新贵阶层的价值观，要么倾向于满足网络大众的庸俗趣味。文艺评论也相应出现了一种“时代病”，要么是传统媒体上受人情和利益制约的赞歌，要么是网络媒体上特立独行的酷评。在文化多元化、价值多元化的时代背景下，如何协调社会不同阶层的价值观和利益诉求，成为建构新的文艺和文化不可回避的问题。

因此，引领文艺导向的现行文艺评奖、评论和评价体系必须进行改革，加快构建符合当代文艺价值观的批评标准体系是当下急迫的理论任务。改革现行的文艺评奖、评论和评价体系，就是要以人民为中心，创新评奖机制、构建评价指标体系、加强评论工作，使之更为客观、科学，更符合中国式的审美趣味，从而推动当代中国文化语境和艺术氛围的重构。

一、文艺评论，怪象几何

目前我国的评奖可分为三种，一种是由政治导向的政府特设奖项，以中宣部组织评选的“五个一工程奖”为代表；一种是由精英文化主导的学院派奖项，以中国艺术研究院组织主办、中

国泛海控股集团有限公司出资设立的“中华艺文奖”为代表；一种是由大众文化主导的各类纯商业奖项，以各类选秀节目，包括曾经的“超级女声”和现在的“中国好声音”等诸多选秀节目为代表。但从评奖的影响力来看，应当齐头并进的由主流文化、精英文化和大众文化主导的文艺评奖，出现了严重的不均衡性。曾经被压抑很久的大众文化在进入21世纪后出现了爆发，商业化评奖活动的影响力和传播效果远超主流奖项，呈现出后来居上的趋势。[①]

目前我国评论也可以分为主流评论、精英评论和大众评论。主流评论主要是发表在主流媒体上，如人民日报等官方媒体，用以对文艺方向进行引导和纠偏；精英评论主要是专业人士从专业领域对文艺作品进行的或学术化或个人观感的评论，目前这类评论出现了功利化、学究化、小众化、边缘化的趋势。当今时代，数字媒体突飞猛进，社交网络迅速风行，人人皆是评论员，文艺评论呈现出即时性、碎片化、互动性、跨媒体性、多元化等特征。激流中泥沙俱下，不少专业评论者理论功底和观察能力欠缺，只陶醉小感觉，不关注大现实；只高举赞扬大旗，不亮出批评利剑，人云亦云，随波逐流，甚至用商业标准取代艺术标准，没有起到文艺评论的应有作用。

目前我国评奖和评论的现状和问题，关键在于缺乏科学、全面、符合当下中国现实的评价体系来协助大众在错综复杂的文艺现象中把握文艺发展的本质和规律，引导作家艺术家创作出更多文艺精品。

① 奖，应该评选，但标准与评奖的目的一定要坚守，不能有所偏差。

二、乱象丛生，症结何在

1. 文化生态混乱，缺少符合中国历史文化、学术审美需求的文艺评论理论

目前我国文化生态混乱，政治文化对大众文化没有形成一个强有力的批评与调控，也没有对专业的精英文化起引导作用，导致社会主义核心价值观的偏离。同时，评论人员严重流失，一些评论人员品格不独立、评论不真诚。许多专业化的文艺评论主要借助于西方的理论话语体系对作品进行分析解读，日趋小众化和边缘化，对创作无法产生积极的影响。

2. 评价、评奖体系不科学，难以引导鼓励优质产品生产

目前，我国文化产品生产对社会效益的重视程度不够，可能会产生一些不良社会影响。在经营任务的压力下，部分国有文化企业表现出对收视率、上座率、发行量的过度迷恋，只满足于表面的“政治导向”不犯错，不愿为实际的“伦理导向”不走偏负责任。[①] 这样的产品生产供应在一定程度上会流于低劣，甚至会导致社会效益和经济效益的前轻后重，彼此分离。

3. 评奖名目和数量繁多与评奖公信力不强并存

现有国家和部委的各类奖项名目众多，地方政府也为政绩工程设立品类繁多的奖项。文化评奖不同程度地存在过多过滥、权威性不够等问题。另外，具体评价时多以主办单位主观评价为主，

---

① 这种现象的产生，源于不适当的评价标准和不正当的评奖环境，对文化生产是极为不利的。

评价方式随意、缺乏统一标准，缺乏科学的支撑点，评奖结果更多是根据审核者的主观立场来决定产品的价值，缺少群众评价和市场评价。还有的评奖评价体系中，资本力量所占话语权偏重，导致暗箱操作、利益交换等诸多问题。

4. 缺乏有效的评奖激励和推广宣传机制

一方面，文化产品创造者作为单个的人，具有自我实现和被肯定的需要，如果满足文化创作者荣誉需要，就能激发创作热情和创作灵感。但由于知识产权保护力度不足，文化产品生产者的劳动成果和正当利益得不到尊重和保护，影响了文化工作者的积极性、创造性。[①]另一方面，目前评奖作品仍局限在评价体系内部，人民群众在短期内缺乏了解和接触它们的渠道。虽然各部门运用主流媒体、公共文化场所等资源加强了优秀文化产品的推广力度，但与人民群众的接受习惯和偏好还有差距，一些更受关注的商业化平台还没有为展示弘扬主流价值的精品力作提供条件。

三、拨云见日，路在何方

1. 确立社会主义核心价值观，确保方向，明确原则，创新理论

构建符合社会主义核心价值观，符合中国实际的审美、认识、学术和历史要求的评奖、评论和评价体系。明确社会效益优先的前提下确保社会效益和经济效益双效统一的基本原则。基于中国

① 知识产权在我国的短板亟需弥补，这是文化产业发展的根本保障，没有这样的意识则很难长久，很难快速发展。

特色的文艺理论的基础上，建立文艺评奖评价体系，不断完善中国标准和中国尺度，防止“言必称西方”的倾向。同时，运用丰富的表现形式使社会主义核心价值观融入社会日常生活，增强人们的认同感和归属感，推动其内化为大众的精神操守，外化为大众的行为遵循。

2. 探索文艺评价指标体系，建立评价标准

良好的指标体系，要从价值取向、艺术水准、审美情趣、群众口碑等诸多方面构建现代化的中国文艺评价标准，按照文化产品评价的一般规律，完善文化产品评价的关键性指标。[①]

其中，导向规范、政治规范应为硬性约束性指标；是否遵守社会公德、是否倡导真善美、是否放任拜金主义及物质主义等不健康风气言论等伦理规范应为价值取向指标；收视率、上座率、发行量、出口情况、利税情况等量化数据应为经济效益指标；公众主流口碑、社会主流反响、艺术性、观赏性、知识性等应为社会效益引导指标；科技性、国际化、品牌价值等应为创新性指标。

3. 要优化文艺评奖评价流程

官方性评价重点应当在于突出国家的导向性、主导性和褒奖性。提高国家和各部委奖项的评奖质量，降低主观评价因素，把官方评价、群众评价、专家评价和市场检验统一起来，使评奖成为推动文化产品面向市场，更好地为人民服务，且符合社会主义核心价值观的调控手段。制定立法式评奖章程，改变具体评价中政府插手过多甚至直接投身运作的现象。通过科学的招标程序及

① 良好的指标体系是评奖的必然。当然，构建全面、协调、科学、合理的评价指标体系，需要前期的大量调研作为支撑。

契约合作方式，将评奖运作交由具有良好公信力、同时接受社会监督的第三方机构。

公众性评价的重点在于突出其“公众性”“社会性”和“大众性”。可委托第三方民间公信机构，针对具体产品既有的公众口碑及社会舆情反响等来获得代表性评价信息，也可设定运作民间性评奖，为公众意见表达提供必要的平台和渠道。

4．要创新文艺评奖、评价机制

将政府政策扶持与当前文艺评奖、评价挂钩。政府通过文艺评价、评奖的方式表现出政策倾斜的方向，明确表达自身的观点、立场，从而影响艺术创作的方向，最终影响文化作品的价值导向。文艺评奖标准在与政府扶持政策挂钩外，也应当与学院人才培养标准结合，要将专业的评价标准转化成学院培养中的生产标准，从而对当下人才培养产生直接的影响。此外，还要通过文艺评奖、评价和评论机制，加强文化企业的责任感。[①] 例如通过建立面向文化企业的社会责任评价指标，将国有文化企业与民营文化企业置于同一标准体系进行分析，加强文化企业的责任感。

文艺评价体系的不断完善将激励我国文化人才不断进步，提升自身水平，创作出更多人民群众喜闻乐见的文化产品。同时，文艺评价体系的构建也是我国文化事业发展的一部分，清晰严明的评价体系也有利于推动文化事业和文化产业的进一步发展。

① 文化企业承担的社会责任尤为重要，实现双效统一是文化企业发展过程中必须关注的方面。

顺势而为：互联网学术文章亟须认定

伴随着互联网技术的快速发展，越来越多的学术成果开始向互联网转移。而当前学术成果认定还停留在纸质期刊这一载体上，已经不能适应时代的发展需要。2015年1月19日，中共中央办公厅、国务院办公厅联合下发《关于进一步加强和改进新形势下高校宣传思想工作的意见》，其中明确指出在互联网时代，电子学术文章应该被认定，应该成为我们职称评定和学术成果认定的重要依据。毫无疑问，这将成为互联网时代学术文章认定标准变化调整的重要趋势与发展方向。鉴于这一背景，我们在此一起探讨一下关于互联网时代学术文章认定这一现象与问题。

几十年来，在我国的学术评价体系中，对纸质媒体学术成果的认定是人们的共识。在互联网条件下，通过互联网阅读的人数逐渐超过了平面纸质媒体。互联网阅读早期体现在娱乐、时政和一般性的社会、文化方面，而今天的学术文章阅读也开始从纸质媒体向互联网转移。那么，问题来了：在互联网上发布的一些学术成果能否被认定？其认定标准是什么？由谁来认定？[1]

① 虽然网络阅读还在不断发展中，但是网络学术文章的发布大多还是纸质文章转化成为电子资料。可是，随着互联网阅读的不断发展，我们需要未雨绸缪，建立适合的网络学术认定标准。

一、互联网学术文章发表顺势而起

2015年1月19日，中共中央办公厅、国务院办公厅联合下发的《关于进一步加强和改进新形势下高校宣传思想工作的意见》明确指出：互联网时代，电子学术文章应该被认定，应该成为我们职称评定和学术成果认定的重要依据。我认为这是中央的一个重要信号，也是顺应民意、顺应互联网发展的一个重要举措。

2014年7月，中国互联网信息中心发布第34次《中国互联网络发展状况统计报告》。《报告》显示，截至2014年6月，中国网民规模达到6.32亿。根据国际电信联盟的预测，截至2014年年底，全球互联网用户将接近30亿。许多知识分子已经成为互联网上的常住民。在这样一个背景下，许多学术成果在互联网上发布，越来越多地引起人们的关注，互联网上学术成果的发布，其传播量和影响力远远超过纸质学术报刊。①

目前有40多所高校把在中国科技论文在线发表的论文认可为符合研究生毕业、职称评定要求的论文。网上发表论文正在改变以往既要花所谓版面费，又要苦苦等上半年甚至一年才能让论文“亮相”的模式。论文在线每天能收到150多篇投稿论文，最多的一天曾收到300多篇。根据教育部科技发展中心的数据，我国一年约产生科技论文34万篇，约合日均800篇，也就是说，最多的时候有四成论文都投给了论文在线。

① 很多研究者通过自己的微信公众号发布的一些学术成果不能得到承认，而这些未被承认的“学术成果”的传播力和影响力反而有可能更大。传媒媒介的改变要求“游戏规则”也应当相应改变。

二、忆往昔，传统学术文章认定走过的那些弯路

在传统的纸质报刊学术发布中，一个好的学术期刊，每一期也就印刷两三千册，过万册的极少，基本上是这个领域中的人在自娱自乐。我们通常将学术期刊划分为权威核心期刊、核心期刊和重要学术成果引文期刊，还因其分别隶属于不同的国家主管部门而出现了国家级、省部级等一些分类。坦率地说，这都是学术期刊在过去若干年走过的一条不正常的道路。

学术成果的认定是客观的，是与行政没有关系的，是与学术资料、学术规范、学术影响力、学术引用率及在学术界自身和学术界之外所产生的冲击力、渗透力有关的。① 而我们恰恰把它与社会的行政、政治及文化生态结合到一起，这是一个巨大的误区。

三、看今朝，互联网学术文章亟需认定

进入互联网时代之后，这一切都被颠覆了。曾几何时，那些草根的互联网媒体、互联网的社区、互联网的自媒体，由于其影响力大、受众广，已经成为人们自觉自愿去关注的对象，因而它所产生的影响力已经远远高于所谓的传统学术媒体。

但在现行体制下，互联网学术文章还没有合法的身份，还不能够纳入学术统计的体系中，还不能够成为人们晋升职务、晋级

① 学术应当是单纯的。将学术、学校和教育与政治文化联系在一起，这对于学术自身的公平性、学术性都会产生一定的影响。学术认定更是如此，专业性的学术认定才会真正推动学术的健康发展。

职称的重要学术依据。我认为是时候给互联网学术文章一个名正言顺的“身份证”了，应该让互联网学术文章的发表得到社会、特别是国家管理机构的认定。既然中央两办有了文件，既然我们所有学人都在互联网上生存，那么制定互联网学术文章的认定评价指标体系，也就是理所当然的。

四、展未来，制定互联网学术文章认定体系原则

我们期待着互联网学术文章的认定评价体系早日出现，我们也期望这种评价体系能够真正体现出以下原则：

（一）摒弃行政化，营造包容性

互联网学术文章是去行政化的，不能因为由谁来主办主管就把一个好端端的学术成果分成三六九等，它应该从学术本身得到学界和社会各界的认同。应该给互联网上所有的学人营造一个平等、包容、宽松的学术环境和氛围。

（二）遵循普遍性，把握特殊性

互联网学术文章具有自身的传播特性，但仍然要遵守学术规范。引文的标准化、学术的创新性、约定俗成的文本格式及学术在各方面的统一标准，应该和纸质媒体的学术文章等同要求、等同看待。另外，还应该将互联网自身的元素和要求考虑在内。

（三）寻求突破口，找准创新点

评价互联网学术文章的影响力，其中一个指标就是点击量、阅读量、引用率，这应该作为互联网学术文章认定评价的一个重要的突破口。那么，在这方面如何去创新？如何走出自己的特色？这应该是互联网学术体系自身需要规范的一个重要领域。而

在这一方面，许多学者已经开始有所关注，我们在期待着相关研究成果早日出现。

（四）关注差异性，顺应国际性

如何让互联网学术文章成为我们与国际学术交流的重要组成部分？这就需要关注国际互联网学术文章的评价体系和认定标准。这样我们与国际学术交流才能够打通壁垒，才能够让互联网学术文章真正成为中国学术军团的重要组成部分。①

我们期待着，在不久的将来，研究生论文的发表不再只靠纸质媒体，不再是千军万马过独木桥的窘迫现实。许多学生可以在广阔的互联网学术舞台上崭露头角。我们也期望在不久的将来看到许多青年学者的学术文章，包括学术专著，在互联网上得以承认，在学术界得以承认。到那个时候，中国乃至世界的学术舞台就会更加百花齐放。我们的学术阵地也会更加宽松、自然、和谐，我们的学术成果也会更加深入地体现在社会传播的各个层面。

① 在互联网时代，学术的国际交流已经不存在传播媒介上的障碍。但是，我国学术认定在和国际接轨方面还存在一定的差异。如何让中国的学术真正走向国际，是我们当前必须去做的事。互联网的发展从某种意义上为我国学术的发展提供了助力。

欢腾的传播背后，更需冷静的底线思考

随着新媒体技术的迅速发展，以微博、微信为代表的社交媒体广泛运用，网络传播的主体日益多元，舆论表达的方式也更为多样，互联网的传播力、影响力渗透到人们生活的方方面面。置身于海量的信息中，我们的周围充斥着谎言和真理，在这庞大而又混杂的舆论场中，我们每一个人似乎都置身于一场信息的饕餮盛宴之中，乐此不疲。然而事实却是更多的信息是真假难辨，更多的言论是在虚晃一枪。网络生态事关重大，网络安全事关国家安全。在这样的舆论生态中，从国家到公民，我们应当采取什么样的态度来应对呢？面对日渐复杂的互联网传播格局，我们该把握的原则和底线又该如何确定？

一、守住亿万民众共同的精神家园

截至 2017 年 6 月，我国网民规模达到 7.51 亿，其中手机网民规模达 7.24 亿，互联网普及率为 54.3%，是名副其实的网络大国，已然形成了全世界最大的网络舆论场。无处不在的网络确实给人们的生活带来了极大的便捷，我们从来没有像今天这样可以接触到如此海量和丰富的内容。因为网络，世界越来越小，变成了一个地球村，几乎所有信息都可以在自由状态下被浏览和传播。在互联网飞速发展的今天，网上庞杂海量的信息内容、纷繁复杂的文化生态、多元多变的思潮纷争，毫无疑问无时无刻不在影响着人们的思想观念、行为方式，多元复杂成为当下中国舆论格局的典型写照。尽管我们依然面对各种限制，但网络其实仍然是自由无国界的。毫无疑问，互联网已成为各种利益诉求汇聚关联的平台，各种思潮交融交锋的重要渠道和意识形态斗争的前沿阵地。[①]这对我们国家网络空间治理能力与治理水平在互联网时代的进一步提升提出了更高的要求。

党和国家高度重视国家网络信息安全建设，高度关注网络空间舆论的健康发展。2016 年 4 月 19 日，习近平总书记主持召开网络安全和信息化工作座谈会并发表重要讲话，对推进我国网络安全和信息化事业作出全面部署。他特别指出："网络空间是亿万民众共同的精神家园。网络空间天朗气清、生态良好，符合人民利益；网络空间乌烟瘴气、生态恶化，不符合人民利益。"形成良好网络舆论氛围，不是说只能有一种声音、一个调子，而是说不能搬弄是非、颠倒黑白、造谣生事、违法犯罪，不能超越宪法法律界限。"不畏浮云遮望眼"，面对网络空间一片喧嚣的传播态势，通过理性而冷静的思考，构建天朗气清的网络舆论生态，守住亿万网民共同的精神家园，才是网络空间健康有序发展的根本所在。

---

① 互联网时代的信息大爆炸也带来很多弊端，真假信息鱼龙混杂，有价值的信息极易被淹没，错误的信息又极易被病毒式传播。这给我们社会的治理带来很大挑战，尤其是网络舆情的监督。作为个人，提高信息甄别能力很重要，不要被一些碎片化的二手信息误导。

二、守住了底线，就是守住了本心

近两年，我国网络舆论生态整体趋好，但仍要看到网上舆论主体多元化、传播平台多样化和舆论交锋复杂化等特点，网络生态的污染源尚未根除，还存在局部的正能量缺失、违法错误言论不时出现、个别极端表达激化网上舆论，网络水军逐利扰乱传播秩序、网络平台为吸引流量大打“擦边球”等问题。所有这些，都给意识形态安全带来风险隐患，网上舆论形势依然严峻复杂。

网络舆论衍生于互联网，网络舆论带来正面效应的同时，其产生的负面效应也不容忽视。我们经常在网络上听说许多奇奇怪怪的事情，很多故事的不同版本在微博上一片“热闹”，各种公知、水军、段子手在网络上掀起阵阵波澜，玩得不亦乐乎。诸如此类的事情每天都在发生，也着实吸引了不少网民的眼球。但是，这些海量的信息孰真孰假，我们几乎无从判别。而这其中又有哪些可以进行传播并自由评论，我们也并没有一个明确可执行的标准。由此，我想到了网络传播过程中的底线思维问题。底线思维是人们做任何事都应当有的意识。特别是在互联网时代，开放的格局看似毫无边界，各种诱惑穿行世间。这样的情况之下，人们更应该清晰地了解应该守的底线在哪里。守住了底线，就是守住了本心。

作为信息时代的网络公民，我们要学会甄别网络上真真假假的言论和故事，避免被虚假的信息干扰视听，浪费精力。最讨巧的办法就是浏览主流媒体权威网站的报道。但随着社交媒体的普及，人们往往趋向于通过第二渠道、第三渠道得到更大量更新鲜的消息。[①]显然，既然要得到更多，就要付出更多的精力对这些信息进行甄别。曾经，网络上盛传在某高官家里搜到一大批精美且稀有的玉石做成的玉石墙，还有对某某企业高管的贪腐行为予以曝光，于是就有谣传这个高管将就此下台等。这些都是舆论营造环境的表现。这样的传言有的被应验了，于是人们更加相信无风不起浪，相信网络上的消息多半都是真的。可是，人们忽略了一点，那就是更多的消息在时过境迁之后，最终没有被证实。

我们身处网络社会，离开网络绝不现实，如何高效运用网络才是首要考虑的问题，对网络信息进行二度创作和分析也是应该的。因此，对网络信息进行甄别，进而实现有效的传播，并在传播过程中辨别谣言和事实，是每一个网络公民都需要做到的，也是每个网络公民应当遵守的底线。[②]所谓底线，就是不可以触碰的界线。复杂的网络传播格局中，很多信息在没有搞清楚事实之前，还是以不传播为好，每一个网络公民都应该在传播中保持对信息真实性和可靠性的责任感。这并不是在约束大家的传播权利，而是强调权利都应当是在法律视野下的权利，而非不受限制无限扩大的权利。尽管热闹的网络会刺激到观众的神经，但是兴奋之前，

① 其实，很多时候，人们不愿意通过主流媒体来获取信息，反倒更加信赖第二、第三渠道。这种情况从侧面反映了民众对于主流媒体的不信任。而这种不信任对于主流媒体的长期发展是十分不利的。这其实也是对政府公信力的一种消解，应当引起有关部门的重视。

② 互联网时代，每一个人都是信息传播的载体。由于互联网存在的连锁效应，我们不知道自己随手转发的一条信息会对别人产生什么样的影响。所以，我们在面对互联网上各种信息的时候，应该慎重对待，谨守底线。

请意识到网络传播中的底线[①]在哪里，否则平静的生活会因为某些无意识的行为而无端生起波澜，我们会因此失去更多。

三、欢腾背后，安全可靠的管理不能缺失

网络有其自身独特的发展规律和管理办法。正因为它的无国界性质，才更要求其一定要在安全可靠的管理体系下运营[②]。只有这样，网络才能成为社会的有效组成部分，否则强大的网络舆论就会成为“绞肉机”和“屠宰场”，甚至给社会带来混乱和动荡。具体而言，可以从以下几个方面予以关注和理性思考。

第一，要壮大主流媒体的舆论力量。主流媒体要克服“高大上”内容传播与人们追求娱乐轻松这个矛盾，突破“网生代”与主流舆论疏离的难点，切实抓好“新闻内容供给侧结构性改革”，真正让主流舆论通过网民自发传播延伸至更多网络新应用、新平台，让舆论正能量充盈网络空间，持续推动网络舆论生态形成良性循环。主流媒体要为社会公共议题的理性认知提供有效的议程设置、话语框架、观点表达、案例解析，成为网上正面舆论的引领者。

第二，要牢牢掌握网络舆论生态建设工作的领导权。网络舆

---

① 互联网时代的网民都应该有这样的基本素养。然而目前，太多的人没有意识到这一点。底线，说起来容易，做起来不易，既需要每个人的参与，还需要健全的制度来予以全面约束。正所谓，没有绝对的自由。

② 对于互联网的管理，不仅需要从法律的角度来严守互联网世界的底线，更重要的是国家如何建立一套适合的管理体系来让民众在纷繁复杂的互联网信息世界中不会受到伤害。因为在互联网时代，舆论的力量会更加强大，因很多网络暴力、人肉搜索的案例层出不穷，给当事人带来了极大的伤害。网络舆论甚至在某种程度上绑架了法律和道德。

论生态建设是一项系统工程，是网络综合治理体系的重要组成部分，必须在党的领导下依靠各级管理部门共同推进。目前我国有7亿多网民。党政部门和领导干部要主动关注网络舆论，学会通过网络走群众路线，多从网上了解老百姓所思所想所求，利用政务新媒体做好解疑释惑等工作，坚持以人民为中心推动实际工作，形成网上网下良性循环，以机构改革为契机完善网络治理体系和工作机制。

第三，要引导网民积极参与、理性表达。建设良好网络舆论生态，既要依靠主力军主阵地打好“阵地战”，也要深入社交平台、移动应用程序等各种生态子系统中，依靠广大网民打好“特种战”。只有当网民能理性看待网上舆论时，他们才会自觉维护网络空间的清朗，成为网络舆论生态建设的强大力量。

第四，要聚天下网络英才而用之。媒体竞争的关键是人才竞争，媒体优势的核心是人才优势。做好网络新闻舆论工作，需要一支忠诚度、稳定性较高的高、精、尖人才队伍。

“破裤子”与好心情

破洞牛仔裤近年来风头正盛，由于它不羁随性、时尚特别的特点，深受众多年轻人的喜爱。破破的裤子穿在身上一下子流露出痞子的感觉，让人演绎了不同的风情。尤其是在夏天，普通的牛仔裤难免穿起来燥热不方便，破洞裤正好满足了人们在炎热的夏天想穿牛仔裤又怕出汗的心理。

破裤子如今成为了年轻叛逆的符号，在社会群体的评价中出现了鲜明的两极分化。年轻人争相追捧，长辈们却表示无法欣赏，不可理喻。最初发明破洞牛仔裤的美国人并不是为了炫耀时尚，而是借此表达对主流的抵制。破洞牛仔裤与看起来又脏又旧的牛仔一起，曾在几年前的欧美上流社会里回潮。不过，如今的人爱上破洞牛仔，和这些文化背景已经没有多大关系。对休闲时尚玩得滚瓜烂熟的潮人，对破牛仔的喜爱纯粹是从摩登的视觉效果出发，或许情绪里带一点年轻人的小叛逆。因而，他们也就可以把破牛仔穿得格外轻松，格外好看。走在时尚尖端的明星们自然也对这种不羁的风潮宠爱有加。

要说春夏流行单品，那一定非破洞牛仔裤莫属。大到秀场宠儿、网红穿搭，小到普通人的日常穿着，几乎都能见到它们的身影。随着经济社会的不断发展，时尚潮流也顺势而变，破洞牛仔裤如今添加了手磨猫须、钉珠绣花等各种工艺，从小脚、阔腿到复古回潮的喇叭裤型，虽各有各的破法，但撕边、磨破、裂口等却是其不变的必备时尚元素。

论起破洞牛仔裤的“成名史”，绝对少不了权志龙、鹿晗、GiGi、Karlie Kloss、Olivia 等明星和超模的助推，除此之外还有众多时尚大牌的云集，譬如 J. Brand、Paige Denim、A. G. Jeans、7 For All Mankind 等，他们共同将破洞牛仔裤打造成如今风靡时尚圈的百搭单品。

其实早在 20 世纪八九十年代，破洞牛仔裤潜藏的巨大商业价值就已初现端倪。① 批发商舒曼原先主营批发新货和倒卖旧物，后来发现破烂的旧货品有较多的拥趸，市场上一条普通的甚至带有破洞磨边的牛仔裤的售价比全新的还要高，而且牛仔裤破洞越多越值钱，因而他致力于开拓旧牛仔裤批发的市场，两三年间营业额即增至 250 万元。

破洞牛仔裤从不起眼的旧货和主观印象中的“破烂”是如何一跃成名，并以肉眼可见的速度席卷各大时尚秀场的呢？

一、经济：从反抗到流行

（一）对主流社会与高消费的反抗

文化的演变向来与政治、经济密不可分，不同历史时期背景下所折射的文化传统也各有不同。以牛仔为代表的“野性”服装文化

① 有一种冷，叫妈妈觉得你冷；有一种代沟，叫奶奶缝好了我的破洞牛仔裤。时代在变，审美在变，不同年龄的消费群体必然有烙着其时代印记的消费观。

于20世纪90年代风靡中国，从初始时期的结实厚重到如今的设计感十足，破洞牛仔裤已然成为街头巷尾的潮人必备的。但最初设计破洞牛仔裤的人并非是为了赶时髦，而是以降低个人购买力来表达自我对于经济领域高消费社会的抵抗，将破了的牛仔裤堂而皇之穿出门，曾一度被视为一种鄙视主流高消费的微妙姿态。

（二）消费主体逐渐年轻化

20世纪80年代恢复高考后的几年，无数年轻人背井离乡外出求学。他们虽依靠汇款单生活但享有一定的经济自主权，当牛仔裤变为商品时，“青年”就成了商品文化的新产物。破洞牛仔裤从初现到风靡，年轻人的消费力提升是其发展的重要助推器，他们具有强烈的好奇心和探索力，极易接受新鲜事物和前卫的潮流资讯。同时随着教育覆盖面的扩大和学历等级的提升，年轻群体更加追求自我个性的解放和自我意识的主动表达，破洞牛仔裤在此契机上迅速占据大片消费市场，释放巨大的经济实力。

（三）家庭可支配资金日渐丰厚

随着独生子女时代的到来，经济发展展现出新的面貌，大多数城镇家庭都已经满足了基本的生活需求，家庭内可供支配的资金日渐丰厚。他们开始追求高品质的外在装饰和精神世界。这个时期的大众文化生产者鼓励年轻人用“迷恋”的方式进行消费，其消费行为带有大幅消耗生活的激情、尽情用商品进行狂欢体验的特质，缺乏理智的市场分析和充分的购前认知。[①]破洞牛仔裤以其反传统、另类的形式进入年轻群体的世界，受到他们的集体热捧和追求，一度将某件明星同款炒至天价。

① 青年消费者思想前卫活跃，接触到的事物和信息更为丰富，受到外界的诱惑更多，极易产生冲动购买、跟风购买的行为。

二、文化：从牛仔裤到破洞牛仔裤的文化变迁

（一）牛仔裤文化

牛仔裤最早是美国西部牛仔们的典型招牌穿搭，后逐渐演变为由多元素构成的街头文化的重要组成部分，象征着向往自由本真、追逐个性解放的牛仔文化和牛仔精神，并联动时尚娱乐、金融商业、艺术设计等各行业综合开发，形成极强且具辨识度的“牛仔风格”的消费穿透力。

西部拓荒精神的外延。牛仔的历史可以追溯到19世纪美国的西进运动，他们原是北美大陆西部广袤草原上自由奔驰的游牧人，是美国西部开发的生力军，亦是刚毅自由、坚韧勇敢、粗犷豪迈的美国文化的象征。牛仔裤作为不可或缺的元素之一，其最初的设计标准主要从实用层面考虑，贴合牛仔们经年劳作骑乘的现实需求，选取的布料坚实耐磨、便于洗涤，能够适应西部恶劣的自然环境。牛仔文化和精神也常与此相关联，在文学、影视、音乐等不同的艺术领域中有着不同的表达方式：身着牛仔裤、宽帽檐的英雄牛仔在尘土飞扬的黄沙地中惩奸除恶、除暴安良，在乡村、布鲁斯的醉人旋律里深情款款、互诉衷肠。这不仅是浪漫主义色彩加身的奇妙冒险，更是一场行侠仗义、快意恩仇的英雄梦。

随着西部大开发退出历史舞台，纯粹意义上的西部牛仔逐渐消失，但它作为美国精神的缩影被完好地保存在土地上，浸入西部人的骨髓和血液之中。[①] 牛仔裤、牛仔衣等牛仔制品则得益于

---

① 破洞牛仔裤最早代表嬉皮文化叛逆不修边幅的形象，而今却是年轻人彰显个性与性感的最佳单品，何尝不是一种“复古”？

初期对品质的高要求而逐步迈入时尚转型期，开始与围巾、皮带、马丁靴等单品共同搭配，成为经典传承、品质时尚的代名词。

中性化着装展示身份平等。溯源牛仔裤的穿着历史可以发现，它最初的用途是男性工装。直到20世纪初，也只有少数的美国女大学生用牛仔裤取代传统裙装。但随着“二战”后美国经济的发展进步和社会女权意识的觉醒与膨胀，更多妇女走向社会以期求获得与男性一样的社会地位，且渴望不必通过约束自我来取悦男性。基于此种大众心理诉求的驱使，牛仔裤这种简便合身、不分男女的中性服饰便在女性世界中受到越来越多的青睐。到了20世纪50年代，女式牛仔裤把侧襟移到了前部，改变了人们从前惯用的男左女右的定式，消除了男女裤的根本区别，进一步强调了男女平等、女人要求独立自主的意识。

牛仔裤从最初蓝领阶层的工装裤迅速发展为当今普及范围最广也最流行的服装，其无阶层化的特点功不可没。每个人都是牛仔裤的穿着者、演绎者、诠释者，人与人之间没有因为牛仔裤产生任何阶层、地位的差别，上自总统贵族，下至平民百姓，都可以从衣柜中挑出一条自己最喜爱的牛仔裤进行穿搭，淡化甚至消除了身份差别，体现了人与人之间的平等性与民主性。

牛仔裤文化中所蕴藏的浓厚人文主义色彩，突出显示了牛仔裤文化在新的时代背景下所具有的新特点：即倡导男女平等、消除歧视观念和尊重个性表达。

（二）破洞牛仔裤的后现代主义解读

后现代主义以对工业时代的质疑、反思的姿态出现，正如沃·威尔什在《我们的后现代的现代》一书中所说的那样，“它反对用单一的、固定不变的逻辑、公式和原则及普适的规律来说明和统治世界，主张变革和创新，强调开放性和多元性，承认并容忍差异。”①

后现代主义艺术手法：拼贴、剪裁在牛仔裤当中的体现。当人们还沉浸在 Yves Saint Laurent、Christian Dior、Chanel 的精致贵气的 Little Black Dress 和 New Shape 时，新锐时装设计师们已经开始乘着后现代主义粗俗而又生活化的情趣，对传统雅致的精英艺术进行绝地反击，2017 的春夏 T 台不是礼服纱裙和奢华高定，而是牛仔裤的主秀。既有用牛仔裤不缝边的裤尾毛须来表现复古意识回潮，又有牛仔裤破洞面积大至臀部、膝盖、小腿来展示另类设计裁剪艺术，这并非是对完美的追求，而是一种对于“完整”的消破和“规则”的解构。

Dolce & Gabbana 和 Michael Kors 的秀场上将破洞牛仔裤与拼贴工艺相结合，或用深浅色牛仔布交织搭配进行有缝拼合，或用毛须和牛仔等不同材质的布料拼接，使常规的牛仔裤更具时尚感。而 Gucci 的设计师则在破洞牛仔裤上运用刺绣工艺，使其多了几分民族特色，注入了潮流因子。

设计师的设计理念和创意集聚而成具象且直观的服装展示，这种拼贴和剪裁的表现方式不仅仅体现在工艺技术上，而且更多地表现在创作者的意识海之中，它是艺术思维对于常规事物的打破和重构，具有鲜明的个人特色与风格，与后现代主义精神有异曲同工之妙。

后现代主义符号解读。在服装艺术领域内，后现代主义符号

① 破洞牛仔裤是一个备受争议的存在，喜欢它的人说这是时尚、帅气、艺术的表达，不喜欢的人则认为这是叛逆、疯狂，甚至有伤风化。不过它依然存在且没有被法律禁止，说明破洞牛仔裤自然还有存在的必要。

千变万化，所藏深意也各有不同，这是因为人的身体与衣服处于意指关系中，身体作为一种纯粹的感觉能力是不能意指的，而衣服保证了信息从感觉到意义的传递。因此，服饰具有十分重要的表意功能，它的各种构成要素，无论其面料颜色还是形状，都隐含着一定的象征意义。

破洞牛仔裤这一具象事物的主要内涵有三种情况：首先是反叛，它本质上是自我主体意识的觉醒，象征着本体与外界事物产生矛盾后的激活，由此引发对破除规则、消解完美的作用力的追求，期许通过这种强硬化的手段来达到对传统深层次的撞击；其次是个性化，主要渗透在年轻群体中，从着装上展示个体的差异，以追求“不一样”为口号，他们也是最早一批拿起剪刀割破牛仔裤走上街头的人；最后是性感，从艺术美学角度出来，破洞牛仔裤可通过人体的部分裸露展示身体的线条和曲线，但还有部分是被布料包裹着的，这种似露非露的形态为其增添了些许性感内涵，从某种意义上暗示了一种现代社会对于解放身体的正当诉求。

后现代主义常与解构、反传统联系在一起，是一种文化倾向、文化哲学和精神价值取向。牛仔裤的“洞”表明牛仔裤主人的与众不同、追求时尚和自然，希望通过穿奇装异服获得随心所欲、无拘无束的放荡与自由自在的生活方式，找回在现代社会中丧失的、永恒的、原始的情欲和文化创造的冲动力，以摆脱人类陷入的精神危机，从而达到“文化超越”的理想状态。

（三）破洞牛仔裤的生活美学分析

生活即艺术，生活之中的审美感悟和思辨思想相叠加，在感性冲动和理性冲动之间达到内心平衡，便是美学的融合性展现。社科院刘悦笛先生指出，中国本土化的生活美学是不同于西方拓展美学的，而是一种介于“日常性”和“非日常性”之间的美学新构。如今，我们正在经历当代生活和艺术所发生的“审美泛化”的质变，主要表现为艺术与生活之间的边际界限逐渐模糊，且逐步走上“日常生活审美化”，于是“生活美学”越演越烈，渐成一种新的美学导向。

消费心理的折射：受众的审美需要。从破洞牛仔裤一路走红到成为搭配爆款，我们可以观察到大众普遍消费行为的倾向：他们实际上选择的是除实用价值之外的美学情感价值。[①]

人们在消费领域中具有一定的情感需要，而其中表现的方式之一即为审美需要，人的审美需要反映在消费过程中，即表现为要求产品有美感。消费者对于美的事物有一种天生的偏好，产品美丽的形式表现能够带给消费者情绪上的快感享受，譬如形式协调、遮蔽身材缺点、具有不可抗拒的吸引力等特质。但从破洞牛仔裤角度出发，主流印象中它似乎与美并无关联，甚至因其过于另类而常被划至丑的范畴，然而受众对于其外在的形式却经历了从丑到美的大幅改观，拓宽了美的范围并增加了其内涵。原因在于破洞的本质是创新和颠覆，秀场上的破洞设计暗含了创作者的主观意图，或是反传统反逻辑的张扬表达，又或是戏谑反讽的后现代意识，受众发挥能动性自发追捧等同于接受且认同创作者的设计思维，两者在双向互动中达到某种无言的默契和沟通，这正是审美的交流和共鸣。

因而，当产品得到市场认可的同时，实际上折射出的是消费

① 日本的一位感性销售名家曾说过：当今，卖物的时代已经过去了，现在是卖事的时代。年轻人不再买物，却愿意付出金钱购买有趣的事、美丽的事及愉快的事。

者的心理需求。他们期许在获得产品的实用价值之外能够满足自我的审美需要，在消费领域的审美心理表现主要有几个特征：追求自我实现的消费心理、炫耀性消费心理、从众消费心理、模仿性消费心理、情绪性消费心理。基于满足审美情感需求的基础上，再从更深层次的美学感悟入手，消费者与创作者之间可借此契机形成互动交流，由消费者再向周围受众辐射，形成更为广泛的接收规模和强大影响力。

生活美学：生活的美学化，美学的生活化。既有的美学知识传统总是把审美价值的创造与人对生活实践的积极审视和内在体验联系在一起，强调美学经验的确立离不开人的生活反思能力。而随着互联网技术逐步渗透蔓延至日常生活的方方面面，人们逐渐产生对互联网信息生产能力的普遍依赖，日常生活的具体内容和过程碎化为互联网世界的信息碎片，生活意义的获取演变为其制造的愉悦性视听消费，生活反思的功能被置换为生活满足。这些改变都预示着生活的美学化趋势。

“审美”不再是特定意义上人的精神活动，而是作为一种普遍泛化的日常生活形象，陈述着每个人的当下情绪与生活感受。[①] 以破洞牛仔裤为代表的时尚设计文化逐步成为一种具有生活气息的、接地气的大众文化，它为人所喜爱、备受追捧，这种“美”的感受已不再是代表生活目标的升华之境，亦非引导人的现实活动走向持久生命追求的永恒价值体系；它摆脱了“高高在上”的艺术感，直接泛化为人在生活过程中的自我想象目标，消费者通过其

① 人们从追逐买得起的商品（量的消费），到追求质量好的品牌商品（质的消费），再到注重情感体验、对商品情绪价值胜过功能价值（情感性消费）——消费趋势已经从规模化转向个性化，从功能经济向情感经济升级。

独特的符号象征来寻觅差异化的存在，以凸显自我。这种日常化的感受丰富了文化的内涵，指示了一种新的美学可能性。

生活美学既是“感觉之学”，亦是“践行之道”，从象征着前卫前锋的高端秀场，到充满市井民俗生活气息的街边巷口，艺术与生活从来就并非全然割裂的两物，而是在社会思潮涌动下逐渐相融的炽热火焰，用前沿的艺术眼光发现生存世界的美感，进而是更理想的生活。

反传统、反革新的代表并非只有破洞牛仔裤，从 Lady Gaga 夺人眼球的奇装异服再到时尚女王，内衣外穿的风潮已然从欧美刮至中国，社会主流审美意识就是在这种不断被打破中焕发新的生机。破洞牛仔裤也有对传统领域独特主体精神的坚守，它顺西部拓荒精神而生，是广袤荒原上的不屈力量，亦是承载着高品质、传承经典的文化符号。

任何事物的兴起背后所蕴含的文化内涵都不是单一且直观的表面现象，而是随着时代的背景和社会历史文化的变迁不断丰富且值得深入探析的。破洞牛仔裤的文化意义就是在此进程中不断进行传统和创新的互动、理智与感性的碰撞、生活与艺术的交织，最终形成独特的时尚潮流和审美文化。

一二三四，感受“吃货”的文化传播力

源远流长的中华美食集中了各民族的烹饪技艺，融合了各民族的文化传承，综合了多种文化现象，具有强烈的民族性、特定的地域性、历史的传承性等特征。不同地区的美食文化在同一时空交错，构成了关于美食的中国文化系统。

《汉书郦食其传》记载：“民以食为天。”在中国这个古老的国度里，人们对食物一直有着较多的讲究，我们的饮食文化不仅融合了民族传承性，更具有博大精深的内涵。随着现代社会日新月异的发展和人们生活水平的不断提高，我们对吃的要求也越来越高，慢慢提高到了一个全新的高度，从最初单纯的为了吃饱的“果腹”到现在的“细品”，饮食习惯慢慢演变成一种生活的享受、一种追求精神的满足、一种对中华传统美食文化的积淀。

2017年5月10日下午，由中国烹饪协会与环球时报主办的中国美食走进联合国出征仪式暨《中国美食海外认知度报告》发布会成功举办。范周教授受邀出席并发表主旨演讲，本文根据范周教授现场演讲内容整理。故事从范周教授40年前下乡当知青时炊事班的小厨开始讲起。

一、一场活动勾起文化记忆

今天参加的中国烹饪大师走进联合国，进行中华烹饪技艺和饮食文化展示活动的出征仪式，让我心中为之一振。看到这么多中国八大菜系的名厨和面点师，尤其是刚才他们列队上台，从中国烹饪协会会长手中接过国旗，胸前佩戴国徽，有一种奥运健儿出征的感觉，特别威武雄壮。

看到他们我就想到了自己。四十年前，我下乡到农村当知青，干的第一份工作就是在知青点的炊事班里做一个小厨，和我们炊事班的六个人一起每天给 120 个知青做三餐饭。我想那个时候，如果一直从知青点当小厨，回到城里继续当中厨，熬这四十年说不定也能成了一个大厨。

人生的道路，有的时候是自己没有办法选择的。这些年来，因为我自己比较喜欢做饭做菜，所以一有时间就会练练手艺。好多年前我到澳大利亚阿德莱德大学做访问学者，每逢周六周日我的住处就是最热闹的地方。我会提前到商场采购回来一些澳大利亚人并不一定喜欢的鸡大腿、海鲜等食材，用自己掌握的那些厨艺做了好多东西，然后许多留学生和访问学者就把我的住处当成了中餐馆。

在国外的时间一长，我就开始找当地的中餐馆。在人的所有记忆当中，胃的记忆是最顽强的，我们从小养成的饮食习惯，可能会一生不改。今天我们的大厨当中就有中国鲁菜的泰斗，而我自己的饮食习惯就偏爱于鲁菜菜系，不喜欢吃辣椒，但却酷爱大葱和大蒜。对比那些从国外到中国来的有着国外饮食习惯的人，还有许多中国到国外去的人，时间一长，就去寻找老干妈、川菜馆、粤菜馆等，就去吃在家乡才能吃到的中国水饺等。这些生活上的细节都说明了饮食的文化记忆是特别根深蒂固的。

刚才看到由环球舆情调查中心联合中国烹饪协会发布的《中国美食海外认知度报告》，我们才恍然大悟。原来最能引起美国人兴趣的中国食物是春卷，而我们却以为美国人喜欢的是中国的火锅、烤鸭、麻辣烫，或者是最普遍的水饺等，[①] 事实却不然，美国人有美国人的饮食习惯。而这一点，我们仅靠想当然是不行的。再比如《报告》中显示，美国人接受中国的饮食文化将近百分之七十是靠口耳相传，而不是靠我们传统媒体的宣传或各种各样宣传活动的造势。由此可见，饮食文化不同于其他的文化，要吃了才相信，要体验了才能记住。我们要确立文化自信，就必须对中华文化的精髓加以深刻的理解。

二、两个故事传递文化温度

（一）中国煎饼纽约受热捧，一个煎饼卖到 15 美元

纽约是一个美食遍布的城市，如今一种食品在纽约悄然流行——中国煎饼。曾经在中国学习并生活的美国小伙苏永邦和马特·希尔弗斯坦发现煎饼非常美味，于是回到美国后在纽约卖煎饼果子，受到当地人极大的追捧，受欢迎程度不亚于披萨和炸玉米饼。为了确保纽约人能尝到正宗的煎饼，他们还邀请了北京的煎饼师傅到纽约进行员工培训。这种街头小吃漂洋过海到了美国之后价格不菲。在中国，一个煎饼售价折合不到 1 美元，但是在美国一个煎饼可以卖到 15 美元，每天能卖出几百个。

---

① 国外的汉堡与中国的水饺完全不同。汉堡内馅外露，符合西方民族追求个体发展进取的性格特点；饺子皮包着馅，体现中国人的含蓄包容。

（二）年销售额近两亿元，我在哈佛门口卖包子

在中国成功建立起“包子帝国”的童启华，把包子店开到了哈佛大学门口，每天最多卖出 3000 个包子。售价从 3 美元至 6 美元不等，每天排队买包子的美国人络绎不绝。童启华将制作包子的工艺，和对包子的视觉、触觉、味觉和嗅觉介绍都设计在说明书上，让顾客一目了然，他还把厨房做成全透明的，让顾客更直观地了解包子的制作过程。除此之外，他还根据当地的饮食习惯，研发出了不同口味的包子。未来童启华还将在新英格兰地区开设 20 家分店，他要让美国人爱上了包子这种中华传统美食。

一味一故事，类似这样的中华美食海外传播的案例还有很多，而煎饼果子、包子等中华美食也正是中国故事面向世界传播的文化符号。

三、三组报告折射文化符号

中国文化代表元素（%）

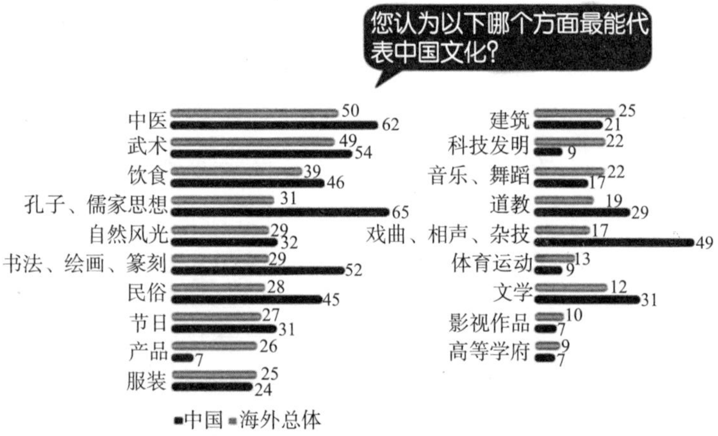

中国外文局对外传播研究中心联合相关机构于2016年8月发布的《中国国家形象全球调查报告2015》显示：中医、武术和饮食是海外受访者眼中最能代表中国文化的元素，[①]选择比例分别为50%、49%和39%；当地媒体和使用中国产品是海外受访者获取中国信息的主要渠道；海外受访者最希望通过中国媒体来了解中国文化、科技领域的信息。

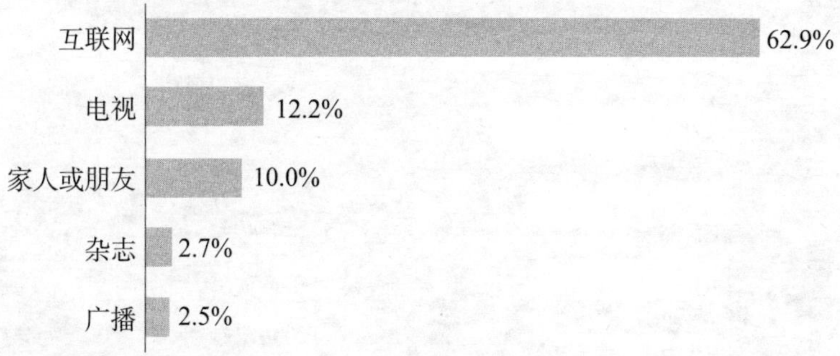

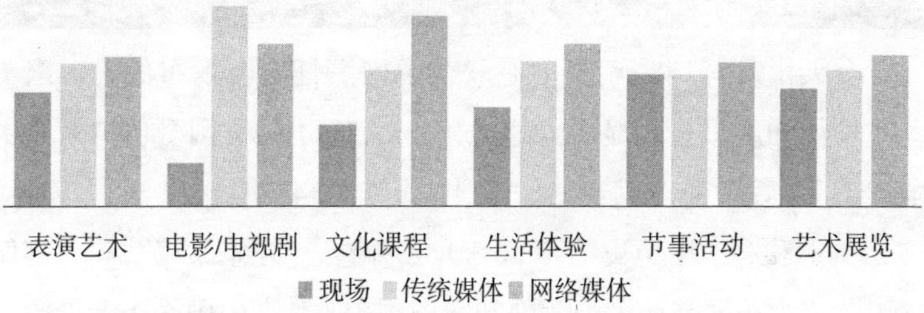

首都文化创新与文化传播工程研究院联合北京师范大学文化创新与传播研究院于2016年6月发布的《外国人对中国文化认知调研报告（2015）》显示外国人对中国文化的认知渠道包括：在

① 中国不只有中医、武术和美食，瓷器、茶道、书法、丝绸、戏曲、汉服、剪纸、围棋同样是中国影响世界的文化瑰宝。我们要挖掘本土元素，向世界讲好中国故事。

外国人认知中国文化的渠道选择方面，互联网（62.9%）成为首要信息渠道；首选通过网络媒体接触的中国文化形式包括文化课程（46.8%）、生活方式体验（40.2%）、艺术展览（37.4%）、文化演出（36.6%）、节事活动（35.2%）；首选通过传统媒体接触的中国文化形式是电影 / 电视剧（49.1%）。

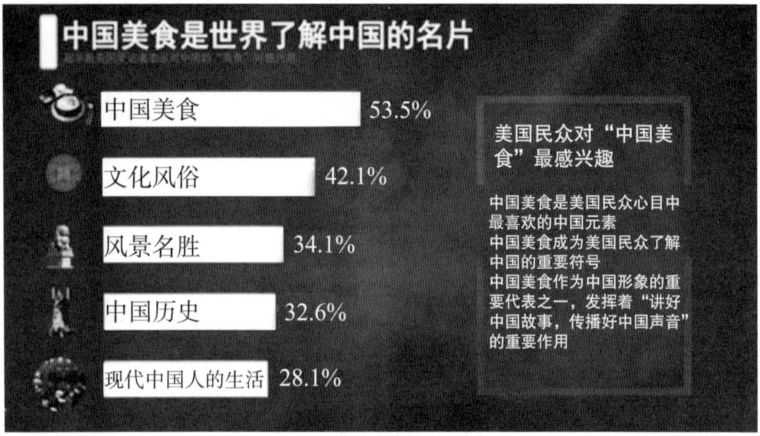

今天由环球舆情调查中心联合中国烹饪协会发布的《中国美食海外认知度报告》显示：超半数（53.5%）的美国受访者对“中国美食”感兴趣，其次为“文化风俗”（42.1%），“风景名胜”（34.1%）和“中国历史”（32.6%）。“春卷”“左宗棠鸡”和“宫保鸡丁”成为美国受访者最为熟知的中国美食，[①] 中国受访者最倾向于向外国人推荐“水饺、小笼包”。美国受访者了解中国美食的方式主要是朋友的介绍及本国的媒体，其次为中国媒体的传播，除中国外的国外媒体渠道影响力最低。

---

① 臭豆腐、皮蛋、腐乳、毛血旺、凤爪，这些美食难以取悦外国人。然而，宫保鸡丁（Kung Pao Chicken）家喻户晓，因为这道菜比较符合西方人的口味，酸酸甜甜的勾芡，还有点像汉堡和披萨里的芝士。

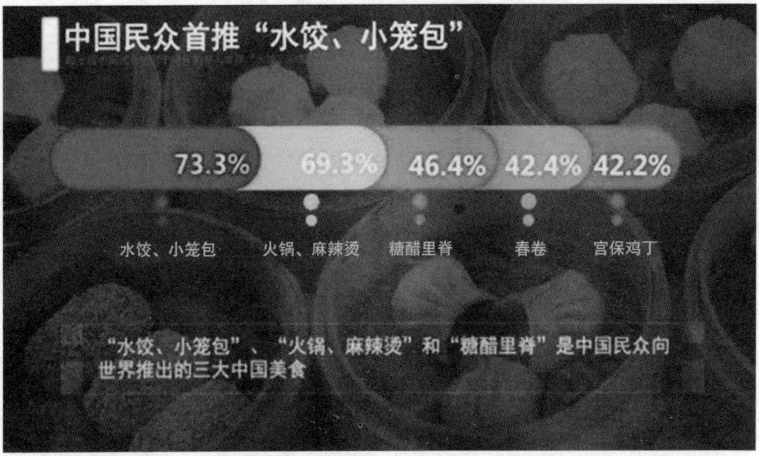

中华美食文化走出不能靠主观臆断，而要对海外文化有充分的了解和认知。以上三组报告数据调查虽然还可能存在不严谨或者不准确的地方，但至少可以参考借鉴。换一个视角，我们或许又打开一扇窗。

四、四个举措力推文化传播

（一）用互联互通思维转变发展观念

“互联网+”时代，是全民运用互联网思维进行供给侧结构性改革等重要命题的时代，它不仅指某一个人和某一个行业的单一变革，而且是全民生活和生产模式的转变。互联网思维最大的启发在于注重新业态下观念的转变，互联网的互动性、参与性、体验性和定制化等特点区别于传统的被动性、说教性和公共性。如今，互联网已成为每个人生活的必需品，外国人也更倾向于通过互联网参与中国文化活动，借助社交圈了解中国文化。因此，我们要用“自由、开放、合作、共享”的互联网精神和互联网思维来指引中华美食文化的对外传播。[①] 在互联网时代，最后的赢家定会赢在观念，讲好中国故事也是如此。

（二）用文化自觉意识参与文化交流

当今世界的文化发展呈现不平衡和不和谐的状态，而产业的强大力量使得文化价值的渗透更加隐蔽，又将加速这种文化的不平衡和不和谐，致使原有的文化生态被破坏。面对如此形势，我们在大力发展文化产业的同时，必须以一种开放的胸怀和平等的姿态参与到与其他文化的对话与沟通中，要以一种“文化自觉”意识来推动文化产业的发展，并始终贯穿于文化生产、文化产品和文化传播这三个重要环节中。中华美食文化走出去要树立“文化自觉”意识，加强文化自主能力，才能在世界文化的大舞台上掌控文化交流的话语权，保持我国民族的文化定力，从文化自觉到文化自信，真正实现我国文化产业的大发展大繁荣。

（三）用跨界融合发展实现提质增效

当前，文化产业已不再是作为单一的产业形态存在于人民群众的生活中，而是以其极强的亲和力与包容性与公共文化协同发展、与金融关联、与旅游融合、与科技嫁接、与互联网共生。在“十三五”时期，文化产业“协同作战”“融合发展”将成为发展的中流砥柱。中华美食文化可以与动漫、电影、演出、会展、节庆、教育、新闻出版、旅游等文化产业门类实现跨界融合，用更

---

① 文化对外传播的核心目的是以文化人、以文促情、以文建信，中华文化走出去在打造精品力作、讲好中国故事的基础上，还要不断升级传播技术手段，全方位拓展海外传播的平台和渠道。要善用新媒体特别是海外社交媒体平台，增强中华文化对外传播的影响力。

多的文化产品来更好地讲述中国故事，进而更好地实现中华美食文化走向世界。此外，中华美食文化的对外传播还可以利用“文化 +”的思维，尝试与工业、农业等其他行业跨界融合发展，创新不同的手段形式，实现更多的可能性。

（四）用全球接受的方式讲述中国故事

我们要讲好中国故事，要让世界人民了解中国，需要对中国哲学及传统文化进行反思，不仅要用孔子学院把中国的国学传播到世界五大洲，同时还还考虑我们身边这样的文化符号，包括太极拳运动、中国餐饮，还包括地方戏曲，如黄梅戏和京剧等，以及名曲《茉莉花》。我们中国人能够跟世界进行交流的第一首歌曲不是什么大曲牌，而是《茉莉花》，所有的外国人总是把《茉莉花》当成是最高级别的代表中国的一首歌曲。像这样的一些现象，我们要好好去分析。[①] 要讲好中国故事，首先要让外国人听得懂，要用全球化的思维和全球化的接受方式去给外国人讲中国故事。百闻不如一见，百见不如一吃，“吃货”也许就是诠释中国文化的最好实践。

今天，当我们看到八大菜系的几十位厨艺高手即将出征，披挂上阵走进联合国的餐厅，与全世界各国代表在五天之内品尝 200 道八大菜系的中国名菜，这真是令人感到幸福。在此，我向主办单位申请去当志愿者，哪怕自费也愿意前往，当个刀工，洗洗菜，在所不辞；如果能让我去帮助品尝菜肴，即使再长重几斤，也愿意为祖国的餐饮文化献身。

---

① “一带一路”倡议不仅为丝绸之路美食搭建了文化交流桥梁，也为中华美食开启了通往世界的大门，有必要在政府扶持下培育一批在海外具有影响力的规模型品牌餐饮企业，借力“一带一路”等国策战略推动中国餐饮文化走向世界。

辑六

不忘初心：延续时间的文化温度

不忘初心，方得始终。执着、追求、坚守，这渗透于文化内外的力量虽无形无声，却无处不在，沁人心脾，给予人们精神上的激励和满足，使人感受到温暖与尊重。在这个精神缺失的时代，文化的温度只有成为当代人们生活的一部分，才能更好地去延续，更好地温暖人心。

文化自信的战略思考

马克思主义、中国特色社会主义理论成为所有课程中最受重视的课程，不仅是政治的要求、国家社会发展的要求、社会主义价值体系建设的要求，同样也是未来发展的时代要求。我国社会现在已进入新的历史阶段，出现了新的社会主要矛盾，人民日益增长的美好生活需要意味着人们的需要已经不再是单纯的物质消费和需要，而更多层面上是精神的满足。

从这个角度来看，**“美好生活”第一是对民主法治提出了要求，第二是对生态环境提出了要求，第三是对社会保障提出了要求，第四是对文化发展提出了要求。**[①] 十九大报告指出：文化是一个国家、一个民族的灵魂，文化兴国运兴，文化强民族强，没有高度的文化自信，没有文化的繁荣兴盛，就没有中华民族伟大复兴。对照党的十九大精神，在这样的背景下，我们要对文化自信有一个更加深刻的认知。

一、文化自信溯源

我们对文化自信有这样一个界定：文化自信是一个民族、一

---

① 人们对美好生活的期望是渐进的。美好生活是有尊严的生活、有保障的生活、有品质的生活、有创意的生活。

个国家及一个政党对自身禀赋和拥有的文化价值的充分肯定和积极践行，并对其文化的生命力保持坚定的信心，满怀发展的期望。要实现中华民族的伟大复兴，就要深刻理解中华民族最深层、最根本的文化基因。中华文化源远流长、博大精深，且具有极强的包容性，五千年的灿烂文明，是我们实现文化自信的基础。

与其他三大文明古国（古埃及、古印度、古巴比伦）相比，中华文明从未间断过。我们能看到二里头遗址出土的先秦建筑和殷墟出土的甲骨文，能看到秦始皇进行的“书同文”为我国几千年来的文化史书写了厚重的开端。此外，同样的文字在不同时代或国家的书写、语言表达可能不同，但内涵却相通，东亚各国的文明在很大程度上都受到了中华文明的影响，这一点在中、日、韩三国的文字上均有所体现。早期参与国际外交的中华人士，都对中华文化的传播做出了重要贡献。张骞出使西域，玄奘前往“西天”求取大乘佛法，都在中国文化史上留下了浓墨重彩的一笔，促进了中国与他国的交流，不仅将中国的文化传了出去，也将国外的经典带了回来。

唐朝中国成为世界“文化中心”，八方来朝；宋朝文化兴盛，“朝廷兴旺，全民生态”，《清明上河图》颂盛世；元曲杂剧，明清传奇，中华文化一脉相承。我们从这些朝代看到了我国文化曾经的辉煌，这些辉煌也经过时间的筛选传承到了今天。这是我们文化自信的根源所在，是我们文化自信的深厚基础。①

---

① 传承自信，继承风骨，应走入历史纵深，深入理解中国的文化血脉和文化土壤，科学总结历史文化遗产，把那些真正体现中华民族禀赋、特点、精神的优秀传统文化继承下来。

二、坚定文化自信

中华传统文化是文化自信的深厚基础，也是文化创作的不竭源泉。党的十九大报告首次将中国特色社会主义文化写进党章，不仅体现了党对中国特色社会主义文化的高度重视，更有利于全党深化对中华传统文化的认知，推进文化传承。[①] 在坚定文化自信方面，我们应该做到以下几点。

第一，要鼓励创新。我们要有推动中华优秀传统文化创造性转化、创新性发展的意识，继承革命文化，发展社会主义先进文化，提高国家文化软实力。要激发全民族文化创新创造活力，提升文艺原创能力，推动文艺创新。

例如，敦煌莫高窟出品的原创动画《降魔成道》，其创作素材全部取材于敦煌壁画，借助现代媒体手段，将壁画艺术及故事中所蕴含的动人价值转化为影视媒体，跨越时空等条件限制，让更多人深入了解敦煌。

故宫博物院现有藏品总量已达 180 余万件（套），藏品总分 25 个大类，其中一级藏品 8000 余件（套），堪称艺术的宝库。2016 年，故宫博物院推出的文创产品超过 8700 件，收入突破 10 亿元人民币。这个案例一方面说明我国文化底蕴深厚、融合能力之强，另一方面也显示出我国巨大的文化消费潜力。这就要求我们不断以创新的内容和形式来满足人民的文化需求，实现中华优秀传统文化的

① 中国特色社会主义文化，源自中华民族五千多年文明历史所孕育的中华优秀传统文化，熔铸于党领导人民在革命、建设、改革中创造的革命文化和社会主义先进文化，植根于中国特色社会主义伟大实践。

创造性转化，将我国丰富的传统文化资源宝藏挖掘出来。

第二，要沉淀匠心。匠心精神的本质是精益求精、追求完美。当下创作环境不够安静，文艺创作者更需要耐得住寂寞，坐得住冷板凳。白先勇先生创作青春版《牡丹亭》，在纪念汤显祖诞辰400周年之际，把五十五折的原本，取其精华删减成二十九折，创作出既适应现代观众视觉要求，同时亦遵从昆曲古典精神的优秀作品，使传统文化精神在新时代中焕发新的光芒，也使得更多的人将目光投向优秀传统文化。这样的精神是很值得尊敬的。

第三，要打造精品。我国潜力巨大的文化市场中出现了许多不同的文化现象，如“网红”“二次元”“丧文化”，或者是最近出现的慢综艺文化现象。这些文化现象的涌现改变了现如今的文化消费，同时也改变了我国的文化结构。例如在网络文学领域，读者人数已经突破了3亿，群体的年龄跨度从80后到00后。今天社会对传统文学还有着高度的记忆和评价，是因为主流媒体和大众宣传仍注重对传统文学的报道，而传统作家当中已经有相当一部分人开始从事网络文学创作，网络文学作家、读者这个群体对于文学的认知、热衷，很有可能在未来改变人们对于文学的认识，其背后隐含的无论是事业的需要、产业的需要还是价值的需要，都是非常重要的。我们处在一个文化盛世之中，文化的发展迫切需要文化精品，而目前我国文化精品的生产是乏力的。[①] 以电影产业为例，我国能与好莱坞平等对话的电影太少。2017年上半年，中国内地影市总票房为271.75亿元，上映电影221部，其中国产

① 文化产品供需不平衡是文化市场面临的问题之一。一方面，同质、低质、低效、无效产品大量生产，库存积压现象、资源浪费现象严重；一方面，精品生产乏力，真正制作精良、内容出彩的作品少之又少。

片169部，占比76.47%，进口片52部，占比23.53%。虽然国产片数量远高于进口片，但票房数据却成反比。上半年国产影片票房为104.60亿元，仅占总票房的38.49%，进口片以167.15亿元的票房，占整体票房的61.51%，远超国产片票房。这种类似现象需要高度重视。

三、新时代如何实现文化自信

十九大报告中有关社会主要矛盾发生重大变化的论断，指出我国社会主要矛盾已经转化为人民日益增长的美好生活需要和不平衡不充分的发展之间的矛盾。这种矛盾的变化说明在经历经济的高速发展期之后，我国人民现阶段的需求更加侧重于精神方面。

第一，分析问题，直面矛盾。文化消费的需求是美好生活需要的重要组成部分。我国的基本支出在总支出中占比不到50%，大量的消费、大量的内容都是非基本生存的需要，所以文化就排在了第一位。我国现在的文化生产能力只有将近2万亿元，但实际文化消费能力有5万亿到6万亿元。在这种情况下，对文化产品的需求和文化产品不能满足人民需求之间的矛盾会越来越凸显。所以在文化领域中也面临着发展不平衡与不充分的问题，供给侧结构性改革迫在眉睫。

第二，创意可以成就中国化表达。十九大报告强调坚守中华文化立场，立足当代中国现实，结合当今时代条件，发展面向现代化、面向世界、面向未来的，民族的、科学的、大众的社会主义文化，推动社会主义精神文明和物质文明协调发展。这就是所谓越是民族的，就越是世界的。

我们不能拙劣地模仿国外艺术作品，而是要创新表达方式和传播形式，展现中国文化含蓄、内敛的特性，讲好中国故事。[①] 马云出演电影《功守道》男一号，该电影以中国传统太极文化为基础，将中国传统文化推向世界；新编京剧《王子复仇记》和新昆曲《我，哈姆雷特》用中国化的手段来向世界传达普世性的价值和内容，受到国内外一致好评；《见字如面2》上线7天播放量达2.4亿，领跑收视率；《人民的名义》3月29日播出，播出5天后即成为当日电视剧播放量第1名，自此之后长达28天一直稳居榜首，且在4月21日达到日播放量最高峰，单日播放量突破10亿；电影《战狼2》首日上映4小时破亿，掘金速度日均2亿元以上，1.4亿观影人次也成功超越了《泰坦尼克号》。10月28日，这部现象级电影以56.83亿元的成绩圆满收官。

第三，走出去彰显我国文化魅力。十九大报告指出："加强中外人文交流，以我为主、兼收并蓄，推进国际传播能力建设，讲好中国故事，展现真实、立体、全面的中国，提高国家文化软实力。"因此，可以通过国际交流与传播，增强民族自豪感、文化认同感，从而树立文化自信。

第四，科技可以唤醒文化活力。文化与科技的融合，以"互联网+"为主要形式的文化信息传输服务业发展迅速。2016年文化服务业快速增长，以"互联网+"为主要形式的文化信息传输服务业营业收入5752亿元，增长30.3%。中国人工智能产业规模增长率，2016年为43.3%，2017年至今为51.2%。

---

① 艺术表达的手段日新月异，艺术内容也随着当代社会现象和价值观的更迭在不断更新。立足当下的社会现实，反映当代人的精神文化生活，才能讲好中国国故事。

徐志摩、闻一多、张学良、梁思成等都是著名的历史人物，在国外多年，都以不同的形式向世界传播了中国文化，向世界发出了中国声音。而站在新的历史时刻，面向未来，要实现新时代的文化自信，我们更加需要讲好中国故事，对我们自己讲好中国故事，向全世界讲好中国故事，既做中国故事的创造者，也做中国故事的传播者，用别人能够接受的方式，用我国自己的话语权实现中华文化的传播。

四、新青年的时代担当

“青年兴则国家兴，青年强则国家强。青年一代有理想、有本领、有担当，国家就有前途，民族就有希望。中国梦是历史的、现实的，也是未来的；是我们这一代的，更是青年一代的。中华民族伟大复兴的中国梦终将在一代代青年的接力奋斗中成为现实。”十九大报告中，党和国家对青年的成长给予了殷切的期望和真切的关怀。在文化方面，青年应担起传承传统文化的重任，这对于弘扬民族精神、提升国家文化软实力、实现中华民族伟大复兴具有重要意义。

新时代青年应做有担当的青年。[①] 山西乡村医生贺星龙行走乡村 17 载，出诊 17 万余次，骑坏了 7 辆摩托车，用烂 12 个行医包，累计出诊约 17 万人次，免收出诊费达 35 万余元，累计行程 40 多万千米，可绕赤道 10 圈。在一个岗位上奉献一生本就是件极难的

① 每一代年轻人都带着他们成长年代的印记，也有那个时代的精神和气质。新一代的年轻人越来越注重自我表达，也越来越热心参与社会改造，80 后、90 后已经成为社会创新创造的中流砥柱。

事情，而他在乡村这样贫苦的环境中奉献自己的青春，一干就是十七年，将人生最美好的时光奉献给了国家的事业，这份担当精神是青年应当学习的，同时我也相信国家一定有着更多像贺星龙这样的新时代青年在默默地为社会主义事业添砖加瓦。

新时代青年应做有活力的青年。时代塑造着青年，青年也在时代潮流中塑造着时代的形状。近年来，以“互联网 +”为代表的技术潮流，成就了一批又一批有活力和有创造力的青年。白手起家的大疆科技创始人汪滔，站在时代前列，勇于用创新改变时代。无人机的出现，改变了影像应用的方方面面，它满足了军用侦测或摄影摄像新视角的需求，而在这个细分市场中，大疆毫无疑问是最出色的那个。不论是产品线的丰富程度，还是产品的质量，大疆都是这个行业的佼佼者。到目前为止，国产品牌大疆科技已经占据了全球无人机市场的 80%，中国市场的 95%。汪滔身上的创新精神，他体现出来的时代活力，是当今青年很好的榜样和范例。

新时代青年更应做有使命的青年。[①] 龙梓嘉是一名 95 后珠宝设计师，他身体力行地演绎中国传统文化，让更多的人看到并接受这些早已被人遗忘的传统美。未来的四年是充满希望的四年，也是建党、建国的一些重要历史节点，2018 年是改革开放四十周年，2019 年是新中国成立七十周年，2020 年是全面建成小康社会的一年，2021 年是我们建党一百年光荣的历史时刻。国家层面明确地将富强、民主、文明、和谐、美丽作为社会主义现代化的新时代发展目标，每一个青年也应明确自己对未来的发展规划。在

① 将时代使命与个人目标相结合，是每个青年人实现最高理想的途径之一。敞开胸怀，直面人生难题，多关注社会难题，青年人会获得更大的快乐与实现感。

个人发展规划中，第一要定好目标不放松，第二要切合实际，第三要珍惜时光。逝者如斯夫，经历了一晃而过的三十年五十年才知道当时所谓的一些“小确幸”对于生活的重要性，广大学生更加应该明确时代使命和文化使命，做新时代的新青年。

“广大青年要坚定理想信念，志存高远，脚踏实地，勇做时代的弄潮儿，在实践中国梦的生动实践中放飞青春梦想，在为人民利益的不懈奋斗中书写人生华章！”习近平总书记在十九大报告中对青年提出了如此的要求，也希望在座的青年同学们将文化自信和文化使命牢记心中，脚踏实地，为祖国的发展做出切实的贡献。

探寻传统文化传承的最佳“解药”

探寻中华起源，增强文化自信。2019 年 1 月 12 日，第五届中国（国际）起源地文化论坛在人民大会堂宾馆举办。我国起源地文化事业经历了从无到有，从有到迅速发展的重要阶段。范周教授出席此次论坛并发表主旨演讲，以下是演讲内容。

一、探寻起源地文化，紧握中国传统文化文脉

习近平总书记指出，文化自信是更基础、更广泛、更深厚的自信。中华优秀传统文化是中华民族的精神命脉，是涵养社会主义核心价值观的重要源泉，也是我们在世界文化激荡中站稳脚跟的坚实根基。坚定文化自信，必须要充分认识传承和弘扬中华优秀传统文化的重大意义。

“相马须相骨，探水须探源。”万事万物皆有起源，中华民族孕育出的物质文化遗产和非物质文化遗产，既是民族的瑰宝也是世界的宝贵财富。对非物质文化遗产的传承和保护，一方面要保护好凝聚着先辈们智慧的古老工艺，另一方面则需要梳理其背后的文化脉络，在此基础上不断拓展渠道，提升传播效果。

文化与旅游相融合，为起源地文化发展带来众多利好。起源地文化作为特有的文化符号，更应发挥自身优势，开发创造一系

列文化产品和服务，充分讲好起源故事，讲好区域故事，讲好中国故事。

随着“中华文明探源工程”项目不断深入的考古调查和发掘，考古专家们在浙江良渚遗址、山西陶寺遗址、陕西石峁遗址和河南二里头遗址等地的考古发掘硕果累累，以考古资料实证了中华文明5000年的悠久历史。数千年的文明传承得到了最有力的证实，我们对自身文明起源的认知也更加清晰，文化自信也深深地内嵌其中。

二、文旅融合背景下传统文化的传承与开发两大原则

（一）有机融合，创造性转化和创新性发展

文旅融合应该是有机融合，不能生硬“拉郎配”。文旅融合不是只抓“文”或者重视“旅”，而是融合发展，实现资源和载体、内容与形式、休闲与体验的结合。

传统文化在融入现代社会的过程中，需要进行必要的转化和适应。在现代文化环境中，传统的传播首先需要建立与现代文化的共情。同时，在融入现代社会的过程中也要及时规避不良因素对传统文化内涵的弱化和消解，比如过度的娱乐化倾向和功利化的价值取向等可能对传统文化精髓产生严重破坏。[①] 总的来说，传统文化的创新发展需要进一步凝聚行业共识，传播潜力也需要进一步挖掘。

在南京夫子庙景区内，南京肯德基正式向外界推出了“非遗主题系列餐厅”项目，由南京市网络文化协会正式授牌的“云锦

① 传统文化的传承过程中，需要结合现代文化理念和时代发展特点对传统文化内涵进行再解读，引起现代人的“共情”，从而真正实现文化的传承。

非遗网络文化小屋”同步开屋。“肯德基非遗主题系列餐厅”创新地通过开设和打造一系列非遗主题的特色餐厅，传递非遗文化的视觉元素、普及非遗文化历史知识，让原本束之高阁的非物质文化遗产真正“走上寻常百姓的餐桌”，走近每个人的身边。[①]

（二）有效融合，积极融入社会大环境

非遗具有很强的地域性和流变性。但是，目前我国对非遗的保护和传播，主要还是按照传统行政区域进行划分，这使得一些非遗传播主体产生了“跑马圈地”的思维——将非遗资源看成是自身独享的文化资源，从而产生排他性。这就为非遗传播人为设置了障碍，容易让非遗传播局限在当地的“一亩三分地”上。从文化传播层面来看，非遗传播主体应该有意识地打破区域限制，跳出自身的狭小空间，加强跨区域传播，强化非遗资源整合，从而使非遗真正融入社会生活大环境之中。

此外，并非所有媒体都重视非遗传播工作。在注重流量、制造话题的“注意力经济”时代，古朴典雅的非遗难敌自带流量的网红和“小鲜肉”，多数媒体为了获取短期经济收益而倾向于选择吸引眼球的内容，这让非遗在社会关注中易被边缘化。[②]

三、文旅融合背景下传统文化传承与开发的三大途径

（一）梳理现有资源，发掘文化精华

第一，中华传统文化种类繁多、数量巨大。对于中国传统文

① 非遗传承不需要特定的“传习所”，而是应该深入到人们生活的每个角落，渗透到生活的方方面面，与生活的融合将是非遗传承最有效的方式。

② 非遗传承不可能与市场相悖，而是要在市场需求中找到突破口和结合点。

化，刘春骅在《中国传统元素在现代标志设计中的运用》一文中提到：“中华传统文化种类繁多、内容丰富，历经时间的沉淀，几经建构——解构——再建构，绵延不绝，生生不息，积累了大量丰富多彩的艺术表现手法和表现形式。许多文化元素随着时间的推移、历史的变迁，以及科技和工艺的不断演进而经久不衰，从而形成了中国特有的传统元素。这些传统元素凝聚了中华民族几千年的智慧精华，也传承了华夏民族特有的艺术精神。”

在可移动文物方面，2012—2016 年，我国开展了第一次全国可移动文物普查。2017 年 4 月普查结果发布，全国新发现新认定文物共 708.4149 万件 / 套，全国可移动文物共计 10815 万件 / 套。仅北京地区就新登记收藏单位 222 家，新发现新认定文物 2884873 件 / 套。中国拥有 39 个世界级非物质文化遗产项目，项目总数世界排名第一。其中，人类非物质文化遗产代表作名录 31 项，急需保护的非物质文化遗产名录 7 项，非物质文化遗产优秀实践名册 1 项。对于中国起源地文化，2017 年 4 月，首批中国起源地文化产业示范基地发布并授牌，共 11 家，分别是：枸杞文化小镇、中国黄芪文化科技产业园、芳香小镇、千山中华温泉小镇、琢酒文化小镇、庄子文化基地、农民画小镇、竹乡小镇、黄酒风情小镇、科泓文化产业园、塞外蟠龙湖露营文旅小镇。如此庞大的文化资源，更需要我们去探寻起源，梳理文脉。

第二，需详尽梳理中华传统文化。挖掘提炼中华优秀传统文化，是继承和弘扬中华优秀传统文化的着力点和关键环节。我们应去粗取精、去伪存真、由表及里地将中华传统文化中的精华部分挖掘出来，进而为传统文化的弘扬与发展打下基础。正如吴潜涛在其文《推动优秀传统文化的现代性转化》中所表述的：“必须坚持唯物史观的立场、观点和方法，坚持古为今用、推陈出新，运用‘批判继承’的方法来审视中华传统文化，通过去粗取精、去伪存真，提炼中华优秀传统文化。”

（二）分析文化特色，创新传播手段

第一，紧随时代发展，树立互联网思维。以 90 后、00 后为主的青年一代早已成为互联网时代的中坚力量，他们是中华文化的传承人，也是新时代发展背景下的“网生一代”。因此，传统文化在借助互联网手段进行传播和创新时，需要结合新一代青年的思维模式和习惯进行传播方式的创新，以他们容易接受的方式进行。

传统文化在未来的发展中，基于“互联网 +”的跨界融合，以及与新技术手段的融合将成为其主要的发展方向。2016 年 7 月，北京故宫博物院进行了创新发展的探索，与腾讯公司开展跨界合作，特别是在 IP 形象开发和相关传统文化故事方面达成了长期合作协议。借助互联网和新技术的平台，北京故宫将更多的优秀文化资源进行了共享开发，通过创意的方式将传统文化资源传递给更多的公众，让更多的青年人更加了解传统文化内涵。[①]

2016 年 7 月 6 日，腾讯与故宫博物院在故宫端门数字馆举办“腾讯 NEXT IDEA × 故宫”发布会，宣布建立合作伙伴关系，开展长期合作。腾讯与故宫已经携手合作 3 年，双方的合作是借助互联网和新技术的平台，将北京故宫所拥有的优秀文化资源分享给公众，把它们的内涵用富有创意的方式普及开来、传递下去，从而培养更多热爱传统文化的青年人。

---

① 故宫博物院近年来对传统文化的传播和创新合作的尝试走在了全国的前列，在产品的开发和文化资源的分享中，全面考虑和兼顾参观者和消费者的诉求，是行业发展的标杆。

第二，融入场景，重回本质。将传统文化融入现代生活的场景中，也是一种创新传承的手段。这样可以透过生活中的细节，传递中华传统文化的精神。热播电视剧《延禧攻略》成为大众热议的话题。该剧播放量破亿，在网络平台独播不上卫星电视等热点很多，而该剧最大的亮点在于通过影视剧这种形式在讲故事的同时让更多人了解和关注我们的非物质文化遗产，成功把遗产文化与电视剧巧妙地融合在一起。[①]

（三）多元碰撞融合，放眼世界舞台

在传承传统文化的过程中，既要与当下的文化深度融入，同时也要将中华文化放在世界文化的背景下进行思考。中华传统文化有着多元文化融合、包容性强的特点。多元、融合、自由和创新是传统文化的根本精神。

韩国、新加坡、越南等国家和地区都受到了中华传统文化影响，并由此形成了以中国文化为核心的东亚文化圈。孔子文化也备受世界瞩目，瑞典物理学家阿尔文博士曾提出：“人类要在21世纪生存下去，应该回首当年，到孔子那里汲取智慧。”第二届“世界宗教议会”根据著名基督教神学家孔汉思的提议，将孔子“己所不欲，勿施于人”的思想作为“人类伦理的黄金法则”。这些都彰显着孔子思想作为一种“文化软实力”，开始受到国际社会的重视。[②]

---

① 有讨论、有争议才有热度和关注度，所以非遗的传承与发展需要更加大胆，积极尝试和拓展不同的传播方式和途径。

② 在理解和传承中国传统文化的同时，应兼具世界眼光，全面理解和传承中国传统文化。

娃娃，你们才是文创的希望

六一国际儿童节，小朋友们在自己的节日里绽放出最美的笑容。童年是一幅神秘的画，被悠长的岁月染上了独特的色彩，挂在记忆的长廊里，待人回味。童年像远方的回忆，无论走多远，永远都清晰如画。孩提时代天马行空的无限创意，让每一个成年人的回忆都充满甜蜜与惊诧，永远都那么美好，让人怀念、想念、不舍。再回首时，就算我们会忘记故事里的细枝末节，却始终会记得那跳跃欢快的色彩。

本文写作于2015年6月1日。谨以此文，纪念我们每个人专属的独家童年记忆，致敬那些我们曾经拥有的最闪闪发光的童年记忆。

一、讲一讲那过去的故事

儿童的想象力永远是那么的惊艳。小时候，我们可以在放学后扔下书包到海边捉螃蟹，可以肆无忌惮、无忧无虑地玩耍到天黑，没有接受过全面系统教育课程的我们，每天都在创造属于自己的快乐。那个时候，生活虽然很困难，但却充满滋味。[①]

---

① 不论什么时候，儿时的记忆永远是那么的清晰，那些曾经的异想天开都是未来最美好的回忆。

夏天，我们希望下雨，雨后亲自捉蜗牛的乐趣无法比拟；冬天，我们期待下雪，雪后大地银装素裹，几粒稻谷、一个箩筐，便可引来小麻雀光顾。我们经常带着家里自制的玉米饼，拿着吃牡蛎的小工具，吹着海风，边吃边聊。游戏、野餐、畅聊，最有创意的对话在这里诞生。孩提时代的我们一直在问，海的尽头会是什么？有人说，那是神仙住的地方；有人说，那是龙王的宫殿。就这样，最天真、最有生命力的畅想在海岸上空升起。

光阴如白驹过隙，当时的畅想在几十年后的今天依然如诗如画，历历在目。于是，孩提时代的许多梦想在今天被一一实现。例如，已经成年的我们曾经组织到海边炸鱼，用废弃瓶子装上工地偷来的雷管和沙子，点燃后扔到海中。大家迅速把被炸晕的鱼捞出，一起分享劳动成果，这种快乐是无可比拟的。娃娃时代的创造，成为每个人童年最珍贵的回忆，几十年后仍然在记忆深处发光。

二、那些惊艳了我们的创意

与今天相比，那个年代娃娃们的生活可以说是天壤之别。不学钢琴、美术、舞蹈，没见过各种电器，但孩子们的想象力却是“原生态”的。他们与大自然亲密接触，用心去感受生活，这是成长在今天的孩子们无法感受到的珍贵经历。再回首，才发现最宝贵的是属于每一个娃娃的创造力。

没有玩具，孩子就发挥自己的聪明才智进行创造。男孩子们自己制作了打火枪、铁圈，还有符合自己个性的各种弹弓、玩具砍刀；女孩子们则自己制作了各色的布袋，还有各种染上颜色的水果核儿。

已经成年、步入中年的我们在习惯了用固定思维看待一切的时候，经常会被娃娃们的创造所惊艳。儿童的创意是最丰富的，他们面对天空，思绪却已在九霄云外；面对大地，他们可以看到未来时空。他们的创造无拘无束、天马行空，不会受到社会固有的既有思维的束缚和桎梏。[①]

三、娃娃是文创的未来

娃娃们的创意是无穷的，就文创人才培养而言，从娃娃抓起是必然的。在文创教育过程中，我们要不断激发娃娃们的想象力，创造良好的创意环境，让娃娃们的创意能力在耳濡目染与言传身教中不断保留、不断成长、不断升发。[②]

一方面，要为孩子们的成长营造良好的社会氛围。这一点我们做得仍然不够好。很多节目里天真烂漫的孩童经常穿着成人的服装，说着成人的语言，这让人看了很不舒服。我们的社会应该共同关注儿童成长，让娃娃们能够在属于自己的蓝天下快乐成长，大胆想象。另一方面，要采用合适的教育形式、教育理念，把儿童时期的创意很好地保留，并使之与生活紧密结合。文创教育工作者要时刻思考如何让娃娃在他们最天真、最烂漫、最具有生命

① 着实羡慕那些能够天马行空地想象和无拘无束的孩子。这些东西是他们最宝贵的财富。

② 文创发展，贵在创意。一个绝妙的点子往往来自于一次异想天开的想象。所以，我们的人才培养与教育理念一定要尊重孩子们的想象力，培养和保护孩子们的想象力。

力的阶段将这些创意的火种保留，因为这将是日后从事创意工作及创意产业发展的一笔巨大财富。在这一方面，“全人教育”的理念值得我们思考。

“星星之火，可以燎原”，文创的未来一定在于娃娃，文创的发展离不开这些想象力。儿童时代的文创思维是文创教育需要关注的重要方面之一，孩提时代的美好创意要好好珍藏并不断培育，这不但是文创产业不断发展的新鲜血液，也是一个民族创造力的根本所在，万不可让成年人的固有思维，强行地结束了属于孩子们的美好时代。

工匠精神，我们本不该陌生

2016年3月5日，国务院总理李克强在作政府工作报告时提到，要鼓励企业开展个性化定制、柔性化生产，培育精益求精的工匠精神，增品种、提品质、创品牌。“工匠精神”首次出现在政府工作报告中，让人耳目一新。对于新时代下的工匠精神，我们如何去传承和弘扬，将是我们面临的一个重大课题。

“鼓励企业开展个性化定制、柔性化生产，培育精益求精的工匠精神，增品种、提品质、创品牌。”在2016年两会的政府工作报告中，李克强总理首次提到了“工匠精神”一词。工匠虽然已经淡出现代生活良久，但工匠所代表的精益求精、推陈出新的精神却永远不过时。长期以来，我国的传统制造业面临着大而不强、产品档次不高、缺乏自主创新能力的挑战。然而，随着经济结构的不断转型升级，文化创意和设计服务与相关产业融合发展的趋势不断扩大，“工匠精神”也将被赋予新的时代意义和文化内涵，引领中国制造向新的阶段迈进。

一、工匠精神的内涵

“匠人”这个词起源于手工业。在传统手工业的制作过程中，劳动者凭借其纯熟的技艺打造出精美的产品，凭借精确的掌控能力把握劳动的整个过程。匠人们喜欢不断地雕琢自己的作品，不断改进自身的工艺技巧，享受产品在双手中升华的过程。他们对细节有很高的要求，追求完美和极致，对精品有着执着的坚持。所谓的“工匠精神”就是指这种精益求精、一丝不苟的精神，隐含着手艺人的专注和对完美的追求。“工匠精神”的核心是：不是把工作当作赚钱的工具，而是树立一种对工作执着、对所做的事情和生产的产品精益求精、精雕细琢的态度。也就是说，“工匠精神”必须是个性化而非标准化的。

随着机器大生产时代的到来，手工业逐渐衰落，“匠人”的社会地位也随之没落，标准化的大批量生产似乎也与“工匠精神”产生了矛盾。机器大生产让“匠人”与时代渐行渐远，只能以极少的数量保留在一些传统的领域中，比如瑞士的钟表制造、欧洲的奢侈品手工皮包、中国的古法酿酒工艺等。当我们从电影《王牌特工》里面那些精致无比的西装定制中感受到一丝不苟的皇室般优雅的英伦范儿时，正是由于其中蕴含的“工匠精神”之魂带给我们震撼和快感。①

尽管追求质量的完美与追求利润本来是相对立的，在中国古代，最完美的陶瓷、建筑等手工艺品也几乎都是出自不计成本的皇室、官窑。但是，中国的民间也不乏“俗世奇人”，从鲁班的匠心独运，到庖丁解牛的游刃有余、《核舟记》描述的鬼斧神工，甚至冯骥才笔下的“泥人张”“刷子李”等。我国有着丰富的文化

① 我国历史悠久，有着极其丰富的传统手工艺资源，传统的手工业技艺正是工匠精神的体现，因此，工匠精神对于我们而言并不陌生。

遗产，那些传承至今的民间手工艺技法，恰恰是依靠传承者们的“工匠精神”才得以长久流传的。

工业时代并非不能再有“工匠精神”。不论是以“匠人精神”著称的日本，还是率先进入“工业4.0”的德国，都是依靠对专注、坚持、精准、务实的工匠精神的坚守，依靠细节的品质经受了岁月的考验，留下了许多传承百年的品牌。2015年劳动节，央视推出了8集系列节目《大国工匠》，讲述了8个工匠用“8双劳动的手”所缔造的神话。这8位工匠数十年如一日地追求着职业技能的极致化，靠着传承和钻研，凭着专注和坚守，缔造了一个又一个令人震撼的“中国制造”。工匠的故事在节目播出后引起过社会的热议，也唤起了寻找失落的“工匠精神”的意识。[①]

二、新时代的工匠精神

如今的“工匠精神”，不再仅仅停留在技法的层面，更多的是表现为一种职业精神和职业品质。对于中国这样一个制造业大国来说，更是需要“工匠精神”来改善现存的问题，向新的阶段进步。我们应该将这种精神置于时代中，在传统精神中赋予时代内涵，使之成为新的促进发展的不竭动力。

（一）个性化与自主创新

“工匠精神”首次写入政府工作报告，引发了代表委员们的热议。全国人大代表、中国工艺美术大师吴元全说：“工匠精神要

① 工业生产的时代同样离不开工匠精神，只有精益求精的生产方式，才能够将中国制造的优势得以真正发挥。

求在产品的个性化、质量和档次上下功夫，要人无我有，而非千篇一律；要追求质量，而非粗制滥造。”个性化与定制化生产正是“工匠精神”在实际操作中的体现，而其本质在于自主创新。实现产品的个性化，必须要依靠创新驱动，不断地推陈出新，才能在竞争中保持旺盛的生命力，打造自主创新品牌，提高软实力。

（二）设计服务与文化附加值

推动“中国制造”向“中国创造”转变，“工匠精神”的内涵充分体现了设计服务的引领作用。[①] 加快实现文化创意和设计服务与相关产业融合发展，促进工业设计向高端综合设计服务转变，推动工业设计服务领域延伸和服务模式升级，是传统制造业转型的重要抓手。只有通过创意和设计，为传统制造业增加文化内涵，提高传统制造业的文化附加值与科技含量，才能跻身制造业强国，实现向设计服务型制造业的转型，最终走向“中国创造”的模式。

（三）供给侧改革与精品化生产

“工匠精神”无疑是供给侧改革所必需的精神内涵。在文化产业领域，供给侧改革强调文化产品要坚持创新和精准供给。现如今，文化产品的生产无法满足随着经济快速发展和城镇化迅猛发展所引发的高端文化需求，文化产品的生产难以保证高质量、精品化和精准的市场定位。因此，必须充分激发文化市场的活力，引导文化企业以质量和内容为基准，以创新和多元为目标，不断提供高质量文化产品的供给；提供高质量、对口味、适应现代传播方式的公共文化服务与产品，为培养文化消费习惯创造良好的

① 设计服务引领中国制造 2.0 时代，通过提高产品的文化附加值，实现中国制造向中国创造转变。

文化氛围。

（四）“互联网 +”与科技含量

在互联网和科学技术蓬勃发展的时代，“工匠精神”不仅体现了对产品精心打造、精工制作的追求，更是不断吸纳最前沿技术、创造新成果的要求。[①] 如今，文化产业的发展越来越依赖于新技术的支撑，文化创意内容和现代科技的融合，正在推动文化产业进入一个新的发展阶段。网络文艺和数字内容产业的繁荣发展，培育出了更多的文化新业态。只有推动文化产品和服务的生产、传播，以及消费的数字化、网络化进程，才能够实现文化与科技相结合形成的“集成创新”效应。

要依靠创新驱动保持生命力、提高软实力，既需要天马行空的“创造力”，也需要脚踏实地的“匠心”。虽然“匠人”已随时代远去，但“工匠精神”却可以被不断赋予新的时代内涵而永久地传承。正是这些传统精神中不变的文化内涵，成为推动我国经济社会不断发展的不竭内在动力。我们要发掘传统精神的文化内涵并赋予其新的时代精神，使之潜移默化地渗入到社会氛围当中，才能使中国文化的筋骨更强健、品牌更响亮。

① 科技发展并非工匠精神的对立，而是通过更先进的技术手段，赋予工匠精神更高的内涵，提升科技含量、减少污染能耗，使工业实现转型升级。

留住国家神韵：文旅融合背景下的文化遗产保护与创意开发

2018年是周口店遗址发现100周年，也是周口店猿人洞“闭关”三年后重新开放的一年。周口店遗址自1987年被联合国教科文组织列入首批世界文化遗产名录以来一直广受世界关注，是极具代表性的古人类遗址。2018年10月11日，范周教授应邀参加“纪念周口店遗址发现100周年暨史前文化遗产保护、研究与可持续发展国际会议”，围绕文化遗产的保护、挖掘、利用、传播等方面发表了主旨演讲，本文根据现场演讲内容整理。

一、保护文化遗产，就是守住人类文化宝库

（一）周口店遗址是当之无愧的人类远古文化宝库

周口店遗址是探索中国人种起源的重要遗址，更是世界级的重要人类遗址见证，自1918年发现至今已有100余年的历史。该发现包括不同时期的各类化石和文化遗物地点27处，出土人类化石200余件，石器10多万件及大量的用火遗迹及上百种动物化石等[①]，为研究人类早期的生物学演化及早期文化的发展提供了实物

① 数据来源：周口店遗址博物馆 http：//www.zkd.cn/yzjj.jhtml。

依据。1987年周口店遗址被联合国教科文组织列入世界文化遗产名录，由此成为中国的首批世界文化遗产。

周口店遗址是世界同期古人类遗址中材料最系统、最有价值的一个，成为举世闻名的人类化石宝库和古人类学、考古学、古生物学、地层学、年代学、环境学及岩溶学等多学科综合研究基地[①]。周口店遗址的发掘工作尽管已经开展近百年，但其有序发掘、科学保护、合理开发的命题将在相当长的时间段内存续。

（二）中国文化是世界之窗

不仅是周口店遗址，仰韶文化遗址、良渚文化遗址、马家窑遗址、三星堆遗址等同样证实着中国乃至人类古文明的根脉，堪称历史的活化石。我们对文化遗产的研究无疑丰富和深化了中国乃至世界文明史的研究。

五千年中国文化蕴藏了不可估量的文化遗产，是世界上拥有世界遗产类别最齐全的国家之一。截至2017年7月，中国有52项世界文化、景观和自然遗产列入《世界遗产名录》，中国世界遗产的总数已经达到世界第二位。

文化遗产保护工作从未停歇。2018年1月，都邑遗址——良渚古城遗址正式被国务院定为我国2019年世界文化遗产申报项目。这是目前中国乃至世界发现的距今5000年，同时拥有城墙和水利系统的规模最大、保存最好的遗址。“保护文物功在当代，利在千秋。”世界遗产保护和申报工作的推进，是中国文化遗产保护事业发展的一个方面，更代表了中国遗产保护能力和理论研究成果获得了国际的认可，进入了与国际文化遗产界平等对话的新

① 数据来源：周口店遗址博物馆 http：//www.zkd.cn/yzjj.jhtml。

语境[①]。

（三）世界文化遗产保护的镜鉴

世界文化遗产保护是全人类的事业。但许多人类共同文明由于人们在保护方面没有尽职尽责，或由于种族矛盾、国家地缘政治的冲突而惨遭破坏。2001年塔利班不顾联合国和世界各国的强烈反对，用炸药炸毁了世界文化遗产巴米扬大佛；2008年，600岁的韩国“一号国宝”崇礼门因恶意纵火和消防设施配备不到位，在众目睽睽之下轰然倒塌于火海；2018年9月2日晚，因管理不善，巴西国家博物馆在一场大火中毁于一旦，幸存藏品不到总数的10%；吴哥古城于1992年被联合国教科文组织列入濒危文化遗产的名录，后经世界各国援柬修复，才于2004年从濒危世界文化遗产名单除名。

“只有它的文化活着，这个国家才活着”。无论国家富有或在一定时期内贫困，文化都是一个国家最核心的生命力[②]。文化遗产具有不可复制和不可恢复的特点，一旦毁灭将永远无法挽回。即使获得了物质性的重建，追索文明的这段记忆也再难复原。警钟长鸣，我们要不断吸取世界遗产保护的经验和教训，从保护、研究到开发都做出切合实际的行动。

---

① 今天中国考古工作者的身影已经活跃在肯尼亚、越南、俄罗斯、乌兹别克斯坦等多个国家的文化遗址现场。通过参与世界遗产保护，中国的文化遗产保护理念不断完善、文化遗产保护实践不断拓展，文化遗产保护的能力不断提高，中国文化遗产研究、保护的视野已经拓展到全世界范围。

② 刘易斯·芒福德在书中提到，“文化的创造与发展、文化的储存、文化的传扬与交融”是城市的最基本功能。于国家而言，文化遗产作为其历史文化的重要物质载体，具有唯一性和不可复制性，因此始终应将保护放在各项工作的首位。

二、文旅融合背景下如何进行文化遗产保护

大遗址的开发，应遵循科学有序的原则，从顶层设计和科学规划着手，在前期提升对遗址的监测能力，重视文化遗产的预防性保护。在充分的考古和研究基础上，促进文旅有机、有效融合。

（一）有机融合

遗址开发与旅游融合是有机的融合，不能生硬“拉郎配”。应从内在的血脉与逻辑关系上找到公共文化资源、公共服务资源、旅游开发资源之间的结合点。文旅融合不是只抓“文”或者重视“旅”，而是融合发展，实现资源和载体、内容与形式、休闲与体验的结合。在大多数城市，文化遗产已经成为当地重要的旅游景点。旅游聚集的消费群体，已经成为地方文化消费市场的重要客群。但很多地方政府为了效益，打着保护利用文化遗产的幌子，无长期规划、无科学指导地复建古建筑、造假文物，甚至“拆真建假”，破坏了文物的真实性。“复建长城”便是一例。作为目前考古发现的最古老长城，“齐长城”部分遗址在山东博山境内被“铲平”，靠仿造明朝风格的“假长城”招徕游客，修复变成了破坏，游客想要重访历史却买来假的文化信息。这样令人痛心的案例不胜枚举。文旅融合不仅要处理好尊重历史和服务现实之间的关系，更要推动产业、事业，社会效益与经济效益的协同高效联动[①]。

---

① 文化遗产的价值具有多重性和复杂性，在文旅融合背景下更是如此。文旅融合发展应像天平的两端，不能只顾眼前的经济效益而忘却和蒙蔽了文化遗产本体的文化、艺术价值。

（二）有效融合

文化与旅游的融合是有效的融合，不能搞“两张皮”。文化部与国家旅游局合并组建文化和旅游部，并不意味着文化与旅游完成了融合。文化和旅游部各业务司局需要共同发力来面对文旅融合背景下的社会需求。

从社会文化价值看，旅游是地区传统文化发展与传承的重要载体，是一种社会化的、使人身临其境地了解历史与现实的途径，具有明显的教育意义。如今，由于历史遗存缺乏与现代情境的对话，文化遗产呈现孤岛化的特征。要让陈列在广阔大地上的遗产、书写在古籍里的文字都活起来，就要利用好旅游这个载体，找到一个便捷、科学的途径，使文化遗产资源与旅游在融合之后，形成互相支撑、相生相依的关系，让旅游业为文化遗产的保护开发提供经济效益的支撑和文化效益的宣传。

三星堆文旅融合项目是行业中的翘楚。它不仅拥有完备的线上宣传网络，更从文物展览逐渐走向文旅融合的“跨界”之路。史诗电影《三星堆》开拍，意在打造四川知名文化旅游品牌；主题景区项目更是按照文旅融合、农旅互动的方式以三星堆文化为核心，以遗址公园为基础，把三星堆古蜀文化与旅游产业紧紧结合起来。三星堆文旅融合的未来值得期待。

三、文旅融合背景下的文化遗产保护开发

（一）向挖掘要资源

挖掘不只是考古工作者的任务，文化资源的挖掘也不只是学者的责任。对于所有文化从业人员来说，都要形成发现价值的能

力。对于大遗址而言，研究工作仅仅是开始，对于潜在价值和未知信息的不断发现、阐释，才是文化遗址在未来仍能够“有话可说”的动力来源。

重视文化资源的挖掘，就要从重视单一的文化保护，向重视文化场景要素的综合保护发展。不仅要严格保存和维护空间维度上的历史孑遗，更要积极主动地调整文化遗产和周围空间的关联性；不仅保护文化遗产的文化要素，也要积极保护自然生态和生活生态，将文化遗产作为一整套社会文化生态工程看待。

重视文化挖掘，更要从重视“物质要素”保护向“物质”与“非物质”兼重的方向发展。文化遗产含有丰富的历史信息、科学信息、文化信息，具有极高的历史文化价值、审美艺术价值、科学教育价值等多重价值。因此，不仅要重物质投入，更要重价值层面的分析、评介、诠释和展示[①]。

中国大运河由京杭大运河、隋唐大运河、浙东大运河三段构成，总长约4000千米，在世界上78个国家、将近3500个城市和城镇的大运河家庭当中，中国大运河最长，具有最大的城市规模和最强的经济价值影响力。早在中国春秋时期，大运河的开凿就已经形成了一定气候。2500多年来，大运河在维护国家统一、繁荣社会经济发展、促进文化交流兴盛等方面发挥了不可磨灭的作用。中国大运河集中的地方多为中国政权的核心，西安、洛阳、开封、南京、扬州、北京一线见证了中国政权的变迁史，也见证了中国大运河的发展史。因此，对大运河的保护和开发，既要考

① 文化是不断演进、变化、发展的，而文化遗产承载的文化基因是始终根植在中华民族血脉中的。因此，不仅要挖掘文化遗产的历史价值，更要深度挖掘和阐释其独特精神和时代内涵，更好地融入当代文化建设。

虑到它的历史价值、文物价值，还要注重它的文化价值[①]。2017年，习近平总书记专门提出大运河文化带建设是我国新时期社会经济带建设的重要组成部分，因此大运河文化带的建设要在物理维度上和“第三空间”内，在统筹、保护、开发、利用等方面下足功夫。

（二）向科技要思路

科学技术不仅是一种表现形式，几乎所有国民经济领域都在以数字科技为方法被重新整合。继工业化之后，数字化成为驱动经济社会发展的重要力量。

科技为文化遗产保护和创意开发提出一种新的可能性，在科技的演绎下，文化遗产也以前所未有的形态拓宽着人们眼界。2014年敦煌莫高窟数字展示中心正式向游客开放，莫高窟旅游资源的利用模式发生巨大变革：游客在实地参观莫高窟之前，会先在数字展示中心观看两部主题影片，提前了解相关背景知识。“数字敦煌”让许多到敦煌的人在两个20分钟内清晰地了解了敦煌的千年历史，更缩短了游客在洞窟内的滞留时间，减少了因为人员流动、湿度变化等因素对壁画的破坏，缓解敦煌莫高窟旅游开发与文物保护之间的矛盾[②]。

2017年我国数字经济总量达到27.2万亿元，占GDP比重达到32.9%，对GDP的贡献率为55%。数字经济新增就业552万人，

---

① 以大运河文化为内核，提升大运河文化和旅游融合的品质与特色，推进文化和旅游与科技、体育、农业、公共服务等领域的深度融合，不断创新业态、拓展边界。

② 近几年，我国博物馆数字化建设工作开展得如火如荼。VR、直播、3D打印、手机移动客户端开发等新兴技术的涌现，让数字博物馆、虚拟博物馆、智慧博物馆、掌上博物馆等概念逐步出现在大众眼前，姿态各异的博物馆表现形式使观者的心中愈发有趣。

占比达40.9%[①]。但这个数字与美国相比仍然少了近百分之五十。中国经济发展的未来三十年，数字经济将是中国经济结构的重要组成部分。创意与数字经济结合催生的数字创意新产业，在两年前已被列入五个国家新兴战略产业之一。中国有足够大的文化消费市场和消费需求，利用好数字经济，搞好数字开发，做好数字创意前景可期。2017年故宫博物院文创产品销售额已超过10亿元人民币，目标是在未来五年左右销售额达到100亿美元。这不是一个神话，但要做到这样大的市场份额，就要不断拓宽消费者市场，提高自身开发能力。

（三）向传播要效果

文化遗产保护，不仅体现在研究领域建立圣洁的学术殿堂，组织重量级的学术刊物、学术平台、学术会议，还应让它走出“象牙塔”，走进寻常百姓家，成为各级各地教育机构的教材与素材。从这个意义上来说，进行现代立体传播尤为重要。

提升传播效果，需要充分整合媒介资源，借助新兴媒体来扩大影响[②]。现代社会中，传播就是生产力；在数字互联网领域，流量就是宝贵的富矿。如今，传统媒体的弱势愈发明显，美国纸质印刷出版的广告收取量与发放量已经连续十五年呈递减趋势；中国广告的第一阵地也已从中央电视台转移到民营的数字门户网站。向传播要效果，就要重视数字媒体的力量，让传统的媒介和现代媒介，让公共媒介和自媒体同时发挥作用，通过媒体矩阵加深公众对文化遗产的认知和了解，拓宽传播半径。

① 黄芳芳，李雪娇．数字经济发展进入快车道——“2018数字经济大会”召开[J]，经济，2018-06-01.

② 范周．大家手笔：非遗传播要有温度有质感[N]．人民日报，2018-08-23.

提升文化遗产传播效果，还要注重传播的温度和质感，要思索如何从关系维度和情感维度上拉近与公众的距离，让更多人走近文旅融合下的世界遗产及遗产的相关领域。

《我在故宫修文物》成为中国纪录片界60年来世界销量最好的一部，正是因为它通过年轻、平实的视角讲述了小而美的“工匠精神”题材，用修复师的视角勾连古今时空，找到了世界不同民族、不同信仰者的文化共识。

非遗文化如何传之有道？

目前，我国进入各级非物质文化遗产代表性项目名录的非物质文化遗产达10万项，其中国家级的有1372项，39项非遗入选联合国教科文组织非物质文化遗产名录。在注意力成为稀缺资源的当下，“酒香也怕巷子深”，非遗传承既需要保护凝聚着先辈智慧的传统技艺，也需要不断拓宽传播渠道，让非遗融入人们生活。

一、新媒体解放了非遗传播力

近年来，在互联网的刺激下，非遗传播取得了突破性进展，非遗传播的主体、渠道和受众都发生了深刻变革。一方面，传播主体扩大。从最初单纯依靠政府部门组织推广，到民间传承人自发宣传，再到学界、媒体界、商界的加入，非遗传播主体的范围在不断扩大。另一方面，传播渠道日趋多元化。最初非遗的传播渠道主要集中在主流媒体和行业媒体，后来随着新媒体、短视频、直播的出现，非遗传播的渠道空前丰富。

比如，2017年9月18日，当时的文化部、中央网信办启动了“喜迎十九大·文脉颂中华”非物质文化遗产大型网络传播活动。仅仅一个月，网上媒体报道量就达51.6万篇，网民转发讨论量达189.5万条，微博平台“喜迎十九大·文脉颂中华”等相关话题阅读量达5981万人次。再比如，2018年“文化和自然遗产日”前后，快手APP联合央视财经频道特别策划推出“我的家乡有非遗”系列主题活动。网友上传3500多个短视频作品，8100多万人次参与互动；对全国非遗曲艺周进行了7场直播，累计观看人数达1896万人次，累计获得点赞3607万次。由此可见，新媒介已经成为非遗传播的重要阵地[①]。

截至2017年6月，我国网民规模达到7.51亿人，中青年网民占整体网民数量的72.1%。中青年是开展网络非遗传播的主要目标群体，同时也是重要的传播者。可是，非遗传播具有一定的专业性，普通年轻人的参与，在提升非遗传播感染力的同时，有时候也带来专业性缺乏的问题。未来，在继续丰富非遗传播形式，增强非遗传播的互动性和体验感的同时，也要着重提升非遗传播的专业化水平。

二、真正融入社会生活大环境

非遗属于活态文化，非遗传承应是以人为主体的传承，因此受人口流动的影响，非遗具有很强的地域性和流变性。但是，目前我国对非遗的保护和传播，主要按照传统行政区域进行划分，这使得一些非遗传播主体产生了“跑马圈地”的思维——将非遗资源看成是自身独享的文化资源，从而产生排他性。这就为非遗

① 网络直播也是非遗传播的新尝试。光明网曾与斗鱼直播平台联合举办了“致·非遗敬·匠心”大型非遗系列直播活动，通过对30余位国家级、省级非遗项目或传承人的移动直播，让中国端午节、中国桑蚕丝织技艺、福建南音、雕版印刷、南京云锦、古琴艺术、阜阳剪纸等30余项非遗项目，在年轻人活跃的圈子里“活”态展现。

传播人为设置了障碍，容易让非遗传播局限在当地的“一亩三分地”上[①]。从文化传播层面来看，非遗传播主体应该有意识地打破区域限制，跳出自身的狭小空间，加强跨区域传播，强化非遗资源整合，从而使非遗真正融入社会生活大环境之中。

非遗就像一颗蒙着尘埃的璀璨明珠，其自身光芒不会因传播过程的瑕疵而被掩盖。例如，有人认为非遗是老气横秋的古董，与现代生活相隔甚远；有人将非遗等同于文物，认为非遗“可远观而不可亵玩焉”。目前出现的种种导向偏差，都在无形中为非遗传播工作设置了障碍。此外，并非所有媒体都重视非遗传播工作。在注重流量、制造话题的“注意力经济”时代，古朴典雅的非遗难敌自带流量的网红和“小鲜肉”，多数媒体为了获取短期经济收益而倾向于选择易夺人眼球的内容，这让非遗在社会关注中易被边缘化。

三、用贴心形式引起受众情感共鸣

2018 年 4 月，在首届“数字中国”建设峰会上，数字非遗板块引起很多人的关注。现场观众通过扫描 AR 卡片、AR 电子书就能在手机上观看立体化的妈祖信俗、中国剪纸等非遗项目；戴上 VR 眼镜，便可置身于传承人工作室中，与传承人一同学习烙画、漆画等非遗技艺。非遗传播要进行转型升级，可运用现代数字技术将非遗予以活态呈现，通过多重连接和情景分享为受众营造身

① 由于非遗具有较强的地域特征，在传统传播渠道的推广过程中，不仅传播成本高，受众接受效果也并不明显。而借助互联网平台进行传播则可以轻松地突破地域限制，给非遗提供一个面向全国甚至全世界的展示舞台。

临其境之感，让非遗能够“听得见”“带得走”“学得来”，进而成为人们触手可及的生活方式。

在非遗传播过程中，不仅要重视信息本身的真实性和逻辑性，更要思索如何从关系维度和情感维度上拉近非遗与公众的距离①。为此，一方面要充分运用互联网共建、共享的特点，积极扩大非遗传播影响力；另一方面要加快非遗与现代生活的对接，消除公众对非遗的陌生感。2018 年“文化和自然遗产日”期间，恭王府博物馆的品牌活动“锦绣中华——中国非物质文化遗产服饰秀”，巧妙地将现代时尚产业与传统服饰文化相结合，在短短 6 天时间内上演 11 场精彩绝伦的非遗服饰秀，给现场观众和广大网友带来视觉盛宴。此外，这次活动在宣传传播方面也取得了亮眼的成绩，共有 23 家网络直播平台参与联动直播，累计获得近 5800 万次的点击观看量及超过 1000 万条网友互动。可见，只有捧出有温度、有质感的非遗传播作品，才能使非遗与人们的心灵发生情感共振。

四、跨界融合，让“非遗 +”成为常态

非遗从来都不是孤立存在的，因此非遗传播应树立借力意识，那样才能获得更多人的关注。

首先，要学会在顺应时代发展大势中来传播非遗。我们要不断创新非遗的表现形式，实现非遗在现代社会的创造性转化和创新型发展。要努力打造一批特色鲜明、内涵丰富的非遗特色项

① 绝大多数非遗项目带有浓厚的传统色彩，与当今社会主流的生产生活方式、消费取向存在先天隔阂。非遗如果不拉近与大众群体的距离，不仅自身的文化价值无法得到更多人的认可，而且还面临着传承的危机。

目，助推我国非遗走出国门，使之成为世界人民了解中华文化的窗口①。其次，要学会充分整合媒介资源，借助新型媒介来扩大影响力。比如，可以运用算法机制实现非遗内容的有效分发，通过在社交平台制造话题、加强互动的方式，帮助公众加深对非遗的认知。

非遗传播与中华民族的人文素质培养及审美和文化鉴赏水平的提升有直接关系。因此，非遗传播应从娃娃抓起，比如可以将非遗课程纳入国民教育体系，使之成为中小学生的必修课，让孩子们从小就对非遗承载的中华优秀传统文化有一个感性的认识。另外，在学校、社区还可以建立非遗传习体验场所，聘请非遗传承人开设专门课程，激发青少年对于非遗的兴趣，让各个年龄段的孩子在亲身学习传统非遗技艺中，加深对非遗的认知和了解。

经过历代传承与发展，非遗已经成为城市人文精神的重要标识。作为具有浓郁地方特色的文化资源，非遗在提升城市形象方面理应发挥重要作用。为此，可以把非遗传播与提升城市形象结合起来，让非遗融入都市人的生活②。一方面，可以将非遗的文化传播作为提升城市形象的重要抓手，城市可充分借助新媒体和社交平台展示当地非遗资源；另一方面，要为非遗的传承发展营造

---

① “走出去”有利于解开非遗保护和开发的误区与当下困境，用最具民族特色的内容资源，用更加国际化的易于接受的方式、方法，讲好中国故事。例如，贵州蜡染、贵州苗绣、苏绣等传统非遗手工艺都曾登上过国际时装周的舞台，在时尚与传统的对话中展示“东方之美”。

② 非遗植根于民间，具有浓郁的地方特色。在城市文化品牌的塑造过程中，非遗资源可以成为重要的创意来源，帮助城市突破千城一面的困境，使城市形象更具魅力，使城市文化品牌更具影响力。

良好的城市文化生态，让其在城市文化空间中保持多样性特征，不受过度商业化的侵袭。此外，还要通过开展非遗实践活动、塑造城市公共非遗空间等方式打造“非遗符号”，让非遗成为提升城市形象的重要文化标识，并让公众对其产生价值认同和情感共鸣。

（本文发表于《光明日报》2018年8月25日）

铁肩担道义：中国网络文艺批评的守望与担当

2017年6月25日，在由国家艺术基金资助、中国传媒大学主办的2017年国家艺术基金艺术人才培养资助项目——“网络文艺批评人才培养”的座谈会上，范周教授就我国网络文艺批评的发展，与来自各个高校和企业的同人分享了一些新的思考。现将讲座内容整理发布，与读者朋友分享。

互联网影响广泛而深刻，互联网使原有的艺术形态发生了改变。在网络技术的催生下，诞生了网络文学、网络音乐、网络游戏、网络影视等新的文艺类型，也带来了文艺观念和文艺实践的巨大变化。截至2017年6月，我国网民规模达到7.51亿。在互联网催生的这一全新文艺生态下，文艺批评如何发挥价值引领、美学导向、思想召唤的功能呢？

一、缺少“批评”，网络文艺野蛮生长

2015年出台的《中共中央关于繁荣发展社会主义文艺的意见》已明确提出要“大力发展网络文艺”，网络文艺迎来新的发展契机。而网络文艺越深入发展，就越需要评论发挥引导和校正的作

用。[①] 回顾文艺及文艺批评走过的历程我们发现每当一种新兴艺术走向成熟，其从业群体渐趋壮大，总会伴随着文艺批评家群体的诞生和成熟。从最初单纯借鉴苏俄的文艺批评，到改革开放后批评主体意识的觉醒，西方的文艺思潮纷至沓来，极大地推动了我国文艺事业的蓬勃发展，也对中国文艺批评界的传统观念产生了影响。

但是目前，相比于已经成熟的传统文艺形态，我国网络文艺还处于野蛮生长的时期，缺少优质的批评，有质量的批评也没有得到广泛的认同。这些都导致了网络文艺作品泥沙俱下，缺乏优质和经典之作，甚至出现没有底线、弘扬错误价值观的低俗作品。

（一）集体的功利性心态

经济利益深入艺术批评，在网络时代显得尤其明显。比如，微博、微信等新媒体平台上的电影评论，其背后常常有追逐经济利益的动机。大量网络水军甚至专业影评推手的存在，对舆论和票房有着强大的影响，这值得我们警惕和反思。比如，一些微博电影大 V 在收取报酬后会在粉丝群体中发布关于电影的积极言论，这种功利性的心态无法做到客观和公正。

（二）信息爆炸，淹没理性的声音

网络文艺批评主体的大众化可能导致批评的感性化，缺乏理性精神。大多数文艺批评者侧重感性认知，随着自己的喜好任意地、片面地进行评判，使得文艺批评水平参差不齐、良莠不一。

① 网络环境下，文艺作品在一定时期内处于监管“死角”，野蛮生长下的影视剧创作也呈现出不同程度的问题，低劣化、流量为王等现象屡见不鲜，需要及时的文艺批评进行适当矫正和反思。

网友随意的跟帖式批评，也让理性的中肯批评意见淹没在众多感性认识之中，达不到批评应有的效果。[①] 因此，在网络这个虚拟空间里，批评的专业化和权威性似乎失去了原有的影响力。

（三）缺乏良好的网络文艺批评环境

网络时代，批评变得更加简单，却也更加情绪化。缺少理性的讨论和批评，是因为网络环境的嘈杂不再适合传统的批评。同时，批评者们大多充满戾气，是整个社会浮躁的环境所致。网络环境下，文艺批评的走向逐渐变得非理性化和非学理化，更像是一场没有“营养”的骂战。比如张艺谋《长城》上映后，有 73 万粉丝关注的大 V“褒渎电影”在看完电影后，居然在微博发图附文“张艺谋已死”，之后乐视影业 CEO 和官方微博都参与了骂战。

互联网环境下，一个成熟、理智的讨论机制和文艺批评环境尚未形成。批评需要一个客观和理性的环境，营造这样的环境并不容易。环境最终导致批评无法继续，这对网络文艺创作者和受众来说都会产生负面影响。文艺批评对文艺创作的正向引导是通过理念的交锋和客观的批评共同作用达成的，否则在难以达成共识的情况下无法对文艺创作产生积极影响。

二、深入了解互联网，走出学术“象牙塔”

进行网络文艺批评首先要了解互联网，这就要求批评家评和论员们走出学术的“象牙塔”，深入了解互联网技术、互联网思

① 网络文艺批评有时又沦为资本的工具，成为受资本力量驱动的“控评”工具。在不良的网络批评空间中，解构了专业和权威文艺批评的影响力。

维、互联网话语体系及互联网用户，从而进行网络文艺批评。

（一）文本：技术美学和生活美学并重

许多著名文艺批评家在学术和理论上根基扎实，但是在面对网络文艺批评这一新兴问题时显得力不从心，文本也无法吸引人们的关注，最根本的原因是他们没有意识到网络文艺作品与传统文艺作品之间存在的差异。网络文艺相比于传统文艺具有技术美学和生活美学双重属性，因此在形成文艺批评的文本时要从这两个方面出发。

网络文艺的许多内容和表现手段都是与现代技术相关联，不懂相关技术就无法从本质上了解文艺作品。[①]面对网络文艺作品，传统的美学和艺术理论评论已经不能完全适用，因此，这就要求网络文艺批评的相关人才对于现代新兴科技要有更加深刻的认识，要有关注技术更新的理念和意识。

以电影为例，从最初的黑白电影、默片到彩色有声电影再到今天的网络大电影及 AR 和 VR 影片，甚至是在各大网络短视频平台上盛行的微电影，技术尤其是互联网技术的进步在一步步改变文艺的表达方式和表现手法，因此相应的文艺批评要做出改变。批评的文本也要从只注重传统美学，转变为生活美学和技术美学并重。

（二）叙事模式变异：从学术理论到互联网话语

现在针对网络文艺作品的批评还依然集中在各大纸质媒体上。一方面由于传播渠道的问题，与互联网受众之间存在信息壁垒，

---

① 技术表达还是应该围绕创作内容进行，只是一种辅助手段，不能反客为主。文艺作品传达的精神理念才是关键，徒有华丽的技术特效也不能弥补内容上的空洞。

所以停留在“自说自话”的阶段。另一方面因为传统的文艺批评学理性较强，文字相对晦涩难懂，不符合“网生一代”的阅读习惯，这些都导致了网络文艺批评无法实现真正的大众化。可见，相比于传统的文艺批评，网络文艺批评的叙事模式发生了局部变异，这也要求网络批评家和评论员对这样的变化及其内在规律要有深刻的认知。

在场的媒体人也对网络文艺批评的叙事模式和话语体系的问题提出了自己的困惑。一位在微博上拥有300万粉丝的博主表示，她明显感受到在用专业的理论表述与网民进行沟通时存在壁垒和脱节的问题。对此，范周教授提到：“《新华字典》最近的四次调整都有选择地吸收了大量的现代网络用语，可见网络用语正逐渐被大众熟悉，逐渐走入主流话语体系。因此，网络批评要对网络语言的内容有深度了解，由于网络文艺和网络文艺批评的主要受众是广大网民，因此要用他们所熟悉的语言体系。”这就要求网络文艺评论者们要顺应、利用网络，保持批评文体的新意。批评与理论不一样，理论要严谨，批评要灵活生动。学院派的文艺评论工作者也应该适时写一些短小精悍、适宜网络传播的文章，语言应该生动灵活，判断应该鲜明简明有力道，力图做到兼容和优化网络用语。网络文艺批评家要敢于和乐于成为“网红”，成为网民中的意见领袖，用互联网语言发声，真正影响到网络文艺的创作者和受众。

（三）受众：全面走近“网生一代”

网络文艺批评的受众主要是广大网民，因此要求批评家们全面走近互联网一族，了解他们的生存状况、消费习惯、消费心理及信息传播和接收方式，尤其是要了解“90后”和“00后”这些“网生一代”，因为他们是目前和未来的网络文艺作品的主要受众和消费者。以“00后”为例，作为当下最年轻的网民群体，处于成长期的他们好奇心强烈，普遍对科技信息、娱乐八卦兴趣高。数据显示，他们在文学读书、社交聊天和手机游戏方面的兴趣非常突出；另外，处于求学阶段的他们使用教育培训类应用的机会也多。

但是由于目前网络文艺批评界对于这个群体的了解相对匮乏，缺乏一些必要的实证性研究。因此，在对许多网络文艺作品进行批评后，无法引起这部分人的共鸣，导致相关批评的文章在这一群体中影响力不够，无法达到预期效果，这是目前网络文艺批评需要认真对待和高度警醒的问题。因为文艺批评是否成功的最重要检验标准就是能否引起社会的共鸣和反思，从而反哺文艺创作。

（四）人才：缺乏专业网络文艺批评家

网络文艺批评人才和队伍的问题日渐突出，亟待解决。目前，我国网络文艺批评的人才队伍呈现“小、少、散、杂”的特点，没有能够培养和集聚一批专业的网络文艺批评专家，因此无法建立健全完善的相关话语体系和理论体系。

一方面，主要是因为在人才队伍的锻造和培养方面没有给予足够的重视和支持。另一方面，我们不缺少文艺批评家，但缺少有互联网基因的文艺批评家。专业批评家们直接拿传统文艺批评的模式套用到网络文艺批评上，这显然是无法满足目前处于发展快车道的网络文艺。①

对于网络文艺批评与传统文艺批评的关系，座谈会现场的高校老师们也提出了相关问题。范周教授认为，网络文艺与传统文

① 网络文艺批评的尺度和标准需要重新确立，不能以传统文艺批评理论标准来一以贯之，需要看到网络文艺作品的时代发展特性。

艺存在较大差异，网络文艺批评需要借鉴传统批评理论但不能照搬照抄，而是需要在对网络文艺现象进行深刻理解后，在传统文艺批评理论的基础上形成自己独特的理论体系。比如，传统文艺批评的相关理论主要来源于哲学、美学、伦理学等领域。但是相比于传统文艺，网络文艺的题材和内容十分丰富，如近年来出现并引起广泛关注的玄幻、科幻、悬疑等文艺作品题材，单纯依靠原有的理论和思维方式无法产生优质的批评，这也要求网络文艺批评要根据现实情况形成自己的理论体系。

由此可见，未来如何加强这支队伍的建设、丰富专业人才的储备，我们还有很长的路要走，人才问题会对今后网络文艺的发展产生深远影响。

三、铁肩担道义，网络文艺批评的时代责任

现如今，文艺批评大多是赞美的声音，缺少客观和理性的批评声音。批评界说好话唱赞歌的人太多，而有责任、有担当的批评却少之又少。如果只有赞美，没有挑剔，就谈不上真正的批评。批评就注定不能讨好，如果只做讨好的事，那批评就变成了一种广告。好的批评可以成为宣传的途径，如今的批评成了营销的手段，而不是真正指出和提出问题。诚实是一个文艺批评者的必备素养，诚信的缺失会导致文艺批评环境的败坏。[①]

“文艺批评是文艺创作的一面镜子、一剂良药，是引导创作、

① 文艺批评在当今社会公信力不断下滑，并备受诟病。文艺批评乱象丛生，不断被污名化，提升文艺批评的思想力量已经成为日渐重要的课题。

多出精品、提高审美、引领风尚的重要力量。”习近平总书记的这一深刻阐述和精辟论述，有力地揭示了文艺批评所要承担的时代责任。网络文艺批评将迎来持续发展的浪潮，作为新时代的网络文艺评论家应该既有传统的文艺批评理论基础，又有互联网的基因。

延续文脉，让乡愁有归途

城镇化与乡村发展并不相悖，其快速发展也并非是为了消解乡土文化。乡村振兴既是乡村经济突飞猛进，又是乡风文明蒸蒸日上，更是乡土文化的繁荣复兴。2018 年 6 月 15 日《人民日报》刊登范周教授的文章《延续文脉，让乡情有归途》，论述了乡村振兴里的文化担当与文化使命。

社会学家费孝通说，对于中国这一拥有丰富农耕文化的民族来讲，泥土是乡人的生命，而随着中国经济的快速发展，这种泥土性逐渐消失，由泥土性衍生的乡土环境也被围上了钢筋混凝土的藩篱。

一、资源与资本：让美丽乡村“有面子”

（一）创意激活乡村文化资源

浓厚的乡土文化是中华文明变迁的历史缩影，星罗棋布的乡村文化资源见证了乡村文化的历史流变，成了时间沉淀的文化瑰宝，其重要性与价值不可否认。然而在“酒香也怕巷子深”的当今社会，再好的资源没有创意转化，便只是沉睡在历史长河中的记忆。因此，用创意激活乡村文化资源的活力，让沉睡的文化资源成为闪动的文化资本，是乡村振兴不容忽视的重要环节。无论是重新发掘工匠技艺、再造“木匠的故乡”并斩获“日本故乡营造”大奖的古川町[①]，还是依托当地特有的生态文化资源、提炼新文化符号的台湾桃米村，其乡村再造、转型升级都离不开对文化资源的创意提炼和转化。

（二）文旅融合振兴乡村经济

农业、农村、农民问题，是关系国计民生的根本性问题。乡村经济发展，自然也成了乡村振兴的重要发展方面。十九大报告明确指出，要坚持农业农村优先发展，同时也提出了产业兴旺、生态宜居、乡风文明、治理有效、生活富裕的发展要求。随着文旅产业的深度融合，乡村旅游的文化附加值提升，文化发展的经济附加值凸显，成了乡村经济振兴的新契机。以美国为例，目前美国乡村旅游已经形成农业观光、森林旅游、民俗旅游等多样化的产品体系，在乡村旅游中加入文化创意的元素，为传统的体验、观光增添了新活力。乡村具有良好的生态环境和人文环境，具有文旅融合发展的天然土壤，发展乡村旅游无疑是优化乡村产业形态，提振乡村经济的重要手段。[②]

① 为了保留并传承珍贵的古川文化，古川町将当地工匠文化的精华进行了集中展示，发动当地 2/3 的木匠，一起携手建设了“飞驒之匠文化馆”。当地各种传统工艺都得以展现和保护，包括布衣工房、民艺家具、刻画，以及古川地酒，并与旅游业紧密结合起来。

② 农民既是乡村旅游的建设者、经营者，又是乡村旅游发展的得益者、乡村美好生活的享受者。贫困地区乡村旅游发展也将为城市居民和旅游者提供多样化、个性化的旅游产品和乡村生活，进而促进和增加乡村旅游生活消费，推进加快贫困地区脱贫致富的步伐。

二、文化与文明：让精神生活“更繁荣”

（一）让农村文化生活迸发生命活力

城市化进程的加快推动经济焕活新生，然而与之相伴而生的是城市文化生活丰富与乡村文化生活贫瘠的鲜明对比。一方面要看到乡村文化设施的匮乏，公共文化设施绝不应该停留在鲜有人问津的读书、看报等初级层面；另一方面要看到传统思想的禁锢依然存在，广场舞等娱乐形式在某些落后乡村地区依然是难以触及的“禁区”。乡村振兴，要让文化融入乡村生活、让乡人生活有滋有味，丰富乡村地区文化设施，通过加强公共文化服务建设推动乡村文化脱贫，让乡村文化生活迸发新的生命力。

（二）以乡贤文化凝聚乡风文明建设

在漫长的中国历史过程中，乡贤文化是乡土社会维系乡情的文化印记。从乡土社会到现代社会的过渡与演变，衍生出以见贤思齐、崇德向善、诚信友爱为特点的新乡贤文化，如春雨般浸润乡土社会，成了新时期维系乡土人情的精神纽带。乡风文明建设作为乡村振兴的重要方面，要充分发挥乡贤的引领示范作用，找寻乡土社会正在丢失的温情脉脉的合理价值。如习近平总书记所言，要深入挖掘和阐发中华优秀传统文化讲仁爱、重民本、守诚信、崇正义、尚和合、求大同的时代价值，构建真诚的现代社会。以乡贤文化凝聚乡情、留住乡愁，让乡民们找到精神归宿，坚定文化自信。

三、乡情与乡愁：让文化记忆“留得住”

（一）传承乡村文脉

纵使乡土环境围上了钢筋混凝土的藩篱，成长在乡土社会的乡人的泥土性仍是其挥之不去的文化情怀与独特标签。乡村文脉作为乡土文化的根，其传承创新自然也成了乡村振兴的重中之重。[①] 乡风乡俗、家规家训、民俗技艺，都是乡土环境孕育的民间瑰宝，都是历史遗存的文化遗产，都是乡村文脉的现实体现。传承历史文脉，既要做好乡村文物遗迹等实体建筑的保护工作，又要做好乡风乡俗等精神寄托的维系工作，让乡村文脉不被飞速发展的现代化进程冲淡历史的痕迹，仍保有时间的色彩、人情的温度，让乡村振兴有“面子”更有“里子”。

（二）留住乡愁记忆

对于成长在乡土社会的中国人而言，最难忘却是故乡。这种乡土眷恋和乡愁记忆，是邮票、是船票，能穿过浅浅的海峡、能穿越时空的界限，成为绵延一生的文化记忆。乡愁在，人生尚有来处；记忆在，乡情仍有归途。留住乡愁记忆，可以寄情于物、融情于景，把虚拟的情怀与淡淡的思念寄托于老树、老井、老宅，

① 目前，在一些地方存在着乡村文化凋敝甚至“消失”的问题，乡村旅游担当着保护和振兴优秀传统文化的重要使命。乡村旅游要更加注重保护、传承和弘扬乡村文化、乡村民俗、乡村非物质遗产，以更加丰富的乡村旅游产品和业态，让人们体验乡村文化，让乡村文化以乡村旅游为载体发扬光大。

通过凝练乡愁记忆符号、再造文化记忆，让乡愁有迹可循。[①]

如钱穆先生所言，“自然、孤独与安定，如木之根，水之源。文化、大群与活动，如木之枝，水之流。若文化远离了自然，则此文化必渐趋枯萎。”随着历史变迁与城镇化进程的加速，在从乡村走向城市的过程中，我们应当看到，时间在变、乡土再造刹那间，空间在变、乡村旧貌换新颜，但总有些温情脉脉的文化记忆与乡愁追思不变，这些由乡土、乡情、乡愁凝聚的文化力量，是乡村振兴的根与魂。

（本文发表于《人民日报》2018 年 6 月 15 日）

① 随着现代化城市步伐的加快，近年来城里人对乡村风光、乡野生活的向往与日俱增。而实施乡村振兴战略绝不是机械地复制城市形态，不是简单地美化环境，而是要把乡村特色风貌保留下来，把农耕文化的载体保存下来，守住“乡愁”。

对话世界创意产业之父霍金斯：合作·探索·发展

与智者对话，乃人生幸事。2007年，范周教授与世界创意产业之父约翰·霍金斯就文化创意产业中的诸多问题进行过一次深入的交流，这里将其特别整理出来，与大家分享。

一、何为创意？

早在1986年，著名经济学家罗默（P. Romer）就曾撰文指出，新创意会衍生出无穷的新产品、新市场和财富创造的新机会，所以新创意才是推动一国经济成长的原动力。

霍金斯：创意是什么？是存在，是自我状态的表达。创意的关键就在于抓住想象并让它逻辑化。现实与想象找到结合点，创意就产生了。

范周：文化创意产业是凝结了个人创造和智慧的产品，并在知识产权保护下健康发展且形成完整的产业链。在我看来，人的独特创造、知识产权和产业链这三大要素缺一不可。

二、中国设计的个性生存

2005 年 11 月 2 日的英国《金融时报》称："用不了太久，西方就会成为中国创意的净进口国。"以中国文化元素作为突破口，文化背景与现代设计语言相结合，成为"中国制造"到"中国设计"推陈出新的方式。

霍金斯：我觉得找到中国设计产业自身的特点有点困难，中国在设计业上和英国、美国、瑞典及其他的一些欧洲国家还是有一些雷同的。比如：我可以用一句话概括美国、日本、欧洲国家的创意文化特点，但对中国却始终无法归纳，因为目前的中国创意产业还缺乏个性。

当前中国的设计业没有很好地表现出特有的文化内涵，缺乏文化个性。中国是一个有着非常深厚文化底蕴的国家，拥有自身非常独特的个性特征。而中国当代的设计还没能把这些底蕴和特性完全表现出来。

范周：其实很难给"个性"下一个定义。对于纷繁复杂的国际设计潮流来说，"民族化"或许就是最好的个性，以中国文化元素作为突破口，文化背景与现代设计语言相结合是中国设计的个性化表达。中国的设计往往带有历史的痕迹，例如建筑设计受 20 世纪 50 年代苏联的影响，比较倾向于实用主义并富于东方文化的特色。目前利用设计增加产品附加值也早已被企业和消费者认同。一方面是中国的企业已经认识到设计的重要性；另一方面随着全球经济的融合和互联网的发展，消费者已经不仅仅满足于产品所带来的实用性，而且也更加注重产品的外观形象和文化元素。

其实中国不乏好的设计。[1]这些设计充满新锐色彩，个性鲜明，文化底蕴十足，也有很强的本土色彩。但是在设计界经常出现这样的情况，即设计赢得了奖杯却无法赢得市场和消费者的青睐。一方面，这是由于设计者和消费者、市场没有进行有效的对接，毕竟，检验设计的唯一标准是市场，是消费者，而非评委。另一方面，从事产品生产的企业，缺少一种“闯新”精神。有了“创新”还不够，还要进行“闯新”，要鼓励企业大胆地将新鲜的元素投入到生产中去，不要让好的设计与实际生产脱节。

三、应如何发展中国文化产业园区

浙江国际文化创意产业高峰论坛的同时，也是浙江文化创意产业试验区授牌的日子。产业的地理集聚现象，已经成为区域经济发展的重要研究课题。

霍金斯：产业的发展，有一个共同的特色，那就是产生聚集于某一地区的现象。我觉得首先这是一种发展中国的创意产业很有效的方式，效率很高，这也许是一种取得成果最快的方式。这是一种自上而下的方式，从政府这一级别开始，首先是政府重视，而后带动企业甚至民间的关注。

但这种园区的现状让人觉得有点做作。今后发展文化创意产业应更自发一点并跳出园区这样一种形式，不是设立了园区就发展了文化创意产业。

范周：文化产业园区是当前我国文化产业发展的重要平台。

---

① 真正好的设计还是要遵循市场要求的。

我们的确应该跳出园区谈园区更长远的发展，从而为区域产业的发展提供更多的机遇。但是，在园区发展过程中，我们应该结合中国实际，结合其发展阶段，适时地做出调整，以防止落地畸变和由于急功近利而带来的泡沫现象。[①]

对创意产业的培育需要一个过程。在前期，它需要投入、孕育，并通过一定时间的孵化、培育、集聚和运作。但是创意园应着眼长远，避免急功近利，从而忽视文化创意产业发展的真正内涵和目标。另外，园区发展到目前阶段，对于中国而言，在发展文化设施的基础上，应该更加注重软实力的提升，提升文化研究能力。各地发展文化创意产业园区时，应对自身的优势、劣势有清醒的认识，就其地区特殊的人文、自然、产业等资源做出全盘性、有针对性的调查，才能从综合效益和可持续发展等角度做出系统的规划和阶段性的计划，并在实践中不断调整，与时俱进。

四、中国文化产业的创意升级

关于中国文化创意产业发展阶段，范周教授 2006 年初提出的“文化创意产业的三个乐章”一度在媒体引起反响，而霍金斯也以 27 年中无数次的中国之行，见证了一个国家的文化变迁和产业升级。

霍金斯：我第一次来中国是 1979 年，当时的中国无论大街上

---

① 创意产业发展的最高境界，是把创意融入社会生活。这是一种人文精神上的诉求，而非简单的产业层面或经济层面的角逐。

还是电视上都没有任何广告。而现在中国的创意经济在世界上发展是最快的。中国人在创意经济和创意产业方面的雄心是巨大而不可想象的。

如果从创意产业的从业人员及投入的资产来看，英国远远强于中国，即便在20世纪90年代末也比现在的中国强很多。但是从政府支持这个角度来说，中国的创意产业处于比较有利的地位。中国政府已经对创意产业投入很多，但是我觉得政府还有许多方面值得去做，主要包括市场营销和规范两个方面。

目前英国已经超越了把创意看作一种产业这样的境界，而是把创意看成在整个社会普及的一种概念。因此现在英国对于创意产业使用的方法、手段都要比过去的更为多元与复杂。现在的中国，包括北京和上海这样的大城市采用的方法比起英国从前用的单一手法来说，已经是要复杂和宽泛很多了。但我也相信，在未来的半年到一年间，英国发展创意产业的方法和手段也会有很大的改进。

范周：中国文化创意产业总体上来说还是起步较高的。早在2006年时，我提出了“三个乐章”的看法。时隔一年，我对整个中国文化创意产业的发展阶段又有了一些新的认识。在我们文化产业的发展中，2006、2007、2008年要完成三级跳。2006年是“概念纷争”的一年，这一年中国文化创意产业经过了概念纷争，同时也在不断重构自身的外延和内涵；2007年则是“政策出台”的一年，今年文化创意产业不断地得到巩固，并衍生出许多新的业态形式；2008年将是“资本介入”的一年。届时文化创意产业会因为奥运机遇而实现又一次飞跃。

五、不同声音促进产业发展

直至今天，已有 80% 的中国企业以“创新”为经营理念。尽管如此，中国企业依旧在创新缺位的低端竞争中挣扎。

霍金斯：我在英国听到大家都在批评文化部长，说他单调乏味没有创新力，在创新方面做得不够。事实上也的确如此。在英国或者美国，人们在观念或者思想领域的思考和争论比较多，对创意产业发展的争论也非常多。我认为，中国目前就是缺少这样一种对话机制，在发展文化创意产业方面要多增加一点对话和讨论。当然我非常愿意参加这样的讨论。

范周：中国学者非常希望能听到霍金斯先生对中国文化产业发展的一些带有批评性的、建设性的意见。现在中国政府从事文化创意产业发展的官员们的热情都很高，他们很关注各方的声音，但是批评之声太少。包括对前不久召开的深圳文博会，批评的声音也是太少了。文化创意产业发展到一定阶段，除了汲取国际经验，还要进行本土化的对接，应该多一些发问和反思，少一些迎合和敷衍。

一年以来，我听了霍金斯博士的 5 次演讲，内容几乎是一样的。5 次被安排在开幕式上的演讲的雷同，其实让我更期待先生真实、新鲜的想法。所以今年 10 月份我们中国传媒大学的论坛将以小型对话会议的形式展开，我诚挚邀请霍金斯先生参加，相信在会上先生一定会提出真实想法，同时国内的很多学者也很希望有这样的一个机会交流自己的看法。

霍金斯：我对和大家一起讨论问题非常感兴趣，我很想和大家一起来讨论创意经济的发展。可是这些讨论的规模实在太大了。例如在深圳的讨论规模实在太大了。很多官员和世界上的外交官都和我坐在一起。简直是外交活动。[①] 其实我也很想听听中国学者真实的想法。

范周：发展文化创意产业既要汲取国际经验，又不能盲目依赖某个权威人士，而是要根据本土情况和城市特色，有针对性和选择性地进行投资。诚然，在发展初期，难免都会出现这样那样的问题，比如过分依赖权威，不结合实际及盲目投资等。有些城市热衷于文化产业及相关文化设施的建设，或者大办各种论坛、兴建各种园区，这些活动有许多并不切合实际，充斥着大量泡沫；有的项目仓促上阵，虽然开展时热热闹闹，结果却是虎头蛇尾。发展文化产业切不可显气派、图虚名。

① 这种大型学术讨论可以算是中国特色吗？

对话台湾著名作家余光中：文化是两岸共同发展和沟通交流的桥梁

同文人对话，与智者同行。2013年夏天，范周教授在台湾高雄中山大学对话当代著名诗人、评论家余光中，就两岸文化发展、传统文化传承、大众文化、通俗文化及高雅文化相关方面进行了深入的探讨和交流。2014年11月12日，“言之有范”和大家共同回顾范周教授与余光中聊的那些海峡两岸的“文化事儿”。

一、乡愁传承文化的血脉

范周：“小时候，乡愁是一枚小小的邮票，我在这头，母亲在那头。长大后，乡愁是一张窄窄的船票，我在这头，新娘在那头……”这首诗在大陆广受盛赞，大陆的学子们都早已经耳熟能详。您借邮票、船票、坟墓、海峡这些具体的实物，把抽象的“乡愁”具体化，内容非常优美，充分表现了台湾同胞对大陆亲人和故乡的思念情怀。《乡愁》这篇作品引发了许多情愫，也体现了两岸同宗同族的文化血脉里流淌的中华民族的伟大梦想。这是老一辈作家和文人对大陆的特殊感情。但是，随着时间的推移，新一代台湾青年人的教育、生活环境和老一辈在很大程度上已经有所区别。这种乡愁的情愫或许也在时间的冲刷下开始淡化，对于该问题，您是如何思考的？

余光中：乡愁是诸多台湾同胞真实感情的表现，老一辈的台湾人多数是带有浓厚的思乡之情。他们年轻的时候来到台湾，但是大多数的教育和人生美好的经历都是从大陆带来的。他们读着四大名著、《论语》及诸多具有中华传统文化内涵的书籍长大，到过大陆巍峨的高山和秀丽的湖泊，对中华文化的博大精深感到自豪。所以说，乡愁成为多数台湾人思想里的真实写照。随着时间的推移，新一代年轻人接受的是台湾本地的教育，感受的是台湾及西方融合文化的熏陶，多数的台湾年轻人眼中的大陆是诸多媒体里的画面。因此，他们没有真正与大陆亲近过、感知过，脑海里更没有大陆的美好回忆。所以说，新一代的年轻人或许对乡愁的情愫开始慢慢淡化，或者有的已经没有了乡愁的概念。[①]

范周：正如余老师所说的，乡愁存在于日常生活和美好的回忆当中，老一辈的乡愁是源于文化的积淀，正是大陆传统文化内容的熏陶和民族、民风习惯的养成，使乡愁深深地刻在每一位游子的心里，抹不掉、挥不去。当一个没有中国文化学习背景和民族民风熏陶过的人在看到您的“乡愁”的时候，或许他 / 她已经不能够感受到乡愁的内在含义，更不能体会到这种情愫。[②]这些年您到大陆做过很多活动，包括和学生演讲，和学者交流，和文学界、诗歌界的人沟通交流，您认为大陆现在的生活状况、文化生态状况与台湾比较，过去与现在有没有发生变化？

---

① 一栋老宅记录着一家人的喜怒哀乐；一条巷子，定格着一群人的岁月剪影。对故乡的眷恋，实际上是对自己所熟悉的那些故事、那些习俗、那些文化、那些观念的一种回味。

② 大概这就是“近乡情怯”吧。

余光中：经过几十年的改革开放，大陆发生了翻天覆地的变化。这些年，我到过大陆的许多城市，特别是 2013 年受北京大学的邀请，在北大生活了三周，之后去了江阴、无锡和杭州等地。在行走的过程中，我发现大陆人的生活变得更加美好，特别是文化人的生活已经超越了台湾学者。我翻阅大陆小学、中学及大学的教科书发现，大陆的教科书里开始收录台湾、香港和海外其他地区华人的作品，但是台湾的教科书却没有收录大陆学者的作品。同时大陆的教科书分为三个单元，分别是古典文学、新文学和世界文学，而台湾却只有两个单元，即古典文学和新文学。从这两个方面而言，大陆开始更加开放和包容，这一点是台湾没有做到的。

范周：在《从母亲到外遇》这篇文章中，您形象地说："大陆是母亲，台湾是妻子，香港是情人，欧洲是外遇。"[①] 这个含义很多人都在解读，随着时间变化，这个含义的解读也在往前推进。

余光中：对于带有乡愁情愫的人来讲，做这样的比喻是我亲身经历之后的一种理性思考。首先，对于"母亲"的比喻是一件非常自然的事情，大陆是我出生到成长对我影响最大的地方。我的祖父母生活在闽南一带，父亲是泉州人，母亲是江南人，而我中学时代是在四川度过，之后去了厦门大学，也到过东北地区，对我而言，我很难分辨哪里是华北、东北、华南、华西，但是每次听到《我的家在东北松花江上》《万里长城万里长》等抗战歌曲，一种民族自豪感和责任心油然而生。因此，乡愁不完全是空间的关系，也有时间的维度和文化的积淀。我常说自己是泉州人，泉州市因此在一所学校盖了一栋名为"余光中楼"的建筑，我把

① 很有意思、很贴切的一个比方。

一些自己的纪念品放在了里面来充实其中的内容，寄托我的情感。随着两岸文化交流的增多，我回大陆的次数也逐渐增多，以至于每年有五到六次去大陆，总的算下来达到五十到六十次。曾经有人问我乡愁是否已经解开，对我而言，不一定能够解开，因为任何一个人离开故乡，若干年后再回去早已经是“物是人非”，脑海中构筑的美丽记忆与现实相差甚远，成为永远无法解开的结，① 所以说乡愁不会是同乡的乡愁，而是读书人的乡愁。

其次，我把台湾比喻成我的妻子，主要是我人生的多数时间都生活在台湾。除了在爱荷华大学读书的 5 年，在香港生活的 10 年，其余大多数时间都在台湾度过。也正是在这期间，我从一个讲师做到了教授，从一个文艺青年变成了一位老作家。我一生的家庭和事业都在台湾，正如妻子陪你度过人生的多数时间，陪你体验人生该有的酸甜苦辣一样，台湾也是如此。她是我的妻子，并将一直陪着我度过余生。

再次，欧洲是外遇。这个主要是追溯到我在美国读书教书的 5 年，在这期间接触和了解了美国的文化，因为美国的很多文化传统都可以追溯到欧洲，所以当我到了欧洲之后发现其文化更加美丽动人，因为我发现自己喜欢的东西除了文学、音乐、绘画和建筑外，其他的都可以追溯到欧洲文化，如果不懂欧洲的风俗习惯就等于不懂文化。这些体验使我有一种偶尔遇见的欣喜，到后中年时期的时候，我又去过欧洲几次，到过很多国家，发现每一次都是不虚此行，因此，我把欧洲当作是外遇。

最后，香港是情人。主要原因是我在香港的经历与别人不一

① 物是人非事事休，欲语泪先流。

样，我在抗日战争的第一年作为难民跟随母亲逃难到了香港，第二次是因为解放战争，我又作为难民随家庭到了香港。在香港没有工作，于是一年之后到了台湾。在这样的经历中我完成了几次身份的转变，第一次是作为难民，第二次变成了失学青年，第三次是去香港中文大学教书。在这期间，我住在学校的校园里，师生对我非常好，我的情况开始越来越好，身体也越来越好，这期间我创作了人生中众多的诗篇，给我留下了诸多美好的回忆。当我离开的时候更是依依不舍，因此，我把香港当作我的情人。

二、艺术传递文化的精髓

范周：在您的创作当中，诗歌、散文、评论一直是您主要的表达方式，也有人评价您的文学创作是四度空间。这个四度空间，余老师有没有新的突破？我们看到中外文学史上许多诗人到了中年以后诗的作品量开始减少，到了老年几乎就没有作品，您能够一直创作散文或者评论，一直坚持到现在，是一件令大家非常佩服的事情。同时，大家也特别好奇，到底是什么动力让您能够坚持到现在。

余光中：对于创作的四度空间而言，在很大程度上是我自己提出来的。至今为止，我仍然在这四度空间之中创作，还没有进行其他的突破，在这四度空间的创作已经让我每天能够非常充实和忙碌。例如，单从评论方面讲，我的评论不完全是评论文学，也评论绘画、文章、音乐，甚至论评论的文章也不少。每种类型出书都在七八本以上，像诗歌就高达二十本，明年这几种文类至少有三类要出一部分书。

同时，四度空间的好处是当诗句没有辞藻的时候便可以写散文，散文写到疲倦便可来做翻译，翻译到一定程度有了新的灵感便可用来写诗，这其中的内容都是互相关联、互通有无的。对于写诗能够坚持到现在，其实也没有办法强求。我一直在学校里教书，工作比较稳定，所以有时间进行创作，能够写到八十多岁连我自己也没有想到。在这样的情况下，加之各方的鼓励和评价使我更没有理由停下来，否则将会让大家失望。正是带着这样的心态去写作，我才能一直坚持创作。

范周：您的四度空间体现的是一种人生的态度，一种积极乐观的心态和坚持不懈的美好品德，这正是中华民族传统文化的内涵所在。能够在四度空间中穿梭学习和创作，本身已经是一种突破。近些年，您做了很多的演讲和讲座，也用英语教学多年，对文学有了自己独特的认识，随着对大陆有了更加深入的了解，您对当今两岸文学的现状有什么看法？

余光中：近些年用英语教学的经历也让我对西方更加了解。对于英文的文学而言，它主要扩展到美国、加拿大、新西兰、澳洲、南非等诸多国家，其传播的范围更广、影响的人群更多。但是，现阶段华文也开始在世界具有影响力。随着中华民族的崛起和经济水平的迅速提升，华文将逐渐可以与英文抗衡。中国已经开始进行改革开放，改革本身就是对自身价值观的重大修正，也正是这种进步使得中国的孔子学院已经遍布世界各地，这是一个重大的事件。随着改革力度的增大和华文影响力的扩大，学生将会读到各种各样的书籍，其思想和文化的境界也将会提升，多元文化交融带来的新内容也将会被学生们所吸收和接受。就文化本身而言，它本来就不应该一尊而不容，应该是多元的和开放的。

范周：文化的“百花齐放、百家争鸣”是文化生态存在的最好阐释，也只有在这样的环境中学习和传承文化才能够将其发扬光大。关于文化发展的问题与当今社会中的文化教育与传承关系重大，近年来如何在中国培养出世界级的大师成为大家讨论的热点问题，时任国家总理的温家宝曾经与世界著名科学家钱学森进行过讨论，您作为一名活跃在教育界且有丰富教书经验的学者，对该问题有什么思考？

余光中：对于这个问题，只能结合自己的经验来谈。对于我而言，大约有三分之二时间的身份是作者，三分之一时间是学者。作为学者，教书是很重要的内容，学问和知识的增长在很大程度上来源于教书过程中的备课。作为作者，要面对的是专业的读者和普通读者，学生在普通读者的行列。从这两个方面讲，对于编书的人和教书的人而言，首先自己要把书读懂、读通，在这样的基础之上自己才能够成为一个专业的读者，从而把自己的知识传授给大众读者。对于老师而言，学生与老师都是在互相考试。老师考学生的机会比较少，一年只能考两次。但是，学生考老师却是堂堂考。因此，老师传授知识是一个不断学习和不断进行考验的过程。假如一位老师课堂上不回答学生提出的问题，那么这名老师将不是一名合格的老师，也必将不会培养出优秀的学生。

范周：正如余老师所说，不管是作为学者还是作为作者，其最终目的就是要将专业的知识传授给普通的大众，从而引导大众通过通俗易懂的方法进行学习。这就要求从事教育领域的教师需要不断地努力学习知识，将自己变成专业领域的学者或作者，这样才能够为普通读者或学生传授知识。余老师在一定程度上告诉我们作为一名老师而言，应该时刻为自己敲响警钟，每一次上课其实是学生的一种考验，经受住考验才能成为一名合格的教师；

把知识通俗易懂化且能够让学生把知识充分理解的老师可以称作是优秀的教师；既能够经受住考验，又能够对让学生经受住考验的老师可以称为智慧的教师。在这两方面的互相鼓励和促进下，对增长学生的知识和培养学生的态度具有积极意义。

三、雅俗共赏多元文化的交融

范周：在大陆，人们将文化分为大众文化、精英文化和民间大众文化。而近些年大众文化依托工业社会的发展背景，伴随着现代传播技术的革命迅速出现。这是一种消费时代或者准消费时代引导大众作为对象的具有复制化、模式化、批量化、平面化的文化形态。大众文化不同于精英文化的阶层性，也不同于乡土文化和群众文化，后者有明显的自发性。大众文化具有商品性、流行性、娱乐性、传媒性等特点。台湾有位女作家叫琼瑶，其作品《还珠格格》《情深深雨濛濛》曾经在大陆红极一时，其作品对年轻读者影响较大，而且其作品也成为电影、电视借鉴的重要内容，我不确定其是不是属于大众文化的行列。但是，我上一次来到台湾，在台南文学馆里，我特意看了一下，那里有很多作家的作品，但是唯独没有这位作家的，一本书、一张纸都没有。同时，台湾还有一个文化现象是李敖先生。之前他在大陆的声音很多，现在少了一点。

余光中：不同的文化有不同的文化群体，您提到的这位女作家或许应该属于该类文化范畴。琼瑶其实就是一位言情小说家，但是在台湾，我的朋友之中很多人应该是不与她来往的，这并非是排斥对方，而是道不同不相为谋，走群众路线是其个人的选择，但是其号称“作家”恐怕是不能够被我们承认的。在台湾的文学馆里之所以没有她的作品，我认为内容比较浅显是最主要的原因，其作品满足了一般读者的白日梦，已经反映了虚幻中的俊男美女迫切的爱情故事，这是新才子佳人。所以张爱玲、邓丽君、琼瑶、三毛等都应该属于这样的范畴，张爱玲是在上海的十里洋场被大家所熟知的，当时左派作家认为她是个言情小说家、鸳鸯蝴蝶派，是夏志清写中国现代小说史的时候将她提拔起来，同时也将钱钟书从学者丛中拉出来，进而将两个人物进行经典化描述，将其跟老舍、茅盾、沈从文、鲁迅等人放在同一序列中。夏志清认为张爱玲是鸳鸯蝴蝶派，但她是精致的小说家，不仅仅只有言情小说，而钱钟书也不是学院派，作品《围城》便是最好的例证。对于李敖，我不希望更多的内容涉及他，在以前的很长一段时间内我们是比较熟悉的，但是这个人的做事方式和行为与我们差距很大。他认为自己的讲话是天才的讲话，曾经批评我们比较保守，在政治上不敢批判现实。之前《可凡倾听》的主持人曹可凡问我："余老师，最近李敖在电视上批评你，你有什么说法？"我回答："真的吗？我好感动，可见我的世界早已经没有了他，但是他的世界不能一天没有我。"

四、文化产业是两岸经济发展新的增长点

范周：近年来两岸都在推动文化产业的发展，在这个过程中传统的小说让电影、电视、动漫的内涵更加丰富。现阶段，有人提出要把许多文学作品或者正在诞生的新生代作品进行产业化包装，使其成为一种商品，进而推动第三产业的迅速发展。在这个层面上，海峡两岸都已经将文化创意产业发展提升到了战略高度，特别是 2009 年出台了《文化产业振兴规划》，对文化产业的具体发展和

路径进行了明确，十七届六中全会更是提出要推动文化产业成为国家的支柱性产业，今年的两会报告中将文化发展列入了各级政府的政绩考核体系，标志着国家将文化发展与建设真正提升到了国家层面。各个省区市也划分了专业的行政单位进行规范管理。

余光中：对于文化作品的产业化开发，在资本主义的社会里早已经进行了，美国在这方面发展得比较好。美国的好莱坞就是典型的例子，其专业化的影视制作分工和标准化的生产流程为整个电影产业的发展注入了产业化的元素，不仅使其成为世界第一大电影梦工厂，其生产的电影也伴随着美国的核心价值观向世界各国传播。一方面，我们要对一些珍贵的文化传统内容——昆曲、京剧等进行保护，让其能够传承给后代。另一方面，对那些能够适合产业化开发的传统文化按照中国特色社会主义的标准进行文化产品的生产和开发。在这样的情况下发展文化是一种正确的道路。

范周：随着 2013 年 6 月 21 日海协会会长陈德铭与海基会董事长林中森在上海签署了《海峡两岸服务贸易协议》，海峡两岸在经济与文化交流方面将会有更广阔的合作空间。在这样的背景下，您对两岸今后的文化发展或者文化走向有什么好的建议，或者对我们年轻一代有什么嘱托？

余光中：就我的思考而言，海峡两岸的发展与合作，在很大程度上应该从文化进行突破。由于诸多复杂的问题，政治上有时候寸步难行。但是就文化而言，两岸有着传统文化的深厚底蕴，有着共同的价值观和社会认知感。因此，可通过文化的交流与沟通进一步加深两岸大众的感情。文化是一个民族的精神支撑和前进动力，因此，通过文化的传承和文化的交流对两岸发展具有较好的帮助。

“见证文化 40 年”：镌刻时光的力量

从 40 年前的首届高考、凭票购物到今天的万物互联，从匮乏、单一、模仿到丰裕、多样、创新，我们都是文化发展的见证者。2018 年 12 月 31 日，范周教授用 4 个小时的时间举办了跨年公开课，讲述了改革开放 40 年的文化发展之路，近 30 家网络媒体参与直播。截至 2019 年 1 月 14 日中午 12 点，网络直播观看人数达到 2200 万，新浪微博话题“见证文化 40 年”阅读量达 3804.3 万，网络总传播量达 6037 万，以下为公开课全文。

各位朋友，亲爱的同学们，还有在网络上跟我们一起听课的网友们，大家晚上好！

再过几个小时就是 2019 年了，这是我生平第一次站在这样一个特殊的讲台上跟大家一起上课。20 年前，我在家乡大连的一个体育场里曾经上过一次 8000 人的课，所以当有一年看到《中国合伙人》的时候，我仿佛找到了自己的身影。但今天晚上不一样，因为我们在这堂课上要回顾中国改革开放 40 年中的文化问题，心理压力特别大，而且今天是直播的公开课，所以我恳请大家对我课堂中讲到的问题，不管是觉得不完整，还是有不同意见，都尽管提出来，不要有任何压力。要知道截至今天晚上 8 点，共有 3382 万人在这十天中一直关注今天晚上的讲课内容（小编注：截至 2019 年 1 月 14 日，新浪微博话题阅读量已达到 3804.3 万）。所以，我要向你们、向他们表示敬意。

要上好这样一堂社会公开课，我们是和校宣传部、电视台合作，没有向学校申请资金。得知这个消息后，很多企业、毕业生、校友和朋友们说，范老师你安心备课，这些琐碎的事情我们来做。这些企业的名字都显示在大屏幕上，我就不一一念了，为它们慷慨解囊支持这堂面向全社会的公开课表示感谢！

今天晚上在我上这堂课的时候，有 30 多个省市的官网和直播平台在转播。我讲的内容在课程结束之后，会加上大家的弹幕一起发布，所以如果大家有什么想法或者观点，可以发送在直播的弹幕上，我们一起来完成对改革开放 40 年的回顾。

谈到改革开放这 40 年，一下子把时光拉回到了 1978 年。而 1978 年对于我来说，一个最重要的事件就是恢复高考。一个小时以前，习近平总书记在向全国人民致以 2019 年新年致辞的时候说，“今年，恢复高考后的第一批大学生大多已经退休，大批‘00 后’进入高校校园。”我就是总书记说的即将退休的那一批大学生。回顾这 40 年，一定绕不开 77、78 年的高考。

人生最清晰的脚印往往留在最泥泞的路上。

记得 1977 年从广播里得知恢复高考的消息时，我正在大连附近的一个农村当知青，同时又接到了另外一个好消息，我可以到部队去当兵，那一年我 18 岁。我当时就做好了随时随地到部队当兵的准备，因为父亲是军人，对于这样的选择家里面都很支持。但就在这时，我突然接到了一封信，信上我中学的班主任对我说：“范周，我们班如果有一个人能考上大学，一定是你”，其实不一定是我，她主要是鼓励我。老师说：“你一定要去试一下，你如果不去，你就不要再回来见我，我也不认你这个学生了。”

我收到信后很矛盾，因为去当兵只要办完手续就可以了，但是上大学要考，这期间很多工农兵学员上大学不需要考，只要有推荐就可以了，而我们需要真正参加考试。我当时想，如果我不去考大学会是什么下场呢？老师说：“我就不认你了。”很多人写回忆文章说当时满怀理想走进考场，我当时去高考并不是因为满怀理想，而是害怕不去考试老师就不认我了，所以犹豫再三最终决定去考大学了。

我从下乡县里的中学借了一套中学教材，记得教材封面印有“最高指示”或“毛主席语录”的字样。但当第二天早上我再看教材的时候，发现第一本书《语文》就不见了，后来我在青年点的厕所里发现了这本书。我 1977 年下乡的时候，青年点已经有五届知青了，还没有回城还在当农民，所以我非常理解他们。

于是从第二天早上起，我把每天要复习的书撕下 20 页，看完背完立刻撕毁，并告诉自己，如果背不下来，这些知识就再也没有机会知道了。高考临近的时候，我把几本书都撕完了。我告诉自己，一共复习了不到两个月，能记多少算多少。后来我回了一趟大连老家，准备了一些东西回来参加高考。

高考的前一天傍晚，我坐了 4 个半小时的绿皮火车去到下乡的那个镇。我在火车上发现外面下起了大雨，而我下了火车以后要走将近一个小时的夜路才能到青年点，怎么办？我对面坐着一个长者，他看着我拿的东西，问我说：“你要高考吗？”我说对，他接着问：“你是哪个学校的？”我告诉他后，他说：“我就是这个学校的老师。”我感到怀疑，老师不在学校待着，来这里干吗？他说：“我来这个农场当农民。”我当时怀疑，他肯定是坏人。

外面下着瓢泼大雨，他说：“你今天回到青年点，肯定淋透了。你要放心，就跟着我去。”我讲到我的班主任，他说：“我是他的语文组组长。”我觉得有点靠谱，于是就跟他下车，两个人披一条麻袋，到了镇中学旁边的果树农场。晚上，他跟我挤在一个炕上。半夜醒来，另外一位老人也回来了。两位老先生捧着从城里买来的《唐诗选》(上下集)爱不释手，就着微弱的灯光一首一首地看、写。我迷迷糊糊睡着的时候，还听到一句诗，“巴山夜雨涨秋池”。

第二天早上我起床的时候，看到桌子上有一张纸条：“饭，放在锅里，你吃完饭抓紧时间去考场。”这天雨过天晴，那个情形我一生难忘。后来成绩出来了，我到青年点办完所有的手续再去找他们时，两个人都不在了。后来我知道两个人都是“右派”，被下放到农村中学里劳动改造了十几年。

从下乡知青到大学生，一个 19 岁的青春少年，真的不知道这些事情背后意味着什么。因此我要特别感谢我当年的中学班主任老师和她的那封信！正如梁斌在《红旗谱》中写的那样，“人生有时就是那么关键几步。”

在这个时期，有成千上万个和我一样的知识青年。1977、1978年的高考报考总人数超过1100万人，最终只录取了62.7万人。和今天 82.1% 左右的高考录取率相比，当时的录取率还不到 10%，真有种千军万马过独木桥的感觉。

恢复高考后的这一批大学生，有农民出身的，有从部队里出来的，还有极少数中学毕业直接高考进了大学的，各种各样的人在一起，组成了一道特殊的景观。

PPT 展示的照片里，中间长得比较小的就是我，旁边是我们班级的体委老胡，好像是一个部队的营职干部；另外一个是老韩，已经在工厂里工作了 8 年；旁边两个小妹妹，一个是新疆的维吾尔族同学，另一个中学刚毕业就跟我们一起上了大学。为了备好这堂课，我终于把这张照片找到了。看了这张照片，我不禁感慨万千，我也曾经年轻过。在当年的岁月里，夫妻同校、师生同班、父子一起上学，不是什么稀奇的事。

这样的过程中，我自己也遇到了人生中很尴尬的一件事。我大学毕业后在电大当老师，在第一堂课点名的时候，居然发现了这些学生里有一位是我的小学老师。从 1976 到 1978 年，人们的学习状况异常复杂，往往 40 多岁的人可能刚上大学，而 20 多岁的人大学刚毕业可能就变成了老师。但是这种特殊环境对人们的修炼、对我们的影响，我至今都没有忘。

有人说，我们这一代人就像苍蝇碰到玻璃上，只有光明，没有前途。其实我们心中在思考着很多问题，当时有一种提法是“为了实现祖国四个现代化而努力奋斗”。在这个过程当中，我们每一个人的世界观，每一个人的思想深处，都想了很多很多问题。大学毕业以后，当我们这些人走上了工作岗位，面临许多困难的时候，想想我们当年高考前的那些蹉跎岁月，那些困难就不叫什么困难。

四年的读书对于我们来说真的是如饥似渴。阅览室开放前，外面总是有黑压压的学生在等开门；熄灯时间一到，值班的学生会干部催各宿舍熄灯是每天的常态。我的大学四年是完完整整浸泡在图书馆和教室里的四年，每天早出晚归、没有午休。为了看到一些不好借阅的书，我就开始主动给图书馆老师干活儿，换取中午能多看一会儿书的机会。

有了这样一场高考的经历，我和所有的人在这 40 年当中就开始见证着接下来翻天覆地的变化。所以，我们从现在开始，一同回忆 2018 年之前的 40 年——从 1978 年开始。

一、1978—1987 年：冰与火之歌

刚才的视频带我们回顾了从 1978 年到 1987 年间一些有代表性的文化现象。在这些文化现象当中，有一个背景大家应该知道，那就是这个时期我们国家刚刚进入改革开放，经济还很脆弱。我查阅了一些资料，1978 年我国的 GDP 是 3678.7 亿元人民币，美国在当时是我们的 15.7 倍，可是我们的人口又是美国的 3 倍。

在这一背景下，国家实行的是计划经济，所以我们才看到了什么东西都要票的现象。如 PPT 里的照片展示的那样，粮票、布票、肉票，今天这些已经进入博物馆的老物件，是那个时候老百姓离不开的生活票据。因为要按计划供应，才能人人都有一点这样的物资，所以很多人当时最大的愿望就是能够吃饱饭，吃上饺子。

我当时上大学的时候，一个月的粮票只有 17 斤是细粮，就是大米和白面，剩下的都是窝窝头、高粱米，肉是非常稀罕很少见到的。有一次我打饭的时候突然间发现了一张熟悉的面孔，是我中学隔壁班的同学，我就赶紧换了一个地方排队。排到他眼前的时候，他在打菜，看了我一眼，把一片肉捞上来放在我的碗里，一句话没说，我们两个人眼神一对，撤！吃饭的时候没有桌子，大家端着饭盆溜达着吃，我真怕这块肉被别人给吃了，可后来还是不小心被我同学把那片肉给吃了。但是从此以后，我就知道了，每天打菜的时候，一定要排这一队，因为可能有肉。后来很多年

过去了，在中学毕业30年聚会上，他说："老范，你欠了我多少肉你知道吗？"我说："不就是每次一片吗？"他说："那个年代一片意味着什么呢？是要了命的事。"

我们可以看到那时候经济条件是如此之差，1978年我国的恩格尔系数平均下来超过0.60，相当于你挣100块钱，要用超过60块钱满足全家人吃饭。在这样的背景下，很多人的工资收入很微薄，要用这点钱去解决所有生活上精神上的需求。我大学毕业第一年的月工资是46元钱，转正了是56元钱。只有少数人可以涨工资，涨一级7块钱，拿到很高的工资的时候，才是80、90元钱。

在这样一个"文革"刚刚结束、许多认识还没有解决的时候，物质上当然很匮乏，房子就别想了，一个人平均的住房面积是3.6平方米，一张床都放不下。所以，中国经历了这样一段经济相对落后正在逐渐复苏的时候，人们在不断地思考。

（一）冬天到了，春天还会远吗？

"一声春雷动"

在这种情况下，我们还要想到怎么样能让经济快速发展。当时有"两个凡是"的方针——凡是毛主席做出的决策，我们都坚决维护；凡是毛主席的指示，我们都始终不渝地遵循。那么在这样的背景下有没有可能发生改变？

1977年在南京一家医院的走廊里，陪着妻子住院的南京大学中年教师胡福明借着医院走廊的灯光，酝酿出了一篇文章，他将这篇文章投稿给《光明日报》。经过反复思考、讨论，《光明日报》决定把这篇文章登出来，这就是那篇著名的《实践是检验真理的唯一标准》。今天我们讲这句话可能没有感觉，可是当年就意味着要把伟大领袖讲的话用实践来证明究竟是对还是错。

“知识分子也是工人阶级的一部分”

1978 年的春天，全国科学大会在北京人民大会堂召开，邓小平同志在会上有一个多小时的讲话，他在讲话当中的第一个观点就说到“科学技术是第一生产力”，之后还特别讲了一句，“知识分子也是工人阶级的一部分”，引发全场知识分子的热烈鼓掌。从“臭老九”到“工人阶级的一部分”，知识分子终于开始被当作是真正的人来看待了。你们上网一查就知道“臭老九”来自于哪里。这是来自于元代对社会的划分，从官员到官吏到各种各样的十个阶层，第八个阶层是娼妓，第九个阶层是读书人。在元代对读书人的不重视，有人把它引用来表示“文革”时期读书人的社会地位。

有人统计，邓小平同志一个多小时的讲话，曾经被 19 次热烈的掌声打断，经久不息。正是因为这样一句话，中央这样的一个决定，人们才感觉到科学的春天来了。

“如果现在再不实行改革，我们的现代化事业和社会主义事业就会被葬送。”

在这样一个过程中，人们开始思考文革，开始思考我们该怎么办？开始越来越强烈地呼唤：我们一定要进行改革。邓小平同志也深刻地指出：“如果现在再不实行改革，我们的现代化事业和社会主义事业就会被葬送。”在这样的背景下，所有的领域都要进行改革，于是十一届三中全会召开了，把党和国家工作中心从“以阶级斗争为纲”转移到经济建设上来。

就像习近平总书记在庆祝改革开放 40 周年大会上讲的那样，“建立中国共产党、成立中华人民共和国、推进改革开放和中国特色社会主义事业，是五四运动以来我国发生的三大历史性事件，是近代以来实现中华民族伟大复兴的三大里程碑。改革开放是我们党的一次伟大觉醒，正是这个伟大觉醒孕育了我们党从理论到实践的伟大创造。”其实，大到一个国家，小到每个人，我们所有的发展都和国家的命运紧紧连在一起。“文革”结束了，人们开始反思了，对“文革”当中出现的所有问题、留下的伤痕我们要一一梳理。

（二）凡是伟大的，都是“叛逆”的

“长日尽处，我站在你的面前，你将看到我的疤痕，知道我曾经受伤，也曾经痊愈。”

在改革开放初期的十多年里，很多事情都是在肃清流毒、肃清影响当中一步一步向前推进的。很多人写了文艺作品，其中有一个人给我留下了很深刻的印象，他叫徐迟。他写了一篇很重要的报告文学，叫《哥德巴赫猜想》，写的是一个数学家陈景润，生活高度不能自理，一心一意为了数学的事业穷尽一生，在做哥德巴赫猜想的研究。这个报告文学最早发表《人民文学》上，当时的《光明日报》只有 4 个版，却用了两个半版面的篇幅把这篇报告文学全文刊登转载，而且报纸出来被人们抢购一空，为什么？因为这篇报告文学告诉了我们一个知识分子的命运，我们党、我们的社会在对他进行重新评估。

当时还有一个青年作家叫卢新华，写了一篇小说《伤痕》，后来这个时期的很多作品在文学史上都叫作“伤痕文学”。同一时期北京有一个中学老师叫刘心武，他写的小说的名字大家知道吗？——《班主任》，这些文学作品都反映了这个时期人们的反思。这一时期还有像《灵与肉》《枫叶红了的时候》等很多小说，《牧马人》《苦恼人的笑》《人到中年》等这样反思性的电影，正是在这样的过程当中，我们看到在每个领域都开始反思。

这个时候，以罗中立的《父亲》、高小华的《为什么》为代表的“伤痕美术”也流行开来，不少作品开始由当年的脸谱化向人性化、平民化、生活化转变，从英雄主义转向悲情的现实主义，从塑造英雄逐渐转向对普通人生活的描绘，一个时代就这样开启了自己反思的篇章，这是对人性的赞美和对人性的考问。关于生活的变迁也是这个时期的许多文艺家、美术家、音乐家共同思考的主题。

“黑夜给了我黑色的眼睛，我却用它寻找光明”

这个时期在诗歌上有一个很有影响力的现象叫作“朦胧诗”，当时出现了很多有名的诗人，包括舒婷、顾城、海子、江河等，他们在朦胧诗中呐喊出了那个时代的精神。

“黑夜给了我黑色的眼睛，我却用它去寻找光明”，这个时期顾城在 1979 年北京写的《一代人》正是抒发了这样一种心情。在这之后，许多朦胧派诗人都留下了让我们难忘的诗句，这标志着中国朦胧诗的崛起和发展，这些诗人也成了当时 80 年代中后期许多青年人心目当中的偶像。

还有一个值得注意的事情是，20 世纪 80 年代文学热席卷中国以后，短短几年，先后复刊、创刊且有全国影响的期刊就有《人民文学》《收获》《诗刊》《读者文摘》等数十家，省级以上期刊超过 200 种。《人民文学》《收获》这些纯文学期刊，都达到了百万份的发行量，这在当时是一个了不起的数字，这是一个时代的产物。

流行音乐的“反抗”

接下来思想解放还进一步深化到音乐领域当中。当时人们对流行音乐总体上是不能接受甚至是排斥的，认为流行歌曲只能表达小情小调，根本无法表达有内涵的大主题。有关部门甚至硬性规定："三个流行歌手不能同台演出。"

1986 年 5 月 9 日，韦唯、程琳、付笛声、蔡国庆等百位歌手穿着夹克、牛仔裤，在北京工体同台唱起了郭峰创作的《让世界充满爱》，打破了"三个流行歌手不能同台演出"的规定。所以，从那天开始，从工体那场演唱会开始，我们就这样一步一步不断地进行思想解放、挣脱枷锁。莎士比亚有一句话："黑夜，无论怎样漫长，白昼总会到来。"

（三）微笑着告别，沉重的年代一去不回

全民看电影的时代来了

正是因为这样，这场思想解放表现在所有方面，8 亿人民只看 8 个样板戏的时代已经过去了，我们必须要有各种各样的文艺形式、文艺作品，满足人民日益增长的对文化产品的需求。所以在 1980 年，中断了 17 年的"百花奖"恢复举办，电影《小花》获得了当年"百花奖"的最佳影片。片中一个女主角是刘晓庆，后来她成了首届春晚的唯一一个女主持人；另一个女主角陈冲后来到了美国，拍摄了《末代皇帝》，1987 年这部由中外联合出品的影片在第 60 届奥斯卡奖评选中获 9 项大奖。刘晓庆后来回忆说："我们这一代电影人可以毫不夸张地说，我们出色地完成了新时期电影复兴的任务。我们处在全民看电影的时代：全中国每一个人都看电影。"

还有一部经典的电影是 1980 年拍摄的《庐山恋》，由郭凯敏、张瑜主演。《庐山恋》当时有一个最大的突破——接吻，这一吻是改革开放思想解放之吻，是改革开放以来中国电影史上从未有过的吻。

“敢问路在何方？路在脚下”

这个时期我们国家还有一个艺术门类发展得很快，那就是动漫。80 年代初期有一批在国际上获奖的作品——《小蝌蚪找妈妈》《大闹天宫》《三个和尚》。电影《少林寺》大家更是有印象，电视剧史上第一部长篇电视剧是《敌营 18 年》，还有《西游记》《红楼梦》，这些文艺作品在压抑了多少年后突然迸发出来。

而且《西游记》诞生以后长久不衰，五年前我和我的研究生过年，那天晚上我们都换上《西游记》的着装，我还扮演了唐僧，为什么呢？我们感觉到这种难忘的回忆和简单的好玩是两回事。导演杨洁后来总结《西游记》成功的关键时，说了一句话：“因为我们是在搞艺术。”我不是对今天的“小鲜肉”有想法，因为我也曾经是一块“小鲜肉”，现在变成“老腊肉”了。没有走不下去的路，只有走不下去的人。我们要想搞艺术，必须要脚踏实地。改革开放这时期的电影、电视都在不断发展，而且它的发展速度之快，让我们难以想象。

难忘今宵，从此除夕不孤单

1983 年出现了一个标志性的事件——春晚。当时第一届春晚的场地还不到今天演播室面积的二分之一，只有 600 平方米。当时只有 60 个演职人员，200 名观众，是今天的三分之一。而且春晚当时给我们的感觉很奇特，现场直播、有几位主持人、电话点歌，并且李谷一老师连续唱了 9 首歌曲，这个纪录到今天都没有被打破。

也就是从 1983 年春晚开始，诞生了一大批流传至今的经典作品。从《难忘今宵》到《我的中国心》《冬天里的一把火》，人们发现原来歌曲不仅可以站着唱、走着唱，还可以边跳边唱；从小品《吃面条》《羊肉串》到相声《五官争功》《宇宙牌香烟》，这些经典节目让我们到现在还记忆犹新。

从这之后，看央视春晚和吃饺子、放鞭炮一起成为中国人过年的“新年俗”。虽然今天可能很多青年人对春晚不感兴趣，但是也请你们不要忘了春晚诞生后的那些年给我们带来的快乐。不是说今天的春晚不好，春晚的收视率高、有人看固然是一件好事，但是现在已经是改革开放 40 年了，我们需要消费的多元化、艺术的多元化。

燕舞，燕舞，一石激起千层浪

在这个时期，还有一个领域开始复苏，就是广告。1979 年 1 月 4 日，为了解决报社内的经济条件，天津日报率先刊发了一条天津牙膏广告。当时的广告，还不敢放得太大，只能排在第三版最底下一个角落。“一石激起千层浪”，当时香港《大公报》这样评论说：“广告的出现犹如一声长笛，标志着中国经济的巨轮开始起航。”

这个时候有个人就坐不住了。他说既然可以打广告，我为什么不能给自己打个广告呢？他思考了半天，就给自己打了一个广告。他的名字叫丁乃钧，是刚刚平反的“右派”，在教师进修学院当数学老师，当时他已经 40 岁了，还没有结婚。他的最大愿望就是找个终身伴侣，于是就决定给《人民日报》的编辑写信，希望能为他登一则征婚广告。这可给《人民日报》出了个难题。《人民日报》的编辑们经过讨论，认为应该支持征婚这件“新生事物”。于是就把广告登在人民日报社旗下刚创办不久的《市场报》一个不太醒目的位置上。

> 求婚人丁乃钧，男，未婚，40 岁，身高一米七十。曾被错划为右派，已纠正。现在四川江津地区教师进修学院任数学教师，月薪四十三元五角。请应求者来函联系和附一张近影。

从这以后，“燕舞燕舞，一曲歌来一片情”的燕舞收录机，“两片”阿苯达唑，“我们是害虫，我们是害虫”来福灵农药等这些改革开放初期的广告案例，给我们留下了非常深刻的记忆。

（四）把窗户打开，新鲜空气才能进来

弄潮青年的时尚转型

历史不断地向前发展，人们的穿戴也发生了变化，过去是黑黄灰，现在出现了喇叭裤、太阳镜、花格子衬衫。除了穿戴变化之外，人们还在向国外影片学习。当时有一部日本进口电影《追捕》，女主人公是真尤美，男主人公是高仓健。后来这部电影公映以后，高仓健扮演的杜丘的风衣就变成了时髦的风衣，还有当时《排球女将》中小鹿纯子的排球装、《血疑》中的“幸子衫”及“光夫衫”“大岛茂包”等都成为大家追求的时尚产品。

这时候还有一部很关键的香港电视剧《上海滩》。我一讲到这儿就想哭，因为当时我们楼里就一部电视，楼里 40 多个人都去看。当时我们家里没有电视，又着急想看，我跟我老婆说：“咱们刚结婚，要有点品位，我们俩去背唐诗。”第一天晚上不错，我们每人背了两首，第二天晚上就背不下去了，脑海当中始终是《上海滩》的主题曲。我想作为一个男人、一个大学老师，怎么我们家没有电视呢？于是天一亮我就跑去商店，问什么电视最便宜？一问是泰山牌，要 320 块钱。但是我一掏兜一共就 100 多块钱，我转来转去，最后和朋友借钱买回了电视机。

拿走电视以后我一想不行，咱们是学中文的，学过美学，电视直接拿回家怎么可以？于是就到农贸市场买了一个电视机罩。我家第一个电视机罩是在泰山牌电视机上，上面写着“上海”。我想我家终于有电视了，是这个楼里的第二家。夫人下班以后就忙着做饭，看我不动，说："你干吗啊？" 我说："你看咱们家有什么变化吗？" 她说："没有。" 我说："你往那边看。" 当时的激动心情可以想象到，她一看，说："你买了电视？" 她经过初步审查，搞清事实真相了就很高兴。我们把电视打开、把门窗打开，让这个楼里另一半人到我家里来看《上海滩》。这是我平生家里面的第一件电器，另外一件不算，是手电。那种对文化消费的渴望与文化产品的匮乏，从硬件到软件，给我留下了刻骨铭心的印记。

南有音乐茶座，北有老舍茶馆

改革开放初期，广州东方宾馆开设了国内第一家音乐茶座，外商吃饭出差居然敢拿五块钱点歌，那时候五块钱是工资的 10%，相当于你今天下了课拿工资的 10% 到旁边去点一首歌，这种现象后来被定位为"中国文化产业的早期萌芽典型案例"。除了茶座外，广州各式各样新兴的娱乐潮流遍地开花，卡拉 OK、游乐场就是这个时期的产物。

同一时期，北京也没闲着。在大栅栏，有一个街道干部尹盛喜下海了，他干了一件事全北京人都知道——卖大碗茶。他第一天卖了多少呢？ 3000 多碗，赚了 60.08 元，日后就诞生了北京的老舍茶馆。改革开放初期，人们开始想到的是一些公共空间怎么样能够为老百姓解决文化需求和文化服务，后来的三里屯的酒吧，还有保龄球馆、迪斯科舞厅都成为大家消费、向往的地方。

从交际舞到广场舞，究竟惹了谁？

说到那个年代，还有一个不能不提的娱乐现象就是交际舞。舞厅的出现带来了交际舞的管理问题和社会问题，这些社会问题也使得政府不知道该怎么处理。于是在 1980 年，政府相关部门联合发布了《关于取缔营业性舞会和公共场所自发舞会的通知》，要求“公园、广场、饭馆、街巷等公共场所，禁止聚众跳交际舞”，有严重者还被以“妨害社会管理秩序罪”追究刑事责任。

直到 1986 年，交际舞才开始被解禁。1987 年，文化部、公安部、国家工商行政管理局联合下发了《关于改进舞会管理问题的通知》，第一次明确肯定了“举办营业性舞会是我国经济发展和人民物质文化生活水平日益提高的一种客观需求”。值得一提的是，舞会同时被赋予了婚介的功能。

今天跳舞的中老年人一想起当年跳贴面舞的危险性就有点紧张。你没发现这个年龄的人特别愿意跳广场舞吗？可能都是以前留下的“病根儿”，有机会让自己跳个舞，让自己放松，多么好。但是广场舞也不可避免地带来了一些噪音扰民等社会问题。2015 年 1 月 31 日，针对这个社会问题我在微信公众号“言之有范”上发表了一篇名为《广场舞究竟惹了谁》的文章，随后这篇文章被纳入文化部《文化舆情专报》，得到文化部领导的高度认可，国务院领导做出了重要批示。

所以我就从写文章的人变成了参与文件起草的人，2015 年那一年，我走到哪里都问：“你们这里有广场舞吗？”就这样我看了四十几个城市的广场舞，看完以后参与了广场舞相关文件的起草。大妈跳舞的时候不会知道还有一个大爷对跳舞的事这么关注。2015 年 9 月，文化部、体育总局、民政部、住房城乡建设部联合印发了《关于引导广场舞活动健康开展的通知》，提出要积极促进和规范广场舞健身活动的开展。改革开放最初的十年异常艰难，关键就是思想解放能不能真正地与改革开放同步进行。只能疏导，而不能强行去堵。

结语

从 1978 年到 1987 年，十年过去了，中国的 GDP 翻了四番，吃穿、生活等各个方面也都发生了巨大的变化。这其中最大的变化就是思想的反思，这对于我们来说是非常重要的。我们抓住了机遇，在这个过程中，大众文化开始走入寻常百姓家，广播电视收音机越来越成为生活的必需品。在这十年里，全国各类杂志出版从 7.6 亿册发展为 26.4 亿册，电视台从 32 个发展为 365 个，这一切都说明整个社会在发生剧变。那么在接下来的 20 年，又将发生怎样的变化呢？

二、1988—1997 年：有诗有酒有高歌

时光的列车来到 1988 年，转眼改革开放已经十年，用邓小平同志的话来讲，“这十年应该说是很成功的，它使中国经济上了一个台阶”。但也正是快速发展的时候，社会矛盾开始激化。当时市场经济和计划经济并行，社会流通领域出现了十分混乱的局面，物价飞涨，社会经济秩序出现了问题。我记得当时有位管理物价的人曾说，1 斤装茅台酒从每瓶 20 块涨到 300 多块，中华烟从每包 1.8 元涨到十几块钱。

1988 年、1989 年连着两年，CPI 的涨幅都高于 18%，今天我们的 CPI 涨幅一般控制在 2%、3% 左右，到 4%、5% 的时候就出现警报了。为了应对这种情况，我们政府采取了紧缩性政策，但这也导致经济的大幅度“跳水”。1988 年 GDP 增长率是 11.23%，

1989 年降为 4.1%，1990 年下降到了 3.84%。还有东欧、苏联的剧变，一时间国际国内的矛盾交织在一起。

但邓小平同志说，“我们的改革开放政策不管遇到什么暂时的麻烦，都不会改变。”我们党坚持了改革开放坚决不动摇的精神，正是小平同志在 1992 年的南方谈话，才使得我们的改革沿着一条正确的路线走到今天。

1992 年，邓小平同志南方谈话后提出一个著名论断——发展才是硬道理。1992 年，我们的 GDP 快速发展到 2.72 万亿元，GDP 排名一下子跻身世界前十。到 1997 年，我们的 GDP 接近 8 万亿元，人均 GDP 达到 6000 多元，与 1988 年相比，增长了近五倍。经济在发展，人民对文化生活也更加渴望。

（一）“假如你有两块面包，请你用一块换一朵水仙花”

“麦当劳带来的不仅仅是汉堡”

这时候有一个很重要的现象，就是外资进入中国了。我记得 1990 年，有家外企进来了，时间是 10 月 8 日，在中国人看来应该是个吉祥的日子。这个企业就是麦当劳。餐厅在深圳开业的第一个周末就创下了全球麦当劳单店单天营业额的最高纪录—— 46 万元。麦当劳是什么？在美国，它就相当于“家庭厨房”，很便宜的，但对中国人来说，这简直是个新鲜事儿。男女老少都像过年一样，打扮得漂漂亮亮去麦当劳潇洒一下。先把芝士吃了，再把牛肉饼吃了，生菜吃了，最后把两片面包一合，就着可乐吃完。你们是不是完全不能想象这种场景？

还有很多白领，带客人去麦当劳谈生意，为什么？因为麦当劳有空调、有干净的厕所，一袋薯条可以配 6 包番茄酱，你就算在那里谈 4 个小时，也不会被撵走。也有企业去麦当劳开会，也不会被轰走，对麦当劳来说，它觉得有人来消费就是好事儿。这种快餐“慢吃”的高雅、格调、品位，折射出人们的观念变化。他们开始追求新潮、时尚，对享受型消费的渴望越来越强烈了。

“当年的土豪原来是这番面貌”

当时，一个很有时代特色的案例就是在人多的地方打手机。把一斤重的大哥大从皮包里拿出来，拉出长长的天线，专找人多的地方拨号，接通以后，在人群里喊上一句：“喂，朱总吗？朱总吗！我，范周啊，传媒大学的！听不清？好！我再说一遍！是我，范周！”其实早听清楚了，我甚至都怀疑电话那头没有人。那吆喝啥呢，其实就是告诉周围的人，我有大哥大，老神气了。

当年大哥大多少钱？有大哥大是个什么概念？价格在两万块左右，加上上号费、入网费、安装费等各种费，得两万七。这一年咱小老百姓的工资又是多少钱呢？2711 块。可是大哥大在黑市炒到 5 万元一台，还是被抢购。那时候我没有大哥大，想拿一下别人的看看，人家都说别碰。当年用大哥大的“土豪”们根本无法想象，今天大家随便就把手机从兜里掏出来了，屏碎了索性换个新的，手机就是个必需品、日用品。但那时的大哥大，也确实把中国人的生活引向了一个新境界，反映了人们的消费需求。

在人们享受物质的丰富时，潜藏在心底的精神渴望也开始萌发了。很多人买不起大哥大，就想办法买书、读小说、读诗歌，各种文化产品开始集中出现。

（二）“此情可待成追忆，只是当时已惘然”

“有井水处，皆听评书”

这时候，有种文化产品是老百姓们特别喜欢的，那就是评书。刘兰芳的评书《岳飞传》让半导体收音机一下子卖空了。田连元的长篇评书《杨家将》也在中央电视台播出，引发了一股评书热。央视有一档节目叫《电视书场》，在此基础上很多地方台也有了评书节目。

“盘古开天地，地久天长，长话短说，断古论今……”在《电视书场》上，“评书四大家”单田芳、刘兰芳、田连元、袁阔成等都在这里说过书。单田芳的《三侠五义》《白眉大侠》、刘兰芳的《岳飞传》《红楼梦》、田连元的《杨家将》《海瑞传奇》、袁阔成的《三国演义》《水浒外传》等，成为那时人们的集体记忆。甚至交通事故都变少了，小偷也变少了，据说都去家里听评书了。

后来，《电视书场》停播了，袁阔成、单田芳先生也离开了，去遥远的地方说书了。这些艺术家的离去，让我们觉得十分难过，一个评书时代就这样结束了。他们所说的，“欲知后事如何，且听下回分解”，我们一辈子都忘不了。我们这一代的听书人老去了，而新一代的求知者们正在站起来。

“他当年做梦都想上的节目就是《曲苑杂坛》。”

当时还有一个栏目非常有意思，叫《曲苑杂坛》。当时还没有今天这么火的郭德纲，他说自己一生的梦想就是想上《曲苑杂坛》，我说今天有这个节目，他都不一定有时间去，因为他今天太忙了、太火了、档期太满了。不过这也能说明当时说书的艺术对人们的影响之大。

“我梦寐以求，是爱与自由。”

“西北风，东南风，都是我的歌。”

除了这些，还有一些植根在老百姓生活中的东西，最容易让我们记住的，这就是歌曲。改革开放 40 年的时光不算久远，但见证着这 40 年发展的优秀歌曲却是唱之不尽。所以接下来，我想和大家多一点互动，咱们今天是上课，学生当然要和老师一起回忆一些经典的作品，一起去感受那个时代的文化艺术。

接下来我想和这位同学交流一下。还记得当时有首歌叫《黄土高坡》，你想和朋友们一起唱唱嘛？大家给点节奏，给点掌声好吗？

我家住在黄土高坡
大风从坡上刮过
不管是西北风还是东南风
都是我的歌 我的歌
我家住在黄土高坡
大风从坡上刮过
不管是西北风还是东南风
都是我的歌 我的歌

现场互动从跑调的情况来看，确实是真的，不是提前安排的托儿。我记得还有个年轻的歌手，就是吹小螺号的，不对，就是唱《小螺号》的那个小姑娘，长大了，在春晚唱了一首《信天游》。还有胡月的《走西口》，那英的《山沟沟》，这些西北风的歌曲，表达了人们那种压抑了很久、对精神文化产品的渴求。

“我要给你我的追求，还有我的自由。”

20 世纪 90 年代，除了民族音乐以外，国内还迅速涌现了一大批摇滚乐队，包括“唐朝”“黑豹”“指南针”“呼吸”“超载”等，还有很多我不知道的，都很有影响力。我听说当时黑豹乐队发了张专辑，就叫《黑豹》，发行量竟然达到了 150 万，这让黑豹成了“中国乐队世界销售量最高的摇滚乐队”，简直是不得了的事情。

1994年年底，张楚与窦唯、何勇、唐朝乐队在香港的“中国摇滚乐势力”演唱会一时间引起轰动，“魔岩三杰”开启了中国摇滚的鼎盛时代。

“谁娶了多愁善感的你，谁安慰爱哭的你？”

也是在这时，港台通俗歌曲传入内地了。不仅传来了邓丽君的《甜蜜蜜》《我只在乎你》，还有台湾的校园民谣。之后校园歌曲流行起来，还在清华大学念书的高晓松写：“谁娶了多愁善感的你，谁安慰爱哭的你，谁将你的长发盘起，谁给你做的嫁衣。”当时的高晓松真浪漫，现在他恐怕没时间再去思考这些问题啦。

当时还有好多校园歌曲——《走在乡间的小路上》《爸爸的草鞋》《秋意上心头》《思念总在分手后》，实在是太多了。这首就是《外婆的澎湖湾》，乐队，起！

晚风轻拂澎湖湾 白浪逐沙滩
没有椰林缀斜阳 只是一片海蓝蓝
坐在门前的矮墙上一遍遍幻想
也是黄昏的沙滩上有着脚印两对半
那是外婆拄着杖将我手轻轻挽
踩着薄暮走向余晖暖暖的澎湖湾
一个脚印是笑语一串消磨许多时光
直到夜色吞没我俩在回家的路上
澎湖湾 澎湖湾 外婆的澎湖湾
有我许多的童年幻想
阳光 沙滩 海浪 仙人掌
还有一位老船长……

就在去年，我给中国台湾来内地的参访团上课，惊喜地发现名单里有一个熟悉的名字：叶佳修。他就是《外婆的澎湖湾》的创作者。

这些美丽清新的校园歌曲，代表着那一代人的青春怀恋。你们的爸爸妈妈或许就是唱着这些歌，开启了自己人生的爱情故事，成果就是现在的“90后”“00后”。中国有了第一批真正意义上的追星族。

“港风台味风靡大陆”

这个时代让我们刻骨铭心、难以忘怀。在此过程中，随着电视机“飞入寻常百姓家”，港台明星一时间“霸屏”了。齐秦、童安格、谭咏麟、张国荣、梅艳芳、李克勤，他们的影响力都很大。

我还记得1988年邓丽君的经纪人制作了一档节目叫《青春大对抗》。他找了3个女孩，搞了一个“小猫队”，没火，后来又换了三个男孩，组了“小虎队”，火得一塌糊涂。特别是吴奇隆，在《今天有我》节目中首演《青苹果乐园》时，他的后空翻一下子引爆了全场。

那时香港的四大天王也来到我们身边。1993年张学友的《吻别》一下子卖了400万张，1995到1996年，他一共举办了100场世界巡回演唱会，平均3天多一场，观众总人数达200万人次。各式各样的明星周边产品开始在市场上出现并热销，唱片，磁带、海报、贴纸都是抢手货。大陆的年轻人知道了什么叫“追星”，第一次感受到了港台流行文化对生活造成的强大冲击。

“红透半边天的94新生代”

20世纪90年代以后内地开始施行“歌手签约制”，很多的歌手被精心包装和打造。“94新生代”——杨钰莹、甘萍、李春波、陈红、谢东、孙悦等一批人。这些名字，对于“90 后”“00 后”来说，也许完全没概念，但对于“70 后”“80 后”而言，他们可是青春时期的超级偶像。

每一个时代的人都有自己心中的偶像，而这个偶像的内涵都是不尽相同的，你不要觉得你有偶像，其实每个人都有自己的偶像。这些歌曲的出现，对于我们市场最大的影响，就是让人们始终对领袖、对英雄、对高大上的崇拜，对政治、科技的崇拜回到了大地和民间，人们对通俗文化的发展、对大众文化的发展，开始有了新的认识。物质消费、文化消费的界限越来越模糊，慢慢融为一体。

（三）大众文化发展的序幕开启

“中国电影最好的年代”

1988 年，张艺谋凭借《红高粱》获得第 38 届柏林国际电影节金熊奖，这是中国电影人首次在欧洲三大电影节上获得的最高奖，这也标志着以张艺谋、陈凯歌等为代表的第五代导演逐渐进入了创作的巅峰时期。此后，张艺谋导演的《秋菊打官司》和《一个都不能少》两度荣获威尼斯电影节金狮奖，陈凯歌执导的《霸王别姬》荣获戛纳电影节金棕榈奖。至此，第五代导演包揽了世界三大国际电影节最高奖，完成了华语影坛一大壮举。陈凯歌在戛纳领奖时，侯孝贤激动地说：“中国电影就像春天的节气一样，就要百花齐放了。”

在改革开放当中，电影产业出现了一些新的发展和变化，冯小刚完成了贺岁片的重要过渡。他的《甲方乙方》卖了 3500 万元的票房。此后 20 年里，他又陆续拍摄了 11 部贺岁档影片。正如《甲方乙方》最后说的那样，“1997 年过去了，我很怀念它。”那个充满想象力、真诚而又质朴的年代，也是中国电影的黄金年代。

这一时期，人们由最初对文化产品相对“被动”的选择，逐渐培养起自己的审美心理和艺术偏好，也正是文化产品的逐渐丰富，为后来消费者身份的转变悄悄埋下了伏笔。

“电视荧屏的万花筒正在打开”

20 世纪 90 年代，电视的功能发生了转变，见证了大众文化的流行。我们率先看到了早期第一部伦理电视剧《渴望》。

当时流行一个说法，“举国皆哀刘慧芳，举国皆骂王沪生，举国皆叹宋大成”，人们完全入戏了。七八年后我到国外去，一个宴会中，一个会说中文的东南亚的外国人，突然间问我，他说：“范教授，宋大成最近在干什么？”我说：“宋大成什么单位的？”他说：“《渴望》啊。”我才反应过来他说的是电视剧的男主人公。

如今，老一辈的影人逐渐淡出大众视野。我不禁想到，在改革开放 40 年表彰的 100 人中的李雪健老师，才是德艺双馨的艺术家楷模。他演过林彪、焦裕禄，他演的每一个角色，都给我留下了深刻的印象，我们应该给李雪健老师一点掌声，向他致敬！

后来到了 20 世纪 90 年代，综艺节目出现了。中央电视台最有名的节目是《综艺大观》，被观众们叫作“小春节晚会”，创下了高达 18% 的收视率纪录。后来又出现了《正大综艺》，以及地方台播出的《快乐大本营》，不久以后全国各地电视台出现了近百档类似的娱乐栏目。

这时的综艺节目以一种游戏化、娱乐化、大众化的姿态走进我们身边，让我们不再板着面孔去看文艺节目，而是在娱乐节目中感受生活的快乐。

“诗意的年代，从此一去不回”

这时，理想主义、浪漫主义也是一道独特的风景线。诗意的年代一去不回，但诗人们留下的作品让我们难忘，影响了几代人。小说的创作也开始迸发。1988 年，四部小说被搬上大银幕，《浮出海面》《一半海水一半火焰》《橡皮人》《顽主》这一年也因此被文学界、影视界、评论界称为“王朔年”。跑了多年龙套的葛优也因为《顽主》红了。一时间，王朔的作品成了我们研究生同学热议的话题。《小说月报》第 3 期选载了刘震云的《新兵连》；贾平凹《浮躁》获奖，震动文坛；苏童出版小说集《一九三四年的逃亡》，奠定了先锋派的地位；余华《现实一种》和《世事如烟》接连发表。经历时间沉淀的作家们真的给我们留下了太多经典。

很多人在阅读的同时思考着中国改革开放的第二个十年。正是在这个过程中，人们对新世界的无限向往，使得各个出版社的海外的作品，那些翻译到中国来的汉译作品风靡一时。“走向未来”“走向世界”“汉译世界名著”是当时青年的必读书目；《随想录》《傅雷家书》《第三次浪潮》《万历十五年》《美的历程》都在读者心中留下了深刻印象。

也就是在这一时期，一个向来少有人问津的诗人，在《读者》杂志卷首发表诗作《热爱生命》。没想到短短两年后，他竟成了全民偶像。这首诗是这样写的：

我不去想是否能够成功。
既然选择了远方，
便只顾风雨兼程。
我不去想能否赢得爱情。

既然钟情于玫瑰，
就勇敢地吐露真诚。
我不去想身后会不会袭来寒风冷雨。
既然目标是地平线，
留给世界的只能是背影。
我不去想未来是平坦还是泥泞。
只要热爱生命，
一切，都在意料之中。

对，这就是诗人汪国真。他写了许多这种类型的诗，他的第一部诗集《年轻的潮》出版后好评如潮，红遍了大江南北。据说他的读者80%都是高中生与大学生。

许多年后，在浙江台州广电总台的一个活动中，我与诗人汪国真一同作为嘉宾颁奖，后又一起回到住地吃夜宵。我顺口背了几句他的诗，他笑了笑。我说："你能不能来传媒大学给同学们讲讲你的诗？"他问："会有人听吗？"我说："一定有。"他爽快地答应了。后来因为各种阴差阳错，他没有来成。再后来，汪国真老师就离开了我们。2015年，汪老师走了，我写了一篇长微博，纪念这位和我擦肩而过的诗人。他走了，他把诗和背影永远地留给了世界。

结语

伴随着改革开放的进一步深化和西方文化思想的传播，消费不再是一种纯粹的经济行为，而是向精神文化转移，引领着一种新的生活方式。

回顾这十年的发展历程，我国国民经济持续增长，人民生活质量不断提高。这十年间，GDP 由 1.52 万亿元增长至 7.97 万亿元；城镇居民家庭人均收入由 1589 元增长至 7359，涨幅接近 5 倍。城镇居民家庭人均教育文化娱乐服务消费支出也由年均不到 100 元明显增加到近 480 元。人们在物质生活逐渐步入正轨的同时，也开始解放思想，渴盼精神生活的丰富多彩。这十年间，国内电影全年总票房首次突破 10 亿元；全国出版社超过 550 家，图书出版超过 70 亿册……

至此，改革开放已经走过风风雨雨 20 年。20 年来改革开放的成就是巨大的，是有目共睹的。没有改革开放，就没有中国经济快速发展，就没有人民精神文化需求的丰裕，就没有实现文化自信的坚实保障，也就没有中国今天在世界格局中举足轻重的地位。

当互联网的大幕徐徐拉开，当现代科学技术开始渗透至生活的方方面面，改革开放的下一个 10 年，下一个 20 年，我国的文化发展又将迎来什么样新的春天？

三、1998—2007 年：互联开启，全民狂欢

从第三个 10 年开始，最大的变化就是互联网开始走进我们的生活。香港回归之后，1998 年发生了一件大事——亚洲金融风暴。面对金融狙击，在中央政府和全国人民的支持下，香港平稳地度过了这次金融危机。那一年，国内 GDP 增速由 1997 年的 9.2% 下降到了 7.8%。为了应对这一局面，我们实行了宽松的财政政策。扩大内需、刺激增长，成了之后十年中国关键增长期的主要动力。

这一时期，中国还出现了商品房，制造业也迎来了春天，老百姓的收入已经达到 5400 多元，对耐用品的需求也逐渐得到满足，更高层次的消费需求在不断上升。1998 年，对北京、上海等 12 个城市的调查数据显示，90% 以上的居民都拥有了彩电、冰箱、洗衣机，而且用于文化娱乐教育消费的支出达到了 500 元。

（一）黄金周来了，有钱没钱出去走走

1999 年，为了提振内需，国务院做出重大决定，修订发布了《全国年节及纪念日放假办法》。因为这个文件的出台，出现了一个新词“黄金周”，也就是“国庆”“春节”“五一”。有了黄金周后，国内旅游市场开始火爆，最明显的就是那些热点旅游线路。香港刚回归，就成为人们旅游热衷的地方。1999 年的国庆节，由于出入香港人流量太大，入境处工作人员不得不打开 54 条通道疏导，平均每小时近万人过关，当天 184 个旅行团入港。在场所有人并没意识到，随后的 6 天，这一数字将是当天的 3 倍。

黄金周来了，多数人还处于适应期。人们很难想象，七天长假将带来多大财富。据统计，1999 年国庆 7 天全国的出游人数达到 2800 万人次，实现了 141 亿元的收入。这在当时是一个“天文数字”，但是放在现在就不稀奇了。2018 年“十一”黄金周期间，全国共接待国内游客 7.26 亿人次，实现旅游收入 5990.8 亿元，体量上已经翻越了几个数量级。前两天我在文化和旅游部开会，得知根据旅游研究院预计，今年中国的旅游总产值还会居高不下，在 50 亿以上，出境游和入境游人次都超过一亿，旅游正逐渐成为国民经济的重要组成部分。

旅游中有一个不得不说的现象，那就是实景演出。都说传统的舞台演出是人的杰作，唯有山水实景演出才是人与自然共同的杰作。《印象·刘三姐》是这方面最早的作品之一，另外杭州有《宋城千古情》，西安有《长恨歌》，这些旅游产品成为了现在旅游生活中的重要组成部分。

当然这也带来了“逢节必堵”的状况，但总的来说，人们对黄金周的热情不改。当然也有例外，比如说我，每逢黄金周我最愿意蜗居在家，能够“偷得浮生半日闲”，听听音乐，读一本好书也是一大乐事。现在有一个词叫“佛系”，相信像我这样的人也不在少数。

（二）全民沉浸，国民娱乐风潮正盛

如果说黄金周让人们开始迈出家门，领略大好河山的精彩，那么 1998 到 2007 这十年，电视剧的繁荣则让人们足不出户也能看遍天南地北的故事。

1998 年，《还珠格格》红遍大江南北，很多小孩都非常感兴趣。国产电视剧的生产制作数量为 682 部 9780 集，而这个数字到 2007 年变成了 529 部 14670 集，剧集数量翻了近一番。当时的国内电视有 2000 多个频道，90% 以上都在播放电视剧。视频中我们看到了言情剧《情深深雨濛濛》《金粉世家》，偶像剧《将爱情进行到底》《流星花园》，还有历史剧《雍正王朝》，武侠剧《天龙八部》《笑傲江湖》，红色革命剧《长征》，生活剧《金婚》等各种类型的电视剧在这一时期百花齐放。我想出一道考试题，让大家讲一讲最近 40 年来让你最难忘的 40 部电视剧。当然这不可能有固定答案，因为每个人的这 10 年都有自己难忘的独特回忆。

1998 年是香港回归第二年。春晚上有一首歌是那英、王菲唱的，叫《相约九八》，格调清新。导演孟欣回忆起歌曲的制作，说一台晚会几十个节目，却独独在一首歌曲上下血本，什么样的歌曲才能将香港回归的喜悦融入老百姓的心中？太洋的不行，太土的也不行，歌还得好听，反反复复几十天，终于将《相约九八》呈现在了观众眼前。这让我们知道，在社会生活和政治发生巨大变革的时候，也可以用另外一种艺术形式来呈现。这些都是标志性、转折性的东西。

还有一首歌也非常流行，让人们把视线从国际收回到百姓家中，叫《常回家看看》。

在座的同学们听了这堂课，下课以后要记得常回家看看。其实老人不需要你们拿多少东西，也不需要你成为什么大英雄，主要想听听你的日常生活、身体怎么样、学校学习怎么样，最近还有什么打算。当然老人肯定要问一个事，你知道的。你就如实招来，眼前解决不了的，重点谈畅想，说 2019 准备怎么办，多给老人希望。

讲到这里，我们应该看到，中国的歌词越来越平实了，就像唠家常一样，没有那么多很拗口的词。感情、态度、表达形式的平民化，是这 10 年电视发展一个最大的亮点。《贫嘴张大民的幸福生活》《炊事班的故事》《东北一家人》《武林外传》等这类平民风的喜剧越来越得到观众的认可。

1999 年 11 月 19 日，《北京青年报·青年周末》有位记者报道了韩剧在中国广受欢迎的现象，首次使用了“韩流”一词。2002 年前后引进的《冬季恋歌》和《蓝色生死恋》里，都说韩剧有三宝：车祸、癌症、治不好。“灰姑娘”总会面对一个思想传统的未来婆婆，这其中便大量地注入了中国传统的儒家思想。观众不知不觉地被这些韩国演员的服饰、化妆品甚至是故事发生地所深深地吸引了。但是到电视剧的发生地一看，其实什么都没有。我去美国出差的时候也曾经去过《廊桥遗梦》的拍摄地，也是什么都没看到，但是人们依然还是流连忘返，这就告诉我们一个道理，文化产品可以穿越物理空间来实现心灵的碰撞。中国人常说“看景不如听景”，就像去庐山的人一定要伴随着《庐山恋》看才有味道，好的旅游景区加上文化表现，才能真正“有感觉”。

（三）我们离真正意义上的“大片”还有多远?

在电视剧回归大众的同时，一艘巨轮正要驶入中国电影市场。这艘巨轮的名字叫《泰坦尼克号》，它的主题歌曲、经典台词都曾风靡全国。

当时这部电影多少钱一张票呢？20块钱。而且这部电影在中国的票房是3.6亿元，什么概念呢？是中国当年票房的1/3。有观众还要求电影院出售站票，200块钱的黄牛票也不愁销路，连影院门口的自行车保管员、卖零食的、卖汽水的、卖纸巾的都赚翻了。

2001年中国“入世”，之前有人高呼“狼来了”，担心中国电影垮掉，但事实真是这样吗？实际上没有，从2003年到2005年，中国电影票房从10亿涨到了20亿元。2002年“院线制”改革，中国电影市场开始更加彻底地面向市场经济，张艺谋拍摄的电影《英雄》在这一年拿到了2.5亿元票房的成绩。什么概念呢？占据了当年总票房的四分之一，这个记录维持了整整四年。之后很多电影像《功夫》《无极》《夜宴》《满城尽带黄金甲》《赤壁》《画皮》等，都是采用这个套路，中国电影人频频出现各大国际颁奖台上，但也饱受争议。不管怎样，总的来说，这一时期许多第五代导演的作品都让中国的电影发展迈上了一个新的台阶。

（四）“秀”时代到来，全民造星开启

那时候湖南卫视搞了一档节目叫《超级女声》，把被动看节目变成自己参与造星，而这个权力在老百姓的手上。因为“不拘年龄、不拘长相、不拘唱法”，听说当时《超级女声》最火爆的时候，有上万人到现场，连卫生间里都是练声的人。四川有一个市给教育部发明传电报，要求《超级女声》必须停止，因为学校里面很多学生都不上课了，都去参加海选了。此外很多人都对它有非议，包括一些主管文化的主要领导，写了七八篇文章对它进行讨伐。中央电视台一个特别有名的栏目还专门不点名地批评了《超级女声》。但是 2005 年《超级女声》的总决赛如期举行，那期总决赛请了很多老艺术家，他们谆谆教诲获奖的孩子，一定不要忘了无产阶级革命事业，不要忘了我们在建设社会主义小康社会。我们的孩子特别乖，获奖之后还要唱一些红色歌曲，以表达对老一代的致敬。可以看出，当一个时代变革的时候，我们的政府和社会管理机构的态度是越来越包容的。

所以我就想起了几句话：

大多数我出生时已经有的流行文化都是陈旧老土、不值一提的。

你们想想当年的样板戏、歌曲、舞蹈，可能觉得这些太落后了。

大多数在我 10—30 岁之间诞生的流行文化都是无法复制的经典。

为什么？因为我参与了，我印象最深，我都会唱。发现没有？我在前两个阶段之后，就再不唱歌了，因为这阶段有的歌词我都听不清楚了。

大多数在我 30 岁之后诞生的流行文化都是愚蠢肤浅，幼稚可笑的。

在座有点年纪的同志一定要学会包容：像以前跳交际舞不行，后来可以了；以前流行歌曲不能三个人以上唱，现在可以一百个人唱。所以面对各种各样的文艺现象，大家一定要以非常平和的心态去对待，不要有“我熟悉就是最好的”“我不熟悉就是差的”的想法。我们经常吐槽说你们这也叫艺术吗，还有很多人对上一代不太尊敬。可以试想，若干年后你的后代也可能对你不尊敬、不理解，这是一样的。我上课时经常开一句玩笑，你们都会说这句话：“长江后浪推前浪，前浪死在沙滩上。”我又加上了两句：“后浪终究变前浪，早死晚死都一样。”在座的工作十年、二十年的都是前浪，已经离沙滩很近了，90 后和千禧宝贝们都是后浪，今后你们也会变成中浪、前浪。每个时段大家在社会发展中扮演的角色是一样的，不过现在各领风骚的时间确实越来越短。“江山代有人才出”后面一定要跟上一句“自古英雄出少年”，后浪终会成为前浪，年轻人成长起来是好事，是希望。

（五）打开互联网世界的大门，才是真正的开放

中国一旦赶上了互联网大潮，就进入了快速发展的阶段。

“中国人离信息高速公路还有多远？向北 1500 米。”

1969 年第一代互联网——阿帕网在美国诞生，1987 年我国才叩开了通往互联网世界的大门。9 月 20 日 20 点 55 分，北京计算机应用技术研究所发出了中国的第一封电子邮件——“越过长城，走向世界”。

1998 年，微软在海外静悄悄地发布了 Windows 98。我们被一只“猫”改变了。那个时候需要用“猫”和电话线拨号上网，网速是 56k 每秒，时常会掉线，而且当时的大陆，每 1000 人中只有 9 个人拥有个人电脑。

我们在搜索资料的时候发现有这样一张广告牌。上面写着：“中国人离信息高速公路还有多远？向北 1500 米。”——前方向北 1500 米，就是中国第一家互联网公司——瀛海威的网络科教馆。

其实这是一个广告牌，而不是我们还有 1500 米就赶上了。不难发现，互联网对当时人们最大的吸引力是“信息”。

网络论坛“瀛海威时空”上有一位用户这样描写第一次进行网络聊天的心情：

> 第一次接触的网络是“瀛海威时空”，当我成功地进入瀛海威时空后，展现在面前的是一幅美丽的城市风景，潺潺的小河，太阳伞下的咖啡桌，广场中心的雕塑……正当我准备看个仔细时，屏幕上突然跳出一个对话框：×× 正在呼叫你，真是太令人激动了，尽管呼叫的内容只是一个 HELLO，但这表示有人在注意我，第一次上网就有人呼叫我，可我并不知道他是谁呀？其实这正是在线呼叫的魅力所在，这种陌生人之间的毫无拘束的交谈方式使交流变得既神秘又刺激。这几天上网几乎成了唯一可以吸引我的事……

这种心情，是一个上网人最初的心情。

1999 年的海口，中山大学中文系毕业的邢明用自己在股市中挣到的钱创办了天涯网络论坛。他在这个论坛中招募了一批网络写手，《武林外传》《明朝那些事》等很多畅销作品就是从“天涯”流出来的。那时候的天涯文化，几乎就等同于网络文化。同时，门户网站也顺势兴起。1998 年 12 月 1 日新浪网成立。今天我们要向新浪表示感谢，因为今晚以新浪为主体的二十几家媒体一起同时直播，我们的活动才得以顺利进行。

我自己开通微博的经历也是“鬼使神差”。有一天有人对我说，“范老师，你也开了微博。”我不相信，他说：“我给你念。”我说：“这是我在课堂上讲的话。”后来一问，那是我的研究生开的，他们天天模仿我的语气在网上发帖。这群可爱的研究生，他们怎么学也学得不像。我的微博开通时间是 7 月 1 日，当时朋友还开玩笑说：“老范，你连上网的时间都很讲政治。”加入微博之后，我才发现原来网上还有另外一个世界，我不仅找到了失散多年的发小、同桌的她，还交到了很多新朋友，现在有了 27 万粉丝。

这个时候，马化腾和他的老同学带着初生的 QQ，走上中国社交的封神之路，电商也开始快速发展。1999 年年初，《数字化生存》的作者尼葛洛庞帝来到了中国，并在中国大饭店发表数字化中国演讲，他预计：“到 2000 年，电子商务市场会有 1 万亿美元的市场，这个数目比人们估计的还多 5 倍。”当时他的演讲有一位受益者，就是马云。马云的照片第二年就出现在了全球权威的财经杂志《福布斯》封面上。随后，阿里巴巴一跃成为全球规模最大的 B2B 电子商务公司之一。我真的很希望今天在座的有人在 10 年后成为文化界的“牛云”“李云”“杨云”，我们需要这样早早醒来的人。

回头看看，今天的互联网巨头网易、新浪、腾讯、盛大、搜狐、阿里、百度都在这段时间内成立。但是经过不断的大浪淘沙，早期许多如火如荼的公司也在不断地被淘汰，很多名字已经淹没在时代的洪流中了。

（六）与网络文学的第一次亲密接触

这个过程中，中国互联网出现了另外一个现象，就是网恋。我一查资料，发现最早写网络文学的人叫蔡智恒，他写的小说《第一次的亲密接触》被很多网恋见面的人当作记号，他们兴奋里有期待和紧张，夹杂着一丝不安和恐惧，担心美好幻想破灭。那个年代，网络上称丑女为恐龙，丑男为青蛙。于是就出现了这样的新闻报道，“昨夜，青蛙去见恐龙，结果见到的是另外一只青蛙。”天涯论坛创始人邢明说“没有网恋过的人没有网感”。我不知道在座的各位有没有网感，你们的网感是不是和网恋有关系，但是我有一个学生跟我说了实话，他的知心爱人就是通过网恋找到的。从网恋回到现实当中，一种文学现象就此诞生了。蔡智恒写下的这本《第一次的亲密接触》开了网络文学的先河。

那个时候，很多文学爱好者被一个名为“榕树下”的文学网站所吸引，踊跃注册并贴出了自己的第一篇文章。在互联网刚刚兴起的年代，榕树下满足了文艺青年们的需求，一个属于网络文学的时代就此拉开帷幕。1999 年出现了第一代“网红作家”——邢育森、俞白眉、李寻欢和安妮宝贝等。

与传统文学相比，网络文学可能语言不太考究，立意不够深远，但是不能否认的是，它从有些人“写着玩”变成了现如今一种重要的文学表现形式，带动了一个新的产业出现。我听说 2017 年全国的网络文学读者规模已经突破 4 亿，网络文学驻站创作者数量已达 1400 万人。今天的人大多都不知道茅盾文学奖的获得者，却知道唐家三少等知名网络作家。网络文学已经深刻改变了一代人的写作和阅读习惯，中国网络文学真正从文化边缘走到了舞台中央。

网络文学这种表现形式还具备一种前所未有的优势，就是极强的互动性。它打通了读者、作者之间的关系，也使他们之间可以改变原来的写作架构，读者不希望主角死，作者就可以改变先前的设定，让角色继续活下去。

（七）“潘多拉魔盒”打开了

再见，游戏厅；你好，“网吧少年”

如果说偷偷拿着父母的手机玩贪吃蛇是“90 后”的童年记忆，

那街机厅是最能点燃“80 后”热情的地方。20 世纪 90 年代是街机的黄金时代。其实，贪吃蛇我没有玩过，街机也没有玩过。在准备这堂课时，我们有一位老师慷慨陈词地讲述了自己当年和游戏的故事。有请我们院的副院长刘京晶老师讲讲她和游戏的渊源。

刘京晶老师：我是“80 后”，我小时候玩过很多游戏，从刚开始的魂斗罗，到贪吃蛇和轩辕剑等，但是我们在策划这次课程的时候提到街机，我当时特别兴奋。我相信“80 后”的同学都有这样的感觉，以前我们上学的时候特别羡慕赚钱的哥哥姐姐，能拼命地玩游戏机、换游戏币。当时玩的都是学习不好的人，我作为一个学霸，只能把这个爱玩的心压抑起来。后来我发现商场里面出现很多这样的游戏厅，我在 10 月份的时候，带着我的老公、我的孩子，玩了整整三个小时，面前堆了几万张彩票，花了一个月的饭钱，进行了一次“报复性消费”。这说明我们国民收入水平提高以后，这个文化消费是可以被激发的，我就是一个典型案例。

我理解刘老师为什么这样做。人在年轻的时候，最渴望的东西是一辈子忘不了的，这一天一旦到来的时候，他会疯狂要实现自己的梦想。可一旦实现了以后，他们又会很焦虑。

旧事物谢幕，就有新事物的登台，只是随着时代的发展，新陈代谢的速度越来越快。1996年5月，中国历史上第一家网吧“威盖特”在上海开业，网吧逐渐代替了游戏厅。

中国这十几年的变化，让一家家的网吧诞生，也让千千万万个家长为此纠结。我们知道这些家长很希望孩子好好学习，但很多孩子却痴迷游戏，可是谁能想到这些孩子可能就是日后第 99 个体育项目电竞的后备运动员呢？人民日报曾经做过一个问卷调查，有 70% 的家长直到今天为止还是非常讨厌孩子玩游戏。游戏和电竞经常让我们分辨不清，只有做出成绩，才没人说你离经叛道。如今蓬头垢面的网吧少年终于走入镁光灯下，成为万众瞩目、为国争光的电竞明星，但是大多数人对这一点还要有相当长的认识过程。

网络歌曲的黄金十年是中国唱片产业的黑暗十年

音乐也由于互联网的出现发生巨变，网络音乐开始诞生了。还记得雪村和他的《东北人都是活雷锋》吗？《丁香花》《老鼠爱大米》《两只蝴蝶》等网络音乐席卷了整个流行音乐界。很多网络音乐都可以免费下载，很少人希望拿钱去买光盘，当时盗版的现象也非常猖獗。下面有请我们学院的朱敏老师，研究音乐演艺领域的专家，谈一谈网络音乐的辉煌十年，是不是唱片产业的黑暗十年？

朱敏老师：网络音乐的十年，让我们的唱片和实体唱片举步维艰，究其原因，一个是互联网的整体覆盖，还有手机终端的普及，最重要的就是版权保护的缺失，造成了很多著名的作曲家不再创作作品，很多唱片公司不敢再创作和出版新的唱片，因为唱片刚一出来还没有赚到钱，盗版就已经满世界飞了。

我们可以看到一个产业的兴起如果不加以规范，就会影响到其他产业。从 2005 年开始，中国唱片业产值每年萎缩都超过 20%，2008 年中国唱片业的产值比 2007 年下降了 34%。而在中国近 4 亿网民中，超过 83% 的人有过上网听音乐的体验，但曾为正版付费的用户比例不足 5%。这一现状不仅伤害了唱片业，更破坏了音乐人所处的环境，并因此伤害到音乐本身。

结语

这十年，经济持续增长，国内生产总值从 8.5 万亿元上升到

27万亿元，居民人均可支配收入从5425元增加到15780元。我们的文化消费也从500元增长到了1329元。1998年8月，文化部正式成立了文化产业司，文化的产业化成为一个重要信号。

中国错过了前两次工业革命，终于在世纪之末赶上了世界第三次科技革命的列车。2007年中国的互联网用户就已经有两个亿。中国逐渐从新技术的追随者发展到新技术的贡献者，如今成了新技术的领跑者。

在这之后我们从2G时代跑步迈入了3G时代。人们对互联网的认识和想象，渐渐不再局限于"信息高速公路"，文化消费的载体和阵地已经由物理空间开始转移到虚拟世界。

这十年，通俗文化更加鲜活。各种各样的文化现象、大片出现，民众不同的需求也得到了满足。大众文化在序幕开启以后迎来了第一个高潮，这和互联网的出现密不可分。如果说这十年还是一个交替期、更迭期，那么接下来的十年就是以互联网为主体的十年，让我们一起来完成对最后十年的回顾。

四、2008—2018年：时光折叠，回首来路

在回顾这40年的文化发展的时候，大家会不会觉得最后十年发展得太快了。十年来，我国GDP继续保持了逐年增长的趋势，从2008年的31.4万亿到2018年仅前三季度就已达到65万亿元，相关机构预测截至年底有望直逼90万亿元，十年时间里中国GDP提高了近300%。

在这期间，我们的恩格尔系数也在逐渐下降，下降到只有29.39%，中国第一次进入联合国划分的富足区间。大家知道，改革

开放初期，我们中国的恩格尔系数是“6 字头”的，而现在是“2 字头”，说明我们的经济发展越来越好。老百姓用于文化消费的钱也多了，从 2008 年的 1472 元增长到去年的 2847 元，翻了近一番。这个数字告诉我们未来文化消费、教育消费的潜力是难以估量的。

回首这十年，有一个关键词一定少不了，就是“互联网”。2008 年我国的网民数量大致为 2.2 亿，到 2018 年网民已有 8.02 亿人，中国数字经济规模达 27.2 万亿元，占 GDP 比重达 32.9%。这个数字告诉我们国人的文化消费和教育消费已经发生了巨大的变化，那么除此之外这十年间还发生了什么？

（一）请回答 2008：时间改变了什么？

时间回到 2008 年，奥运会在北京举办。有些情侣选在奥运这天领证结婚，很多人都希望可以在八月份生出奥运宝宝。那一年，中国传媒大学的很多同学一个学期甚至是一整年都在做奥运志愿者。大家都在用自己的方式参与着这个举国盛会，我在开幕式的前一天看了彩排，那个震撼的场面令我至今记忆犹新。

但是奥运给我们今天留下最深刻影响的不仅是那些体育赛事，还有奥林匹克精神，习近平总书记也曾在多个重要场合大力提倡并深入阐释奥林匹克精神，比如“奥林匹克精神是重在参与、自强不息、顽强拼搏”，在全国掀起了一阵全民健身的风潮。

曾经的奥林匹克公园广场变成了十几种广场舞进行切磋的场地，曾经的鸟巢和五棵松也成了艺人举办演唱会的标志场馆。除了场馆，北京奥运会带给我们最直观也是最深刻的影响莫过于全民健身的普及达到了前所未有的程度。很多人下班后和礼拜天的业余时间都在干什么？很多人选择去健身。2011 年全年只有 22 场马拉松比赛，到 2017 年时这一数字就已经增长到了 1102 场，而且很多像北京马拉松、重庆马拉松等大型赛事因为参与者众多甚至需要“摇号”参加。

过去说奥运拿金牌是唯一目标，但是现在看来这句话已经被推翻了。2016 年傅园慧在奥运会上金句频出，“洪荒之力”一下子成了网络热词。有网友评论说：“国人的体育情怀除了金牌还有运动本身的快乐。”

从最初的“唯金牌论”到现在更加注重赛事背后的精神属性和娱乐属性，我们的心态变得更加平和、理性了。北京奥运会是中国改革开放 30 年的节点，如今我们又将迎来 2022 年的冬奥会。相信冬奥会一定会为中国带来新的冬雪经济，并掀起一场冬雪运动的热潮。

（二）“佛系青年”“斜杠青年”“空巢青年”背后“网生一代”的文化标签是什么？

伴随北京奥运会成长起来的一代人，我们也叫他们为“网生一代”，他们被贴上了“佛系青年”“斜杠青年”“空巢青年”等一系列标签。“网生一代”已经走到了舞台中央，开始渐渐成为社会的主力。那么这个新兴消费群体背后的文化标签究竟是什么呢？

娱乐文化

相比过去，网生一代更热衷于在网络上发生的文化现象，于是网剧、网综、网络大电影开始出现，受到了大家的追捧。现在一部网络上非常有名的剧，一集的价格可能是电视台的 5 倍到 10 倍。在这样的过程中，广告的总产值并没有降低，只是逐渐从报纸、杂志、广播和电视转移到了互联网上。2014 年我国的网络综艺数量只有 47 档，而到了 2018 年仅上半年就上线了 194 档。

手机也不再是单纯的通信工具，而是一个新的即时社交和分享工具。这代人每天都会花费大量时间在各类娱乐和社交网络平台上，所以社会上出现了各种新文化，比如社群文化、圈子文化，还有二次元文化和弹幕文化。

分众文化

从《爱情公寓 1》首次在 2009 年江西卫视的暑假档播出，到 2018 年推出了大电影，在将近十年的时光里，这部剧陪伴了许多网生一代的校园时光。一句“我的青春我做主”甚至成了很多人的个性签名。

年轻人自我个性的张扬对于他们自身和社会的发展都产生了巨大的影响。我常年在高校工作，每天跟学生一起接触，我也会被他们所感染。古人说师生之间的关系是“师不必贤于弟子，而弟子不必不如师”。在互联网时代当老师越来越难，因为学生和老师同步掌握知识，尤其是大学生。他们一旦掌握方法论以后，就可以和老师同步学习。所以我自己的微信签名是“走自己的路，叫别人打专车去吧”，以此来告诉自己，互联网时代每个人都有自己的个性化需求和表达。

从这以后我们也看到了一些过去都不敢想象的节目，比如近年来的《奇葩说》《中国有嘻哈》《吐槽大会》等完全颠覆传统节目及表现小众文化的现象级文化产品在青年群体中走红，这些文化的形成有特殊的时代背景。在互联网发展的上半场以大众文化为主流，但是当其进入下半场时，面向年轻人的小众文化和分众文化成为主流，娱乐产品变得越有个性越好。

这些娱乐化和个性化的文化产品也引发了一些批判的声音，我非常反对娱乐过度和娱乐至死，但是我也包容和理解这些与我相差两代人的文化表达。同时，文化一定带有时代的烙印，生活在其中的人必然受其影响，其他时代的人需要多一点包容和理解。小时代也是一个时代，我们今天不能盲目地拿点击率、拿票房衡量一部作品的优劣，可能它今天是火爆的，但放到历史的长河中它未必就是经典的。

（三）有些节日本来不是节日，过的人多了就成了节日

说起年轻人的文化标签，我还想到了很多人对新兴文化现象不理解，包括大家经常说的洋节和传统节日的问题。面对这一现象现在主要有两种不同的看法，一种人认为洋节应该过，觉得既然已经改革开放了，外国的节日为什么不能过？还有一种观点认为中国人就应该过自己的传统节日。现在面对这两种不同的观点有没有同学想现场说一说？

本科学生：我们应该平等对待中外节日，首先我觉得在讨论这个问题之前应该明晰一下节日的概念。节日是人类为了适应生产生活需要而产生的一种民俗文化的体现。虽然本民族的民俗文化很重要，但是适应生产生活需要也很重要。过节的主要心态就是庆贺和放松。外国也有很多这样的节日，比如圣诞节、感恩节、狂欢节，人们可以和家人、朋友一起出去吃饭、唱歌、度过美好的时光，这种轻松的氛围和时光是现代人非常缺乏的。所以我觉得只要一种节日能符合紧张社会下人们放松心态的需求，同时给平淡的生活增加一些仪式感，就是好的，没有必要分什么中外。

博士学生：首先我们也来区分一下什么是节日、什么是假日。西方过来的节日到了中国以后，更多是成为一种假日，因为很多商家把它塑造成消费的符号，给人们一个借口去消费、去娱乐、去放松。这是一个商业噱头，后面蕴含的文化内涵或者文化价值，我们都不一定了解，甚至不一定认同。所以它只能称为假日，而不是节日。但是反观我们中国的传统节日，它首先是一种人文文化，像春节等有着浓郁的人文情怀的节日，以及像清明扫墓纪念先人等具有仪式感的节日。西洋节则不是，我们只是去感受一下节日的氛围。传统节日寄予了我们在骨子里的文化传承。这是节日，而不是假日。所以，我的核心观点是假日可以无国界，我们想过就过，但是节日一定是传统的。

如何看待洋节和传统节日的关系，这个题目我也一直在思考，我觉得她们两个讲得都对，洋节给我们带来的仪式感很强烈，但年轻人未必懂得洋节背后深层次的文化内涵，只是找个借口聚一下、放松一下。

对于传统文化、传统节日，我们确实应该很好地挖掘它的内涵，特别是它的仪式感的文化符号。古人创造了十分完整又严格的节俗，而我们却在把它逐步简化，春节吃饺子，元宵节吃元宵，端午节吃粽子，中秋节吃月饼，腊八节吃腊八粥。其实我们并不缺少节日，只是生活需要仪式感。

（四）地球变小了，世界变平了

回过头来我们看看在这十年当中，除了节日以外，电影的发展也引发了我们不断的思考。2008 年我国电影总票房为 43.4 亿元，进口片票房是 17.4 亿元，2018 年我国电影总票房突破 600 亿元，进口片共 117 部，票房占四成左右。在这样的背景下，很多年轻人对外来影视作品产生兴趣，有观看英美剧或日韩剧的习惯，甚至有些青年人自发组成字幕组以便更多人可以在剧集更新的第一时间进行观看。还有一个很直观的现象是金庸先生去世时 70 后和 80 后集体缅怀，漫威之父斯坦李的去世却让 90 后和 00 后感叹一个时代的落幕。不得不说，在互联网和全球化的影响下两代人热衷的文化符号产生了变化。

全球化背景下，我们不是单向接受而是双向互动，我们的文化产品也在不断走出去。比如从前几年的《甄嬛传》《琅琊榜》等电视剧及近几年的《白夜追凶》等网剧的出海都受到了广泛的好评。《甄嬛传》在美国热播的时候，美国一个权威的影视网站给了《甄嬛传》8.5 分（满分 10 分）的评价，而且说是“中国版纸牌屋”。

但是玩笑归玩笑，我们自己要很清楚地意识到中国文化走出去的重要性。我自己就有过自认为我们的文化已经走出去了，结果却并没有真正走出去的亲身经历。

2009 年我 50 岁，到联合国拿了一个由潘基文秘书长给我颁发的“全球创意经济顾问”，同时做了 40 分钟的演讲。演讲结束后的提问环节中，有一个来自北美的文化参赞问了我两个问题。

第一个问题是中国现在还有多少人梳辫子？他看到很多文艺作品中的中国人都是梳辫子的，然后打架之前先把辫子盘起来，这一看就是他武侠片看多了。那一年奥运会才刚刚结束，我们高喊着“世界给我 18 天，我给世界 5000 年”的口号，但人家一个国家的文化官员，居然没来过北京，不知道中国的情况。我就跟他开玩笑说，中国还有人梳辫子，这些人是中国的艺术家，他们不但留小辫，还留胡子，还把身上涂很多油彩，这是艺术家的个性。

接着他又问我第二个问题，那你会武术吗？我想算了，简单点回答他。我说会，他很高兴。紧接着问我：“那你会什么门派？”我说：“我会第六套广播体操。”他很费解地问：“这是一个什么门派呢？”我比较幽默地回答他说：“这个门派中国全民都会，我只会第六套。”

外国人提出这样的问题让我心里很难过。这个例子我讲了十年，是为了告诉大家我们不要自以为是地认为我们的文化已经传播到世界各地了。这些年来我们讲好中国故事，不是要搞那些刚性的、人家不理解的文化宣传。我们把中国的故事讲到世界，就是为了让世界人民多了解中国，少一点误解。但是，这些年我们有很多的作品在国内反响很好，但是在国际上的反映却不能令人满意。比如一部电影在国内卖了几十个亿，在国际上的发行量却不过几百万美元。

像这样的例子很多，我们需要打造一批像中央电视台拍摄的《舌尖上的中国》这样的文化精品，不但在国内广受好评，在国际上也很热销，还有像《我在故宫修文物》《朗读者》《经典咏流传》等，这些文化作品都是我们拥有文化自信和文化自觉的标志。

（五）世界上最遥远的距离是我坐在你对面你却在看手机

从 1G 的出现到 5G 时代的即将到来，手机所承载的文化功能越来越丰富，尤其是 4G 和即将到来的 5G 时代。4G 是移动互联网时代，相比于 3G 的图文传播，4G 带来了视频、短视频、直播和移动手游的全面崛起，出现了抖音、《王者荣耀》等一系列现象级的产品。即将到来的 5G 时代是万物互联时代。而且它带来的变化将是惊人的，不仅仅是速度和带宽，还会带来生活的一个个剧变，包括互联网、无人驾驶，特别是 AI 人工智能的发展，会影响生活的方方面面。

在这样的背景下，我们的文化底色不能变。无论技术发展有多么快，我们都应该有自己的创作和思考。那些年我们觉得台北故宫是我们学习的榜样，但不到十年的时间，北京的故宫已经完成了华丽转身，他们在 2017 年就实现了故宫淘宝年销售额超过 10

亿元，而台北故宫的文创产品销售收入折合成人民币还不到两亿。我们国家大力提倡让文物活起来，让藏在深宫大院里面的文化精品能够更好地回到老百姓的日常生活中，这方面故宫给了我们最好的答案，现在国博、国家图书馆和各个省的博物馆也都在积极作为。

（六）知识可以用钱来衡量吗?

十年来，技术的进步丰富了文化娱乐活动，知识的消费和获取方式也发生了巨大的变化。现在手机已经不再是单纯的通信工具，还可以理财，可以阅读，可以做很多的事情，包括在线教育。2017 年中国在线教育市场用户规模就已经达到 1.4 亿人左右，市场规模达到 2000 亿元。慕课在中国虽然起步较晚，但发展飞速，将传统的以教师、课堂为中心的模式翻转为以学生为中心的教育模式，更加尊重求知者的个性和选择。下面请卜希霆老师讲一讲他是怎么样用他的慕课迎接新教育的挑战。

卜希霆老师：慕课是受众范围非常广的课程，范老师今天的跨年公开课也可以做成一门慕课。我自己录这样的课程还是比较辛苦的，我之前用了三天的时间从早录到晚，然后又进行了后期制作。课程名字叫作创新教学，未来会在慕课网站上线，希望真的可以通过没有围墙的大学把我们的优质课程传到更多更远的地方。

除了卜老师提到的，其实对于互联网颠覆传统教育的问题，我作为一名大学教师也有着十分深刻的体验，比如我前阵子在我们学校讲了一堂公开课，现场只能容纳四百名同学，但是通过直播的形式在全网总计有近 30 万人次的关注量。我们现在要求很多老师逐渐从课堂教学向慕课转化，为了讲好今天的课程，我准备了三个月。这些素材是我的学生们搜集、梳理了很长时间才呈现在大家面前的，需要在最短时间里把知识浓缩，用最有效的手法展现出来。以前我们总是把课堂局限在三尺讲台，而未来的课堂上，可能班主任就是一个机器人，上课的老师可能未必是本校的老师，教育在发生各种各样的变化。

互联网除了可以帮助老师提升课程的传播效果，也为学生们提供了更为广阔的实践空间。2014年，在一次回京的飞机上，我和同事商量着怎样用一个新的模式培养研究生，我突然灵光一闪——办个文化产业的公众号吧。就这样我带着学院的几名同学创办了公众号“言之有范”。四年来，“言之有范”坚持每日原创，共推送文化领域精品文章3000余篇，被人民日报、光明日报、中国文化报、中国社科报、人民网、新华网等权威媒体转载累计1200余篇，转载率达40%。转眼四年过去，“言之有范”的系列丛书也已经出版了六卷，春节过后第七卷也将和大家见面。

我举这个例子是想说：“各个年龄的人群在面对互联网时没有原则上的差异。”再过几分钟我就跨入60岁了，在互联网面前，年龄不是问题，问题是我们的观念。什么观念最重要？就是进入互联网时代后我们一定要有互联网思维。那什么是互联网思维？就是要去权威化，要相互交流，而不是单纯地我说你听。在互联网中没有不变的角色和分工，我们每天在写公众号发布内容，是创作者；但是与此同时我们还是消费者，创作和消费的过程是交织在一起的。

（七）人人都是徐霞客

大家经常说我们的旅游和文化是诗和远方，在互联网新的世界面前，这个远方也在发生变化。今年4月8日，新组建的文化和旅游部正式挂牌。但是文旅融合绝不是简单的文化和旅游的相加，它一定会产生新的业态。据统计，2008 年国内旅游人次超过 17 亿，2017 年国内旅游人次达到 50 亿，10 年间增长近 3 倍，带来了近 6 倍的旅游收入增长。

在这样的变化当中，我们人人都必须要做好新的准备。年轻一代“00 后”，就坐在你们的身后，“90 后”坐在你们的中间，不管你愿意或者不愿意，这些人都会成为社会的主体，都会成为新的创业主力，而坐在前面的是“80 后”“70 后”还有个别的“60 后”，再想一想我这个“50 后”，你们还有什么不可以做的呢？现在“60 岁”的人叫老年人，但是在互联网世界，我认为对互联网不清楚、不愿意接触、还不想接触的人才是真正的老年人。

全国老龄委调查数据显示，我国 60 岁以上人口已经达到 2.41 亿，而当前老年旅游人数已占据旅游总人数 20% 以上。除了老年旅游产品，银发经济在其他领域也有巨大潜力。中国作为世界第一的人口大国，中国的老年人口有着与其他国家不一样的老龄化特征，那就是空巢老龄化。因此除了医疗、保健、服务等方面的完善，老年人的精神世界更需要得到丰富，所以我们还要思考一些新的模式，让老年人能够幸福地度过晚年，这对于企业家来说是一大机遇，把银发经济搞好是未来很重要的蓝海。

结语

世界上唯一不变的事情就是变化本身。2008—2018 年的 10 年间，中国经济的发展由原来的快速增长转为中高速增长，由原来能源和环境的消耗性增长，进入到了今天以数字创意、新兴服务业等产业为主的新的发展阶段。当然，这一切的一切，还仅仅是故事的开始……

这就要求我们必须要赶上这趟列车，我们必须做好心理准备、知识准备和各种各样的专业准备，这个发展趋势不是你愿意或是不愿意就可以改变的。因此我们每个人都要做好准备，把自己的未来定位与这个时代、这个社会紧密地结合在一起。

展望

新年的钟声一响，我们的课程就到了该和大家说“再见”的时候了。今天是 2019 年，我在第一刻向你们道一声：新年快乐！我建议大家在新年钟声过去以后，对未来做一个畅想。

今年总书记在新年贺词中说到，“2019 年，我们都在努力地奔跑，我们都是追梦人”，对于 2018 年的总结是“我们过得很充实、走得很坚定”。未来一年用一句话来概括：“有机遇也有挑战，大家还要一起拼搏、一起奋斗”，他还提到了我们既要“向每一位科学家、每一位工程师、每一位‘大国工匠’致敬”，还要感谢“快递小哥、环卫工人、出租车司机和千千万万的劳动者”。这几句话既总结了过往也展望了未来。今天晚上注定让我们终生难忘，我们一起见证了过去的改革开放 40 年，也即将共同迎来中国改革开放的下一段征程。

再过 10 年的 2028 年，中国改革开放 50 年的时候，你多大了？那时候对于我们来说最大的问题就是老龄化现象，我们平均每 4 个人当中将有 1 个老人，一对小夫妻要供养 4 个甚至可能是 6 个老人，你们要怎样面对？要提前做好准备。

再过 20 年，2038 年的时候，你多大了？那时 90 后都已经快

40 岁了，真的是人到中年。到那个时候，人工智能一定会变得非常普遍，我们需要解决的是对科技的认知。也许那个时候还给你们上公开课的是范周老师旗下的一枚最好的智能机器人。

再过 30 年的 2048 年是新中国诞生一百年的前夕。假如那时候我还健在，已经是快 90 岁了，我唯一的心愿就是能够走到天安门广场看共和国一百岁的阅兵式，我也希望今天和我同龄的人可以和我一起走。你们可能比我小 10 岁、20 岁、30 岁，但是在时间长河上，这些差距一点都不大，你觉得很漫长，其实就是一瞬间。希望每一个人在新的一年里都要爱惜身体，因为它是 1，生命的年龄才是 0。

我也希望今天在座的和在线的学生，一定要努力让自己多一点生存的本领。我希望你们听完这堂公开课走出教室的时候，能够真的把中国文化的种子撒向四面八方。因为一个国家的强大，需要靠经济，需要靠军事，但是更需要靠文化，只有真正具有文化自觉、文化自信，我们的国家才能是真正意义上的世界强国。

祝福的话再讲 4 个小时也讲不完，所以我想在今天的公开课结束之后，邀请那些不在北京居住的同学跟我一起共用晚餐。今天晚上为了听这堂课，跟老师和同学们一起迎接 2019 年，我的老家大连来了二十几位文化产业的从业人员。另外还有专程从新疆、重庆、河北赶来听课的同学们。我希望我们大家这种对生命、对文化、对知识的认同和追求，能够在我们日后的生活当中长久地发扬下去。

谢谢大家，我们明年再见。

参考文献

一、学位论文

1. 郭永航．政府治理创新视域下的区域文化产业发展战略［D］. 武汉大学，2010.
2. 刘晶晶．“印象”系列文化产业运作模式探究［D］. 山东大学，2014.
3. 宋勇刚．中国共产党执政以来的县域治理研究［D］. 中共中央党校，2018.
4. 吴娟娟．移动互联网下共享场景研究［D］. 湖南大学，2018.
5. 张云涛．我国游戏直播平台的受众研究［D］. 四川省社会科学院，2018.

二、报纸中析出的文献

1. 陈旭光．“互联网＋”时代的文艺批评长什么样？［N］. 光明日报，2015-11-05（002）.
2. 范周．大家手笔：非遗传播要有温度有质感［N］. 人民日报，2018-08-23.
3. 江西省中国特色社会主义理论体系研究中心（执笔：饶亚明　陈新剑）. 核心价值观是文化软实力的灵魂［N］. 经济日报，2014-09-16（015）.
4. 柳森森．中国主题公园何去何从？［N］. 中国社会科学报，2011-07-19（017）.
5. 谢颖．传统文化传承发展是时代课题［N］. 人民政协报，2017-07-31（009）.
6. 张苗荧．文旅融合助推旅游消费再升级［N］. 中国旅游报，2018-10-08

（003）.
7. 赵永平 . 农村文化不能“荒漠化”［N］. 人民日报，2014-02-23（009）.
8. 朱虹 . 用文艺精品反映和塑造伟大时代［N］. 光明日报，2015-03-01（001）.

三、期刊中析出的文献

1. 安珊珊 . 中国报业集团融合转型新实践的六维架构［J］. 中国出版，2018（24）：57-62.
2. 陈立旭 . 和合文化的内涵与时代价值［J］. 浙江社会科学，2018（02）：83-92，158.
3. 单霁翔 . 关于新时期博物馆功能与职能的思考［J］. 中国博物馆，2010（04）：4-7.
4. 范恒山 . 十八大以来的改革部署与推进：方向、重点、方法——习近平总书记全面深化改革系列重要论述研究（下）［J］. 经济社会体制比较，2018（01）：1-9.
5. 范周，杨矞 . 改革开放四十年中国文化产业发展历程与成就［J］. 山东大学学报（哲学社会科学版），2018（04）：30-43.
6. 冯帅帅，罗教讲 . 中国居民获得感影响因素研究——基于经济激励、国家供给与个体特质的视角［J］. 贵州师范大学学报（社会科学版），2018（03）：35-44.
7. 高海虹，王彩云 . 公共图书馆服务供给侧改革的价值分析与路径探讨［J］. 图书与情报，2018（01）：102-108.
8. 高宏存 . 文化治理深化与公共文化机构法人治理建设［J］. 学术论坛，2018，41（01）：128-134.
9. 高尚全 . 中国改革开放 30 年：回顾与展望［J］. 中国改革，2008（12）：52，53-65.
10. 公丕祥 .21 世纪中国马克思主义法学的新飞跃［J］. 江海学刊，2018（02）：5-19.
11. 何艳珊 . 习近平文艺论述对中国传统文化的创造性运用［J］. 马克思主义美学研究，2018，21（02）：70-78，301-302.

12. 胡娟 . 中国文化立法的一座丰碑——柯平教授谈《中华人民共和国公共图书馆法》[J]. 图书馆工作与研究，2018（01）：5–11.
13. 唤起前所未有的奋斗精神　谋划推进“十三五”发展［J］. 前线，2015（12）：1.
14. 黄楚新 . 怎样提高网络主旋律内容关注度［J］. 人民论坛，2016（19）：35–37.
15. 黄芳芳，李雪娇 . 数字经济发展进入快车道——“2018 数字经济大会”召开［J］，经济，2018-06-01.
16. 惠雨燕 . 纪录片中的人本理念和人文关怀［J］. 青年记者，2013（02）：49–50.
17. 蒋正邦 . 从张艺谋看第五代导演电影的商业化［J］. 大众文艺，2018（14）：148–149.
18. 匡冬芳 . 互联网 10 年风云录［J］. 互联网周刊，2008（11）：32–48.
19. 李传玉 . 学习经典原著　做好调查研究——向《共产党宣言》学习调查研究的科学方法［J］. 经济研究参考，2018（41）：6–11.
20. 李凤亮，宗祖盼 . 经济新常态背景下文化业态创新战略［J］. 北京大学学报（哲学社会科学版），2017，54（01）：133–141.
21. 李磊 . 学习近平总书记讲话精神　建立健全现代公共文化服务体系［J］. 人文天下，2017（24）：30–33.
22. 李敏 . 我国《电影产业促进法》的立法背景考察——兼与韩国《电影振兴法》比较分析［J］. 兰州学刊，2010（12）：106–108，140.
23. 梁岩 . 网络文艺生产中的“游戏感”及其辩证分析［J］. 当代电视，2019（02）：92–95.
24. 廖春花，明庆忠 . 旅游开发与城市历史街区保护［J］. 城市问题，2015（04）：17–22.
25. 廖生智 . 习近平社会建设思想的人民主体价值观探微［J］. 毛泽东思想研究，2018，35（01）：65–71.
26. 林健 . 浅析广场舞在群众文化建设中发挥的重要作用［J］. 大众文艺，2015（11）：14.
27. 刘明洋 . 城市品牌传播：为增长制造“共鸣”［J］. 青年记者，2012（01）：56–57.
28. 刘稚亚 . 利好政策深耕细作［J］. 经济，2017（01）：96–98.
29. 鲁言 . 人民至上：治国理政思想的出发点和落脚点——学习习近平总

书记以人民为中心的发展思想［J］. 理论学习，2017（09）：4-8.
30. 罗昌智 . 数字创意产业凸显优势　文化旅游融合开辟新局［A］. 两岸创意经济研究报告（2018）［C］.：厦门理工学院文化产业与旅游学院，2018：27.
31. 雒树刚 . 加快构建现代公共文化服务体系［J］. 学会，2015（11）：33-35.
32. 潘建红，杨利利 . 习近平“人民获得感思想”的逻辑与实践指向［J］. 学习与实践，2018（02）：5-12.
33. 彭文祥，黄松毅 . 辉映时代　斐然向风——改革开放以来中国电视剧的审美现代性深描［J］. 中国电视，2019（01）：6-11.
34. 祁丹 . 论在免费开放后如何提升历史性博物馆的教育功能［J］. 大众文艺（理论），2009（05）：201.
35. 曲蕴，马春 . 文化精准扶贫的理论内涵及其实现路径［J］. 图书馆杂志，2016，35（09）：4-8.
36. 全面小康与深化改革［J］. 小康，2018（01）：2.
37. 宋家慧，杨旭光 . 浅议如何提升博物馆的社会教育功能［J］. 博物馆研究，2009（01）：85-88.
38. 汪闻涛，杨永志 . 文化民主视阈下当代中国社会主义文化发展路径探析［J］. 广西社会科学，2017（04）：183-187.
39. 王杰 . 习近平网络强国思想的辩证智慧［J］. 人民论坛，2018（13）：12-14.
40. 王林生，金元浦 . 新时代北京全国文化中心建设的理念与路径——2017—2018 年文化北京研究综述［J］. 城市学刊，2018，39（06）：76-83.
41. 王平 . 国有文化企业职业经理人制度实施路径探究［J］. 发展改革理论与实践，2017（11）：29-32.
42. 王世伟 . 关于公共图书馆文旅深度融合的思考［J］. 图书馆，2019（02）：1-6.
43. 吴云梦汝，陈波 . 武汉城市转型更新研究——基于创意城市的视角［J］. 湖北社会科学，2018（02）：74-81.
44. 肖执缨，植嘉宁 . 三十年中国流行音乐之变迁［J］. 北方音乐，2008（11）：4-5.
45. 徐志远，张灵 . 论社会主义核心价值观的实践功能［J］. 文化软实力研究，2017，2（06）：42-48.
46. 杨秀玲 . 货物运输企业“营改增”后的税收筹划［J］. 经济研究参考，2015（15）：48-53.

47. 尹志红，杨东红，纪锋，王怡 . 基于实践性思维的工商管理专业体验式教学模式［J］. 中国市场，2010（13）.
48. 余博 . 首都文化创意产业集聚区提升服务水平的路径探析［J］. 北京印刷学院学报，2015，23（03）：42–46.
49. 袁煌 . 浅谈文化企业社会效益的价值评估［J］. 中国资产评估，2016（01）：16–18.
50. 查炜 . 探索公共文化服务供给侧改革路径［J］. 改革与开放，2018（08）：21–23.
51. 张爱军，秦小琪 . 网络意识形态去中心化及其治理［J］. 理论与改革，2018（01）：94–103.
52. 张广芝 . 时代驱动的大学生创新型创业思维培养模型构建［J］. 河南社会科学，2017，25（12）：111–115.
53. 张洁梅，齐少静 . 中国共享经济协同消费的影响因素及对策［J］. 区域经济评论，2019（01）：111–117.
54. 张良丛 ."美好生活"的美学维度阐释［J］. 民族艺术，2018（06）：26–30.
55. 张文显 . 新时代全面依法治国的思想、方略和实践［J］. 中国法学，2017（06）：5–28.
56. 张耀华 . 浅析美术基础课程如何为影视类专业服务［J］. 新闻研究导刊，2017，8（23）：277.
57. 张艺琼 . 北京文化创意产业发展经验及对天津的启示［J］. 中国市场，2015（35）：151–152.
58. 赵开开，聂家华 . 论习近平的中国特色社会主义文化观［J］. 广西社会科学，2018（02）：191–195.
59. 赵可金 . 中国特色民间外交理论体系的形成与发展［J］. 人民论坛 · 学术前沿，2018（23）：46–54.
60. 赵路强 . 新兴媒介泛娱乐化的成因、社会危害及应对路径［J］. 文化与传播，2017，6（05）：74–79.
61. 郑焕钊 . 网络文艺的形态及其评论介入［J］. 中国文艺评论，2017（02）：79–83.
62. 中央城市工作会议在北京举行［J］. 城市规划通讯，2016（01）：1–3.
63. 周淑真 . 依法治国、依宪执政、依规治党三者关系及内在逻辑［J］. 理论视野，2015（01）：30–32.

后　　记

本书从我创办的文化领域自媒体平台“言之有范”已发表的千余篇文章中精选百余篇结集而成。我把它定位为一名文化研究者的学术笔记，见证和记录了“言之有范”创办五年来我对文化发展的碎片化思考。

在自媒体风起云涌的五年前，我在一次出差回京的飞机上突然灵光一现，决定创办一个文化产业的公众号，在新媒体的大潮中实践一把。就这样，我和学院的老师及几名研究生一起创办了“言之有范”。

五年来，近百名研究生在这个平台上实践了自媒体的运营，学习了文化产业的知识，并从这里走出去，成为《人民日报》《光明日报》《经济日报》等许多权威媒体的骨干力量。五年来，“言之有范”积累了大量优质的读者。这些读者中有许多是政府文化部门领导，也有文化企业管理者和从业者，还有海内外高校、科研机构的老师和同学。五年来，“言之有范”上发表的多篇文章被《人民日报》、《光明日报》、《中国文化报》、《中国社会科学报》、人民网、新华网等权威媒体转载，被中宣部、文化和旅游部批示，成为国家决策重要参考。

一个以教书育人为初衷的文化产业自媒体公众号能够产生这样大的社会影响，是我当初远远没有想到的，但这也正是这个时代的缩影：互联网颠覆了传统思维范式，改变了信息传播方式，我们唯有先知先觉融入时代的洪流，才能在风起云涌的时代大流中激流勇进。我一直教导同学们要“顶天立地”，把论文写在大地上：既要关注国家战略决定和方针政策，抓住机遇，与时代同步；又要脚踏实地，将论文写在大地上，把科研做在大地上。

这本书正是“言之有范”顶天立地的见证和记录。本书记录了 2014 年 10 月以来的文化发展历程，这一时期可以说是文化产业发展的黄金时期，文化发展在国民经济中的地位逐渐提升。“十三五”规划纲要提出，“十三五”期间中国要实现“文化产业成为国民经济支柱性产业”的目标。因此，这本书的内容与这个时期的特点紧密相关：

第一，改革是文化产业健康发展的关键词。和其他产业一样，文化产业也面临着更新换代的问题，这就需要从顶层设计上明确发展方向，从产业结构上调整发展布局，从而为文化发展提供更有利的发展环境。回顾这一时期的发展，文化领域的供给侧结构性改革不断深入，伴随着《电影产业促进法》《公共文化服务保障法》《公共图书馆法》的相继出台，文化立法不断完善，文化产业在不断的改革中逐步向前发展。

第二，融合是文化产业快速发展的催化剂。随着发展的不断推进，文化产业不再是单一业态，而是以极强的包容性与金融关联、与旅游融合、与体育嫁接，跨界、渗透、融合、提升。2018 年 3 月，文化和旅游部的成立正是融合发展的一个新开端。当然，这种融合不是简单机械地相加，而是在不断找到结合点、创新点的过程中逐步实现适度融合、深度融合，你中有我、我中有你，从而释放文化产业更大的活力与能量。

第三，科技是文化产业创新发展的驱动力。这一时期的科技发展呈现了几何倍数增长，VR、AR、直播、5G，其更新换代速度之快、发展之新，令我们感到震惊和振奋。科技正在不断成为文化发展的新动能，催生文化产业的新业态，创造文化发展的新机遇。

当然，文化发展在这一时期也折射出了诸多问题：以科技为依托的新兴文化产业业态的监管问题、依然任重道远的文化产业学科建设的问题、文化发展的区域不平衡的问题、文化经济效益与社会效益相统一的问题等，都需要引起我们的关注。对这些问题的思考在这本书中也有所呈现。

在本书即将付梓时，“言之有范”已经走过了整整五年。令人欣慰的是，“言之有范”逐渐成为一大批文化产业研究者、从业者的文化前沿信息数据库，有越来越多的人通过这个平台触碰文化的脉搏。令人高兴的是，“言之有范”已成为文化产业人才培养的新阵地，创造了人才培养的新模式，同学们在这个平台上成长、锻炼、思考、学习。新的历史时期，希望“言之有范”仍然保有最真挚的文化初心，聚焦文化现象，进行深刻思考，做好文化发展的记录者，做好这个时代的见证者。

范周

2019 年 8 月